宏观调控行为的可诉性研究

The Justiciability of Regulatory Policies in Macro-economics

陈承堂 著

图书在版编目(CIP)数据

宏观调控行为的可诉性研究/陈承堂著. —北京：北京大学出版社，2014.12
 ISBN 978-7-301-25213-0

Ⅰ. ①宏⋯　Ⅱ. ①陈⋯　Ⅲ. ①中国经济—宏观经济调控—研究　Ⅳ. ①F123.16

中国版本图书馆 CIP 数据核字(2014)第 286778 号

书　　　　名：宏观调控行为的可诉性研究

著作责任者：陈承堂　著
责任编辑：王　晶
标准书号：ISBN 978-7-301-25213-0/D·3734
出版发行：北京大学出版社
地　　　址：北京市海淀区成府路 205 号　100871
网　　　址：http://www.pup.cn
新浪微博：@北京大学出版社　@北大出版社法律图书
电子信箱：law@pup.pku.edu.cn
电　　　话：邮购部 62752015　发行部 62750672　编辑部 62752027
　　　　　　出版部 62754962
印　刷　者：北京大学印刷厂
经　销　者：新华书店
　　　　　　730 毫米×1020 毫米　16 开本　16.5 印张　292 千字
　　　　　　2014 年 12 月第 1 版　2014 年 12 月第 1 次印刷
定　　　价：36.00 元

未经许可，不得以任何方式复制或抄袭本书之部分或全部内容。
版权所有，侵权必究
举报电话：010-62752024　电子信箱：fd@pup.pku.edu.cn

国家社科基金后期资助项目
出版说明

　　后期资助项目是国家社科基金设立的一类重要项目,旨在鼓励广大社科研究者潜心治学,支持基础研究多出优秀成果。它是经过严格评审,从接近完成的科研成果中遴选立项的。为扩大后期资助项目的影响,更好地推动学术发展,促进成果转化,全国哲学社会科学规划办公室按照"统一设计、统一标识、统一版式、形成系列"的总体要求,组织出版国家社科基金后期资助项目成果。

全国哲学社会科学规划办公室

序

由于经济法是我国新兴的部门法,只有三十多年的历史,因此经济法学作为一门新兴的部门法学科,其理论体系的构建、基本范畴的研究,均处于发展的初期,与其他传统法学学科相比,既有不少的欠缺与薄弱之处,而对于经济法学人而言更具巨大的研究与提升空间。但这种提升,并非易事,需要经济法学界把握后发优势,特别是总结其他传统学科发展的经验与教训,以加倍的勤勉与努力,为发展经济法学作出贡献。在我看来,在研究思路与方法上,经济法学尤应注重"中国问题、世界眼光、历史梳理、理论提升"的进路。陈承堂副教授的《宏观调控行为的可诉性研究》一书,可以说是这一研究进路的有益尝试。

所谓"中国问题",是指我们的经济法学研究应当有强烈的问题意识。此种问题,既可以来自理论体系构建过程中的阐释需要,更可以来自法律实务与社会经济生活的挑战。特别是,这种问题应当是围绕中国法治建设和经济社会发展进程而提出的。宏观调控行为的可诉性就是这样一个典型的中国问题。正如作者在书中所介绍的,宏观调控的概念、宏观调控行为的样态,是极具中国特性的问题,在近年来我国的市场经济发展和国家对经济的治理中,无论是法律规范,还是政策文件,无论是宏观经济,还是市场主体的微观行为,均呈现出诸多的问题、矛盾、困惑与争议。这些问题或许在其他国家未曾出现,或许以其他形态表现,但均不同于我国现阶段所呈现的样态。因此,中国的法学者有责任、更应有热情加以发现、总结、研究,从而探索中国问题的法学解释与应对之策。本书所研讨的问题,即宏观调控行为是否可以由相关主体诉至法院,寻求司法裁判,即是当前实务与理论需要澄清与解决的中国问题。这一问题,并非作者凭空想象,而是针对大量的宏观调控实践、相关主体寻求司法裁判的努力及其挫折的案例总结基础上而提出的。

所谓"世界眼光",是指对于中国问题的分析与研究,绝不应当坐井观天、自说自话,而应当以比较法的方法与思路寻求世界范围内各国、各地区解决此类问题的智慧与努力,借鉴他人的经验与教训。中国问题虽然具有中国的独特性与地方性,但毕竟人类所面临的问题具有相似性或相同性,尽管有不同的面相与表现形态。因此,他人解决问题的智慧,完全可以为我们所借鉴与吸收。本书对于宏观调控行为可诉性的研究，就是将美国解决这一问题的经验、教训作为样本与参照。虽然由于法律、文化、语言的地方性特征，有关宏观调控行为的概念、制度框架、传统背景等各不相同，但是美国法律体系中也同样面临着类似的问题，如：美国国会对"州际贸易"的立法权边界何在、州的治安权（police power）与合同自由的界限何在、不具有可诉性的"政治问题"内涵为何等，一定程度上对于我国宏观调控行为的可诉性具有类似性因而具有可借鉴性。当然此种比较，并非简单的法条援引与个别案例的考证，而是需要基于第一手文献对他国法律制度、判例变迁、学说争议等进行系统的梳理与解读，才能真正深刻地理解他国解决问题的思路、理由与困惑，才能真正理解问题的复杂性与借鉴的边界。

所谓"历史梳理"，无论是对于中国问题的分析还是他国智慧的解读，均需要从制度变迁的角度进行纵向的梳理与考察。大陆法系也好，英美法系也好，任何制度的产生与建立都不是突然的，更不是静止的。只有在历史梳理中，才能发现其制度背后的理由、制度变迁的规律，才能真正总结出相关的经验与教训。本书对于中国宏观调控行为的发展变迁、美国可诉性理论，都注重历史发展过程的系统梳理。特别是对于美国制度的分析与研究，认真地考察了宪法条款、判例、学说的发展演变过程，对于可诉性问题的四个要件均进行了细致的梳理，从而令读者感受此种变迁的过程与理论问题。

所谓"理论提升"，是指对于现实案例、调控政策、法律规定、社会事件的分析与研究，不能仅停留于现象的描述、问题的总结、原因的分析和对策的设计这样的"八股"式进路，而应从法学理论的角度进行理论范畴的提炼、理论症结的挖掘和分析框架的设计。例如，以房地产领域的宏观调控现象，理论界包括经济法学界进行了诸多的研究，但不少研究成果往往就没有进行真正法学理论角度的深入研究。本书则十分注重理论提升问题，将诸多的调控行为与现实问题抽象总结为宏观调控权这一法学范畴进行拷问，对于可诉性则在总结美国可诉性理论的基础上，深入地对各个要件进行深入的研究，从而使本书极具理论价值。

当然，方法与进路的妥当，并不必然保证研究成果的正确。因为其间还涉及作者的知识面、领悟力、研究能力与写作水平，更涉及作者的语言能力与水平。例如，本书对于宏观调控可诉性的研究，主要是基于对美国法的比较研究，却由于语言的局限未能对欧洲各国例如德国法、法国法以及亚洲的日本法进行比较研究，从而使"世界眼光"受到极大的局限；本书对于宏观调控权在性质上属于立法权的结论，能否完全成立，能否被学界接受与认同,同样是可商榷的;又例如,美国法与中国法在同一主题下的不时转换,可能令读者产生混淆。但对于特定的作者而言,对于特定的一本著作而言,这些都是完全可以而且应该宽容的。因为,经济法学的发展与繁荣,是整个法学界尤其是经济法学界全体同仁共同努力的结果,我们不能指望一位学者的一本著作能够解决所有的问题、得出完全正确的结论,也不能指望一本著作完全毫无瑕疵。学术必须在学术共同体的一致努力和不断完善中,才能够逐渐地发展与进步。

因此,作为陈承堂在南京大学法学院攻读硕士学位、博士学位期间的指导教师,我为陈承堂多年以来坚持上述研究进路及取得的成绩而高兴与自豪,更为其在博士学位论文基础上认真修改完善而成的本书的出版予以祝贺。我相信,本书的出版,对于经济法学界的研究进路的探索和研究水平的提高,应当会产生积极的推动作用。当然,学术的进步是无止境的,对于学界的每一人而言是如此,对于陈承堂而言更是如此。一个较高的起点,往往意味着有更多研究与提升的空间与领域,也应当有更大的作为。是所望焉。

李友根
南京大学法学院
2014 年秋

目 录 | Contents

导论 / 1

第一章 宏观调控权的界定 / 16

16　第一节　宏观调控权是怎样生成的
　　　　　　——基于罗斯福新政的考察
38　第二节　宏观调控权的理论表达
46　第三节　宏观调控权的实践运行

第二章 可诉性的要件与功能 / 57

57　第一节　可诉性的要件
64　第二节　可诉性的功能

第三章 政治问题的排除 / 74

74　第一节　政治问题理论概要
84　第二节　政治问题理论的衰落与重构
99　第三节　宏观调控行为不是政治问题

第四章 起诉资格的建构 / 113

113　第一节　宏观调控权的合法性困境
122　第二节　合法性困境的求解
135　第三节　公益诉讼起诉资格的生成
150　第四节　公益诉讼起诉资格的扩张与限制

164　第五节　实际损害要件的功能
174　第六节　宏观调控公益诉讼起诉资格的建构

第五章　诉讼时机的选择 / 188

188　第一节　成熟理论的缘起、标准与限制
200　第二节　成熟理论的界分
210　第三节　过时理论的含义、宪法化与例外
220　第四节　过时理论模式的演化
228　第五节　宏观调控公益诉讼时机的选择

结论 / 233

参考文献 / 237

后记 / 255

导 论

一、问题的提出

当经济法学界试图以"政策性"来概括经济法特征的时候①，其必然的逻辑结果是，"经济法的执法或司法力度受经济政策的影响很大"②，"经济法在强制性、授权性和法的实现方面均体现着浓重的行政主导性特征"③，从而司法因素在经济法的实现方面呈现一种弱化的趋势④。但是，"没有经济法在法院等司法机构的适用，整个经济法的运行机制就是有问题的"。⑤ 也就是说，由于作为规制型法的经济法所具有的政策性特征，使得其在法的实施方面，"行政手段发挥着核心作用，这是性质决定的，私人诉讼只起到补充作用"。⑥ 但是，这并不表明经济法的公共实施就可以替代甚至否定私人实施。

"宏观调控行为是否可诉"在本质上属于经济法的私人实施问题，是指遭受宏观调控行为损害的当事人可否向法院提起诉讼，从而实现对相关宏观调控行为的审查，并获得相应的救济。⑦ 由于经济法的政策性特征在宏观调控法领域表现得尤为突出，如果宏观调控行为能够被诉诸法院，则意味着对周期变异的宏观调控行为进行司法审查不再是一个令人望而生畏的问题。尽管德国和美国已有宏观调控行为是可诉的案例，但是，肇始于美国罗斯福

---

① 史际春与邓峰教授将经济法的特征概括为经济性或专业性、政策性、行政主导性和综合性，参见史际春、邓峰：《经济法总论》（第2版），法律出版社2008年版，第59—69页；此后，史际春教授又对经济法的特征作了进一步的提炼，认为经济法的特征是：当事人身份和角色的特定性，内容的经济性、专业性，法益复合性、法律关系的层次性和手段的综合性，过程的行政主导性和政策性，参见史际春主编：《经济法》，中国人民大学出版社2005年版，第38—43页。张守文教授认为经济法的特征包括经济性和规制性，并且，经济法作为经济政策的法律化是经济性特征的体现，参见张守文：《经济法总论》，中国人民大学出版社2009年版，第48—49页。
② 史际春主编：《经济法》，中国人民大学出版社2005年版，第42页。
③ 史际春、邓峰：《经济法总论》（第2版），法律出版社2008年版，第64页。
④ 参见张守文：《经济法总论》，中国人民大学出版社2009年版，第216页。
⑤ 同上。
⑥ 〔日〕田中英夫、竹内昭夫：《私人在法实现中的作用》，李薇译，法律出版社2006年版，第167页。
⑦ 这是相对宏观调控行为的不可诉性而言的。"宏观调控行为的不可诉性是指宏观调控行为（即宏观调控决策）不具有可审查性，法院既不能撤销、变更或废止宏观调控行为，也不能判决宏观调控机关对宏观调控决策给受控主体造成的损害承担赔偿责任。"邢会强：《宏观调控行为的不可诉性再探》，载《法商研究》2012年第5期。

新政(New Deal)时期的宏观调控立法的违宪之争也折射出了宏观调控行为可诉性的艰难。因为,"对新政理解的一个有趣倒转是技术理性(technocratic rationality)排除了司法控制,一些评论者主张法院应当在调控中扮演重要角色——以确保'合法性'和防止党争——总统角色则是次要的"①,但是,"(调控)应由总统控制的拥护者对此结论深表怀疑,对他们而言,调控问题首先是'政治的'(political)。"②其他国家(例如韩国、中国)零星的起诉宏观调控行为被驳回的案例似乎也在佐证宏观调控行为是不可诉的。并且,正如张守文教授指出的,在宏观调控法领域,由于对调控受体的义务和责任规定较多,因而调控主体对于调控受体的责任追究是没有问题的。通常,可诉性问题较为突出的,是在宏观调控法领域中调控受体对调控主体的责任追究方面,因为客观上确实存在着经济、法律、政治等诸多方面的困难。③ 对于这种追责困难的特性,有学者指出,"宏观调控法只能解决授权问题,无法解决责任归属问题,而要依赖于其他领域(如政治)的支援",而且"当对这个特性缺乏明确的把握时,就会按传统的法律思路,提出诸如宏观调控行为的可诉性之类的错误问题,且导致术语含混不清,规范化亦无从谈起"。④

可见,学界对宏观调控行为是否是政治问题,以及对宏观调控行为可诉性现实困难的不同认识,使得我们对"宏观调控行为是否可诉"的问题还没有达成一个最低限度的共识。这主要归因于:第一,我国经济法学界尚未对宏观调控行为的性质达成一致意见;第二,我国对可诉性法理的研究基本处于空白状态,不能为部门法提供相应的理论支撑;第三,我国宏观调控行为可诉性司法实践的缺乏,不能为理论界和实务界提供有意义的司法经验。

(一) 宏观调控行为的性质

宏观调控出自宏观经济学。经济学界一般认为,宏观调控等于宏观经济调控,调控的主体是政府或国家,客体是国民经济的总量,主要是指总供给、总需求以及总价格、总就业量等。根据其他国家的立法例,尽管德国和美国分别于 1967 年和 1978 年颁布了具有宏观调控法性质的《经济稳定与增长促进法》和《充分就业和平衡增长法》,但并没有以"宏观调控法"命名的法律文件,有学者认为这只是一个法律的命名问题,反映了人们对国家和市场关系

---

① Cass R. Sunstein, "Constitutionalism After the New Deal", 101 *Har. L. Rev.* 421,427 (1987).
② Ibid.
③ 参见张守文:《经济法总论》,中国人民大学出版社 2009 年版,第 222 页。
④ 侯怀霞:《论法律的边界——以央行的宏观调控权为例》,载《社会科学》2010 年第 12 期。

的不同定位。① 但是,"宏观调控"这一具有中国特色的词汇却带来了无尽的烦恼。对于宏观调控行为而言,最突出的表现就是无法确定其行为的性质。对此,史际春教授认为,"宏观调控"的英语表达是"regulation","regulation"既有"规制",也有"调控"的意思。②

宏观调控行为的性质取决于宏观调控权的性质。经济法学界对宏观调控权性质的界定大致有以下三种情况:第一,立法权和执法权说。该说是张守文教授所主张的。他从经济法学"二元结构"出发,认为调制主体的宏观调控权,可以分为宏观调控立法权和宏观调控执法权两类,同时,还可根据具体调控领域、具体调控方式等标准,做更为具体的分类。③ 实际上,赞成此说的还有王全兴教授,他认为宏观调控是寓于政府与市场互动框架中的一个由决策和执行两个阶段所构成的政府干预过程,宏观调控权作为与宏观调控对应的一个法律概念,应当涵盖宏观调控的全过程。④ 第二,国家行为说。该说是由邢会强博士所主张的。他认为宏观调控行为是一种决策行为,不包括宏观调控机关及其下级机关以及其他有关组织的执行行为,宏观调控行为在性质上是一种国家行为。⑤ 第三,决策权、实施权和监督权说。该说是李昌麒和胡光志教授所主张的。他们并没有明确提出宏观调控权分为决策权、实施权和监督权,只提及了决策权。但是他将宏观调控的调控主体分为决策主体、实施主体和监督主体⑥,因而从逻辑上是可以推导出相应的实施权与监督权。第四,国家调节权说。该说是陈云良教授所主张的。他认为作为国家调节权的宏观调控权是行政权的衍生物,而国家调节权不同于行政管理权,它是适应社会发展的需要而出现的一种新的制度安排。⑦

基于以上学者对宏观调控调控权性质的界定,大体上可以将宏观调控权归纳为立法权(决策权)、执法权(实施权)和监督权三种权力中的某一种或几种,因为在作出宏观调控行为时,决策权往往表现为立法权,相应的宏观调控行为的实施权也就表现为执法权,因而上述第一种和第三种观点并无实质分歧。而对于第二种观点,如果该主张者只是将宏观调控行为的性质界定为

---

① 参见吴越:《经济宪法学导论——转型中国经济权利与权力之博弈》,法律出版社2007年版,第294—295页。
② 参见史际春、肖竹:《论价格法》,载《北京大学学报(哲学社会科学版)》2008年第6期。
③ 参见张守文:《经济法理论的重构》,人民出版社2004年版,第400页。
④ 参见邢会强:《宏观调控权运行的法律问题》,北京大学出版社2004年版,序二第5页。
⑤ 同上书,第20页。
⑥ 参见李昌麒、胡光志:《宏观调控法若干基本范畴的法理分析》,载《中国法学》2002年第2期。
⑦ 参见陈云良:《国家调节权:第四种权力形态》,载《现代法学》2007年第6期。

决策行为,那么也与前述两种观点大同小异;但是如果将宏观调控权的性质界定为国家行为,那么以其为基础所构建的宏观调控权理论体系在逻辑上是不能自恰的,笔者对此已作出初步的阐述。① 而第一种和第三种观点所揭示的宏观调控权的性质类似于法的运行过程(包括法的创制和法的实施),既然将宏观调控权界定为立法权,那么所谓的宏观调控执法权不过是法的实施的一部分,故其合理性还有待进一步的探讨。对于将宏观调控权界定为国家第四种权力形态的国家调节权,无疑是极具理论原创意义的,但是国家调节权作为一种独立于传统的立法权、行政权、司法权之外的第四种权力形态,其究竟是传统立法权、行政权和司法权的混合还是在权力的某一划分标准下的新的权力类型,故其合理性也有待进一步论证。

宏观调控权是一个静态的概念,而宏观调控行为是一个动态的概念,是宏观调控权运行的表现形式。相应的,宏观调控行为的性质也就表现为立法行为、行政行为、监督行为和国家行为,当然也可能是国家调节行为。因而,对于宏观调控行为的性质认定还必须从其最初的形态进行考察,还原历史方能揭示事物的本来面目。罗斯福新政时期的部分宏观调控立法之所以被宣告违宪,其原因就在于国会并没有授予罗斯福总统有关美国联邦宪法第1条(立法权条款)不受限制的制定基本的法律和政策规则的立法权。对此,罗斯福在其1936年再次当选总统后,于1937年宣布了"填充法院计划"(plan to pack the Court)。从此以后,美国联邦最高法院才转而支持新政立法,废除了立法权的禁止授权原则(non-delegation doctrine)并放弃了经济上的实体性正当程序。② 并且,罗斯福新政时期的反经济危机立法主要是由以总统为代表的行政部门制定的。这是因为,当行政问题变得日益专门化时,立法机关越来越多地求助于行政机构,以指导其起草法案。"在富兰克林·罗斯福总统第一个任期的头3年中,只要重要的立法都是来自白宫或政府部门。那时形成的习惯延续至今,特别是关于财政、经济方面的法案更是如此……实际上,美国总统已经取得了英国首相所具有的提出立法议案的权力,但美国总统却没有英国惯例中首相应向议会负责的义务。"③

可见,宏观调控行为主要表现为行政机关制定法规、规章和具有普遍约束力的决定、命令等行政规则的行为,其行为形式体现为行政法律文件。由

---

① 参见陈承堂:《宏观调控的合法性研究——以房地产市场宏观调控为视角》,载《法商研究》2006年第5期。
② See Robert J. Pushaw, "Justiciability and Separation of Powers: A Neo-Federalist Approach", 81 *Cornell L. Rev.* 393, 457 (1996).
③ 〔美〕伯纳德·施瓦茨:《美国法律史》,王军等译,法律出版社2007年版,第213页。

此产生的问题是,"在行政机关并不享有由一人一票的民主选举所赋予的形式合法性的情况下,如何既认可又控制行政机关行使本质意义上的立法权力。"①也就是说,有没有这样一种可能:由当事人将宏观调控行为诉诸法院,由法院来审查其合法性,并获得相应的赔偿?

(二) 可诉性理论

根据《布莱克法律辞典》收录的词条"justiciability",可诉性是指"适合由法院作出裁决的特性或状态"。② 其通常包括如下核心要件:禁止咨询意见(forbidden advisory opinion)、政治问题理论(political question doctrine)、起诉资格(standing)、成熟(ripeness)、过时(mootness)。根据《布莱克法律辞典》的相关词条,禁止咨询意见是指法院不能"对于为此目的提交的事项而对相关的法律作出不具有约束力的表述"。③ 政治问题理论是指"法院对涉及政府行政部门和立法部门裁量权的问题应该拒绝作出裁决"。④ 起诉资格是指"当事人提出法律请求或寻求义务或权利的司法实施的权利。原告享有起诉资格须具备以下两个要件:(1) 被诉的行为已对原告造成了实际损害;(2) 寻求保护的利益处于法规和宪法保障的范围之内"。⑤ 成熟是指"案件已经达到但尚未超过这样一个时刻,即案件事实已经发展到足以允许作出有用的智识性判决"。⑥ 过时是指"在案件中已不存在任何实际争议"。⑦

根据可诉性理论,法院不能签发咨询意见,法院只能对涉及相对抗的当事人间的事项进行裁决,法院只有在其裁决是终局性的并且不能被政府的其他部门改变的时候才能作出裁决,法院拒绝对虚构的或串通的案件进行裁决,法院只能对起诉事项中实际提出的争议问题进行裁决,法院不能审议政治问题,法院只能在事项的裁决时机成熟,并且尚未过时的时候对其进行裁决,法院不能对缺乏起诉资格的原告所提起的事项进行裁决。⑧ 可诉性是一个复杂的理论,但其核心只是探究案件是否适于裁决。该理论的每个要件在本质上只是解决案件可诉性的某个特定方面:政治问题侧重于"什么"问题(what)应该被裁决,起诉资格关注的是"谁"(who),而成熟和过时考虑的是

---

① 〔美〕理查德·B.斯图尔特:《美国行政法的重构》,沈岿译,商务印书馆2002年版,第28页。
② Bryan A. Garner, *Black's Law Dictionary* 882 (8th ed., Thomson West, 2004).
③ Ibid., p1125.
④ Ibid., p1197.
⑤ Ibid., p1442.
⑥ Ibid., p1353.
⑦ Ibid., p1030.
⑧ See Jonathan R. Siegel, "A Theory of Justiciability", 86 *Tex. L. Rev.* 73, 76—77 (2007).

"什么时候"(when)。最后,如果缺乏可诉的案件或争议,法院却无视上述要件而径行裁决,那么该裁决就被认为是被禁止的咨询意见。

此外,国外学者对可诉性理论的研究还零星的体现于法律特征方面。例如,德国法学家坎特罗维其(Kantorowicz)认为:法律是规范外部行为并可被法院适用于具体程序的社会规则的总和。[1] 坎特罗维其在分析了法律与其他社会规范的区别后指出:以内容、国家渊源和强制性来解释法律的特殊性都不甚令人满意,最为明显的区别应是法律的可诉性。王晨光教授指出,之所以除了坎特罗维其外,尚未发现其他学者对法律的可诉性特征的论述,这大概是因为在西方社会中,所有法律都可以在诉讼或争端解决程序中被引为争辩的根据,因而法律的可诉性是不言而喻的。这一特点在以判例为主导和基础的普通法系国家中尤为显著。作为结果,熟视而无睹,当然也就没有必要对其大书特书了。在普通法制度中,法律的可诉性还可指某一争议是否可以纳入法院的司法管辖权的范围。例如,开创美国司法审查先例的马伯里诉麦迪逊案就排除了政治问题的可诉性。[2]

对此,笔者深表赞同,无论是《布莱克法律辞典》的"justiciability"词条,还是大量的英文可诉性文献都没有在法律特征方面提及可诉性理论,这是因为英美法系的学者们认为法律具有可诉性是理所应当的,并不需要特别予以说明或论证,所以他们只是从司法管辖权的限制性条件方面研究可诉性的具体要件,也就是说,一个案件在什么样的情况下才可以诉诸司法裁决。但是,对于大陆法系国家而言,法的可诉性却成为一个问题。例如,日本著名法学家田中英夫、竹内昭夫教授在阐述日本的"治者之法"特质时指出,"无论是有意还是无意,在日本人的法律意识中有一种明显的思维倾向,即认为法律的实现应由国家机关垄断。尽管不断有人批评指出国民权利意识薄弱的问题,但国家基本上没有采取过鼓励私人诉讼的方策,相反,却设置了许多抑制私人诉讼的障碍……与美国法相比较所呈现出的日本法的特质,若究其形成原因,从法律的角度看,是受到传统大陆法特别是德国法的强烈影响,或者说是以日本的方式接受了其影响;从政治或行政的角度看,是受到多年来官本位的影响"。[3] 所以,"无论在法的基本原则上还是在法的实际运用中,均有一个明显的倾向,即与基于国家机关主导权的刑罚或行政手段相比,基于私

---

[1] See Hemann Kantorowicz: *The Definition of Law* 79 (Cambridge University, 1958). 转引自王晨光:《法律的可诉性:现代法治国家中法律的特征之一》,载《法学》1998年第8期。

[2] 参见王晨光:《法律的可诉性:现代法治国家中法律的特征之一》,载《法学》1998年第8期。

[3] 〔日〕田中英夫、竹内昭夫:《私人在法实现中的作用》,李薇译,法律出版社2006年版,第165—166页。

人主导的可利用的其他强制性手段被严重忽视"。①

王晨光教授将这样的一种法律运行模式称为"传统的单向运行模式",即由政府或国家官员立法,并实行从上而下对一般大众的单纯管理、执法和适用法律的模式。② 在这种情况下强调法的规范性、国家意志性、强制性等特征就是再自然不过的了。而且,这种"传统的单向运行模式"是与刑法、刑事诉讼法等由国家所主导的法律相适应的。然而,现代社会的法律主要是建立在市场经济基础之上,以民商法、经济法和行政法为主干的法律体系。从而"必须采用从一般大众到政府以及从政府到一般大众的不断的立法、规范、监督、反馈和修正的'良性双向运行'模式"。③ 而法律的"良性双向运行"模式强调一般公众对法律的参与性,"从技术层面而言,这种参与来自法律的可诉性"。④ 也就是说,法律作为一种规范人们外部行为的规则,具有可以被任何人(特别是公民和法人)在法律规定的机构中(特别是法院和仲裁机构中)通过争议解决程序(特别是诉讼程序)加以运用的可能性。在这一意义上,"法律的可诉性是现代法治国家的法律应有的特性"⑤。

对于中国而言,"治者之法"这一日本法的特质表现得尤为突出。并且,在我国以往的法理中,对法律的基本属性从外部(如物质制约性、公权强制性等)或内部(如社会或国家意志性、规范性等)探讨的都较为深刻,但其可诉性并未引起人们应有的重视,甚至很少有人将可诉性作为法的基本属性来论述。⑥ 所以,在我国现阶段,对于法的可诉性属性或特性,无论学者们如何予以强调都不为过。但是,不能因为法律可诉性特征的重要性,就主张在法治发达国家,政治行为、立法行为、国家决策行为、抽象行政行为、军事行为等和公民密切相关的行为都是可诉的;甚至还要"赋予政治立法以可诉性,并据此建立对政治行为的司法审查权"。⑦

政治问题又称不可诉问题(nonjusticiable question)⑧,即便在法治发达的美国,法院一般认为外交、宪法修正、弹劾和保证条款等领域的案件由于涉及政治问题,所以是不可诉的。此外,在美国联邦最高法院的可诉性裁决中,

---

① 〔日〕田中英夫、竹内昭夫:《私人在法实现中的作用》,李薇译,法律出版社2006年版,第5页。
② 参见王晨光:《法律的可诉性:现代法治国家中法律的特征之一》,载《法学》1998年第8期。
③ 同上注。
④ 同上注。
⑤ 同上注。
⑥ 参见谢晖:《独立的司法与可诉的法》,载《法律科学》1999年第1期。
⑦ 同上注。
⑧ Bryan A. Garner, *Black's Law Dictionary* 1197 (8th ed., Thomson West, 2004).

纳税人诉讼(taxpayer suit)中的起诉资格被认为是最难授予的,自从 1923 年的第一个纳税人诉讼 Frothingham v. Mellon①案以来,法院仅在 1968 年的 Flast v. Cohen②案中授予了起诉资格,所以,美国法学界一般认为纳税人诉讼是不可诉的。③ 而且,法院基于政治问题理论还是起诉资格来驳回当事人诉讼请求的法律后果是不一样的。"尽管驳回起诉是基于起诉资格还是政治问题可能看似无关紧要,但在宪法理论上的区别却是非常大。如果法院对于普遍的诉讼请求(generalized claims)拒绝授予起诉资格,表明政治部门违反宪法时具有豁免权,从而是对法治的否定。相比之下,法院拒绝裁决一个政治问题,是支持宪法将特定问题分配给政治部门独自裁量的行为;就定义来看,该部门的任何行为都是合法的。"④

综上,英美法系国家的可诉性理论较为发达,学者们的研究重点在于从可诉性理论的各个要件论证案件或争议的可诉性。而大陆法系国家,像德国、日本、中国,主要关注的是法的可诉性特征,而对可诉性具体要件的研究明显不足,甚至根本没有涉及。正如上文所述,国内法理学界对政治问题可诉性的诸种断语充分暴露了我们可诉性知识准备的不足,这也势必影响到对宏观调控行为可诉性问题的研究。

(三)宏观调控行为可诉性的司法实践

学者们所收集到的起诉宏观调控行为的案例似乎都表明宏观调控行为是不可诉的。⑤ 其中最主要的论据就是王名扬教授在《美国行政法》中的论述:"能够起诉的损害必须是特定的损害,只是一个人或一部分受到的损害。如果损害的范围很广,包括全体公民在内,没有一个人比其他人受到更多的损害,大家在损害面前平等,这是一种不能分化的抽象的损害。抽象的损害不对任何人产生起诉资格,例如,美国在越南进行战争,行政当局不采取措施制止通货膨胀,全体美国人民受到损失,任何人不能因此取得起诉资格。这类损害的救济只能通过其他途径,不能由法院解决。"⑥这实际上是宏观调控

---

① Frothingham v. Mellon, 262 U.S. 447 (1923).
② Flast v. Cohen, 392 U.S. 83 (1968).
③ See J. Brian King, "Jurisprudential Analysis of Justiciability Under Article III", 10 *Kan. J. L. & Pub. Pol'y* 217, 231 (2000).
④ Robert J. Pushaw, Jr., "Justiciability and Separation of Powers: A Neo-federalist Approach", 81 *Cornell L. Rev.* 393, 489 (1996).
⑤ 主要有 1998 年韩国公民诉韩国中央银行行长、财政部长赔偿其因为以前的宏观调控政策所遭受的损失案;2001 年 12 月复旦大学教授谢百三起诉财政部禁止回购国债案。参见邢会强:《宏观调控权运行的法律问题》,北京大学出版社 2004 年版,第 77 页。
⑥ 王名扬:《美国行政法》,中国法制出版社 2005 年版,第 625—626 页。

行为的间接调控特征所致,因为宏观调控行为往往体现为制定抽象的行为规则,其损害后果的涉及面比较广。

在宏观调控法领域,最近或许值得注意的是具有"中小股东维权第一人"之称的上海律师严义明提起的公开四万亿投资项目的诉讼。① 具体案情是,2008年11月9日,为了应对全球范围的金融危机,中国的四万亿投资计划震撼出台,一批批项目迅速下达,许多人担心,如此短的时间内作出如此多的决策,公共资金的安全能否得到保障? 对此,严义明律师根据刚生效不久的《中华人民共和国政府信息公开条例》(2008年5月1日实施)(以下简称《政府信息公开条例》)的相关规定,要求发改委公开四万亿项目的详情:第一,列表公开2008年11月5日以来向发改委递交申请的省市、项目名单,有些涉及国家机密项目可以不公开,但金额要公开。第二,公开四万亿资金来源以及目前已经审批通过的具体投资项目的名称,选择这些投建项目的原因、投建项目每个项目的预算资金金额,涉及机密的除外。第三,持续、实时的列表公开对这些投资项目责任主体所属的项目资金所用情况,以及招投标情况的监督措施,以及监督机构的名称。由于没有得到发改委的满意答复,严义明律师于2009年5月11日向北京市第一中级人民法院提起行政诉讼,要求撤销国家发改委2009年2月19日出具的回复,同时判令国家发改委出具准确完整的答复意见。2009年5月31日,北京市第一中级人民法院裁定,依照行政诉讼法相关规定,严义明所诉不属于人民法院受案范围,不予受理。2009年6月5日,严义明律师向北京市高级人民法院提起上诉,并于2009年7月13日,收到了北京市高级人民法院维持一中院裁定不变的裁定书。

这个案件不仅仅是一个信息公开的案件。根据《政府信息公开条例》第9条的规定,"涉及公民、法人或者其他组织切身利益的"政府信息应当主动公开。严义明作为中国所有纳税人中的一员,四万亿投资由于信息不公开而损害的决不是他一人。所以,他提起诉讼不仅仅是维护他个人的利益,更多的则是其他人的利益。他所遭受的损害在美国法上被称为"普遍不满"(generalized grievance)②,即人们以类似的方式所遭受的一种对普遍利益(generalized benefits)的损害。对于这种普遍利益所遭受的损害,在环境法诉讼中,法院根据公民诉讼条款可以授予当事人起诉资格,但是在纳税人诉讼中,法院一般不会授予当事人起诉资格。

---

① 参见寇博:《四万亿:千万里,我追寻着你》,载《南方周末》2009年12月24日。
② Flast v. Cohen, 392 U.S. 83, 114 (1968). 国内有学者将"generalized grievance"翻译成"一般化的抱怨",马存利:《全球变暖下的环境诉讼原告资格分析——从马萨诸塞州诉联邦环保署案出发》,载《中外法学》2008年第4期。

根据可诉性理论,本案的关键也在于严义明律师是否具有起诉资格的问题。因为,北京市第一中级人民法院裁定,依照行政诉讼法相关规定,严义明所诉不属于人民法院受案范围。受案范围与起诉资格虽然是两个不同的法律问题,但是,"从司法审查范围来看,起诉资格在客观上起着与受案范围相同的作用"。① 刘敏教授也指出,"从权利本位观念出发,我们应当从纠纷的可诉性的角度来探讨法院的主管范围,实际上法院的主管范围取决于纠纷的可诉性的范围,只要纠纷具有可诉性,该纠纷就属于法院的主管范围,法院主管范围的确定不能任意地限制当事人就可诉性纠纷诉诸法院"。② 可能正是由于这个案件,最高人民法院于 2010 年 12 月 13 日正式公布的《关于审理政府信息公开行政案件若干问题的规定》第 3 条规定:"公民、法人或者其他组织认为行政机关不依法履行主动公开政府信息义务,直接向人民法院提起诉讼的,应当告知其先向行政机关申请获取相关政府信息。对行政机关的答复或者逾期不予答复不服的,可以向人民法院提起诉讼。"这意味着我国的起诉资格法可能比美国在纳税人诉讼中的做法还要宽松,这对宏观调控行为可诉性的研究无疑具有启发意义。

此外,在德国《经济稳定与增长促进法》的实施过程中,有两个州顺利的对德国联邦政府的宏观调控行为提起了违宪审查诉讼。③ 当然,在笔者看来,可能最具启发意义的还是 2001 年 12 月复旦大学教授谢百三起诉财政部禁止回购国债案,虽然北京市第一中级人民法院没有受理该案,但是,吴元元教授已经从信息经济学动态不一致性理论的视角论述了货币政策中信赖利益的保护问题。④ 这在某种程度上可以避免出现不被授予起诉资格的"普遍不满"。

二、问题的意义

"宏观调控行为是否可诉"虽属经济法领域中关于宏观调控法的实施问题,但它又不仅仅是经济法领域的问题。深入研究之,对于理论与实践均有一定的意义与价值。

---

① 高家伟:《论行政诉讼原告资格》,载《法商研究》1997 年第 1 期。引文中的"起诉资格"在原文是"原告资格",这是因为高家伟教授将"standing"翻译为"原告资格",两者并无实质区别。
② 刘敏:《裁判请求权研究——民事诉讼的宪法理念》,中国人民大学出版社 2003 年版,第 154 页脚注。
③ 参见吴越:《经济宪法学导论——转型中国经济权利与权力之博弈》,法律出版社 2007 年版,第 298 页。
④ 参见吴元元:《调控政策、承诺可置信性与信赖利益保护——动态不一致性理论下的宏观调控法治建构路径》,载《法学论坛》2006 年第 6 期。

就理论层面而言,随着经济法理论研究的深入,人们越来越关注经济法的实施问题。但是,"经济法的实现方面体现着浓重的行政主导性特征"①,也就是说,经济法的实施主要体现在公共实施方面,并且由于大陆法系国家普遍存在的法律的"传统的单向运行模式",使得经济法的私人实施存在普遍的不足。所以,学界现在较多的关注公益诉讼问题②,并试图通过推进公益诉讼的研究,来解决经济法的私人实施不力的状况。因为,"私人利用法院所产生的作用不仅体现在对受害者的救济这一被动方面,还体现在促进法之目标的实现这一积极方面"。③

此外,"经济法根源于国家对经济的自觉调控和参与,其要义不在如民法般抽象地设定和保障某种权利,而需对万变之经济生活及时应对,以求兴利避害,促使经济尽速平稳发展,并提高国家及其经济的国际竞争力。它的任务是实现一定经济体制和经济政策要求,从而获得了比其他任何法律部门更为显著的政策性特征。"④但是,"政策性法律的主要特点是不具备或很少具备法律的规范性,特别是法律的可诉性"。⑤ 法律的可诉性缺陷直接导致了没有法律责任追加的公权主体的存在。可以说,"在一个国家中,只要有不受法律责任追究的公权主体存在,就表明其与法治国家的要求相去甚远"。⑥ 所以,对中国的法治现状而言,明确并强调法律的可诉性尤其具有现实意义。它不仅会带来法律观念上的深层变革,从某种意义上讲,它也是建立一个自行双向良性运转的法治系统的关键,是解决我国执法难和法律无力困境的出路之一。⑦

当前,经济法的可诉性问题在市场规制法领域并不突出,而主要体现在宏观调控法领域,尤其是调控受体对调控主体的责任追究方面⑧,宏观调控行为可诉性的研究正是通过经济法的私人实施机制来解决宏观调控主体的责任追究问题。本书通过对可诉性理论的系统性研究将有助于:第一,提高经济法的可诉性,并为经济法上的公益诉讼提供可资借鉴的制度安排;第二,从整体上提高规制型法律的可诉性,具体而言,就是为规制过程中出现的

---

① 史际春、邓峰:《经济法总论》(第2版),法律出版社2008年版,第64页。
② 公益诉讼,在不同的国家的不同时期,又被称为公共诉讼、公民诉讼、罚金诉讼等。参见张守文:《经济法总论》,中国人民大学出版社2009年版,第223页。
③ 〔日〕田中英夫、竹内昭夫:《私人在法实现中的作用》,李薇译,法律出版社2006年版,第7页。
④ 史际春、邓峰:《经济法总论》,法律出版社1998年版,第57—58页。
⑤ 王晨光:《法律的可诉性:现代法治国家中法律的特征之一》,载《法学》1998年第8期。
⑥ 谢晖:《独立的司法与可诉的法》,载《法律科学》1999年第1期。
⑦ 参见王晨光:《法律的可诉性:现代法治国家中法律的特征之一》,载《法学》1998年第8期。
⑧ 参见张守文:《经济法总论》,中国人民大学出版社2009年版,第222页。

"集体性权利"(collective rights)提供相应的救济机制;第三,为当前极具争议的行政行为的可诉性问题提供相应的借鉴,例如,抽象行政行为、程序行政行为、内部行政行为的可诉性问题都能够在可诉性法理中找到相应的理论依据。

就实践层面而言,以"加强宏观调控、保障和改善民生"为导向的大部门体制改革迫切要求在法治的框架下构建具有中国特色的宏观调控体系。为了应对之前全球性的金融危机,各国均出台了一系列反经济周期性质的宏观调控政策。但是,由于宏观调控行为可诉性理论的缺乏导致了很大一部分宏观调控行为的非法化运行,其中尤为突出的是地方政府越权出台了一系列"所谓的"宏观调控措施,从而扰乱了我国科学权威高效的宏观调控体系的建立。由于可诉性理论在本质上是一个宪法问题,其功能在于政府的各部门在权力分立(分工)的体制下实现制衡。因而,如果宏观调控行为是可诉的将有利于中国科学权威高效的宏观调控体系的建立。而且,法律实施的意义在于法在社会生活中被普遍而非个别的实际施行,法律可诉性的完善将使得谢百三、严义明这些制度之外的'为权利而斗争'的'义士'成为制度中的行动者,他们提起诉讼不再仅仅是基于个人的英雄气概,而是基于相应制度的切实保障与有力激励。从而得以在宏观和微观两个方面不断推进中国的经济法治进程。

三、文献综述

在国内,对于"宏观调控行为是否可诉"的问题,"有许多人认为宏观调控行为不具有可诉性,或者可诉性较为欠缺;也有人认为随着司法审查范围的逐渐扩大,随着民主、法治水平的提高,随着法院体制的改革,宏观调控法的可诉性问题,亦会不断得到解决。"[1]可见,学界对"宏观调控行为是否可诉"的问题主要分为可诉与不可诉两种观点。例如,邢会强博士开创性地提出了宏观调控行为的可诉性议题,并认为宏观调控行为是一种国家行为,所以是不可诉的。[2] 由此引发了相应的争论。[3] 肖顺武博士认为,"宏观调控行为是一种国家行为(或者说统治行为),是一种政治行为,因此,从法理的

---

[1] 张守文:《经济法总论》,中国人民大学出版社2009年版,第222页。
[2] 参见邢会强:《宏观调控行为的不可诉性探析》,载《法商研究》2002年第5期。
[3] 参见刘桂清:《论经济法的公益性诉讼机制》,载漆多俊主编:《经济法论丛》(第7卷),中国方正出版社2003年版,第385页;李刚:《宏观调控行为可诉性问题初探——由"纳税人诉讼"引发的思考》,载漆多俊主编:《经济法论丛》(第7卷),中国方正出版社2003年版,第401页。

角度看,宏观调控是不可诉的,也是不能诉的。"①颜运秋教授认为,宏观调控行为不是法律上的国家行为,充其量是一种政府经济行为,所以也是可诉的。② 胡光志教授认为,宏观调控行为并非是国家行为,只有在特殊情况下,即在与固有的国家行为发生特定联系时,宏观调控行为才有可能转化为国家行为,从而不再具有可诉性。③ 徐澜波教授认为,"概括、抽象地强调宏观调控是国家行为和决策行为,具有公共利益性、不特定性并最终会转化为政治问题,并以法院无法也无能力审查宏观调控内容和结果而认为宏观调控不具有可诉性的观点不具科学性,不利于宏观调控的法治化进程。"④我们可以发现学界分歧的焦点在于宏观调控行为是否是国家行为。根据前文所述的可诉性理论的要件,政治问题才是不可诉的。学者们所指的"国家行为"是否就是可诉性理论上的政治问题,此其一。其二,即便学者们所指的"国家行为"是可诉性理论上的政治问题,那也只是可诉性理论的一个要件,也就是说,即便宏观调控行为不是政治问题,也并不必然表明其就是可诉的。

在国外,"经过半个多世纪的实践,美国、德国等成熟的市场经济国家的宏观调控政策已经逐步实现了制度化和法治化"。⑤ 一般来说,这些成熟市场经济国家宏观调控行为可诉性的争议主要发生在宏观调控权行使的初期。例如,在发达市场经济国家中率先于1967年颁布具有宏观调控法意义的《经济稳定与增长促进法》的德国,在该法的实施之初就在违宪审查的框架内解决了两个州对宏观调控行为的质疑。⑥ 当然,这也不尽然。在美国,罗斯福新政时期宏观调控立法的违宪之争的结果就是,在罗斯福总统于1937年宣布了他的"填充法院计划"之后,法院几乎遵从了国会所有的贸易条款案件。对此,甚至有学者指出,"自从1937年以后,自由主义者典型地采用了双重标准——在公民自由方面赞成司法能动主义,而在经济问题上主张采取极端的司法克制,甚至是完全要求其放弃权力。"⑦对于这样一种"极端的司法克制",普肖(Pushaw)教授主张"国会规制州际贸易的行为(regulate interstate

---

① 肖顺武:《质疑宏观调控行为的可诉性》,载李昌麒主编:《经济法论坛》(第5卷),群众出版社2008年版,第298页。
② 参见颜运秋、李大伟:《宏观调控行为可诉性分析》,载《中国社会科学院研究生院学报》2005年第1期。
③ 参见胡光志:《论宏观调控行为的可诉性》,载《现代法学》2008年第2期。
④ 徐澜波:《宏观调控的可诉性之辨》,载《法学》2012年第5期。
⑤ 吴越:《经济宪法学导论——转型中国经济权利与权力之博弈》,法律出版社2007年版,第292—293页。
⑥ 同上书,第298页。
⑦ 〔美〕克里斯托弗·沃尔夫:《司法能动主义——自由的保障还是安全的威胁?》,黄金荣译,中国政法大学出版社2004年版,第191页脚注。

commerce)"是政治问题①,由于宏观调控行为显然属于国会规制州际贸易的行为,也就是说该学者主张宏观调控行为是政治问题。此外,在罗斯福新政之后美国近八十年的宏观调控实践中,苏特大法官也于2000年首次在具体案件中认为宏观调控行为是不可诉的政治问题。② 虽然苏特大法官的意见是在该案件判决的异议中提出的,但仍然在一定程度上将近八十年前的罗斯福新政中宏观调控行为可诉性争议重新拉回了人们的视野。这种理论界与实务界提出的主张或意见所引发的问题是:法院对国会在经济问题上的决策行为的遵从是否必然表明宏观调控行为是政治问题?

当然,所有这些已有的研究成果,都将是本书研究的理论起点。

四、分析框架

针对"宏观调控行为是否可诉"这一问题,首先必须回答"可诉性的要件是什么",只有充分了解可诉性的要件,才能为论述"宏观调控行为是否可诉"这一问题提供一个最基本的分析框架。其次要回答"宏观调控行为的性质是什么",而"宏观调控行为的性质"又取决于作为其权源的"宏观调控权的性质",宏观调控权作为国家的一种新型权力,只有对其生成过程进行实证考察,并在经济法的语境下寻求具有中国特色的"宏观调控"语词的重叠性共识,才能对"宏观调控行为的性质"得出具有理论解释力的结论。最后要回答"宏观调控行为是否符合可诉性的各项要件",这有赖于结合可诉性的具体功能,以及宏观调控行为的内在规定性,逐次分析。值得注意的是,可诉性的各项要件并不是并列的,而是递进的。也就是说,必须首先解决宏观调控行为不是不可诉的政治问题,才有可能进一步考虑宏观调控公益诉讼的起诉资格,成熟和过时作为起诉资格要件的扩展(成熟)与延伸(过时),在当事人享有起诉资格之后,最后才是对诉讼时机的选择。

遵循上述回答问题的思路,除了导论和结论之外,本书拟从以下五部分加以分析:第一章从罗斯福新政的视角梳理了宏观调控权是怎样生成的,并对宏观调控权的理论表达与实践运行进行了考察。本书认为,美国宏观调控权的生成基础是贸易条款下的国会调控权的扩张,其生成障碍是源于分权准则的禁止授权原则和经济上的实体性正当程序,宏观调控权能够成为现代国家一项独立的新型权力类型,在性质上属于立法权,尽管"宏观调控"语词具

---

① See Robert J. Pushaw, Jr., "Justiciability and Separation of Powers: A Neo-federalist Approach", 81 *Cornell L. Rev.* 393, 451 (1996).

② United States v. Morrison, 529 U.S. 598, 647 (2000).

有中国特色，但是日本学者移译于美国国会调控权(regulation)的"规制"已经包含了"宏观调控"的含义，而且我国当前诸种"临时性"调控措施也凸显了宏观调控权所具有的间接性与常态性属性。第二章对可诉性的要件和功能进行了概述。本书认为，可诉性要件源于对司法权的限制，其具体要件有禁止咨询意见、政治问题理论、起诉资格、成熟与过时，可诉性的功能有分权功能、代表功能、改善诉讼功能和司法自制功能。第三章论述了政治问题理论的起源、形式以及政治问题的确认标准，然后描述了政治问题理论的衰落过程及其原因，并对其进行了重构，最后以美国的宏观调控行为为例阐述了宏观调控行为不是不可诉的政治问题。本书认为，政治问题理论源于司法审查原则的例外，包括经典形式和审慎形式，政治问题的确认标准是由布伦南大法官在1962年的Baker v. Carr案中总结的。Baker v. Carr案的确认标准所具有的内在的循环悖论缺陷，以及学者们对政治问题理论的质疑导致了政治问题理论的衰落。本书随后以激励相容机制对政治问题理论进行了重构，在此基础上，指出政治问题不同于当前宏观调控行为可诉性争议中学者们所主张的"国家行为"，并认为宏观调控行为不是政治问题。第四章从起诉资格扩张的视角实现了宏观调控权合法性困境的求解。本书认为，源于授权立法的宏观调控权由于立法部门和司法部门对其控制的不足产生了合法性困境，该合法性困境的消解在于建立斯图尔特教授意义上的"利益代表模式"，"利益代表模式"的关键在于起诉资格的扩张，起诉资格的扩张有赖于公益诉讼起诉资格的生成。产生于1970年的Association of Data Processing Service Organizations v. Camp案中的实际损害要件本意在于对公益诉讼起诉资格进行扩张，却在事实上成为起诉资格法历史上最为严格的要件结构，并且该结构一直沿用至今。实际损害要件具有对抗性功能、区分功能与合法化功能，以信息经济学上的动态不一致性理论为基础的宏观调控法上的信赖利益的建构得以满足实际损害要件。授予宏观调控公益诉讼当事人以起诉资格并不必然导致讼累。第五章对宏观调控公益诉讼的时机进行了阐述。本书认为，诉讼时机包括成熟与过时两个方面。成熟理论的产生是为了平衡禁止作出咨询意见时所导致的难以抉择的霍布森选择，成熟理论的"适合性"与"困难性"标准在本质上是一个利益权衡过程，成熟理论与穷尽救济理论和终局性理论是有区别的，终局性理论并不是一个独立的要件，并且成熟分析是建立在起诉资格存在的假设之上的。作为"设置在时间框架内的起诉资格理论"的过时理论具有三类典型的例外，从而引发了过时理论模式的演化，其中，过时的部分审慎性模式具有较强的理论解释力。由于成熟和过时所具有的审慎性特征使得宏观调控公益诉讼时机的选择成为可能。

第一章 宏观调控权的界定

第一节 宏观调控权是怎样生成的
——基于罗斯福新政的考察

一、为什么是罗斯福新政

1776年,亚当·斯密提出了"看不见的手"理论,即"他通常不打算促进公共的利益,也不知道他自己是在什么程度上促进那种利益。……他所盘算的也只是他自己的利益。在这场合,像在其他许多场合一样,他受着一只看不见的手的指导,去尽力达到一个并非他本意想要达到的目的。……他追求自己的利益,往往使他能比在真正出于本意的情况下更有效地促进社会的利益。"① 也就是说,在市场竞争条件下,利润和效用最大化的行为通过市场力量,将会使市场主体的活动转化为社会最优状态。遵循亚当·斯密的这一定理,20世纪30年代以前,在西方经济学界居于正统地位的新古典经济学积极倡导"自由竞争""自动调节""自由放任",而政府只充当"守夜人"的角色,并坚信"萨伊定律",即"生产给产品创造需求"。② 因而,从古典派到新古典派的传统经济学认为通过市场上的自由竞争会自动调节以达到充分就业的均衡状态,从而不可能发生普遍性生产过剩或生产不足的经济危机。然而,1929年的世界经济危机使人们意识到自由市场自我调节能力的缺陷,因此必须引入国家干预因素来调控市场。这在理论上产生了凯恩斯主义,在实践中则产生了美国的罗斯福新政。

凯恩斯主义的产生标志着宏观经济学的诞生。③ "在30年代的大萧条之前,对宏观经济学的理解是粗浅的。除了'平衡预算'这类众所周知的说教外,不存在比较连贯的经济管理理论。30年代出现了宏观经济学这门科

---

① 〔英〕亚当·斯密:《国民财富的性质和原因的研究》(下卷),郭大力、王亚南译,商务印书馆1974年版,第27页。
② 〔法〕萨伊:《政治经济学概论》,陈福生、陈振骅译,商务印书馆1963年版,第142页。
③ 其标志性事件是1936年凯恩斯《就业、利息和货币通论》一书的出版。参见〔美〕约瑟夫·E.斯蒂格利茨、卡尔·E.沃尔什:《经济学》(下册),黄险峰、张帆译,中国人民大学出版社2005年版,第468页。

学的第一个激动人心的事件,它是由约翰·梅纳德·凯恩斯的开创性贡献所引起的。"①宏观调控出自宏观经济学,即国家运用经济政策对国民经济总量(主要包括总供给、总需求、总价格和总就业量等宏观经济指标)进行调控,促进总需求和总供给的基本平衡,以实现经济的平稳增长。因而,现代市场经济中的宏观调控法律制度也发端于20个世纪30年代②,美国的"罗斯福新政"作为不以凯恩斯理论为依据的"凯恩斯式的"政策范式③,是宏观调控实践的典型。第二次世界大战之后,美国国会正式宣告联邦政府负有管理宏观经济运作的责任,这既反映了凯恩斯主义的观点影响不断扩大,也反映了美国国会对萧条的担心。1946年美国国会颁布了具有里程碑意义的《就业法案》,其中写道:"国会特此宣告:联邦政府的持续的政策和责任,在于运用一切与其需要和职责相一致的手段……来促进最大量的就业、生产和购买力。"这样,国会首次确认了政府在促进产出增长、扩大就业和保持价格稳定方面的作用。④ 这是资本主义国家经济政策史上一个重要的转折点,它标志着在凯恩斯的《就业、利息和货币通论》出版将近十年之后,凯恩斯理论终于成为资本主义国家政府的经济政策的指导思想。如果说30年代经济危机期间,一些资本主义国家的反危机措施(包括美国的"新政"在内)往往是一种应急的措施,还谈不上明显地以某一派经济学说作为理论基础的话,那么从这时起,以维持充分就业水平为主要政策目标的资本主义国家的经济政策开始作为一种经常性的政策被推行着,而且明确地以凯恩斯的理论和建议作为制定政策的理论依据。⑤

从1933年罗斯福新政的实施到1946年《就业法案》出台的13年间,以凯恩斯主义为理论武装的美国联邦政府之所以能够名正言顺地走向宏观调控舞台的前台,是因为罗斯福新政作为现代宏观调控制度的起源⑥,孕育了国家宏观调控职能的生成。正如阿克曼所言,"如果说谁是现代积极干预国

---

① 〔美〕保罗·A.萨缪尔森、威廉·D.诺德豪斯:《经济学》(第14版)(下),胡代光等译,北京经济学院出版社1996年版,第746页。
② 参见李力:《宏观调控法律制度研究》,南京师范大学出版社1998年版,第3页。
③ 这是因为凯恩斯的《就业、利息和货币通论》是1936年出版的,而罗斯福新政是1933年开始的,但其主要政策却是凯恩斯式的。参见胡代光、厉以宁、袁东明:《凯恩斯主义的发展和演变》,清华大学出版社2004年版,第8页。
④ 参见〔美〕保罗·A.萨缪尔森、威廉·D.诺德豪斯:《经济学》(第14版)(下),胡代光等译,北京经济学院出版社1996年版,第747页。
⑤ 参见胡代光、厉以宁、袁东明:《凯恩斯主义的发展和演变》,清华大学出版社2004年版,第25页。
⑥ 参见吴越:《经济宪法学导论——转型中国经济权利与权力之博弈》,法律出版社2007年版,第292页。

家的奠基人,那是富兰克林·罗斯福而不是詹姆斯·麦迪逊;如果说有哪个议会是积极干预国家的创建者,那是新政国会而不是费城制宪会议。"①

还原历史方能揭示事物的本来面目。马克思也曾经告诫过我们,"对于概念和范畴不能把它们限定在僵硬的定义中,而是要在它们的历史和逻辑的形成过程中来加以阐述"。② 由于罗斯福新政导致了美国原有宪法结构的实质性变革③,笔者将以罗斯福新政这一历史断面考察美国宪政史上的宪法时刻,并试图描绘出宏观调控权的生成路径,以期裨益于80年后的全球性经济危机下的中国宏观调控实践。

二、生成的权力基础

(一) 国家权力的谱系

尽管宏观调控权作为国家的一种新型权力,但是仍然属于国家权力的范畴。目前学界对国家权力的定义、来源论述较多,但对于权力的类型却鲜有论及。笔者将从分权理论中描绘出国家权力的谱系,以期发现宏观调控权的生长临界点。关于分权的思想,一些伟大的思想家早在希腊罗马的奴隶制时代就提出过。亚里士多德在《政治学》中,波里比阿在《罗马史》中,都提到过"分权""制约""均衡"问题。④ 但是,分权理论的集大成者显然是洛克和孟德斯鸠。

洛克认为,国家的权力被分为立法权、行政权和对外权。这三种权力在国家权力中是彼此分开的。所谓立法权就是制定和公布法律的权力。"立法权是指享有权利来指导如何运用国家的力量以保障这个社会及其成员的权力。……在组织完善的国家中,全体的福利受到应得的注意,其立法权属于若干个人,他们定期集会,掌握有由他们或联同其他人制定法律的权力"⑤,并且定期地公布法律。在一个组织完善的国家中,仅有立法权是不够的。"由于那些一时和在短期内制定的法律,具有经常持续的效力,并且需要经常加以执行和注意,因此就需要一个经常存在的权力,负责执行被制定和继续有效的法律"⑥,这个执行法律的权力就是行政权。除此之外,国家还

---

① 〔美〕布鲁斯·阿克曼:《我们人民:宪法变革的原动力》,孙文恺译,法律出版社2003年版,第295页。
② 《马克思恩格斯全集》(第25卷),人民出版社1974年版,第17页。
③ 参见〔美〕凯斯·R.孙斯坦:《自由市场与社会正义》,金朝武、胡爱平、乔聪启译,中国政法大学出版社2002年版,第474页。
④ 参见龚祥瑞:《比较宪法与行政法》,法律出版社2003年版,第65页。
⑤ 〔英〕洛克:《政府论》(下篇),叶启芳、瞿菊农译,商务印书馆1964年版,第91页。
⑥ 同上。

有对外权,"这里包括战争与和平、联合与联盟以及同国外的一切人士和社会进行一切事务的权力;如果愿意的话,可以称之为对外权"。① 一个国家的立法权、行政权和对外权,并不是平等并列的,而是有主次轻重的。立法权高于行政权和对外权,是一个国家最高权力,"这个立法权不仅是国家的最高权力,而且当共同体一旦把它交给某些人时,它便是神圣的和不可变更的"②。在此,洛克并没有论及司法权,在他看来,司法权是行政权的一部分。

在权力分立理论问题上,与洛克将国家的权力划分为立法权、行政权和对外权这三种权力不同的是,孟德斯鸠将国家的权力划分为立法权、行政权和司法权三种。对立法权的理解,孟德斯鸠和洛克的理解是一致的,即立法权就是制定、修正或废止法律的权力,这种权力"应由全体人民集体享有",由人民选出的代表机关来行使。而对行政权的理解,孟德斯鸠和洛克有较大的不同,洛克将执行法律的权力称之为行政权,而不包括对外权,而孟德斯鸠的行政权包括了对外权,它是指媾和或宣战,派遣或接受使节,维护公共安全,防御侵略的权力,这一权力"应该掌握在国王手中,因为政府的这一部门几乎时时需要急速的行动,所以由一个人管理比由几个人管理好些"③,孟德斯鸠将执行法律的权力从行政权中分离出来,称之为司法权。所谓司法权就是惩罚犯罪或裁决私人诉讼的权力,这种权力应由选自人民阶层中的人员,在每年一定的时间内,依照法律规定的方式来行使,即由他们组成法院来行使。立法权、司法权和行政权必须分立,而且彼此相互制约,才能保障人民的自由、平等权利。孟德斯鸠认为,"当立法权和行政权集中在同一个人或同一个机关之手,自由便不复存在了;因为人们将要害怕这个国王或议会制定暴虐的法律,并暴虐地执行这些法律。如果司法权不同立法权和行政权分立,自由也就不存在了。如果司法权同立法权合而为一,则将对公民的生命和自由施行专断的权力,因为法官就是立法者。如果司法权同行政权合而为一,法官便将握有压迫者的力量。如果同一个人或是由重要人物、贵族或平民组成的同一个机关行使这三种权力,即制定法律权、执行公共决议权和裁判私人犯罪或争讼权,则一切便都完了。"④

可见,洛克和孟德斯鸠的权力分立理论已经将国家权力进行了周延的划分,也就是说,国家所有的权力都可以归结为立法权、行政权和司法权,当然这并不排斥按照其他标准将国家权力进行分类。其实,对外权是一国主权的

---

① 〔英〕洛克:《政府论》(下篇),叶启芳、瞿菊农译,商务印书馆1964年版,第92页。
② 同上书,第83页。
③ 〔法〕孟德斯鸠:《论法的精神》(上册),张雁深译,商务印书馆1961年版,第160页。
④ 同上书,第156页。

体现,而"治权是来自主权的,是主权赋予的。或者说,主权是'原生性'的权力,治权是'派生性'的权力"。① 就国家权力而言,在国际法上称为主权;在国内法上,则体现为治权,一般表现为立法权、司法权和行政权。国家行使洛克所称的对外权的行为在性质上属于国家行为,因而,洛克对国家权力的划分标准不是同一的,立法权、行政权和对外权是两个不同层次的权力类型,不可同日而语。

现在,西方各国差不多都把国家机关分为立法机关(议会)、行政机关(总统或内阁)和司法机关(法院)三种。把立法权、行政权和司法权分别载入一个宪法文件之内。这个原则最彻底的表述就是美国联邦宪法。② "在美国,只有国会有权调整各州之间的贸易关系。"③ 而其依据就是美国联邦宪法的第1条第8款第3项,即国会有权调控(regulate)同外国的、各州之间的和同印第安部落的贸易(commerce),通称"贸易条款"。"在20世纪30年代和随后的年代,贸易条款成为全国性政府管理权的首要宪法基础。"④ 但是,正如上文所述,产生于20世纪30年代的宏观调控权之所以能够以1787年制定的美国联邦宪法贸易条款为依据,不是由于制宪者们超常的预见能力,而是贸易条款的弹性特质使然。因为,只有国会能够调整的贸易范围的扩展,才能够使国会的贸易调控权得以扩张,唯有如此,新型的宏观调控权才能够生长。

(二) 贸易条款下国会调控权的扩张

国会调控权的扩张依赖于贸易条款所具有的弹性。"如果制宪者们提供了一个可行的修改程序,那么他们的思想和制度上的不足并不会成为一个问题。然而,他们所提供的修宪程序却极其'笨重'和不充分。制宪者要求国会参众两院2/3投票通过,并由3/4的州立法机关投票批准,这使得修正程序几乎不可能被使用。"⑤ 然而,值得庆幸的是,"这部宪法的篇幅还不到8 000字,它之所以幸存下来,相对来说修正很少,那是由于一些重要的术语,例如'贸易''必要与适当''正当程序'和'谨慎诚实'等等,都非常简短而富

---

① 周永坤:《规范权力——权力的法理研究》,法律出版社2006年版,第213页。
② 参见龚祥瑞:《比较宪法与行政法》,法律出版社2003年版,第67页。
③ 〔法〕托克维尔:《论美国的民主》(上卷),董果良译,商务印书馆1988年版,第130页。
④ 〔美〕施密特、谢利、巴迪斯:《美国政府与政治》,梅然译,北京大学出版社2005年版,第59页。
⑤ 〔美〕克里斯多弗·沃尔夫:《司法能动主义——自由的保障还是安全的威胁?》,黄金荣译,中国政法大学出版社2004年版,第64页。

于适应性。"① 一般认为,美国联邦宪法有三大弹性条款,即第 1 条第 8 款第 3 项的"贸易条款"、第 1 条第 8 款第 18 项的"必要与适当条款"和宪法第五修正案和第十四修正案第 1 节的"正当程序条款"。

然而,国会贸易调控权的扩张过程却是曲折的。有学者从美国宪法史的角度观察,认为联邦最高法院对贸易条款的解释可分为三个阶段,即建国初期阶段、20 世纪 30 年代之前法院限制政府职能阶段和罗斯福新政之后法院放宽对政府经济调控权的限制阶段。② 笔者认为这是可以的。但是,基于本书之主旨,笔者以罗斯福新政为分界点,将贸易条款的演化过程分为两个阶段。

1. 罗斯福新政之前

在建国初期阶段,由于在邦联体制下,美国国会无权干预各州贸易,各州出于自身利益,纷纷制定关税障碍或其他保护法案,以限制州内的竞争市场,优惠本州、歧视外州产业。因而,消除州际贸易障碍,成为制定联邦宪法的一大目标。为了实现这个目标,联邦宪法授权国会管理州际之间的贸易,国会的权力是直接授予的,然而权力的范围却不明确。在这一阶段,美国联邦最高法院对宪法贸易条款的解释主要表现为扩大"贸易"范围,建立联邦调控州际贸易的权限。Gibbons v. Ogden 案是有关州际贸易的第一个重要案例。③ 在该案中,美国联邦最高法院首席大法官马歇尔全力以赴地通过解释宪法,使联邦政府有可能成为一个强有力的政府。这使他用一种前所未有的广义解释去说明联邦的贸易调控权。他把贸易条款解释成所有贸易性的交往———一种广义的理解,足以将所有的经营活动包括在这个概念之中。他对于国会"调控"贸易的权力范围也同样进行了广义的解释。④ 马歇尔指出,贸易条款赋予国会的权力是"调控权,即制订贸易调控的规则。和授予国会的其他权力一样,这项自身完备的权力可被行使到最大限度,除宪法规定的限制外,不受其他任何限制。"⑤

此后,美国进入了资本主义自由竞争的黄金时期。由于受到英国思想家斯宾塞等人的社会达尔文主义的影响,政府的活动领域被逐渐地限制在执行

---

① 〔美〕E. 阿伦·法恩兹沃思:《美国法律制度概论》,马清文译,群众出版社 1986 年版,第 197—198 页。
② 参见曾尔恕:《美国宪法对调整经济生活的作用》,载《比较法研究》2002 年第 3 期。
③ Gibbons v. Ogden 22 U. S. (9 Wheat.) 1 (1824).
④ 参见〔美〕伯纳德·施瓦茨:《美国法律史》,王军等译,法律出版社 2007 年版,第 41 页。
⑤ 〔美〕斯坦利·I. 库特勒:《最高法院与宪法——美国宪法史上重要判例选读》,朱曾汶、林铮译,商务印书馆 2006 年版,第 89 页。

契约和对当事人双方提供保护的范围之内。① 美国联邦最高法院的法官们恪守最少政府干预和财产权利不可侵犯的观念，运用违宪审查权限制贸易条款的扩张。在 20 世纪 30 年代罗斯福新政以前，法院制约联邦政府调控权的手段之一，就是对贸易条款的范围给予狭隘的解释，要求调控事项只和贸易"直接相关"，而不能扩展到州际贸易开始之前或结束之后的活动。为此，法院截然区分"贸易"（commerce）、"生产"（production）和"制造"（manufacturing）的概念：州际贸易只限于与各州贸易直接相关的事项，包括直接附属于商品的买卖和运输，而不包括把材料转变为成品的生产制造过程。否则，国会不但可以调节贸易和制造业，也可以调节农业、渔业、股票公司和其他一切人类活动，其权力范围就将变得漫无止境。②

"直接相关"原则体现于 1895 年的 United States v. E. C. Knight Co. 案。《谢尔曼法》授权联邦政府调控市场经济，并禁止从事制造业、销售和运输业的公司阴谋利用不正当经济手段来控制市场。因而这项法律把联邦对生产和贸易的控制，扩展到某些从前属于各州主权的领域。但联邦最高法院在该案中宣布，《谢尔曼法》并没有授权联邦政府去阻止制糖业巨头的股票转换，尽管这种交易的结果，是使食糖加工公司控制全国 90% 以上的精制糖生产。联邦最高法院首席大法官富勒解释道，生产并不是州际贸易的一部分，生产上的垄断无疑会影响州际贸易，甚至影响到州外消费者所获得的供给与所支付的价格；但这些都是与"各州之间的贸易没有直接关系"的非直接后果。③ 此后，尽管联邦最高法院在"直接相关"标准上曾因为霍姆斯法官的"贸易流"（current of commerce）理论有所松动，但是法院对贸易条款的保守态度一直持续到罗斯福新政实施之前。

2. 罗斯福新政时期及之后

在罗斯福新政时期，法院在 National Labor Relations Board v. Jones & Laughlin Steel Corp.④案中对州际贸易条款的解释出现了革命性的转折，这带来了关于联邦权力范围的现代解释。⑤ 而为联邦贸易调控权的扩张划上

---

① 参见〔美〕E. 博登海默：《法理学：法律哲学与法律方法》，邓正来译，中国政法大学出版社 1999 年版，第 95 页。
② 参见张千帆：《西方宪政体系》（上册·美国宪法），中国政法大学出版社 2004 年版，第 163—164 页。
③ See United States v. E. C. Knight Co., 156 U.S. 1, 16 (1895).
④ National Labor Relations Board v. Jones & Laughlin Steel Corp., 301 U.S. 1 (1937).
⑤ 参见〔美〕阿奇博尔德·考克斯：《法院与宪法》，田雷译，北京大学出版社 2006 年版，第 162 页。

句号的是 Wickard v. Filburn① 案,联邦最高法院宣布,1938 年的《农业调整法》(Agricultural Adjustment Act)并不违宪。费尔本(Filburn)在家庭农场上生产供个人消费的小麦,因超出根据《农业调整法》规定的耕种面积和产量而被指控。费尔本以他的农产品是自产自用的,没有进入市场为由为自己辩护。联邦最高法院认为:"即使农场主的活动是地方性的,虽然这种活动可以不被看成是贸易,但是如果它对州际贸易产生实质性经济影响,国会仍有权管理,不论这种活动的性质如何,也不论这种影响是否属于前面所说的'直接'或'间接'的影响。"联邦最高法院最终宣布:"直接相关"或"贸易—生产"等司法标准已经过时,区分调控事项究竟是"生产"、抑或"消费"或"贸易",不再具有实际意义。联邦政府也不仅因为经济活动对州际贸易发生"间接影响"就被排除行使权力。在此,就是家用小麦也和小麦贸易发生竞争,因为超种必然增加用于贸易的小麦出售。尽管费尔本个人对市场需求的贡献微乎其微,但如把所有处于类似情况的农场主加起来,他们对州际贸易的整体影响必然相当可观。所以,实施《农业调整法》的规定并未超越州际贸易调控权的范围。

因此,1937 年以后联邦最高法院的判决,解除了以前对联邦经济调控权的大多数限制。由国家出面调控经济的要求,已由于法院确认此种调控的合法性而得到了满足。由此,确立了这样一种基本论调:"根据贸易条款,国会并非没有权力处理放任主义的恶果。"②而其处理放任主义的方式就是:联邦最高法院抛弃了新政以前的"直接相关"标准和"生产—贸易"区分,回到了马歇尔对贸易条款的宽泛定义。只要国会发现调控事项和州际贸易之间的联系存在"理性基础",法院就将肯定联邦法律的合宪性。只有国会措施明显缺乏理性基础、调控手段和宣称的目的之间毫无合理联系时,法院才可宣布它超出贸易条款授权而无效。③ 可见,贸易条款的现代标准是相当宽松的,这主要体现为:第一,调控州际贸易的权力不仅是一种限制性的权力,而且是"培养、保护与促进"的权力。第二,虽然这些活动在单独考察时在性质上可能是州内事务,但如果它们与州际贸易具有如此紧密和实质的关系,以至于关于它们的控制对于保护州际贸易免受负担和障碍是必要或适当的,国会则应有权去行使这种控制。第三,国会并不是被限制在调控"各州之间的……贸易",如果这种调控对于保护州际贸易而言是"必要或适当的",国

---

① Wickard v. Filburn, 317 U. S.111 (1942).
② 〔美〕伯纳德·施瓦茨:《美国法律史》,王军等译,法律出版社 2007 年版,第 176 页。
③ 参见张千帆:《西方宪政体系》(上册·美国宪法),中国政法大学出版社 2004 年版,第 170—171 页。

会仍有权调控任何其他事务。①

3. 小结

20世纪30年代之前法院限制政府的调控职能,这是因为"贸易条款曾经是高度逻辑化与概念化的产物"②,这种概念化的方法产生的实际效果是,排除了关于地方性活动对州际贸易影响程度的任何调查,排除了联邦管理美国国民经济的必要性。③ 但是,正如霍姆斯大法官所言,"州际贸易并非一个技术性的法律概念,而是一个来自于商业过程中的实用概念"。④ 所以,从马歇尔对贸易条款最初的宽泛界定到宽松的现代标准,联邦最高法院确认贸易条款授予国会近乎无限的调控贸易活动的权力,这背后的动力自然绝非仅仅是法律的逻辑就可以解释的。主要的公司早已占据了全国范围的市场,国民经济的复杂性与网络化特质,也使得相距遥远的地方企业在经济上相互依赖。⑤ 现在,美国经济是由许多大公司和它们支配的环境下运作的小企业组成的一个巨大综合体。不仅商业——商品和服务的流转和交换——而且整个生产过程都是这个国家经济的一部分。当初缔造者们不可能预见到这种经济系统的规模及其复杂性。在19世纪,如果联邦官员告诉俄亥俄州小农场主们不要种什么东西,那么这些农场主们可能会杀了他们,但现在他们却不得不经常接受农业部长按照国会调控农业经济方面的立法发布的命令。⑥ "国民经济的复杂性与网络化"或"经济系统的规模和复杂性"所要求的贸易调控权在本质上包含了宏观调控权的内在规定性,即从总体上调整国民经济的运行。而且,大萧条时期的一个重要启示就是经济上的相互依赖,这使得改革者认为以下信仰变得日益困难,即州政府依靠自身就能解决社会和经济问题。"各州之间的竞争有时会产生瘫痪,许多问题要求统一的国家救济,各州经常像是派系冲突和褊狭观念的竞技场。州政府的大小和州内组织良好的私人团体之控制使人很难相信传统的信念,即地方自治能够通过州自治而真实的实现。所有这些要求联邦政府调控权力的急剧增长,看起来是非常自然的。"⑦

---

① 参见〔美〕阿奇博尔德·考克斯:《法院与宪法》,田雷译,北京大学出版社2006年版,第169页。
② 同上书,第173页。
③ 参见〔美〕杰罗姆·巴伦、托马斯·迪恩斯:《美国宪法概论》,刘瑞祥等译,中国社会科学出版社1995年版,第47页。
④ Swift & Co. v. U.S., 196 U.S. 375, 398 (1905).
⑤ 参见〔美〕阿奇博尔德·考克斯:《法院与宪法》,田雷译,北京大学出版社2006年版,第172页。
⑥ See Wichard v. Filburn, 317 U.S. 111 (1942).
⑦ Cass R. Sunstein, "Constitutionalism After the New Deal", 101 *Har. L. Rev.* 421, 425 (1987).

事实上,贸易条款下的国会调控权的范围已经扩张到了非经济领域。在20世纪60年代以及70年代,国会认为非经济事务对州际贸易的运行造成了影响,因此联邦贸易调控权被用来对那些本质上属于非经济性事物的事项进行管理。例如,联邦最高法院曾认为1964年的《民权法案》是联邦贸易调控权的合理行使①,甚至基于贸易条款的国会调控权已经进入到传统的州警察权(police-power)所管辖的范围,如刑法,这种程度是如此明显以至于已经超过了詹姆斯·麦迪逊以及美国的其他缔造者们的本来意图。② 因而,宏观调控权必然包含在这仍在不断扩张的贸易调控权的范围之内。但是,作为一个独立的法学范畴的宏观调控权的生成却不是自然而然的。

三、生成的障碍及其克服

根据罗斯福本人对新政的理解:"政"(deal)的寓意是,政府自身将采取纠正歧视行动以实现其公开声称的目标,而不再是袖手旁观,单单希望通过一般的经济法律就可实现它。"新"(new)的寓意是一个设计的,旨在让最大多数的农民、工人和商人从中受益的事物新秩序;用以取代一个在现有配置下已经彻底让人生厌的,在国家里拥有特权的旧秩序。从根本上看,新政的意蕴是150年前美国联邦宪法序言中所宣称理想的现代表达——"一个更完美的联盟,公正,国内安定,共同防务,普遍福祉以及对我们自由和繁荣的赐福"。但我们并不仅仅满足于对这些理想抱有期待。我们要积极地借助政府的手段和权力,来为这些理想而战。③ 当罗斯福政府"积极地借助政府的手段和权力"应对大萧条的时候,新政法案主要的宪法障碍是分权准则、贸易条款、第十修正案和正当程序条款。④

基于上文所述,贸易条款实际上是宏观调控权得以生成的制度基础,在罗斯福新政期间贸易条款确实一度成为国家实施宏观调控的宪法障碍,但不是宏观调控权生成的障碍。所谓宏观调控权生成的障碍,是指贸易条款下国会的权力扩张以后得以生成的宏观调控权,与原有的宪政结构、理念所发生的抵牾。因而,宏观调控权生成的障碍是分权准则、正当程序条款和第十修

---

① See Katzenbach v. McClung 379 U.S. 294 (1964).
② See Mark C. Christie, "Economic Regulation in the United States: The Constitutional Framework", 40 *U. Rich. L. Rev.* 949, 963(2006).
③ See F. D. Roosevelt, 2 The Public Papers and Addresses of Franklin D. Roosevelt, The Year of Crisis, 1933, 5 (1938).
④ 参见〔美〕考夫曼:《卡多佐》,张守东译,法律出版社2001年版,第509页。

正案。但是,对于第十修正案而言①,由于美国联邦宪法是在美国生活"国家化"之前制定的,它把太多的终极性权力授予了各州,而给予联邦政府的权力,尤其在经济事务上的权力太少了。只有大大拓展联邦贸易调控权,扩大到大大超过制宪者可以想象的程度时,联邦政府才有能力最低限度地处理经济事务。② 可见,第十修正案的障碍伴随着贸易条款的弹性解释也消解掉了。所以,笔者需仅就分权准则障碍和正当程序条款障碍进行阐述。

(一)分权准则障碍之克服

1. 分权准则的症结

分权准则障碍是指:如果国会委托一个行政机构或私人团体的权限过大,那么,它是否违反基本的分权原则呢?这是罗斯福新政建立行政国家(administrative state)过程中的关键争点。③

新政以前,美国政界对联邦政府如何干预经济有两种意见:一种是通过国会立法、法院执行的模式,即由国会制定出关于公平竞争的法律,然后由司法机构来监督实行,以此来帮助市场进入良性循环;另一种模式注重和强调商业界与政府之间的合作关系,希望在实现国家目标的同时也照顾企业的利益,但联邦政府在这种合作关系中拥有管理经济的中心功能。罗斯福新政比较倾向于第二种模式,因为这种模式会赋予执法部门较大的权力来处理经济危机。④ 因而,作为罗斯福新政初期最重要的法律,1933年《全国工业复兴法》(National Industrial Recovery Act)在宪政上有两层意义:首先,它授予了总统管理全国经济的权力;其次,它将原属于国会的许多立法权转移到了总统手中。然而,在1935年的Panama Refining Co. v. Ryan案和A. L. A. Schechter Poultry Corp. v. United States案中,《全国工业复兴法》的主要部分被联邦最高法院裁定为违宪。

在Panama Refining Co. v. Ryan案中,法院裁定《全国工业复兴法》第9条C款违宪,因为该条款非法授予总统立法权。⑤ 具体而言,该条款规定,在州际贸易中,当石油产量超过州的限额,总统可以禁止该州的石油输出。法院认为,这个授权法仅有授权的内容,因而是无效的;国会并未说明总统应否

---

① 美国联邦宪法第十修正案的内容是:"宪法未授予合众国、也未禁止各州行使的权力,由各州各自保留,或由人民保留。"
② 参见〔美〕克里斯多弗·沃尔夫:《司法能动主义——自由的保障还是安全的威胁?》,黄金荣译,中国政法大学出版社2004年版,第57页。
③ 参见〔美〕考夫曼:《卡多佐》,张守东译,法律出版社2001年版,第509页。
④ 参见王希:《原则与妥协:美国宪法的精神与实践》,北京大学出版社2000年版,第331页。
⑤ See Panama Refining Co. v. Ryan, 293 U.S. 388 (1935).

行使、在什么样的情形、什么样的条件下行使他的禁止权,即《全国工业复兴法》未为指导总统确定是否禁止石油输出提供任何标准。在 A. L. A. Schechter Poultry Corp. v. United States 案中,法院宣布全国复兴管理局为纽约州大都会区颁布的《活禽法》违宪。因为根据《全国工业复兴法》的授权,联邦政府可以"为工商业制定公平竞争的规则"。作为《全国工业复兴法》执法机构的全国复兴管理局制定了几百个行政规章,《活禽法》就是其中之一。首席大法官休斯认为,《全国工业复兴法》授权总统颁布工业方面的"不正当竞争条例",构成了立法权的过度授予,因为该法对可以颁布的条例的内容未加以界定。一向支持新政立法的卡多佐也认为,"不正当竞争条例"不是为了防止欺诈、欺骗或不正当的贸易行为,而是要设法促进工业领域的健全与繁荣。这些条例实际上涵盖工业调控的全部领域:"这属于漫无边际的授权。如此大规模的授权是不能容许的。"①因而,在罗斯福新政中分权准则的症结表现为:国会是否以及在何种条件下可以将制定规章或发布具有法律效力的决定的裁量权授权给总统或其他机构。

2. 禁止授权原则的嬗变

作为三权分立原则最彻底表述的美国联邦宪法,其第 1 条第 1 款只赋予"美国国会"以"立法权",而不授予任何其他部门该项权力。根据"禁止授权原则(non-delegation doctrine)",国家立法机关无权把制定法律的权力交给或授权给其他任何机构。② 这是因为,立法部门、行政部门和司法部门拥有的权力是人民授给它们的。既然这三个部门是人民所授的立法权、行政权、司法权的接受者,那么它们也就必须是这种权力的唯一所有者。③ "禁止授权原则"来源于代理法上的"不能授出被授予的权力"原则。但是,分权准则是宪法理论中一个"未成定论的问题"。④ 詹姆斯·麦迪逊曾指出,孟德斯鸠的原理并不意味着分立的政府各部门"不应部分参与或支配彼此的行动"⑤,只是一个部门不应拥有另一部门的全部权力。可见,根据三权分立理论,国家权力分立的目的是通过权力的分工达到部门与部门间的制衡。而新政是

---

① A. L. A. Schechter Poultry Corp. v. United States, 295 U. S. 495, 551 (1935).
② 参见〔美〕凯斯·R. 孙斯坦:《设计民主:论宪法的作用》,金朝武、刘会春译,法律出版社 2006 年版,第 158 页。
③ 参见〔美〕伯纳德·施瓦茨:《行政法》,徐炳译,群众出版社 1986 年版,第 31 页。
④ 这表现为:第一,孟德斯鸠对其理论原型的英格兰权力分立的描述是否符合实际?第二,人们用"立法"、"行政"及"司法"来描绘政府各种行为时,这些概念能否分立?参见〔英〕杰弗里·马歇尔:《宪法理论》,刘刚译,法律出版社 2006 年版,第 116—118 页。
⑤ 〔美〕汉密尔顿、杰伊、麦迪逊:《联邦党人文集》,程逢如、在汉、舒逊译,商务印书馆 1980 年版,第 247 页。

对制衡机制的原初宪法安排所作的自觉修正,现代政府调控的一些问题是新政改革者对于权力分离和分立体制之近视反应的产物。因此,新政宪政主义必须在传统框架的背景下去理解。必须从一开始就注意到,权力分离观念在很大程度上是对宪法体系的错误描述,其应当按照权力制衡来理解。①

而且,"宪法从不否认国会可以采取必要的、灵活而又实际的措施,以使它能够完成制定政策、规定标准的任务,同时委托指定的机关在规定的范围内制定从属的规章,认定事实并据此事实裁定适用立法宣布的政策。没有授予这种权力的职能,我们的立法权就会变成一个怪物,它在许多需要立法的方面则必然一筹莫展"。② 因而,"禁止授权原则"从理论上禁止授出任何立法权嬗变为反对无限制授权的原则。也就是说,联邦法院通常主张的不是普遍意义上的禁止授权原则,而是一系列更具体、更细小、但更为重要的禁止授权原则,因为前者会引发严重的问题。法院不以联邦立法过于含糊和权力无限制而宣布其立法无效;相反,它认为行政机构不得涉足某些有争议事项的立法活动,除非得到国会的明确授权。③ 即"某些高度敏感的决定应由国会作出,而不是由行政机关根据毫无限制的立法授权来作出,即便是那些对传统原则持怀疑态度的人也应该把禁止授权原则视为高度理智的选择而接受"。④ 这些"高度敏感的决定"主要来源于以下三类情形:基于宪法的规定、国家主权问题和公共政策问题。⑤ 可见,现代社会发展的趋势已经越来越明显地表明,立法机关与行政机关的分立,只能是功能性分立,而不能做到严格分权,否则国家管理将无从进行,也就是说,立法权虽然主要是由一个机关来掌握,但是并非其他机关一概不能涉及。⑥

3. 小结

禁止授权原则的嬗变使得总统和其他机构具有了制定规章或发布具有法律效力的决定的自由裁量权,从而具备了应对周期变易的宏观经济的可能。至此,分权准则障碍也就消除了。实际上,禁止授权原则并不是宪法原则中一个坚不可摧的方面,美国联邦最高法院根据该原则宣布《全国工业复兴法》的主要部分违宪也是其宪法史上的第一次,正如孙斯坦教授所言,"我

---

① See Cass R. Sunstein, "Constitutionalism After the New Deal", 101 *Har. L. Rev.* 421, 430 (1987).
② 〔美〕伯纳德·施瓦茨:《行政法》,徐炳译,群众出版社1986年版,第32页。
③ 参见〔美〕凯斯·R.孙斯坦:《设计民主:论宪法的作用》,金朝武、刘会春译,法律出版社2006年版,第159—160页。
④ 同上书,第161页。
⑤ 同上书,第171页。
⑥ 参见陈伯礼:《授权立法研究》,法律出版社2000年版,第9—10页。

们可以说传统原则(禁止授权原则)有一个好年头和 212 个不好的年头(而且这个数字还在增长)"。① 何况,到 1935 年时,《全国工业复兴法》的运作事实上已陷入困境,A. L. A. Schechter Poultry Corp. v. United States 案的判决实际上给罗斯福留了一个面子,使他不至于在该法完全失败之后才将其取消。②

Panama Refining Co. v. Ryan 案和 A. L. A. Schechter Poultry Corp. v. United States 案反映了联邦最高法院的一种尝试,即试图要求国会在一定程度上控制,至少要监督它授权行政部门颁布的条例的内容。这些案件与联邦最高法院宣布某些立法宗旨和手段违宪的其他案件不同。在这两个案件中,联邦最高法院并不是要阻止政府实现其目标,它只是说,宪法把立法权赋予国会而非行政部门。因此,国会必须更为充分地引导那些有责任落实国会政策的部门。从历史上来看,这一尝试没有奏效,尽管联邦最高法院的担忧——总统与行政部门会以立法机关的权力为代价攫取大权——得到了证实。③ 现在看来,新兴的禁止授权原则体现了美国联邦最高法院的司法最低限度主义(judicial minimalism),它要求国会将授权表述清楚,同时又不完全否定政府的职能。其目的在于:既要通过新兴的禁止授权原则催生出现代政府的宏观调控权,又要对运作良好的自由主义政体的核心价值进行保障。④ 因而,禁止授权原则成为"把个人权益事项与宪法结合在一起的现代典范"。⑤

(二) 正当程序障碍之克服

美国联邦宪法中的"正当程序"分为"程序"(procedural)和"实体"(substantive)两个方面。而实体性正当程序又可分为经济上的实体性正当程序和非经济的(或社会的)实体性正当程序⑥,经济上的实体性正当程序是指从 1885 年到 1937 年罗斯福填充法院危机期间的美国联邦最高法院和其他法院决定调控性立法(regulatory legislation)是否合宪的原则。在该原则下,法院

---

① 〔美〕凯斯·R.孙斯坦:《设计民主:论宪法的作用》,金朝武、刘会春译,法律出版社 2006 年版,第 165 页。
② 参见王希:《原则与妥协:美国宪法的精神与实践》(修订版),北京大学出版社 2000 年版,第 342 页。
③ 参见〔美〕考夫曼:《卡多佐》,张守东译,法律出版社 2001 年版,第 513 页。
④ 参见〔美〕凯斯·R.桑斯坦:《就事论事——美国最高法院的司法最低限度主义》,泮伟江、周武译,北京大学出版社 2007 年版,第 85 页。
⑤ 〔美〕凯斯·R.孙斯坦:《设计民主:论宪法的作用》,金朝武、刘会春译,法律出版社 2006 年版,第 178 页。
⑥ 参见〔美〕约翰·V.奥尔特:《正当法律程序简史》,杨明成、陈霜玲译,商务印书馆 2006 年版,第 73 页。

根据联邦宪法第十四修正案引申出来的标准来评价经济性调控立法,例如,工资和工时、产品质量、市场准入和价格调控等法规。① 该原则主要体现为法院基于自身对传统经济理论的信仰——如"自由放任"(Laissez Faire)、"契约自由",认定经济权利是受到第五或第十四修正案特殊保护的"自由"或"财产",并借此禁止联邦或各州立法机构对经济领域的干预。因此,即使联邦或各州立法完全符合法律程序,法院也可能认为它们在内容上违反宪法或自然法的普遍原理而予以推翻。② 其中,最著名的案例就是1905年的洛克纳诉纽约州(Lochner v. New York)案,从该案到罗斯福总统的"填克法院计划"的三十余年间,联邦最高法院依照经济上的实体性正当程序推翻了两百多项各州的经济立法,因此,这一时期被称为洛克纳时代。

但是,"1905年洛克纳诉纽约州案决定所说的话语还仍然没有为一种新的精神之光所触及。体现它的只是大法官霍姆斯的反对意见,未来的人们将会认为这才是一个新时期的开始。在这个案件中,它是一个少数派的声音。但在原则上,它已经成为一种新体制的声音,已经将它自己写入了法律。"③ 而这种"新体制的声音"就是"宪法第十四修正案并没有颁布赫伯特·斯宾塞先生的社会静力学","一部宪法无意体现一种具体的经济理论,无论它是家长制理论,公民与国家的有机关系理论,还是自由放任理论"。④ 在罗斯福新政时期,许多事情促成了洛克纳时代的终结,但洛克纳一案一直还受到人们的激烈争论。有人认为根本没有"实体性正当程序"的余地,也就是说,对于正当程序条款将实体限制施加于政府权力之上的观点没有任何余地。虽然联邦最高法院从来就没有接受过这种观点,但是它最终得出的结论是,它确实超越了自己的权限,并滥用了自己的宪法角色。它认为,只要政府行为"合理",那么其行为就是合宪的。在经济领域,几乎一切事物都被认为是合理的。政府对经济的调控在一般情况下都是合法的,即使它干预了人们的契约自由。⑤

事实上,即便在洛克纳时代,美国联邦最高法院仍然支持了很多宏观调控立法,其中最突出的就是一系列的黄金条款案所引发的实体性正当程序争

---

① See Herbert Hovenkamp, "The Political Economy of Substantive Due Process", 40 *Stan. L. Rev.* 379, 379 (1988).
② 参见张千帆:《西方宪政体系》(上册·美国宪法),中国政法大学出版社2004年版,第270页。
③ 〔美〕本杰明·卡多佐:《司法过程的性质》,苏力译,商务印书馆1998年版,第48页。
④ Lochner v. New York, 198 U.S. 75 (1905).
⑤ 参见〔美〕凯斯·R.孙斯坦:《设计民主:论宪法的作用》,金朝武、刘会春译,法律出版社2006年版,第95页。

议。众所周知,货币政策是典型的宏观调控政策,而新政立法早期的一部关键性法规就含有货币政策的一个重要特征。该法是 1933 年国会两院通过的《共同决议》,它废除了要求以黄金或以黄金为折算标准偿还债务的合同条款,并规定偿还时属于法定货币的任何货币均可用以偿还债务,1 美元相当于合同中的 1 美元。此后不久,1934 年的《黄金储备法》削减了 1900 年的黄金储备法所确立的美元价值的含金量。许多债权人持有的合同规定以 1900 年的法规测算的美元价值进行支付,他们要求以合同规定的较大数额偿还其债务。执行这样的合同要求为每 1 美元债务支付 1.69 美元。债务人辩称,《共同决议》禁止实施要求按黄金支付的条款。债权人辩称,按照宪法第十四修正案的正当程序条款,《共同决议》违宪,因为它在不予补偿的情况下剥夺了他们的财产,因此他们有权要求按照合同规定的较大数额偿还其债务。在 1935 年,一系列质疑《共同决议》是否违宪的案件——黄金条款案——一起涌入联邦最高法院,以首席大法官休斯为首的联邦最高法院维护了《共同决议》。休斯认为,在私人合同中执行黄金条款的约定,将有碍于货币贬值意图的实现,也有碍于国会确立货币体制——这是国会的主要宪法权力。①因而,私人支付价款的合同应受国会实施货币政策的权力的约束。剥夺一方当事人在其订立——根据自己对货币有可能贬值的预见——的合同中享有的权利,也许是不公平的。但是,卡多佐认为,在政府需要自由制定有效金融政策的体制下做生意,这样的不公平现象乃是需要承受的风险之一。②

现在,经济上的实体性正当程序的衰落在我们的公法中已成为不可动摇的趋势。③ 因而,立法至上与司法自制的哲学获得了胜利,布莱克大法官作为罗斯福总统所任命的第一位大法官,他曾以联邦宪法之名写下了司法自制的墓志铭:我们已经回到了最初的宪法立场,法院不应以它们的社会与经济信仰来替代民选立法机构的判断。④

四、生成的独立性

(一) 宏观调控权的生成路径

在罗斯福新政中,宏观调控权的生成反映了美国联邦最高法院司法行为

---

① See Norman v. Baltimore & Ohio Railroad Company, 294 U.S. 240 (1935).
② 参见〔美〕考夫曼:《卡多佐》,张守东译,法律出版社 2001 年版,第 515 页。
③ 参见〔美〕伯纳德·施瓦茨:《美国法律史》,王军等译,法律出版社 2007 年版,第 174 页。
④ See Ferguson v. Skrupa, 372 U.S. 726, 730 (1963).

理论中的实用主义进路。① 在法律上,实用主义指的是依据司法判决可能产生的效果作出决定,而不是依据某一法条或判例的语言,或依据更一般的某个先前存在的规则。② 该进路体现了霍姆斯和布兰代斯大法官等人提倡的社会法理学,提倡将法律看成是流动的,而不是一成不变的,他们主张法律应该对变化了的社会条件进行反应。

因而,尽管在美国法中没有具有中国特色的宏观调控语词,但是这并不影响实质意义上的宏观调控权的生成。③ 这是因为:第一,正如美国宪法学家评论"贸易条款"时说:"虽然我们国家有 50 个州立法机关,但我们只有一个国民经济和工业体系。总的来说没有其他任何领域能像贸易条款那样,由最高法院较好地充分地维护了联邦的权威。"④其中的奥妙就在于其生成的宏观调控权所具有的主体特性,因为,宏观调控的主体应当是国家的最高政权机构,而不是基层的政权机构,否则就不能说是"宏观"调控。⑤ 也就是说,宏观调控权必须集中在中央,这样才能从整体上调控"国民经济和工业体系",从而避免地方政府基于囚徒困境而产生的合作难题。第二,禁止授权原则的嬗变不仅克服了宏观调控权生成的障碍,而且凸显了宏观调控权的核心内容——自由裁量权及其限度。宏观调控法作为应对经济周期的常态性法律,其存在的周期变易性会直接影响到对宏观调控法稳定性的认识,从而可能使一些论者以此来否定宏观调控法的独特价值和独立品格。由于新兴的禁止授权原则使得宏观调控主体具有了制定规章或发布具有法律效力的决定的自由裁量权,从而可以从根本上应对宏观调控的周期变易性。第三,经济上的实体性正当程序的衰落充分展现了宏观调控权的生成背景。自然法观念只是法理学上的假设,财产权作为法律的创设物并不排斥国家的干预。因而,基于自由放任的理念将"契约自由"视为宪法上的"财产",并以此禁止联邦或各州立法机构对经济领域干预的做法已经过时了。何况有学者指出,"自由放任是一个从未实现过,也永远不可能实现的乌托邦式的梦"⑥。

---

① 参见〔美〕凯斯·R.桑斯坦:《偏颇的宪法》,宋华琳、毕竞悦译,北京大学出版社 2005 年版,第 60 页。
② 参见〔美〕理查德·波斯纳:《法官如何思考》,苏力译,北京大学出版社 2009 年版,第 37 页。
③ 实际上,"regulate"既包括"宏观调控",也包括"直接监管"(supervision)。因而,贸易条款下国会的调控权(regulate)完全具备生成具有中国特色的宏观调控权的可能。参见史际春、肖竹:《论价格法》,载《北京大学学报(哲学社会科学版)》2008 年第 6 期。
④ 〔美〕卡尔威因、帕尔德森:《美国宪法释义》,徐卫东等译,华夏出版社 1989 年版,第 88 页。
⑤ 参见张守文:《宏观调控权的法律解析》,载《北京大学学报(哲学社会科学版)》2001 年第 3 期。
⑥ 〔美〕凯斯·R.桑斯坦:《偏颇的宪法》,宋华琳、毕竞悦译,北京大学出版社 2005 年版,第 58 页。

可见,国会贸易调控权的生成背景、调控主体的特定性和调控权行使方式的裁量性均暗含了宏观调控权的本质属性。至于是否一定要冠以中国特色的"宏观调控"语词,仅仅是一个语言表述习惯问题。

对此,可能有学者认为,这仅仅是机缘巧合,罗斯福新政与宏观调控权的生成并没有必然联系。笔者认为,从表面上看,罗斯福在他1936年再次当选总统后,宣布了1937年的"填充法院计划",才使得联邦最高法院改变立场转而支持新政立法,废除了传统的立法权的禁止授权原则并放弃了经济上的实体性正当程序。① 实际上,无论是对贸易条款的弹性解释,还是对传统的禁止授权原则的矫正和经济上的实体性正当程序的及时摒弃,均体现了联邦最高法院与迥异于实用主义进路的形式主义司法哲学的决裂。"形式主义通过对制定法和美国宪法的字面(文本主义)或历史(原旨主义)解释来贯彻其进路。而这种解释尽管名义上回溯到选举产生的官员,但效果常常是削减了非司法部门的权力。想一想对贸易条款……的字面解释,那会对政府调控的能力产生何等影响。1787年美国宪法想象的是一个比我们如今小得多的联邦政府,那时还可以用形式主义技能把政府切割到它在18世纪的规模。"② 因而,宏观调控权的生成路径又一次演绎了霍姆斯的著名论断:法律的生命不是逻辑,而是经验。可感知的时代必要性、主流的道德和政治理论、对公共政策的直觉——无论是公开宣称的还是下意识的,甚至是法官与其同胞们共有的偏见,在决定赖以治理人们的规则方面的作用都比三段论推理大得多。③ 可见,宏观调控权的生成不是依赖于法条主义的三段论逻辑演绎,而是贸易条款对已经变化了的社会经济现实回应的产物。

然而,问题的关键在于:这种回应能否真正生成独立的宏观调控权,还是仅仅蜗居于贸易条款下的国会调控权的一项职能?

(二) 宏观调控权能否独立

这种担忧不是没有依据的。因为:第一,美国联邦宪法上的贸易条款作为国会调控权的法律依据,近年来,该条款已经把联邦权力扩展到对能源和环境问题的管理。④ 所以,有理由相信,宏观调控权有可能仅仅是国会调控

---

① See Robert J. Pushaw, "Justiciability and Separation of Powers: A Neo-Federalist Approach", 81 *Cornell L. Rev.* 393, 457 (1996).
② 〔美〕理查德·波斯纳:《法官如何思考》,苏力译,北京大学出版社2009年版,第262页。
③ 参见〔美〕小奥利弗·温德尔·霍姆斯:《普通法》,冉昊、姚中秋译,中国政法大学出版社2006年版,第1页。
④ 参见〔美〕杰罗姆·巴伦、托马斯·迪恩斯:《美国宪法概论》,刘瑞祥等译,中国社会科学出版社1995年版,第50页。

权的一项职能而已,并不是独立的权力类型。第二,国会的调控权在性质上属于立法权,而且,上文已经指出美国宪法已经将权力分配周延,怎么还会有新的权力类型出现?

笔者认为,人们对于宏观调控权独立性忧虑的根源在于:第一,美国联邦宪法没有明确规定宏观调控权。这是因为美国联邦宪法的刚性和贸易条款的弹性解释使得联邦最高法院更愿意以实用主义的方式来应对变化了的经济现实,这一点已为上文所阐述。其实,权力的生成也可以借鉴权利的生成模式,所有权的存在并不排斥占有权、使用权、收益权和处分权的独立性。同理,国会调控权的存在也不会影响宏观调控权的独立性。第二,立法权与宏观调控权之间的关系问题。既然国会的调控权在性质上属于立法权,那么,源于国会调控权的宏观调控权在性质上理应也属于立法权。宏观调控权是立法权的下位概念,两者并不冲突。事实上,美国联邦宪法所规定的国会立法权除了调控权之外,还有征税权和开支权。其实,宏观调控权在性质上属于立法权的原因还在于,"立法权是美国政治生活实现变革最常用的方式,它有权对新的环境作出相应的调整。立法权的范围很广,在选择行使立法权的手段方面存在很大的自由裁量权"。① 这一点也正是宏观调控权的核心价值所在。第三,宏观调控权的合法性问题。因为建国以来,美国政治生活就一直在不断"国家化",并且为国家权力的扩张提供一个充分的基础,贸易条款被一种扩张性的、(有人会说是)令人怀疑的方式进行了解释。这件事情现在已经平息下来了,主要是因为1937年这个问题就已经获得了解决,当时司法机关实际上批准了有时被认为相当于一个非正式修正案的"新政"。②

综上,在美国罗斯福新政时期,法院的实用主义司法行为理论使得宏观调控权以一种极具争议的方式生成,但是,美国三权分立的权力谱系使得宏观调控权的独立性得以显见。并且,罗斯福新政作为美国宪法史上三个主要的宪法政治时期之一,国家宏观调控权合法性的获得才能够使美国从传统的自由放任主义向积极干预经济的国家过渡。③

(三)我国宏观调控权独立性的检视

基于权力类型的法定性,我国法律上权力的类型恪守着法条主义(formalism)理论。它假设司法决定都是由"法律"确定的,而这个法律被理解为

---

① 〔美〕克里斯多弗·沃尔夫:《司法能动主义——自由的保障还是安全的威胁?》,黄金荣译,中国政法大学出版社2004年版,第71页。
② 同上书,第67页。
③ 参见〔美〕布鲁斯·阿克曼:《我们人民:宪法变革的原动力》,孙文恺译,法律出版社2003年版,第2页。

一套在正宗法律材料——诸如宪法和制定法文本或者同一或高一级法院先前的判决——中表达的,或是可以通过逻辑演绎从这些材料中衍生出来的已有的规则。①

一般认为,我国经济法体系中的宏观调控概念源于西方宏观经济学。在我国,宏观调控一词最早出现于1984年《中共中央关于经济体制改革的决定》之中。1992年我国正式确立社会主义市场经济体制为改革的目标模式,为宏观调控的大规模运用提供了现实土壤。1993年的《宪法修正案》第15条作出"完善宏观调控"的明文规定后,宏观调控成为使用频率越来越高的概念。② 此后,在一些重要法律中(例如《中国人民银行法》第1条),也加入宏观调控的目标或内容,从而使"宏观调控"被转化为一个法律概念。但是,相关法律文本却没有明确规定"宏观调控权",这在某种程度上导致我国宏观调控权范畴提炼的艰难。幸运的是,国内宏观调控行为可诉性的争议使得宏观调控权的独立性尚没有成为现实的司法障碍。因而,对于宏观调控权的独立性问题,法律文本的阙如却给学者们预留了想象的空间。

综观我国学界对宏观调控权独立性的论证,主要表现为两种进路:第一种进路认为宏观调控权是一种新型的权力,而且是国家立法权、行政权和司法权之外的一种权力。较具代表性的观点有,陈云良教授将国家调节市场的权力类型化为国家调节权,并将国家调节权分为市场规制权、宏观调控权和国家投资经营权(国家所有权),而且,国家调节权是立法权、行政权、司法权之外的第四种国家权力形态。③ 也就是说,国家调节权是与立法权、行政权、司法权并列的一种权力类型,国家调节权是与宏观调控权具有包含关系(属种关系)的一对概念。④ 张守文教授将国家调节市场的权力提炼为经济调制权,经济调制权根据主体的不同分为宏观调控权和市场规制权,宏观调控权又可以分为宏观调控立法权和宏观调控执法权两类。⑤ 而宏观调控权作为国家主权或更为具体的管辖权的组成部分,从根本上说是整个国民总体的一项重要权力……是人民的权力。⑥ 如果将国家权力分为立法权、行政权和司法权具有一定的理论普适性的话,那么经济调制权也是与立法权、行政权和

---

① See Frederick Schauer, "Formalism", 97 *Yale L. J.* 509, 511 (1988).
② 参见漆思剑:《剔除附庸性:经济学之宏观调控的经济法改造——兼论国家投资经营法与宏观调控法的区别》,载《政治与法律》2009年第3期。
③ 参见陈云良:《国家调节权:第四种权力形态》,载《现代法学》2007年第6期。
④ 参见漆多俊:《经济法基础理论》,武汉大学出版社2000年版,第352页。
⑤ 参见张守文:《经济法理论的重构》,人民出版社2004年版,第400页。
⑥ 参见张守文:《宏观调控权的法律解析》,载《北京大学学报(哲学社会科学版)》2001年第3期。

司法权并列的一项国家权力,所以经济调制权与宏观调控权也是一对属种概念。第二种进路认为宏观调控权是衍生于行政权的一种权力类型,是行政权膨胀的结果,在性质上仍属于行政权。这种观点主要来自于国内行政法学界,经济法学界基于本位主义的考虑几乎没有学者主张。但是需要指出的是,有学者为了论证宏观调控权的独立性将其界定为决策行为,从而得出宏观调控行为是国家行为的观点。① 对此,姑且不论该论断能否自洽。② 其实,决策行为概念的提出不过是大部制下行政权三分的结果,因为大部制改革的核心就是将行政权分为决策权、执行权和监督权。而该学者提出此论断的依据也恰恰是 2003 年的深圳大部制改革试验。所以,将宏观调控权论证为决策行为的观点仍然是将其归类为行政权,尽管这可能也是该学者不愿意看到的逻辑延伸。

对照美国宏观调控权的生成路径,我们可以发现,我国宏观调控权的生成既无合宪性争议,也无独立性之忧,因为即便宏观调控权在性质上属于行政权,也并不排斥其成为新的权力类型;然而,有的只是迥异的权力类型名称。当然,我们能否就此作出判断:美国宏观调控权的性质属于立法权是正确的,中国宏观调控权的性质属于行政权抑或其他权力类型是错误的? 事实上,对于当下的中国经济法学界,并不缺乏理论创新,缺的只是具有理论洞烛力和融贯力的"法学上之发现"。③ 笔者将在本书第四章第一节从中国当前的宏观调控实践对宏观调控权的立法权属性作出进一步的论述。

五、地方性知识的误读

基于"宏观调控"语词的中国特色④,贯穿全文的"宏观调控权"一词显然也是如此,那么用一个中国式词汇去描述美国的权力生成路径是否违背了地方性知识观,其结论是否可靠?"因为语言和法律的紧密联系,语言是法律中极为决定性的智能力量。"⑤所以,当还是不当,这是一个问题?

美国著名阐释人类学家克利福德·吉尔兹从人类学的视角阐释道,"法律,与英国上议院议长修辞中那种密码式的矫饰有所歧异,乃是一种地方性

---

① 参见邢会强:《宏观调控权运行的法律问题》,北京大学出版社 2004 年版,第 21 页。
② 参见陈承堂:《宏观调控的合法性研究——以房地产市场宏观调控为视角》,载《法商研究》2006 年第 5 期。
③ 王泽鉴:《民法学说与判例研究》(第 4 册),中国政法大学出版社 1998 年版,第 3 页。
④ 参见吴越:《经济宪法学导论——转型中国经济权利与权力之博弈》,法律出版社 2007 年版,第 293 页。
⑤ 〔德〕伯恩哈德·格罗斯菲尔德:《比较法的力量与弱点》,孙世彦、姚建宗译,清华大学出版社 2002 年版,第 158 页。

的知识;这种地方性不仅指地方、时间、阶级与各种问题而言,并且指情调而言——事情发生经过自有地方特性并与当地人对事物之想象能力相联系。"① 所谓地方性知识,不是指任何特定的、具有地方特征的知识,而是一种新型的知识观念。地方性不仅是在特定的地域意义上说的,它还涉及在知识的生成与辩护中所形成的特定的情境,包括由特定的历史条件所形成的文化与亚文化群体的价值观,由特定的利益关系所决定的立场、视域等。② 可见,"地方性"丝毫不意味着空间上的封闭。地方性情境是可以改变、扩展的,是可以转换到另一个新的地方性情境中去。地方性知识并未给知识的构造与辩护框定界限。相反,它为知识的流通、运用和交叉开启了广阔的空间,知识的地方性同时也意味着开放性。

对于宏观调控权这一语词而言,尽管有学者指出"regulate"具有"宏观调控"的含义,"实际上,人们有时听说对于某一种文化的核心表达,根本不可能找到合适的对等表述"。③ 由于"一个词的意义就是它在语言中的使用"④,所以语言的地方特征并不代表该语言所表达的意义的特定性。事实上,获得地方性知识的前提恰恰是这样一种传统心态与价值观的转变。"用别人的眼光看我们自己可启悟出很多瞠目的事实。承认他人也具有和我们一样的本性则是一种最起码的态度。但是,在别的文化中间发现我们自己,作为一种人类生活中生活形式地方化的地方性的例子,作为众多个案中的一个个案,作为众多世界中的一个世界来看待,这将会是一个十分难能可贵的成就。只有这样,宏阔的胸怀,不带自吹自擂的假冒的宽容的那种客观化的胸襟才会出现。"⑤

因而,对罗斯福新政时期宏观调控权生成路径的全景式扫描,就是"用别人的眼光"来审视国内经济法学界理论研究进路之不足,当然,我们也有可能对自己已有的研究结论瞠目结舌。或许,这才是一种真正的地方性知识观。

---

① 〔美〕克利福德·吉尔兹:《地方性知识——阐释人类学论文集》,王海龙、张家瑄译,中央编译出版社 2000 年版,第 273 页。
② 参见盛晓明:《地方性知识的构造》,载《哲学研究》2000 年第 12 期。
③ 〔德〕伯恩哈德·格罗斯菲尔德:《比较法的力量与弱点》,孙世彦、姚建宗译,清华大学出版社 2002 年版,第 161 页。
④ 〔奥〕维特根斯坦:载《哲学研究》,李步楼译,商务印书馆 1996 年版,第 31 页。
⑤ 〔美〕克利福德·吉尔兹:《地方性知识——阐释人类学论文集》,王海龙、张家瑄译,中央编译出版社 2000 年版,第 19 页。

第二节 宏观调控权的理论表达

一、问题的提出

罗斯福新政作为现代宏观调控制度的起源①，孕育了宏观调控职能的生成，其生成的依据则是美国联邦宪法第1条第8款第3项的"贸易条款"。但是，"从联邦法律看，美国宪法的贸易条款经最高法院逐步解释后，使联邦在管理经济方面的决定权目前已经涉及越来越多的活动，而且是最重要的活动，即超越各州边界的活动（指州际贸易，相对于完全属于各州权限的州内贸易而言）。根据该条款，主要颁布了反托拉斯法（特别是1890年的谢尔曼法和1914年的克莱顿法）、食品和药品管理条例、20世纪30年代罗斯福新政的各项措施、发行证券和有关交易管理条例、运输管理条例等。这样，从贸易条款开始，逐渐发展成为涉及越来越多的经济活动，但有时被指责为前后不一致的'联邦经济法'"。②之所以被指责为前后不一致的"联邦经济法"，是因为基于实用主义传统衍生于贸易条款的国会调控权所调控的范围几乎无所不包，而非局限于罗斯福新政时期的宏观经济管理领域。而在中国经济法学界，一般认为"宏观调控法"的称谓及其理论概括是中国经济法的独创，无论是大陆法系还是英美法系均无类似的概念。③

由此产生的问题是：我们能否从美国联邦宪法所规定的国会调控权（regulate）中提炼出具有中国特色的宏观调控权？如果可以，则意味着尽管"宏观调控"语词是中国特有的，但是源于凯恩斯主义的国家干预经济的普遍实践所产生的这种重叠性共识，可以消弭宏观调控法理论完善过程中无谓的概念之争，从而极大的促进经济法的发展；如果不可以，则将证成当下我国经济法学界种种宏观调控法理论的原创性与合理性，从而可以从容应对来自经济法学界内部和外部的各种诘难。因而，对于"regulate（regulation）"的解读就成了关键。

---

① 参见吴越：《经济宪法学导论——转型中国经济权利与权力之博弈》，法律出版社2007年版，第292页。
② 〔法〕阿莱克西·雅克曼、居伊·施朗斯：《经济法》，宇泉译，商务印书馆1997年版，第62—63页。
③ 参见谢增毅：《宏观调控法基本原则新论》，载《厦门大学学报（哲学社会科学版）》2003年第5期。

二、"regulate"的经济法含义

从罗斯福新政以后,美国联邦政府对经济和社会事务的干预越来越多,美国成为一个规制国家(regulatory state)。这个"regulatory"以及它的名词形式"regulation",在汉语语境中很难找到一个确切的对应词。国内翻译家在翻译中国政府的"宏观调控(政策)"时,一般用"regulation"。但是,用"调控"来翻译美国语境中的"regulation",总觉得会突出了政策手段,忽视了这个概念后面的法律支撑。一些学者用"管制"来翻译,给人的感觉似乎又夸大了美国政府干预的力度。因此,在大部分情形下,只好用一个汉语中的新词"规制"来翻译,突出美国政府通过法律规范来干预社会和经济问题、监管私营营利或非营利部门行为的基本取向。① "regulation"究竟是"调控""管制"还是"规制",这看似一个语词的翻译问题,但是却由此影响整个经济法理论的构建。"因为话语的界限经常表明着我们理解的界限。"②

"规制"一词源于英文"regulation",其含义是有规定的管理,或有法规规定的制约,体现的是限制与促进、鼓励与惩罚相结合的精神,因而直接译为管制、管理、调整、制约等与原意不尽符合,故日本学者创造了"规制"这一译名。③ 例如,日本经济法学家金泽良雄认为,经济法按其本质,应是以国家对经济干预之法为中心而形成的。就此见解而言,体现于经济法中的"国家干预",对决定经济法的性质具有重要的意义。因此,在这里可将这种"国家的干预"换言为"规制"一词。一般所谓"规制",在最狭义上,可以理解为是由于对一定行为规定了一定的秩序,从而起到限制的作用,而在此,是广义地使用了"国家的干预"这一用语。所谓"干预"一词,一般涉及消极的(权利限制)和积极的(促进保护)两个方面。④ 根据《布莱克法律辞典》的解释,"regulation"有三种含义:第一,依法的控制或制约行为;第二,公司章程(bylaw);第三,通常为行政机构(administrative agency)颁布的具有法律执行力的规则。⑤ 日本学者将"regulation"译为"规制"显然是符合上述《布莱克法律辞典》的第一种解释的。

根据金泽良雄的定义,将规制解释为:在以市场机制为基础的经济体制

---

① 参见〔美〕罗伯特·麦克洛斯基:《美国最高法院》,任东来等译,中国政法大学出版社 2005 年版,译者絮语第 8—9 页。
② 〔德〕伯恩哈德·格罗斯菲尔德:《比较法的力量与弱点》,孙世彦、姚建宗译,清华大学出版社 2002 年版,第 161 页。
③ 参见张守文、于雷:《市场经济与新经济法》,北京大学出版社 1993 年版,第 22 页。
④ 参见〔日〕金泽良雄:《经济法概论》,满达人译,甘肃人民出版社 1985 年版,第 45 页。
⑤ See Bryan A. Garner, *Black's Law Dictionary* 1311(8th ed., Thomson West, 2004).

条件下,以矫正和改善市场机制内在的问题(广义的"市场失灵")为目的,政府干预和干涉经济主体(特别是对企业)活动的行为。那么,规制就包含了至今为止已经说明了的、全部与广义的市场失灵相关的法律制度。具体包括:(1) 主要以保证分配的公平和经济增长与稳定为目的的政策——财政、税收、金融政策;(2) 主要提供公共产品的政策——公共事业投资、社会公共服务的提供、福利政策等;(3) 主要是处理不完全竞争的政策——反垄断法、商法、依据民法产生的规制企业活动的政策;(4) 主要以处理自然垄断为目的的政策——在公益事业等领域的进入、退出、价格、投资等规制政策;(5) 主要以处理非价值性物品和外部不经济为目的的政策——防止和缓解在经济活动中产生的社会问题的规制政策;(6) 主要以处理信息偏在为目的的政策——保护消费者利益、公开信息、对广告的说明制约、知识产权的赋予等;(7) 与多样化的市场失灵相关的政策——产业政策(新生产业政策、不景气产业的结构调整政策、中小企业政策等)和科学技术振兴政策(包括专利、实用新型、设计、商标和著作权在内的与知识产权相关的政策和规格统一化政策);(8) 其他政策——特别是劳动政策(与劳动转移、劳动条件、工会、劳动环境等相关的政策),以及与土地、自然资源相关的政策。① 概括的说,在规制经济学中,规制是指行政机构为直接或通过改变消费者和厂商供求决策而间接干预市场分配机制所颁布的法规或采取的特定行动。②

可见,日本学者根据"regulation"苦心创制的"规制"一词所调整的领域涵盖了宏观经济政策(1)、微观经济政策(2)—(6)、产业政策(7)和劳动政策(8)。对此,可能有学者并不赞同金泽良雄教授根据"规制"所确定的经济法调整范围,尤其是第(8)项基于劳动经济学的劳动政策。笔者认为,政府的规制行为是为了解决市场失灵问题,例如公正分配、经济的稳定性、非价值性物品、公共产品、经济的外部性、自然垄断、不完全竞争、信息偏在等问题,而应对市场失灵却是经济法得以产生的经济根源,这恐怕是任何一个经济法学者都无法否认的。何况,在我国经济法学界也有学者将社会保障法纳入经济法的体系。③ 所以,在日本经济法上,"regulation"的意思是"规制"。

至于"调控"和"管制",这两个词不过是中国学者对"regulation"的不同翻译而已,在经济法上并无区分的意义和必要。实际上,在经济法上需要和

---

① 参见〔日〕植草益:《微观规制经济学》,朱绍文、胡欣欣等译,中国发展出版社1992年版,第19—20页。
② 参见〔美〕丹尼尔·F.史普博:《管制与市场》,余晖等译,上海三联书店、上海人民出版社1999年版,第45页。
③ 参见杨紫烜主编:《经济法》,北京大学出版社、高等教育出版社1999年版,第31页。

"规制"相区分的是"统制"。"统制"这一概念,以20世纪30年代的经济危机为契机,着眼于对自由经济实施的统制经济为特征的国民经济的状态而产生。其后,及至过渡到战时统制经济,而终于固定下来。"统制"一般可以理解为具有"将经济纳入一定的方针"或"为引导经济以实现特定目的"的涵义。① 其理论基础是德国经济法上的"机能说"。该学说着眼于法律的机能,并以经济统制为经济法的中心概念。② 由于这个时期的经济法主要是应对经济危机和战争危机,西方学者称之为"经济统制法"。我国有学者认为,"战时经济仍不失为市场经济,不能把统制理解为'专制'或'统治'……因此,不能把'经济统制法'理解为绝对坏的、变态的东西。"③但是,"经济法的重点,并不在如战时经济统制法那样极为病态的现象里,应在适应资本主义发展的正常生理现象之中去探求。"④事实上,"经济统制法"的主张者尚未认识到经济法是一个独立的法律部门,而只是把它当作行政法的一部分。⑤ 因而,在日本历来是倾向于将"统制"理解为国家对确定了某种方向所施加的权力干预⑥,即"国家在市场之外作出决定的直接介入的规制方法"。⑦ 显然,这与"规制"所具有的促进与鼓励等内涵不符,故不能用"统制"替代"规制"。

三、"规制"的界分

上文通过比较法的视角考察了"regulation"的译名"规制"一词在日本经济法中的具体内涵,我国学者通过翻译日本的微观规制经济学著作也引进了这一译名⑧,所以"规制"并非是汉语中的新词。对于规制行为的调整范围,有学者赋予了不同的名称,将上文第(1)—(7)项的政策体系分别称之为宏观调控(macro-economic control)、市场规制(regulation)、公共投资和管理(public investment and management),并认为"市场规制"实为与"宏观调控""公共投资"等地位平行、内涵相互区别、界限比较分明的一个概念,这些概

---

① 参见〔日〕金泽良雄:《经济法概论》,满达人译,甘肃人民出版社1985年版,第46页。
② 同上书,第8页。
③ 刘瑞复:《经济法学原理》,北京大学出版社2002年版,第57页。
④ 〔日〕金泽良雄:《经济法概论》,满达人译,甘肃人民出版社1985年版,第17页。
⑤ 参见〔日〕丹宗昭信、厚谷襄儿编:《现代经济法入门》,谢次昌译,群众出版社1985年版,第48页。
⑥ 参见〔日〕金泽良雄:《经济法概论》,满达人译,甘肃人民出版社1985年版,第47页。
⑦ 〔日〕丹宗昭信、厚谷襄儿编:《现代经济法入门》,谢次昌译,群众出版社1985年版,第47页。
⑧ 参见〔日〕植草益:《微观规制经济学》,朱绍文、胡欣欣等译,中国发展出版社1992年版,第304页。

念共同的上位概念是"国家干预"或称"国家调节",体现着现代市场经济条件下借助政府的公共机制以弥补市场失灵的三种基本形式和途径。① 其实,这种理解是有经济法的理论渊源的,最典型的就是漆多俊教授的"三三制"理论,即将按照国家调节经济的基本方式,可分为市场规制法、国家投资经营法和国家引导调控法(或称宏观调控关系)。②

可见,该学者所提及的"市场规制"与日本学者移译于"regulation"的"规制"产生了冲突。并且,经济法学界将宏观调控法作为经济法的一个重要组成部分,对应于市场规制法,已然成为定势。由此导致的问题是,试图从"regulation"中演绎出中国式的"宏观调控"语词似乎成了一个理论悖论。笔者认为,导致这种理论困境的原因主要有:第一,凯恩斯主义的产生标志着宏观经济学的诞生③,而宏观调控政策又来源于宏观经济学。所以学者们根据微观经济学与宏观经济学的分类推演出了经济法中的市场规制法与宏观调控法,但是对其划分依据却语焉不详。第二,上文学者所谓的宏观调控"macro-economic control"在英语辞典中是不存在的,只有"宏观经济学"(macro-economics)的词条。因而"macro-economic control"是一个典型的中国式英语,诸如此类的还有"macro-control"。④ 其实,从英文看,国家对经济的规制(regulation)已经包含了宏观调控的涵义。⑤ 在某种意义上,这一切都是语言惹的祸。对于第一个原因,学者对经济法的构成进行划分无疑是可以的,问题的关键在于保证理论的融贯一致。当学者用宏观调控法和市场规制法的二分法来划分经济法的时候,又指出规制性是经济法的特征,"规制性在宏观调控法和市场规制法方面都体现得很明显"。⑥ 那么,市场规制法中的"规制"与规制性中的"规制"究竟有何不同?对于第二个原因,由于"人们有时听说对于某一种文化的核心表达,根本不可能找到合适的对等表述"。⑦ 因而,对于宏观调控权的英语表达有赖于对"regulation"内涵的深刻理解。

其实,经济法规制的方式有多种,但大体分为国家权力性、强制性规制以及非权力性的规制两种。由于经济法变更和修改了依据市民法的自由放任

---

① 参见盛学军、陈开琦:《论市场规制权》,载《现代法学》2007年第4期。
② 参见漆多俊:《经济法基础理论》(第4版),法律出版社2008年版,第163页。
③ 参见[美]约瑟夫·E.斯蒂格利茨、卡尔·E.沃尔什:《经济学》(下册),黄险峰、张帆译,中国人民大学出版社2005年版,第468页。
④ 参见杨三正:《宏观调控权论》,厦门大学出版社2007年版,英文摘要第1页。
⑤ 参见史际春、肖竹:《论价格法》,载《北京大学学报(哲学社会科学版)》2008年第6期。
⑥ 张守文:《经济法理论的重构》,人民出版社2004年版,第223页。
⑦ [德]伯恩哈德·格罗斯菲尔德:《比较法的力量与弱点》,孙世彦、姚建宗译,清华大学出版社2002年版,第161页。

经济(私人自治),但为了能充分确保规制的效果,势必成为权力性和强制性的时候多。① 所以在"市场规制法"中强调权力性、强制性规制并不为过,但是不能因此而忽视非权力性规制。非权力性规制表现为国家自身以非权力性和私法的手段介入经济,并对之加以规制,或由国家(政府)进行非权力性的行政指导。其中,国家以非权力性和私法手段直接或间接介入经济这一现象在发展中资本主义时期有所表现,而且在高度发展的资本主义阶段,表现得尤为显著。那是由于伴随着资本主义的高度发展,自由主义经济中的自动调节作用(例如,危机、不景气的自动恢复能力)还不够充分,因而在这种情况下就必然产生了国家介入市场经济结构,对经济内部发挥人为的、政策性的作用,以便有目的地进行补充、修改或变更其经济活动的动向。② 可见,经济法的非权力性规制体现了宏观调控法的诸多特征:第一,非权力性规制在高度发展的资本主义阶段表现得尤为显著,是因为这一时期正是宏观调控法的生成时期,宏观调控法正是通过逆风向的调节熨平经济周期,实现经济的稳定发展。第二,"国家以非权力性和私法手段直接或间接介入经济"体现了宏观调控法的间接性特征。间接调控是现代市场经济中国家宏观调控的主要形式,由于间接调控以非强制性的经济手段为主,因而具有与市场机制协调性较好的特征,在宏观调控法律制度中应居于主导地位。③ 第三,国家对市场经济结构"进行补充、修改或变更其经济活动的动向"体现了宏观调控权行使的辅助性原则。由于现代市场经济国家的干预有两个主要形式:一个是指导经济活动的规制经济;另一个是国家的直接经济活动。在前一种情况下,国家只限于改变保持私有性的经济核算的数据;在后一种情况下,国家以其经济核算取代私人决策单位的经济核算。④ 在国家行使宏观调控权时,"只限于改变保持私有性的经济核算数据",这是因为辅助性原则要求将国家的宏观调控活动严格限制在补充市场调节机制的不足的范围内,防止以国家对经济的干预活动取代市场机制⑤,即"国家以其经济核算取代私人决策单位的经济核算"。

综上所述,移译于"regulation"的"规制"已经包含了中国特色的宏观调

---

① 参见〔日〕金泽良雄:《经济法概论》,满达人译,甘肃人民出版社1985年版,第52页。
② 同上书,第58页。
③ 参见李力:《宏观调控法律制度研究》,南京师范大学出版社1998年版,第133页。
④ 参见〔法〕阿莱克西·雅克曼、居伊·施朗斯:《经济法》,宇泉译,商务印书馆1997年版,第34—35页。
⑤ 参见李力:《宏观调控法律制度研究》,南京师范大学出版社1998年版,第155—156页。

控的内涵,而"市场规制"中的规制更多的类似于经济法中的权力性强制性规制,也就是说,"市场规制"和"宏观调控"体现了经济法的不同的规制方式。至于为什么我国学者独树一帜的创造了"宏观调控"一词来指称非权力性规制,有学者从中西方国家人们对国家与市场关系的不同定位进行了解释。① 笔者认为,除此之外,最主要的原因可能是学者们对中国经济法理论体系化的努力。但是,由此带来的却是语词的混乱,而且,这一混乱由于经济法学体系划分的路径依赖机制还在不断的被强化。

四、宏观调控权提炼的"外部性"②

源于"regulation"的"规制"一词包含了宏观调控所指称的对象,因而从美国联邦宪法所规定的国会调控权中提炼中国式的宏观调控权不再是一个难题。"洞见或透识隐藏于深处的棘手问题是很艰难的,因为如果只是把握这一棘手问题的表层,它就会维持原状,仍然得不到解决。因此,必须把它'连根拔起',使它彻底地暴露出来;这就要求我们开始以一种新的方式来思考……难以确立的正是这种新的思维方式……一旦我们用一种新的形式来表达自己的观点,旧的问题就会连同旧的语言外套一起被抛弃。"③从"宏观调控"到"规制"这一"语言转向"体现的是思维方式的转变,因而,当我们从旧的语言圈套中解脱出来,进行"话语"解放时,真正的挑战来自于"旧的语言外套"被抛弃后所面临的新问题。而且,该问题是笔者在研究宏观调控权的经济法表达过程中始料未及的,但却有助于经济法研究范式的最终确立,因而是学术研究"外部性"的体现。

由于新的研究范式产生并最终确立其主导地位之前一般都有一个不稳定的时期,若干方法或学派相互竞争,现实的重大变化往往需要概念上的创

---

① 参见吴越:《经济宪法学导论——转型中国经济权利与权力之博弈》,法律出版社2007年版,第295页。
② 外部性又称溢出效应,指的是企业或个人向市场之外的其他人所强加的成本或利益。参见〔美〕保罗·萨缪尔森、威廉·诺德豪斯:《微观经济学》(第16版),萧琛等译,华夏出版社、麦格劳·希尔出版公司1999年版,第28页。由于学术研究领域是一个竞争较为充分的市场,经济法理论研究尤其如此,因而任何一个学者的研究结论都有可能对他人的研究成果产生意想不到的影响,这种影响对他人而言可能就是"强加的",当然这种影响既有积极的也有消极的。
③ 〔奥〕路德维希·维特根斯坦:《札记》,转引自〔法〕皮埃尔·布迪厄、〔美〕华康德:《实践与反思——反思社会学导引》,李猛、李康译,中央编译出版社1998年版,第1—2页。

新与之相适应①,有待于常规科学的进一步阐述②。对于经济法而言,有学者从"立体成像"的视角得出了经济法所调整的经济关系是在国家"施加影响于"经济运行过程中产生的这一共识,但是研究者们在界定国家施加影响的方式时使用了包括协调、干预、调制、调节、管理等不同的语词来表达,其间自然是暗含了研究者对经济法调整的那部分经济关系理解上或明或隐的区别。③ 所以,在经济法学界,几乎没有公认的充当"常规科学"的教科书,这在某种程度上已经影响了经济法理论的发展与成熟。

在日本经济法上,学者们之所以用"规制"来替代"国家的干预",是因为"规制"包括消极的权利限制和积极的促进保护,体现了限制与促进、鼓励与惩罚相结合的精神。相形之下,协调、干预、调制、调节、管理等语词可能只强调了国家"施加影响"的某个方面,从而有失偏颇。因而,将国家干预市场经济的方式提炼为"规制"可能更符合经济法的本质,而这也有助于当下中国经济法研究范式的最终确立。当然,笔者并不否认在"规制"之下还可以提炼出若干子范畴,例如宏观调控、公共投资(国家参与)。但是对于宏观调控权的提炼,有一点必须提及的是,"规制"应有之义是法治之下的规制,从而避免宏观调控工具化的倾向,将"购房落户""中考加分""地方政府发债"等都作为适当的宏观调控政策,从而使得宏观调控沦落为恣意妄为。

如果"法律戴着面具现身",那么这面具就是语言;而且如果按吉普林(Kipling)所说,语言是人类"最强有力的药剂",那么它是一种有法律副作用的药剂。④ 对于学者而言,就是要透过语言的面具,抓住经济法最为本质的东西,从而尽量减少语言所带来的副作用。而这也就是厘定宏观调控权的经济法理论表达的意义所在。

---

① 参见张文显:《法哲学范畴研究》,中国政法大学出版社2001年版,第373页。
② "常规科学"是指坚实地建立在一种或多种过去科学成就基础上的研究,这些科学成就为某个科学共同体在一段时期内公认为是进一步实践的基础。一般来说,一段时期内公认的教科书即充当着"常规科学"研究基础的角色,因为它们共同具有两个基本的特征:它们的成就空前地吸引一批坚定的拥护者,使他们脱离科学活动的其他竞争模式。同时,这些成就又足以无限制地为重新组成地一批实践者留下有待解决的种种问题。参见〔美〕托马斯·库恩:《科学革命的结构》,金吾伦、胡新和译,北京大学出版社2003年版,第9页。
③ 参见肖江平:《中国经济法学史研究》,人民法院出版社2002年版,第179页。
④ 参见〔德〕伯恩哈德·格罗斯菲尔德:《比较法的力量与弱点》,孙世彦、姚建宗译,清华大学出版社2002年版,第135页。

第三节 宏观调控权的实践运行

一、问题的提出

案例1:《国务院关于坚决遏制部分城市房价过快上涨的通知》(以下简称"限购令"①)

（三）要严格限制各种名目的炒房和投机性购房。商品住房价格过高、上涨过快、供应紧张的地区,商业银行可根据风险状况,暂停发放购买第三套及以上住房贷款;对不能提供1年以上当地纳税证明或社会保险缴纳证明的非本地居民暂停发放购买住房贷款。地方人民政府可根据实际情况,采取临时性措施,在一定时期内限定购房套数。

案例2:福建省福州市政府干预菜价实施限价令(以下简称"限价令")

2010年11月9日,福州市政府启动蔬菜批发市场"干预"。干预对象是福州永辉、蓝天、新华都等本土超市里销售的空心菜、上海青、大白菜、豆芽菜等四种蔬菜,干预时间暂定为期两个月。具体干预过程为:福州市区蔬菜供应有近70%的份额是由国有企业福州民天集团属下的蔬菜批发市场提供,民天集团此次根据福州市政府的要求,临时承担了"最大批发商"职能,组织货源,以低于市场时价的"协商批发价"批发给超市,但要求超市必须以不高于"协商零售价"的价格对市民销售。这一过程中,政府只对国有企业民天集团直接发指令,也只有民天集团组织货源的采购价与"协商批发价"之间的差额得到政府补贴。②

在案例1中,为了贯彻《国务院关于坚决遏制部分城市房价过快上涨的通知》,北京市政府于2010年4月30日出台了地方性的"限购令",规定"同一购房家庭只能在本市新购买一套商品住房",对此,其他城市应者寥寥。但是,随着房价的进一步高涨,9月29日住房城乡建设部、国土资源部、监察部联合出台了《对各地进一步贯彻落实国务院坚决遏制部分城市房价过快上涨通知提出四项要求》,其中指出"房价过高、上涨过快、供应紧张的城市,

---

① 2010年4月17日发布的《国务院关于坚决遏制部分城市房价过快上涨的通知》(国发〔2010〕10号),也就是通常所说的新"国十条",由于其第3条最为引人瞩目,笔者基于行文方便,将其简称为"限购令"。

② 参见赵鹏、余荣华:《既不是政府定价 也不是行政限价——福州这样"干预菜价"》,载《人民日报》2010年11月15日。

要在一定时间内限定居民家庭购房套数。住房城乡建设部、监察部等部门将对省级人民政府稳定房价和住房保障工作进行考核与问责。对政策落实不到位、工作不得力的,要进行约谈,直至追究责任。"在中央强力问责的背景下,至2010年11月14日甘肃省兰州市出台"限购令"为止,一共有16个城市出台了宽严不一的"限购令"。在这些地方版的"限购令"中,有的城市规定了"限购令"的起讫时间,例如,厦门规定"限购令"的有效时间为从2010年10月1日起至2010年12月31日。虽然大多数城市没有明确规定"限购令"的起讫时间,但是"限购令"显然是"一定时间内的政策"①,因而是《国务院关于坚决遏制部分城市房价过快上涨的通知》规定的"临时性措施"。在案例2中,福州市对菜价实施的"限价令",被国家发展和改革委员会(以下简称"发改委")背书为《中华人民共和国价格》(以下简称《价格法》)上政府的价格总水平调控行为,并认为"这种干预措施也只是暂时性、辅助性的"。②基于此,笔者将案例1与案例2中的政策统称为"临时性"调控政策。

对于无形之手的市场调节与有形之手的政府干预,凯恩斯曾宣称"长期中我们都将死去"。③ 因为,如果市场的均衡仅靠自我调节,那么周期太长,代价巨大,有时甚至可能是无法恢复的;而政府的干预只能在短期内改变市场均衡,从长期来看,也是没有效率的。在凯恩斯主义学者看来,宏观调控政策应注重短期需求,而短期需求的满足只能通过政府干预而不是市场调节才能达成。所以,有效的宏观调控政策应该是"短期的"。④

由此引发的问题是:案例1与案例2中的"临时性"调控政策是否是凯恩斯意义上的短期宏观调控政策? 如果是,"临时性"调控政策必须符合宏观调控法的一般法理;如果不是,此种"临时性"调控政策的合法性基础,即其权力依据又是什么?

二、"临时性"调控政策的合法性争点

上述"临时性"调控政策甫一出台,各种合法性质疑与辩解便接踵而来。其中主要的争点有:

(一) 行政性调控手段

在诸种合法性争点中,其中最为主要的争点是,认为"临时性"调控政策

---

① 杨羚强:《住建部专家:限购令是一定时间内政策》,载《每日经济新闻》2010年10月22日。
② 中华人民共和国国家发展和改革委员会官方网站:《要正确理解保持价格总水平基本稳定的政策措施》,http://www.sdpc.gov.cn/xwfb/t20101130_383874.htm,最后访问时间2014年9月1日。
③ 胡代光:《当代西方经济学流派》,北京经济学院出版社1996年版,第2页。
④ 易纲:《宏观经济政策与市场配置资源》,载《财经》2006年第3期。

是行政性调控手段。例如,有学者认为,"对于过热的房地产市场,运用行政、法律与市场的手段进行调控未尝不可,但最近出台的限购房政策,却犯下双重过错:以一刀切的行政手段,行违背市场规律之事,结果将是,既无法达到抑制房价的目的,还会颠覆房地产新政理该蕴涵的基本价值观"。① 也有学者认为,"限购这种行政而非市场的调控手段,让奉行市场经济的人士很无语"。②

至于福州市的蔬菜"限价令",虽然"行政手段调控物价立竿见影,但麻烦也如影随形"。③ 为此,发改委很快就在其官方网站强调:"针对市场价格的异常波动,政府实施必要的行政干预,在发达国家也不乏先例,美、德、法、日、韩等国都有政府干预价格的做法和实践。"④ 事实上,2010 年 11 月 19 日发布的《国务院关于稳定消费价格总水平保障群众基本生活的通知》(国发〔2010〕40 号)明确指出,"以经济、法律手段为主,辅之以必要的行政手段,进一步做好市场价格调控监管工作"。沈宗灵教授主编的"法理学"也认为,"市场经济条件下的宏观调控应以经济、法律手段为主,并辅之以必要的行政手段"。⑤

可见,将宏观调控方式分为经济、法律和行政手段,无论是官方还是民间、法学理论界还是实务界,都已然是一个根深蒂固的分类。殊不知,在我国宏观调控的手段中,经常提到的经济手段、行政手段和法律手段这三个概念,是一种非常含混的说法。⑥ 因为:第一,"即使由政府运用行政命令的方式对经济生活作出调整,政府宏观调控部门也必须有法律依据。这就意味着,行政手段与法律手段并不是平行的关系"。⑦ 也就是说,所有的宏观调控手段都应该是现有法律框架之下的,而不是凌驾于法律之上。第二,虽然学界也对作为宏观调控手段的经济和法律手段作了列举或定义,"经济手段主要是指利率、汇率、信贷、税收、价格等手段,法律手段则是指制定和实施有关经济领域的法律、法规等"⑧,但对什么是"行政手段"却语焉不详!那么,缘何

---

① 叶檀:《行政权力的自娱自乐罢了》,载《南都周刊》2010 年第 40 期。
② 王小乔:《楼市限购令发布之后:抢房潮退了,但购楼热情未退》,载《南方周末》10 月 21 日。
③ 范传贵:《福州卡住菜价的"咽喉"》,载《南方周末》2010 年 11 月 25 日。
④ 中华人民共和国国家发展和改革委员会官方网站:《要正确理解保持价格总水平基本稳定的政策措施》,http://www.sdpc.gov.cn/xwfb/t20101130_383874.htm,最后访问时间 2014 年 7 月 21 日。
⑤ 沈宗灵主编:《法理学》,北京大学出版社 2000 年版,第 259 页。
⑥ 乔新生:《宏观调控中经常被误用的三个概念》,载《中国特色社会主义研究》2005 年第 2 期。
⑦ 同上。
⑧ 沈宗灵:《法理学》,北京大学出版社 2000 年版,第 259 页。

"临时性"调控政策只要冠以"行政手段"便可游离于法治之外?

(二) 价格调控行为

在"临时性"调控政策的合法性争点中,价格调控行为争点是上述行政性调控手段争点的延伸,即认为行政性调控手段是《中华人民共和国价格法》(以下简称《价格法》)上的价格调控行为。

由于将"临时性"调控政策界定为行政性调控手段仍然存在上述合法性的疑虑,有学者对其作出进一步的引申。例如,符启林教授认为"价格法或可成为地方出台限购令的法律依据,但仍显勉强"。[1] 如果说用《价格法》上的政府的价格总水平调控职能作为"限购令"的法律依据还略显底气不足的话,那么将其作为"限价令"的法律依据就似乎显得绰绰有余!

因为,发改委将福州市政府的"限价令"这一"价格临时干预措施"解读为政府依据《价格法》第 30 条项下的行为[2],即"当重要商品和服务价格显著上涨或者有可能显著上涨,国务院和省、自治区、直辖市人民政府可以对部分价格采取限定差价率或者利润率、规定限价、实行提价申报制度和调价备案制度等干预措施"。

对此,笔者认为:第一,福州市政府不是省级人民政府,所以不是履行价格总水平调控职能的适格主体。第二,福州市政府的"限价令"不仅不是《价格法》上的适法行为,而且还可能是违法行为。虽然福州市政府并不承认"限价令"属于政府定价和行政限价,但是福州市的"协商批发价"并非寻常所见的"政府建议价",而是最高限价和"强制降价"。[3] 并且,福州市政府的补贴对象主要是占有市场份额 70% 的国有企业福州民天集团,并不是所有的蔬菜批发商和超市,这种背离价格竞争机制的行为很可能属于《中华人民共和国反垄断法》第 36 条上的行政垄断,即"行政机关强制经营者从事本法规定的垄断行为"。

(三) 情势变更或不可抗力

不可抗力或情势变更争点仍然是上述行政性调控手段争点的进一步延伸,因为价格调控行为争点似乎无法解决"临时性"调控政策的合法性争议。当然,将私法上的免责事由不可抗力或情势变更与"临时性"调控政策的合

---

[1] 莫静清:《地方限购令缺法律依据》,载《法治周末》2010 年 10 月 31 日。
[2] 中华人民共和国国家发展和改革委员会官方网站:《要正确理解保持价格总水平基本稳定的政策措施》,http://www.sdpc.gov.cn/xwfb/t20101130_383874.htm,最后访问时间 2014 年 9 月 1 日。
[3] 范传贵:《福州卡住菜价的"咽喉"》,载《南方周末》2010 年 11 月 25 日。

法性争议联系起来可能略显突兀,但是,这对于厘清"临时性"调控政策的权力依据却具有特殊的意义。

由于"临时性"宏观调控政策所带来的大量违约现象的产生,理论界与实务界对其属于不可抗力还是情势变更存在着争议,但更多的还是将其认定为情势变更。例如,有学者认为,"我们的市场经济是宏观调控下的市场经济,因此政策的变化引起情势变更是正常的事情。如果忽视了宏观调控与情势变更的关系,那么情势变更原则的确立确实是无关紧要的事情了。"①"从理论上分析,情势变更,既可以是重大自然灾害事件引起,也可以由重大社会事件引起,但主要表现为社会经济情事的重大变化。"②笔者认为,不可抗力与情势变更作为违约责任的免责事由,固然存在诸多差异③,但是这对于认识"临时性"调控政策的权力依据并没有太大的意义。因为,在具体的个案中,无论将"临时性"调控政策认定为不可抗力还是情势变更都有可能忽视其内在的合法性依据,将任何调控政策都视为当然。

宏观调控权的行使确实应该遵守情势变更原则,在遇到重大的国际或国内事变,或者发生了重大不可抗力事件,致使经济不振的情势下,就需要对原来的调控方向、目标等作出变更,通过实施减税、扩大支出等手段来解决相关问题。④ 例如,中国在 2008 年遭遇全球性金融危机的情况下立刻将紧缩性货币政策转变为宽松性货币政策,"四万亿"投资计划也应运而生。在宏观经济学上,宏观调控权行使的情势变更原则,是指采取"相机抉择行动"来运用宏观财政政策和宏观货币政策,调节总需求。⑤ 但是,宏观调控政策本身是否是情势变更还有待进一步的论证。

综上,上述"临时性"调控政策的三个争点或许不是其合法性争议的全部,但却是最具代表性的。其中,价格调控行为争点与情势变更(不可抗力)争点似乎是在为行政性调控手段寻求合法性的脚注,但是其内在理据的缺乏使得我们不得不进一步追问,"临时性"调控政策究竟是不是按照宏观调控权作出的调控政策?

三、"临时性"调控政策的权力选择

如果将调控政策发挥作用的时期分为正常时期和非常时期的话,上述

---

① 隋彭生:《合同法要义》,中国政法大学出版社 2003 年版,第 241 页。
② 同上书,第 243 页。
③ 参见王利明:《违约责任论》,中国政法大学出版社 1996 年版,第 349—350 页。
④ 参见张守文:《经济法总论》,中国人民大学出版社 2009 年版,第 182 页。
⑤ 参见胡代光、厉以宁、袁东明:《凯恩斯主义的发展和演变》,清华大学出版社 2004 年版,第 36 页。

"临时性"调控政策按理应当属于非常时期的调控政策。所谓非常时期,是指国家的政治、经济、社会等领域发生重大变革或出现重大异常的时期,如政治革命、战争、自然灾害、经济危机等时期。有学者认为,在这种时期,形势变化极快,原有经济秩序被打乱,正常的市场调节受阻,需要国家采取紧急措施对经济进行干预和调节,包括宏观调控。① 并且,非常时期的调控立法和法律制度具有以下特征:(1) 立法应对性强,它们是作为紧急事态的对策出现的。(2) 宏观调控措施与国家直接干预管制并用,在宏观调控法律规范中强行性规范增多,法律的行政法色彩较浓,有的甚至就以行政指令面目出现。(3) 立法形式多为行政法规、临时性立法。② 可见,作为"临时性"调控政策的"限购令"与"限价令"是非常符合这些特征的,然而,在漆多俊教授看来,国家在非常时期的调控政策的权力依据不限于宏观调控权,那么这些"临时性"调控政策的权力依据是否是宏观调控权还有待于对其特性的深入考察。

（一）宏观调控权的特性

上述"临时性"调控政策的三个合法性争点实际上蕴含了宏观调控权的基本特性。就价格调控行为争点而言,其包含的特性在于并不是任何主体都享有宏观调控权。虽然学界对宏观调控权由中央政府独享还是由中央与地方政府分享存在一定的分歧,但是即便在主张地方政府也可以享有宏观调控权的学者看来,由省级以下的地方政府享有宏观调控权的观点也是难以接受的。而无论是"限购令"还是"限价令"都涉及省级以下的地方政府出台宏观调控政策,虽然出台"限购令"的副省级城市均获得了中央政府的授权,但是宏观调控权具有专属性,是不可授之权。所以,主张"临时性"调控政策是《价格法》上的调控行为不符合宏观调控权的主体特性。相对而言,行政性调控手段争点与不可抗力或情势变更争点所折射出的宏观调控权特性基本上是学界的共识。它们分别是:

第一,宏观调控权是一种间接性权力。③ 所谓间接性权力,"是指政府运用经济手段,通过市场机制引导市场主体的活动,使其符合整个宏观经济发展目标的原则"。④ 也有学者将其表述为宏观调控法的辅助性原则,即"将国家的宏观调控活动严格限制在补充市场调节机制的不足的范围内,防止以国

---

① 参见漆多俊:《经济法基础理论》(第4版),法律出版社2008年版,第267页。
② 同上。
③ 邱本:《自由竞争与秩序调控——经济法的基础建构与原理阐析》,中国政法大学出版社2001年版,第375页。
④ 李昌麒主编:《经济法学》(第2版),法律出版社2008年版,第404页。

家对经济的干预活动取代市场机制"。① 据此反观"临时性"调控政策,我们可以发现"限购令"和"限价令"的内在根据在于相应商品的短缺或稀缺,"规制有时候以稀缺为其正当依据。以稀缺为依据的规制反映了蓄意放弃市场的决定,因为短缺或稀缺通常可以不经规制而通过允许价格上涨得到缓解。然而,人们可能决定放弃价格机制,而通过规制分配来实现一系列(经常是不明确的)的'公共利益'目标"。② 可见,当我们以稀缺为"临时性"调控政策的正当依据的时候,实际上已经放弃了市场机制,那么还谈何市场基础之上的宏观调控。所以,"临时性"调控政策在本质上属于一种直接的干预甚至取代市场机制的行为,从而行政性调控手段的主张有悖于宏观调控权的间接性特性。

第二,宏观调控权是一种常态性权力。罗斯福新政作为当代宏观调控制度的起源③,在发生学上,应对经济危机的宏观调控权的生成不可避免的带有一定的应急性色彩。事实上,就美国而言,从其国会调控权中衍生出新型的宏观调控权甚至打破了已有的宪法平衡,这种应急性色彩从而引发了合宪性争议。"新政理解的一个有趣倒转是技术理性排除了司法控制,一些评论者主张法院应当在调控中扮演重要角色——以确保'合法性'和防止党争——总统角色则是次要的。"④但是,"如果说30年代经济危机期间,一些资本主义国家的反危机措施(包括美国的'新政'在内)往往是一种应急的措施,还谈不上明显地以某一派经济学说作为理论基础的话,那么从这时起,以维持充分就业水平为主要政策目标的资本主义国家的经济政策开始作为一种经常性的政策被推行着,而且明确地以凯恩斯的理论和建议作为制定政策的理论依据"。⑤ 这种"经常性的政策"就是我们通常所说的进行逆风向调节的周期变易的宏观调控政策,相应的,出台这种"经常性的政策"的宏观调控权也应该是经常性行使的。不可抗力或情势变更之所以能够成为合同法上的免责事由,在笔者看来,除了它们的定义所揭示的之外,其中一个可能为人所忽视的原因在于它们的偶发性,否则,正常的交易秩序将因为经常性的免责事由而荡然无存。所以,认为"临时性"调控政策是不可抗力或情势变更

---

① 李力:《宏观调控法律制度研究》,南京师范大学出版社1998年版,第155—156页。
② 〔美〕史蒂芬·布雷耶:《规制及其改革》,李洪雷等译,北京大学出版社2008年版,第51—52页。
③ 吴越:《经济宪法学导论——转型中国经济权利与权力之博弈》,法律出版社2007年版,第292页。
④ Cass R. Sunstein, "Constitutionalism After the New Deal", 101 *Har. L. Rev.* 421,427 (1987).
⑤ 胡代光、厉以宁、袁东明:《凯恩斯主义的发展和演变》,清华大学出版社2004年版,第25页。

的主张不符合宏观调控权作为常态性权力的特性。

其实,不可抗力或情势变更争点还可以通过信息经济学上的博弈论来进行反驳。大多数宏观经济学家都认为,系统的宏观经济政策至少在短期内能够对失业和产出发生影响,这也是上文凯恩斯宣称的"长期中我们都将死去"所要表达的意思。但是,以罗伯特·卢卡斯(Robert Lucas)为代表的理性预期宏观经济学理论认为,(1)人们将尽可能地利用所有可以得到的信息,并且(2)工资和价格都是可变通的。所以,"理性预期假设的最关键之处在于,政府在系统地采纳经济政策方面,不可能愚弄其人民"。[1] 由此推导出了宏观经济政策无效性定理:"在人们作出理性的预期以及工资和物价可以灵活变通的条件下,可事先预见的政策不可能对实际产出或者失业率发生影响。"[2]政府的宏观经济政策之所以会无效,是因为宏观调控主体与调控受体之间产生了动态博弈,调控受体能够观察到宏观调控主体所选择的行动,这样一种失效状态属于博弈论上的子博弈精炼纳什均衡。这也得到了2004年诺贝尔经济学奖获得者基德兰德(Kydland)和普雷斯科特(Prescott)所提出的政府政策的动态不一致性理论的证实。[3]

笔者在此引述宏观经济政策无效性定理并无意于探讨宏观调控政策的效力问题,而在于考察其之所以无效的根据,即调控受体可以观察并预测到宏观调控政策的走向。当然,这也是宏观调控权作为间接性、常态性权力的应有之义。如果宏观调控权是直接性权力,宏观调控主体与调控受体之间将不存在博弈的可能;如果宏观调控权是偶发性权力,将不存在政府政策动态不一致理论得以发挥作用的空间——持续性的宏观调控政策。所以,根据理性预期宏观经济学理论,宏观调控政策并不是调控受体"不能预见"的不可抗力或情势变更。不仅如此,宏观调控政策带来的风险还是调控受体必须承担的商业风险。例如,在1935年,美国联邦最高法院在审理一系列质疑《共同决议》是否违宪的黄金条款案件时,卡多佐大法官认为,私人支付价款的合同应受国会实施货币政策的权力的约束。剥夺一方当事人在其订立——根据自己对货币有可能贬值的预见——的合同中享有的权利,也许是不公平的。但是,在政府需要自由制定有效金融政策的体制下做生意,这样的不公

---

[1] 〔美〕保罗·A.萨缪尔森、威廉·D.诺德豪斯:《经济学》(第14版),胡代光等译,北京经济学院出版社1996年版,第1191页。

[2] 同上书,第1195页。

[3] See Finn E. Kydland & Edward C. Prescott, "Rules Rather Than Discretion: The Inconsistency of Optimal Plans", 85 *Journal of Political Economy* 473 (1977).

平现象乃是需要承受的风险之一。①

（二）国家应急权的考量

对于国家在非常时期出台调控政策的权力类型，国家应急权本应是首选。鉴于上述"临时性"调控政策是在宏观调控的名义下作出的，所以笔者不得不先对宏观调控权进行考察，然后再论及国家应急权。

根据国家应急权的历史演进，学界大体将其分为应对紧急状态的国家紧急权和应对突发事件的行政应急权。国家紧急权（law of necesstiy），又称"紧急之下法律不存"（necessity knows no law）之法理②，是指国家在宣布进入紧急状态之后所行使的一种不受民主宪政的分权原则和人权保障原则的一般限制的国家权力，其目的是通过必要的权力集中与人权克减来达到消灭危机、恢复国家的正常秩序。③ 引发紧急状态的事件一般是特别重大的突发事件，当这些突发事件对人民生命财产安全、国家安全、公共安全、环境安全或者社会秩序构成重大威胁，采取行政应急权尚不能消除或者有效控制、减轻其严重社会危害，才可以根据规定的权限和程序行使国家紧急权。行政应急权与国家紧急权在行使时具有一种承继转化关系，当然，国家紧急权行使的场合非常罕见；但是，现代社会是风险社会，各种突发性事件频发，行政应急权的行使还是比较常见的。就我国而言，规范国家紧急权和行政应急权的主要法律文本分别为《中华人民共和国宪法》与《中华人民共和国突发事件应对法》（以下简称《突发事件应对法》）。

鉴于"限价令"与"限购令"是政府在通货膨胀时期为了"维稳（物价稳定）"而出台的临时性措施，那么考察"临时性"调控政策的权力依据是否是国家应急权，就涉及经济危机类事件是否是突发事件？根据《突发事件应对法》第3条的规定："本法所称突发事件，是指突然发生，造成或者可能造成严重社会危害，需要采取应急处置措施予以应对的自然灾害、事故灾难、公共卫生事件和社会安全事件。"可见，这样一种列举式的立法模式并没有将经济危机类事件列入其中。笔者认为这是有道理的。因为，经济周期作为市场经济固有的现象，经济危机的产生也就是无法避免的。尽管人类对经济危机爆发的具体时间无法准确的预知，但是对其爆发的必然性还是有充分认识的。自从美国罗斯福新政以来，人类应对经济危机的历史已经从仓促走向从容，相应的，应对经济危机的权力类型也从应急走向常态，并最终生成了现代

---

① 参见〔美〕考夫曼：《卡多佐》，张守东译，法律出版社2001年版，第515页。
② 参见法治斌：《人权保障与司法审查》，台湾月旦出版社股份有限公司1994年版，第91页。
③ 参见郭春明：《论国家紧急权力》，载《法律科学》2003年第5期。

市场经济国家所普遍具有的宏观调控权(职能)。质言之,如今各国应对经济危机的权力类型应该是常态性权力——宏观调控权,而不是行政应急权,更不是国家紧急权。

综上所述,漆多俊教授并没有明确指出国家在非常时期的出台调控政策的全部权力依据,笔者通过逻辑推演,在宏观调控权之外引入了国家应急权。但是,"临时性"调控政策的权力依据问题并没有简化到二选一的地步。由于案例2中"限价令"的作出并非缘于《突发事件应对法》上的突发事件的发生,所以即便该"限价令"不是由福州市政府而是由福建省政府作出的,其主体的适格也不能证成其合法性。因为《价格法》第30条项下的价格干预措施是"非正常措施,是反市场经济要求的行政强制干预措施"①,这种"行政强制干预措施"的权力依据显然不是宏观调控权,而是行政应急权。这一判断也可以从比《价格法》第30条规定的价格干预措施更为严厉的第31条得出。《价格法》第31条规定,"当市场价格总水平出现剧烈波动等异常状态时,国务院可以在全国范围内或者部分区域内采取临时集中定价权限、部分或者全面冻结价格的紧急措施",采取这种"紧急措施"的权力依据即为上文所述的国家紧急权。由于行政应急权与国家紧急权具有承继转化关系,相应的,《价格法》第30条的权力依据应是行政应急权。实际上,政府依据行政应急权,针对市场价格的异常波动,实施必要的行政干预确实是发改委所谓的各国通例。例如,日本价格法上的停止价格制,即"将在自由经济活动下形成的价格,控制在一定时期内所取得的实效价格,禁止进一步提价的方法。因此,停止价格,就是最高价格"。② 但是这种依据行政应急权作出的价格干预措施必须在突发事件发生的情况下才得以实施,而不能将其作为常态性的宏观调控政策实施。同理,案例1中的"限购令"本应该在突发事件或紧急状态的情境下依据国家应急权而作出,但却遮上宏观调控权的面纱,让人难以捉摸。也就是说,案例1与案例2在理应行使宏观调控权的经济情境下,却以宏观调控权的名义行使了国家应急权,此其一;其二,在行使国家应急权的时候又没有遵守相应的法律文本。

四、"微观调控"的检讨

在当前"维稳"的政治高压之下,"限购令"显然不是第一个"临时性"调控政策,"限价令"也绝不是最后一个。尽管笔者试图在权力的谱系上为"临

---

① 李昌麒主编:《经济法学》(第2版),法律出版社2008年版,第494页。
② 〔日〕金泽良雄:《经济法概论》,满达人译,甘肃人民出版社1985年版,第397页。

时性"调控政策的权力依据寻求一个恰当的位置,但却很难对号入座。存在即合理,主流经济学家将这些"临时性"调控政策称为"微观调控"①,以示区别于"宏观调控"与"微观规制"。从此,两个风马牛不相及的范畴因为"微观调控"一词的诞生而似乎显得如此的和谐。经济学作为解释现实世界的学科,作为法律人的我们不能迁就经济学人的这种"入世"的态度,而应以"出世"的姿态检讨其背后的合法性基础。

　　对于各级政府出台的形形色色的"微观调控"措施,笔者丝毫不怀疑其良苦用心,但是,我们治理市场经济仅仅具有良好的动机是不够的。当我们为了维持物价稳定的目的,不惜克减我们只有在国家行使应急权的情况下才得以克减的基本权利与自由时,我们已经走向了市场经济的反面——计划经济。更何况,"'紧急状态'(emergencies)一直是个人自由之保护措施不断蒙遭侵蚀的一个接口——此外,一旦这些保护措施被中止,那么任何一个掌控了这种紧急状态权力的人都极容易确使这种紧急状态持续下去。的确,如果重要群体所认为的惟有通过行使专制权力才能得到满足的所有需求都变成了一种紧急状态,那么所有的情形实际上都会变成一种紧急状态"。②

　　事实上,当我们在遭遇接连不断的"微观调控"的过程中,"蒙遭侵蚀"的不仅仅是个人的基本权利与自由,物价稳定的目标也离我们渐行渐远,"私人对于价格的歪曲固然重要,但在当今,政府是对自由市场制度的主要干扰源。干扰的方法是对征收关税和对国际贸易实行其他限制,采取冻结或影响价格(包括工资)的国内措施,管制某些行业……"。③ 所以,在笔者看来,既然这些"微观调控"措施是"临时性"的,那就应该尽早让位于常态的宏观调控措施。当然,在中国数轮宏观调控实践中,被经济学家称为"微观调控"的"临时性"调控政策不过是宏观调控权非规范化运行的一种方式而已。笔者以此一斑而窥全豹,以期勾画出宏观调控权的应有运行形态。

---

　　① 《南方周末》编辑部:《楼市新一轮微观调控 城市政府竞相出台"住房限购令"》,载《南方周末》2010年10月14日。
　　② 〔英〕弗里德利希·冯·哈耶克:《法律、立法与自由》(第2、3卷),邓正来、张守东、李静冰译,中国大百科全书出版社2000年版,第451页。
　　③ 〔美〕米尔顿·弗里德曼、罗斯·弗里德曼:《自由选择:个人声明》,胡骑等译,商务印书馆1982年版,第22页。

第二章 可诉性的要件与功能

第一节 可诉性的要件

可诉性(justiciability)是指"适合由法院作出裁决的特性或状态"。①"在所有法律中,可诉性虽然往往被误解,却是最重要的理论之一,因为它是人们的诉讼请求得以在联邦法院处理的初始性要件(threshold requirement)。"②然而,可诉性要件的产生则有赖于对司法权范围界定的不懈努力。

一、可诉性要件的缘起

美国联邦宪法在立法、行政与司法三个政府部门之间分配权力。学者们将制宪者们建立的三分政府的总体目标描述为分权和制衡。分权的作用是将政府的部门分开,从而"防止实质上不同的政府权力合并在同一手中"。③因此,最终目的是防止一个部门将"直接或间接的受制于或服从于其他任一部门的强制影响之下"。④ 然而,制宪者们的目的是"在相互平等的部门之间分配主权……分立的权力并不打算完全独立的运作"。⑤ 因此,制衡的作用是同样重要的,正如宪法所设想的,"这种做法将已被分散的权力整合到一个能够运作的政府之中……并且……责成其分支机构分立但相互依赖,自主但交互作用。"⑥可是,这一模糊规则有待进一步的解释,因为不存在明确界定三部门中任一部门权力的现成规则。就司法部门而言,"司法调查(judicial inquiry)的范围应该到什么程度一直是我们整个国家历史上宪法讨论中最为广泛和核心的问题"。⑦

根据美国联邦宪法第 3 条第 2 款,司法调查的范围已被限制在"案件"

---

① Bryan A. Garner, *Black's Law Dictionary* 882 (8th ed., Thomson West, 2004).
② J. Brian King, "Jurisprudential Analysis of Justiciability Under Article III", 10 *Kan. J. L. & Pub. Pol'y* 217, 217 (2000).
③ O'Donoghue v. United States, 289 U.S. 516, 530 (1933).
④ Ibid.
⑤ United States v. Nixon, 418 U.S. 683, 707 (1974).
⑥ Youngstown Sheet & Tube Co. v. Sawyer, 343 U.S. 579, 635 (1952).
⑦ K. Ripple, *Constitutional Litigation* 87 (Michie, 1984).

(case)或"争议"(controversy)。为了区分不属于"司法权"范围的案件,早期由联邦党人占主导地位的联邦最高法院阐发了三个主要的可诉性要件:"第一,政治部门不能要求宪法第3条项下的法院提供诉讼语境之外的咨询意见;第二,联邦法官不能审议由宪法交给国会和总统自由裁量的法律问题;第三,当法院在诉讼案件中裁决了非政治问题,它的判决不能再由多数部门审查。"①于是,"案件"和"争议"术语随后被解释为要求真正对抗的当事人之间的能够司法解决和救济的一个实际的(actual)、具体的法律纠纷。② 但是,奠定现代可诉性要件基石的是弗兰克福特(Frankfurter)大法官在 Coleman v. Miller 中的意见。③

在 Coleman 案中,弗兰克福特大法官认为司法权的范围是由联邦宪法第3条的文本和历史所决定的:"为了赋予法院以'司法权',宪法预先假定了该词的历史内涵,并依赖于司法权仅适用于那些适合由法官作出裁决的问题的假设。宪法进而通过规定'司法权'仅仅适用于'案件'和'争议',明确指出了司法行为所涉足的有限领域——而不管这一领域内的司法行为所带来的深远影响。无论他们是明示的还是默示的,司法权条款的制定者们仅仅是给出了为其所熟悉的英国司法系统的一个轮廓及其在大洋彼岸合众国的表现。司法权只有对威斯敏斯特法院传统关切的问题,并且只有在律师看来是以'案件'或'争议'的方式提出的情况下才能行使,法院不能涉足被明确认定为政治问题的事项。即使对于那些主要是司法事务的问题,法院也不能对抽象的、学术性问题进行裁判,只能对相对抗的当事人间的具体的现实争议进行裁判。"④

尽管法学家和法官们试图对司法权的范围"案件"或"争议"给出一个明确的概念,然而,正如尼科尔(Nichol)教授所指出的:"令所有人大为吃惊而又最具讽刺意味的是,在 200 多年后,对于'案件或争议'术语,我们仍然没有一个真正的概念。"⑤有的只是对"案件"或"争议"相关限制性要件的描述,我们将这些限制性要件统称为可诉性要件。所以,从本质上讲,可诉性要件是美国联邦宪法第3条"案件"或"争议"规定的产物,其对"我们政府体制中

---

① Robert J. Pushaw, Jr., "Justiciability and Separation of Powers: A Neo-federalist Approach", 81 *Cornell L. Rev.* 393, 398—399 (1996).
② See Aetna Life Insurance Co. v. Haworth, 300 U.S. 227, 239—241 (1937).
③ See Robert J. Pushaw, Jr., "Justiciability and Separation of Powers: A Neo-federalist Approach", 81 *Cornell L. Rev.* 393, 463 (1996).
④ Coleman v. Miller, 307 U.S. 433, 460 (1939).
⑤ Gene R. Nichol," Is There a Law of Federal Courts?", 96 *W. Va. L. Rev.* 147, 162 (1993).

的联邦司法权构成了根本性限制"。①

可诉性要件主要关注案件得以裁决的适合性以及法院是否可以并且是否应该解决某一争议。虽然可诉性要件似乎只是"技术性的、法条主义的争论"②,它最终起到了法院看门人的作用,只有那些被认为适于裁决的案件才允许提起。事实上,可诉性要件不仅决定"是否(whether)、何时(when)以及由谁(who)来提起能够裁决的重要的公共问题,而且影响政策的形成、政府的问责制以及对当今热点问题的社会参与"。③

二、可诉性要件的构成

支配可诉性要件的限制性规则很复杂,但基本上是询问案件是否适合裁决。为了确定人们处理可诉性要件的构成,必须首先确定一个具体案件的关注点。当关注点是特定当事人足以提起特定争议问题的能力,法院将可诉性要件描述为起诉资格。当案件似乎还为时尚早,法院将可诉性要件说成成熟。当诉讼的持续性效力成为一个争论点时,法院使用过时解释诉讼的不可诉性。最后,当一个诉讼的解决可能产生与不同的政府权力进行对抗的威胁时,政治问题是专门用来描述可诉性要件的术语。④ 此外,"虽然缺乏一个可诉的案件或争议,如果法院想要无视这些原则并给出裁决,其被认为是一个被禁止的咨询意见。"⑤所以,可诉性要件包括禁止咨询意见、政治问题理论、起诉资格、成熟和过时等方面。

(一) 禁止咨询意见

在可诉性要件中,"或许最为根本性的问题是联邦法院能否拒绝签发咨询意见,可诉性要件的其他构成部门通常都可以归结为这一问题"。⑥ 例如,在过时的案件中给出的意见据说就是事实上的咨询意见⑦,作为成熟实质的实施前的审查(pre-enforcement review)在本质上是一种合法化的咨询意见。此外,弗莱彻(Fletcher)教授认为,"咨询意见"标签至少包含了三种不同的

---

① Allen v. Wright, 468 U.S. 737, 750 (1984).
② Henry P. Monaghan, "Constitutional Adjudication: The Who and When", 82 *Yale L. J.* 1363, 1364 (1973).
③ Helen Hershkoff, "State Courts and the 'Passive Virtues': Rethinking the Judicial Function", 114 *Harv. L. Rev.* 1833, 1838—1839 (2001).
④ See K. Ripple, *Constitutional Litigation* 88 (Michie, 1984).
⑤ William A. Fletcher, "The 'Case or Controversy' Requirement in State Court Adjudication of Federal Questions", 78 *Cal. L. Rev.* 263, 272 (1990).
⑥ Jonathan R. Siegel, "A Theory of Justiciability", 86 *Tex. L. Rev.* 73, 129 (2007).
⑦ See Hall v. Beals, 396 U.S. 45, 48 (1969).

现象:第一,联邦法院的裁决必须是终决意义上的,另外两个部门中的任何一个都不能推翻司法裁决;第二,在于防止原告就与其无关的问题提起诉讼;第三,除非是在"案件或争议"的背景下,其他两个部门不能请求司法部门对法律问题给出意见。① 其中,"第二和第三种现象与起诉资格有关"。②

  禁止作出咨询意见要件起源于1787年的联邦制宪会议,在该会议中,制宪者们拒绝赋予第3条项下法官提供咨询意见的权力。③ 要求提供咨询意见的案件基本上涉及假设的(hypothetical)案件,而不涉及真正对抗的当事人之间的具体纠纷。④ 因此,要求提供咨询意见的案件被认为是不可诉的,因为它们不构成一个可行的"案件"或"争议"。⑤ 在应用中,签发咨询意见的主要问题是,"咨询意见的提供……不是在行使司法职能,从而给出的意见不具有司法权行使的特性"⑥,它们也不是"最终决定性的"。由此得出的结论是,"法院不可应其他部门之请,通过提供建议的方式,作出一般性的、抽象的宣示;即使是在具体案件中,它们也不可给出那种属于建议性的意见,因为它们不是最终确定的,从而让案件的最终处理权力保留在别的地方"。⑦

  可诉性的其他要件都可归结于能否作出咨询意见的原因在于可诉性要件的细分,因为,现代可诉性理论的奠基人弗兰克福特大法官早在20世纪30年代就对"咨询意见"这一历史词汇增加了新的含义:在诉讼案件中,当诉讼当事人没有起诉资格,提出了一个不成熟的或过时的诉讼请求,或者提出了一个政治问题时所作出的裁决就是咨询意见。⑧ 鉴于此,下文在论证宏观调控行为的可诉性问题时,仅从政治问题理论、起诉资格、诉讼时机等要件进行阐述,对禁止咨询意见的探讨也只是体现在这四个要件的论述之中,而不单独予以论述。

(二) 政治问题理论

政治问题理论是指"法院对涉及政府行政部门和立法部门裁量权的问

---

① See William A. Fletcher, "The Structure of Standing", 98 *Yale L. J.* 221, 247—251 (1988).
② William A. Fletcher, "The Structure of Standing", 98 *Yale L. J.* 221, 247 (1988).
③ See *The Records of the Federal Convention of 1787* 340—341 (Max Farrand, ed., 1937).
④ See Aetna Life Insurance Co. v. Haworth, 300 U.S. 227, 239 (1937).
⑤ Ibid., 240—241 (1937).
⑥ James B. Thayer, "The Origin and Scope of the American Doctrine of Constitutional Law", 7 *Harv. L. Rev.* 129, 153 (1893).
⑦ 〔美〕亚历山大·M. 比克尔:《最小危险部门——政治法庭上的最高法院》,姚中秋译,北京大学出版社2007年版,第122页。
⑧ See William A. Fletcher, "The 'Case or Controversy' Requirement in State Court Adjudication of Federal Questions", 78 *Cal. L. Rev.* 263, 272, 275—276, 279, 284—286 (1990).

题应该拒绝作出裁决"①,并被认为是"可诉性最难以名状的(amorphous)要件"。② 事实上,大量的不确定性因素渗透到了该理论的范围和有效性方面。③ 对政治问题是否存在的裁决是"不可能通过语义分类(semantic cataloguing)来解决的"。④ "该理论的界限宽泛、不明确,因此难以预测法院将何时予以选择援引。"⑤尽管如此,提出政治问题的案件从本质上意味着它不能被裁决,因为这些问题或事项不适宜司法审查。

1849 年,由首席大法官谈尼(Taney)操刀的 Luther v. Borden 案是政治问题理论发轫的开创性那件。⑥ 而政治问题理论的现代表述是在 Baker v. Carr 案中提出来的,在该案中,联邦最高法院认为,对不公平的州议会议席分配提出的平等保护质疑不涉及政治问题,因而该案件是可诉的。⑦ Baker 案总结了政治问题的六个特征,甚至有学者认为,法院"企图制定一个标准,通过它,将来法院将更倾向于裁决案件,而不是以不可诉为由将它们驳回"。⑧ 自从 Baker 案以来,法院只发现三个案件涉及政治问题。⑨ 尽管法院似乎在扩大司法审查,但某些具体问题一直被认为是政治问题,例如,外交、宪法修正、弹劾和保证条款(the guaranty clause)。

(三) 起诉资格

在可诉性的语言看来,起诉资格是指"谁"⑩可以提起诉讼。因为起诉资格的关注点是"谁",它不涉及"什么":如果起诉资格成为案件中的一个争论点,"问题是起诉资格受到质疑的人是否是要求对特定问题进行裁判的适当人选,而不是问题本身是否是可诉。"⑪正如斯卡利亚(Scalia)大法官通俗解释的,"当有人抱怨另一个人的行为的时候,有时会被粗暴地的首先问道:

---

① Bryan A. Garner, *Black's Law Dictionary* 1197 (8th ed., Thomson West, 2004).
② K. Ripple, *Constitutional Litigation* 96 (Michie, 1984).
③ See Nat Stern, "The Political Question Doctrine in State Courts", 35 *S. C. L. Rev.* 405, 405 (1983—1984).
④ Baker v. Carr, 369 U. S. 186, 217 (1962).
⑤ Glenn Ching, Note, "The Trustees of the Office of Hawaiian Affairs v. Yamasaki: The Application of the Political Question Doctrine to Hawai'I's Public Land Trust Dispute", 10 *U. Haw. L. Rev.* 345, 352 (1988).
⑥ See Luther v. Borden, 48 U. S. 1, 46 (1849).
⑦ See Baker v. Carr, 369 U. S. 186, 237 (1962).
⑧ Robert J. Pushaw, "Judicial Review and the Political Question Doctrine: Reviving the Federalist 'Rebuttable Presumption' Analysis", 80 *N. C. L. Rev.* 1165, 1177 (2002).
⑨ Vieth v. Jubelirer, 541 U. S. 267 (2004); Nixon v. United States, 506 U. S. 224 (1993); Gilligan v. Morgan, 413 U. S. 1 (1973).
⑩ Henry P. Monaghan, "Constitutional Adjudication: The Who and When", 82 *Yale L. J.* 1363, 1364 (1973).
⑪ Flast v. Cohen, 392 U. S. 83, 99—100 (1968).

'这对你意味着什么?'起诉资格就是解决这个问题的答案。"[1]起诉资格被认为是一个复杂的和变化莫测的可诉性要件,因为它"间或起到了一个所有各种可诉性要件缩略表达的作用"。[2]

起诉资格最基本的规则是,原告必须"在争议的结果中具有个人利害,以确保加强争议问题表述的具体对抗性,据此,法院在很大程度上得以阐明疑难的宪法问题"。[3] 最近,法院已经阐述了确定原告是否满足第 3 条起诉资格要件的下列标准:"原告必须证明:第一,他已遭受一个(1)具体的(concrete)和特定化的(particularized),(2)实际的(actual)或即将发生的(imminent),而不是推测的(conjectural)或假设的(hypothetical)的'实际损害'(injury in fact);第二,该损害完全可以追溯至被告的被质疑的行为;第三,该损害很可能,而不仅仅是推测,将通过有利判决得到救济。"[4]这三个要件一般被称为实际损害、因果关系与可救济性(redressibility)要件。

实际损害要件是起诉资格的三个要件中最复杂的,因为"决定原告所遭受的是否被认为是起诉资格要件意义上的'损害'一直是最高法院许多诉讼和变化趋势的主题"。[5] 对于所要证明的"实际损害"的主要规则是,它必须是明确的(distinct)和显而易见的(palpable)。[6] 诉讼当事人必须表明"对法律保护利益的侵犯是具体的和特定化的,实际的或即将发生的……因为公众共同享有的利益……不是这样"。[7] 遭受的损害可能涉及经济利益,但它并不是太重要。[8] 它还可以涉及美学或环境利益,或者是促进种族融合和非歧视性的社会环境中的利益。

(四) 诉讼时机

与起诉资格要件相关的是诉讼时机(timeliness)。[9] 案件必须成熟,并且不能过时。

如果案件过早的向法院提起,就存在一个实际损害问题。成熟理论作为 20 世纪的创造已经演化了多年,阐述案件是否成熟以适合裁决的开创性案

---

[1] Antonin Scalia, "The Doctrine of Standing as an Essential Element of the Separation of Powers", 17 *Suffolk U. L. Rev.* 881, 882 (1983).
[2] Flast v. Cohen, 392 U. S. 83, 98—99 (1968).
[3] Baker v. Carr, 369 U. S. 186, 204 (1962).
[4] Lujan v. Defenders of Wildlife, 504 U. S. 555, 560—561 (1992).
[5] John E. Nowak & Ronald D. Rotunda, *Constitutional Law* 88 (6th ed., West Group, 2000).
[6] Warth v. Seldin, 422 U. S. 490, 501 (1975).
[7] City of Los Angeles v. Lyons, 461 U. S. 95, 111 (1983).
[8] See Flast v. Cohen, 392 U. S. 83, 92—93 (1968).
[9] See J. Brian King, "Jurisprudential Analysis of Justiciability Under Article III", 10 *Kan. J. L. & Pub. Pol'y* 217, 225 (2000).

件是 United Public Workers of America v. Mitchell 案,该案规定规制机构的行为直到政策已实施或质疑的当事人成为某个执行行为的对象时才能对其进行质疑。但是,Abbott Laboratories v. Gardner 案规定了一个由两个方面构成的更为灵活的标准,其基本原理是:"通过避免过早裁决,防止法院使其自身纠缠于行政政策的抽象分歧之中,也保护规制机构只有在行政决定已正式化以及它的效果能够以具体的方式为质疑的当事人所感知时才能受到司法干涉。这个问题最好从两个方面来考察,即需要我们既要考察问题适于司法裁决的适合性(fitness),又要考察推迟法庭审议给当事人所造成的困难性(hardship)。"①所以,成熟理论的本质是在没有造成实际损害的情况下,法院能否进行实施前的审查。成熟与政治问题理论、起诉资格和过时相比,区别主要表现在:"第一,政治问题理论、起诉资格与过时是排除司法审查,成熟仅仅是推迟作出判决直到案件的事实与法律问题已经完备;第二,起诉资格、过时和政治问题理论已经有判例,成熟却是 20 世纪的创造。"②

如果向法院起诉的案件太迟了,就存在一个可救济性问题。过时领域的一个决定性案件是 DeFunis v. Odegaard 案,在该案中,原告德夫尼斯(DeFunis)提起诉讼,要求法院签发禁令强制华盛顿大学法学院录取他,理由是该法学院拒绝其入学申请的招生政策已违宪。③ 等到联邦最高法院对该案作出意见的时候,已经是原告在该法学院就读的最后一学期了,并且"不论最高法院对该案件作出什么样的裁决,都将得到他的文凭"。④ 根据联邦最高法院的意见,当事人之间的争议因此已不再是明确的和具体的,因为,德夫尼斯寻求的唯一救济是一项要求强制入学的禁令。因此,"法院对当事人所提出的法律争议进行裁决对于强迫这一结果已不再有必要,并且也不能起到阻止它的作用"。⑤ 此外,过时理论还有三个例外:(1)"能够重复,却逃避审查"例外;(2)"自愿停止"例外;(3)"集体诉讼"例外。

综上所述,美国联邦宪法第 3 条关于案件和争议的规定以及与之密切相关的政策考量表现为以上四类具体的可诉性要件,根据这些限制性要件,联邦法院拒绝受理某些案件而不去辩明其是否合宪。为方便起见,可以围绕三个基本问题把这些理论加以归并:第一,什么样的法律问题(what)可以向联

---

① Abbott Laboratories v. Gardner, 387 U.S. 136, 149 (1967).
② Robert J. Pushaw, Jr., "Justiciability and Separation of Powers: A Neo-federalist Approach", 81 *Cornell L. Rev.* 393, 493 (1996).
③ See DeFunis v. Odegaard, 416 U.S. 312, 314 (1974).
④ DeFunis v. Odegaard, 416 U.S. 312, 317 (1974).
⑤ Ibid.

邦法院提出诉讼(政治问题理论)？第二,什么人(who)可以对争议问题是否合宪提出诉讼(起诉资格)？第三,什么时候(when)可以对问题是否合宪提出诉讼(成熟和过时)？①

鉴于政治问题理论是区分争议问题是否是(whether)可诉的问题,所以笔者在下文论述宏观调控行为可诉性的时候,将首先论述宏观调控行为是否是政治问题;而诉讼时机是指在当事人具有起诉资格之后何时进行起诉的问题,所以,在论述宏观调控行为不是不可诉的政治问题之后,将先论述宏观调控公益诉讼中的起诉资格的建构,然后再考虑宏观调控公益诉讼时机的选择。

第二节 可诉性的功能

一、分权功能

美国联邦最高法院经常宣称可诉性是宪法分权体制的一个极为重要的方面,所以,学者们一般认为可诉性的一个最重要的功能就是分权功能。

法院在 Allen v. Wrigh 案中建立了可诉性的分权理论。在该案中,黑人学生的父母质疑国税局的政策,据称该项政策允许具有种族歧视的私立学校享有免税资格。② 尽管他们父母未宣称他们的孩子申请过或想申请任何私立学校的入学资格。③ 由于缺乏起诉资格,他们的诉讼请求被驳回了,法院对于可诉性的功能做了著名的评论:"'案件或争议'要件的界定要考虑司法部门是联邦政府所赖以建立的权力分立理论下的一个分支。这几个阐述其要件的较为成熟的理论就是'建立在民主社会中经过合理限制的恰当的法院角色的关切之上的。'"④并且,"所有关于宪法第 3 条可诉性的具体要件——无论是起诉资格,还是过时、政治问题理论,或者其他诸如此类的——都是部分的相关,尽管不同,但有重叠。从某种意义上说,可诉性与其说是一个严密清晰的理论,还不如说是一种直觉,即对我们政府中非民选的、不具代表性的司法部门权力的一种宪法性和审慎性限制。"⑤

---

① 参见〔美〕杰罗姆·巴伦、托马斯·迪恩斯:《美国宪法概论》,刘瑞祥等译,中国社会科学出版社 1995 年版,第 23—24 页。
② See Allen v. Wright, 468 U.S. 737, 739 (1984).
③ Ibid., 746 (1984).
④ Warth v. Seldin, 422 U.S. 490, 498 (1975).
⑤ Vander Jagt v. O'Neill, 226 U.S. App. D.C. 14, 26—27, 699 F. 2d 1166, 1178—1179 (1983).

可见，法院在 Allen 案中注意到政府机构中的司法部门是非民选的(unelected)、不具有代表性，所以其在民主社会中应该扮演有限的角色，从而认为可诉性要件是分权的根本要求。这无疑是有道理的。与 Allen 案中法院意见不同的是，斯卡利亚大法官进一步解释了可诉性为什么有助于分权功能。斯卡利亚大法官认为起诉资格理论限制司法部门的必要目的是"保护个人和少数免受多数的剥削"。① "损害的要件——尤其是有区别的个体性损害(distinctively individualized injury)要件——确保原告区别于公众，因为原告对该案具有利害关系而不仅仅是实施该法的愿望。"②斯卡利亚大法官断言，因为宪法已经将通常的法律实施任务分配给了行政部门，而不是司法部门；它要求总统，而不是法院，"谨慎诚实的实施法律"。③ 他说，法院不能僭越总统的这项职权，也不允许国会将其转让给它们。④

此外，斯卡利亚大法官认为这一限制具有深厚的理论根源：个人或少数群体遭受政府政治部门违法行为的损害需要得到一个非民选的和非政治性问责的司法部门的保护，而多数却不需要来自于他们自己的保护。多数只要运用多数决程序就能很好的保护自己，所以，只要多数的权利受到了影响，多数决程序不仅可以决定法律的内容，而且还可以决定法律实施的限度。⑤ 如果政府选择让法律规定随着时间的流逝而失效，并且民众也没有通过施加政治压力来强迫遵守，这应该没有问题，只要没有人遭受有区别的(distinctively)损害。⑥ 斯卡利亚大法官认为，如果司法部门在政府行为有可能违法，但是没有人遭受损害，或者它所造成的损害范围是如此之大以致没有人遭受有区别的损害的情况下介入，这可能将司法部门置于一个其实施不好的角色之中。并且，司法部门隔离于政治问题之外，使得其在保护个人权利方面能够充当一个恰当的角色，但是，如果由其为人民决定什么是好的，那就不合适了。⑦

对于斯卡利亚的上述观点，有学者提出了不同的意见。例如，有学者认

---

① Antonin Scalia, "The Doctrine of Standing as an Essential Element of the Separation of Powers", 17 *Suffolk U. L. Rev.* 881, 894 (1983).

② Ibid., 895 (1983).

③ Lujan v. Defenders of Wildlife, 504 U.S. 555, 577 (1992).

④ See Antonin Scalia, "The Doctrine of Standing as an Essential Element of the Separation of Powers", 17 *Suffolk U. L. Rev.* 881, 894 (1983).

⑤ Ibid., 894—896 (1983).

⑥ Ibid., 897 (1983).

⑦ Ibid., 896 (1983).

为联邦宪法第 2 条"谨慎"条款在对总统进行授权的同时也限制了法院作用的观点是难以接受的,因为法院所具有的"诚实实施法律"的作用几乎是常识,司法部门每天都在履行该项职责,它总是在谨慎诚实的实施法律。① 并且,由于斯卡利亚大法官认为法院不应对行政部门影响公众的违法行为提起诉讼的逻辑前提是,政治过程将会公正的考虑广泛分散的损害。② 所以,有学者指出,这与实际的政治过程不符。③ 因为,试图通过政治过程得到矫正的广泛分散的损害通常是最坏的一种损害。如果一个违法行为损害了很多人,但是每一个人的损害却很轻微,同时,该违法行为又对极少数的一些人提供了实质性的好处,遭受损害的当事人可能会发现通过政治过程矫正这个问题几乎是不可能的事情。遭受损害的当事人缺乏运用政治过程的激励机制,任何试图阻止这种广泛分散的损害而进行政治行动的人都会受到"搭便车"问题的困扰,因而,遭受损害的绝大多数将对之采取"理性的冷漠"。同时,从违法行为中获益的较为集中的少数人却有动力采取政治行动维护他们的既得利益。④

但是,如果这些遭受普遍损害的人在诉诸政治部门的时候会遭遇集体行动的困境,那么他们在诉诸法院的时候也同样会遇到这样的问题,所以这些人提起的问题是否可诉并不能从根本上改变他们所处的境况。对此,笔者在第四章第五节论述实际损害要件的区分功能时有进一步的解释。因此,鉴于可诉性的生成源于对司法权范围的限制,其所具有的分权功能也应是政府分权体制的自然推论。

二、代表功能

布里梅耶(Brilmayer)教授认为,可诉性的功能是确保司法程序的适当代表性(representative)。⑤ 她指出,起诉资格、诉讼时机要件是为了将司法程序中所提出的问题控制在最容易遭受其影响的人手上,并保护这些当事人的

---

① See Jonathan R. Siegel, "A Theory of Justiciability", 86 *Tex. L. Rev.* 73, 100 (2007).

② See Antonin Scalia, "The Doctrine of Standing as an Essential Element of the Separation of Powers", 17 *Suffolk U. L. Rev.* 881, 896 (1983).

③ See Jonathan R. Siegel, "A Theory of Justiciability", 86 *Tex. L. Rev.* 73, 101 (2007).

④ See Evan Caminker, "The Constitutionality of Qui Tam Actions", 99 *Yale L. J.* 341, 386 (1989).

⑤ See Lea Brilmayer, "The Jurisprudence of Article III: Perspectives on the 'Case or Controversy' Requirement", 93 *Harv. L. Rev.* 297, 306—310 (1979).

利益免遭观念上的原告(ideological plaintiff)①的不利影响。② 布里梅耶教授指出,人们提出的诉讼有可能通过遵循先例机制对他人造成影响。③ 一个非霍菲尔德式的(non-Hohfeldian)、观念上的原告可能产生将来影响"真正的利害"当事人权利的不良后果。④ 布里梅耶教授表明,这种危险尤其严重,因为观念上的原告将极有可能以大范围的、有争议的方式提起诉讼,而传统原告可能会更加谨慎。⑤ 她总结说:可诉性"确保遭受被质疑行为影响最大的人将在该挑战中占有一席之地"。⑥

作为布里梅耶教授提出的代表功能的变形,麦斯威尔·斯特恩斯(Maxwell Stearns)教授用"社会选择"(social choice)功能来解释可诉性,尤其是起诉资格理论。斯特恩斯教授认为,起诉资格理论背后的关键目的与宪法的"路径依赖"(path dependency)——遵循先例原则——有关,最高法院对于宪法案件的判决结果取决于该案上诉到法院时的次序。⑦ 而且,路径依赖给予了观念上的诉讼当事人通过控制他们提起案件的次序来操纵宪法理论的机会。⑧ 所以,斯特恩斯教授总结到,最好将现代起诉资格理论理解为"据称是为了防止观念上的诉讼当事人在联邦法院策略性的选择诉讼时机仅仅是为了操纵这一宪法性理论的实体性演化"。⑨ 这样做的目的就是通过限制观念上的诉讼当事人创造案件以符合其路径依赖操纵策略的选择。⑩

与布里梅耶教授的观点类似,这一观点致力于起诉资格理论对诉讼当事人通过遵循先例机制创造影响他人法律的能力的限制上。然而,不同的是,布里梅耶教授主要关注保护受政府政策影响最大的人表达其利益的能力。⑪ Stearns 教授则关注保护法院不受观念上的诉讼当事人对法律路径依赖机制

---

① 观念上的原告,又称非霍菲尔德式原告,是指在诉讼中不具有任何个人利害,为了维护公共利益而提起诉讼的当事人。See Louis L. Jaffe, "The Citizen as Litigant in Public Actions: The Non-Hohfeldian or Ideological Plaintiff", 116 *U. Pa. L. Rev.* 1033, 1037(1968).

② See Lea Brilmayer, "The Jurisprudence of Article III: Perspectives on the 'Case or Controversy' Requirement", 93 *Harv. L. Rev.* 297, 306—310 (1979).

③ Ibid., 307—308 (1979).

④ Ibid.

⑤ Ibid., 309 (1979).

⑥ Ibid., 310 (1979).

⑦ See Maxwell L. Stearns, *Constitutional Process: A Social Choice Analysis of Supreme Court Decision Making* 177—180 (University of Michigan, 2000).

⑧ Ibid.

⑨ Maxwell L. Stearns, *Constitutional Process: A Social Choice Analysis of Supreme Court Decision Making* 159 (University of Michigan, 2000).

⑩ Ibid.

⑪ See Lea Brilmayer, "The Jurisprudence of Article III: Perspectives on the 'Case or Controversy' Requirement", 93 *Harv. L. Rev.* 297, 310 (1979).

的利用。①

与此同时,斯特恩斯教授与布里梅耶教授的观点具有相似的缺陷,即都致力于对遵循先例机制进行某种意义上的限制。事实上,"暴露于由之前的当事人建立的糟糕法律之下乃是普通法制度的一部分"。② 所以,"即使实施到了极限,可诉性仍然可能使具有高度利害关系的当事人暴露于由可能只有很小利害关系的陌生人,或那些无非是为了提起诉讼而故意使其自身遭受损害的好管闲事之人建立的法律之下"。③ 更何况,在现实世界中,案件并不仅仅是碰巧发生的。个人和利益团体经常为了特定的目的创造案件,从而使法院解决相应的法律争议,并强迫政府遵守法律。

所以斯特恩斯教授的断言也是有待商榷的,即"起诉资格的主要基础规则要求起诉人将遭受不为其控制的'偶然的历史性条件'(fortuitous historical circumstances)的伤害作为在联邦法院起诉的先决条件"。④ 在现实生活中,即便是最严格的意义上的起诉资格理论也并不要求潜在的诉讼当事人在起诉前等待'偶然的历史性条件'。允许观念上的利害当事人为了寻求能够作为起诉资格的基础而遭受损害。所以,观念上的诉讼当事人具有相当的(如果不是不受限制的话)创造具有可诉性案件的自由,从而他们能够通过这些案件寻求他们所宣称的路径依赖运作机制,利益团体也能够利用这一自由通过找出理想的原告来检验这些案件。⑤

应该说,布里梅耶教授和斯特恩斯教授的理论在某种意义上解释了可诉性私法模式的基本原理。⑥ 所以,"对于法院和学者而言,评论法院的存在不是为了实施宪法和法律或是确保政府依法办事;法院做这些事情仅仅是其裁决案件的恰当功能的一个附随品(incident),是再寻常不过的一件事情了"。⑦ 但是,随着西方规制型国家的兴起,实施宪法和法律不再是法院裁决案件的一个附属功能。因为,政府在制定大量的规制政策的过程中,由于大

---

① See Maxwell L. Stearns, *Constitutional Process: A Social Choice Analysis of Supreme Court Decision Making* 159 (University of Michigan, 2000).
② Jonathan R. Siegel, "A Theory of Justiciability", 86 *Tex. L. Rev.* 73, 94 (2007).
③ Ibid.
④ Maxwell L. Stearns, *Constitutional Process: A Social Choice Analysis of Supreme Court Decision Making* 159 (University of Michigan, 2000).
⑤ See Jonathan R. Siegel, "A Theory of Justiciability", 86 *Tex. L. Rev.* 73, 115—116 (2007).
⑥ 可诉性私法模式最突出的特征在于,救济是与权利是相关联的,只有那些自身权利受到威胁的人才有资格获得救济。See Abram Chayes, "The Role of the Judge in Public Law Litigation", 89 *Harv. L. Rev.* 1281, 1282—1283 (1976).
⑦ Martin H. Redish, "The Passive Virtues, the Counter-Majoritarian Principle, and the 'Judicial-Political' Model of Constitutional Adjudication", 22 *Conn. L. Rev.* 647, 648 (1990).

量的未经组织的分散利益主体(消费者或环境保护主义者)的利益没有得到很好的考虑,存在利益表达不足的情况,所以,西方行政法的发展趋势主要是对传统模式进行扩展,其中的一个突出表现就是发展利益代表模式,增强相关利害关系主体对规制政策的反馈能力。利益代表模式对于可诉性的要求就是扩大享有起诉资格的主体范围。① 从这个意义上看,可诉性确实具有代表功能,但它代表的不一定是布里梅耶教授所指的"受政府政策影响最大的人",或是斯特恩斯教授所指的"偶然的历史性条件"下出现的诉讼当事人,而是大量的普遍遭受损害的分散的个人;并且这些分散的个人所遭受的损害既可能是均一的,也可能是主动遭受的。

三、改善诉讼功能

法院和学者通常宣称可诉性能够改善诉讼:它们能够帮助法院更好地履行司法职能。根据该观点,可诉性确保当事人"以必要的积极性"(with the necessary vigor)②寻求他们案件的司法解决。在我们对抗制的司法体制下,法院依赖当事人去调查争议问题并向另一方作出尽可能的阐述,以便法院能够得出一个合理的裁决。因而,根据该理论,每方当事人在诉讼中具有利害关系就是必要的,因为这样才能对其完成上述工作提供相应的激励机制。

可诉性的改善诉讼功能最直接的体现是起诉资格和过时要件。③ 因为,如果没有遭受损害的原告被授予起诉资格,或者原告起初具有起诉资格但是后来该案变成过时,那么原告就缺乏相应的激励去完成向法院阐明争议问题等一系列必要的费时费力的工作。所以,法院通常总结道,"起诉资格的要旨(gist)在于,寻求救济的当事人是否宣称在争议的结果中具有这样的一个个人利害,以确保加强争议问题表述(sharpens the presentation of issues)的具体对抗性(concrete adverseness),据此,法院在很大程度上得以阐明(illumination)疑难的宪法问题"。④

由于可诉性的改善诉讼功能的核心基础是,"法院确实依赖当事人阐明案件的争议问题"。⑤ 这一点应该是所有实行对抗制的诉讼体制国家所共有的特点。而其逻辑依据在于,由于诉讼当事人对争议问题具有利害关系,该

---

① 参见〔美〕理查德·B.斯图尔特:《美国行政法的重构》,沈岿译,商务印书馆2002年版,第78页。
② Flast v. Cohen, 392 U.S. 83, 106 (1968).
③ Monaghan 教授将"过时"理解为"设置在时间框架内的起诉资格"。See Henry P. Monaghan, "Constitutional Adjudication: The Who and When", 82 *Yale L. J.* 1363, 1384 (1973).
④ Baker v. Carr, 369 U.S. 186, 204 (1962).
⑤ Jonathan R. Siegel, "A Theory of Justiciability", 86 *Tex. L. Rev.* 73, 87 (2007).

利害关系对诉讼当事人完成一系列的诉讼事项提供相应的激励机制,该激励机制又增强了争议问题表述的对抗性,最终,对抗性的增强才有可能实现改善诉讼的功能。笔者在第四章第五节论述实际损害要件的对抗性功能时的逻辑依据也在于此。

有必要指出的是,当事人对争议问题具有的利害关系只是实现改善诉讼功能的必要条件,而不是充分要件。也就是说,即便当事人具有提起诉讼的"必要的积极性",也不一定确实能够改善对抗性的争议问题表述。在这种"利害关系"与以"必要的积极性"向法院充分阐明争议问题之间没有必然联系。正如戴维斯(Davis)教授所指出的,"一个在诉讼中具有重大利害的诉讼当事人可能提出较差的论据(可能是因为诉讼当事人聘请了较差的律师);一个非霍菲尔德式的诉讼当事人在其身后可能拥有全国辩护组织的所有资源"。①

但是,有学者对当事人具有利害的大小产生了质疑。② 因为,根据当前的起诉资格理论,一个"可确认的琐碎"(identifiable trifle)③就足以建立起诉资格,甚至这种"可确认的琐碎"不一定需要是经济上的损失,精神上的愉悦也可以建立起诉资格。由此产生的问题是,"为积极辩护提供所宣称激励的利害很可能是微不足道的"。④ 因此,戴维斯教授认为,除了诉讼应该具有的对抗性要件之外,认为可诉性促进积极和有效辩护的观点应该"被安静的埋葬"(quiet burial)。⑤ 甚至是可诉性最突出的拥护者斯卡利亚大法官也认为,"如果起诉资格的目的是'确保加强争议问题表述的具体对抗性',那么就其目标而言,该理论显然是设计错了"。⑥

笔者认为,戴维斯教授与斯卡利亚大法官之所以认为应该抛弃认为可诉性能够改善诉讼的观点,是因为:第一,他们没有认识到当事人所具有的利害只是改善诉讼的必要条件,即便当事人对争议问题具有的不是"可确认的琐碎",而是相当大的利害关系,也并不必然表明该当事人就能很好地陈述争议问题从而能够改善诉讼,否则律师职业就没有存在的必要了。第二,在美

---

① Kenneth Culp Davis, "The Liberalized Law of Standing", 37 *U. Chi. L. Rev.* 450, 470 (1970).
② See Jonathan R. Siegel, "A Theory of Justiciability", 86 *Tex. L. Rev.* 73, 89 (2007).
③ United States v. Students Challenging Regulatory Agency Procedures, 412 U. S. 669, 690 (1973).
④ Jonathan R. Siegel, "A Theory of Justiciability", 86 *Tex. L. Rev.* 73, 89 (2007).
⑤ Kenneth Culp Davis, "The Liberalized Law of Standing", 37 *U. Chi. L. Rev.* 450, 470 (1970).
⑥ Antonin Scalia, "The Doctrine of Standing as an Essential Element of the Separation of Powers", 17 *Suffolk U. L. Rev.* 881, 891(1983).

国的起诉资格法历史上,审美、环境保护等方面的利害之所以可以建立起诉资格,是因为美国自 20 世纪 70 年代以来在环境保护法上规定了大量的法定审查条款——公民诉讼条款,这些法定审查条款的出现是立法者将公益诉讼机制作为实现社会变革的改革者政治模式(the model of reformist politics)的一个标志,也是它的一个重要内容。① 在改革者政治模式中,法院降低起诉资格的门槛是为了发挥学者们所称的可诉性的"特殊功能"(special function)②,这样一种"特殊功能"就是运用可诉性来保护有别于私人权利的集体性权利。正如贾菲教授指出的,"尽管假设人民(the people)的权利不是任何一个特定人的权利看起来有点反常,我们对公共利益或集体利益的司法实施却越来越熟悉,在这些诉讼中,个人或集体可能是也可能不是该判决的直接受益者"。③ 而"'特殊功能'的宪法裁决模式将至少要求争议问题能够明确的界定并且能够司法解决"。④ 如果可诉性不具有改善诉讼的功能,对争议问题的明确界定几乎是不可想象的事情。

四、司法自制功能

可诉性的司法自制功能是亚历山大·比克尔(Alexander Bickel)教授提出的。他将可诉性的功能称赞为"消极的美德"(passive virtues)——给最高法院一个"无为"(not doing)的机会。⑤ 比克尔认为,法院之所以能够在裁决宪法争议中进行原则性判断,只是因为可诉性要件允许其在选择对哪些争议进行裁决时进行灵活的自由裁量。因为,"在一个体现着合宜和理性的机构中,原则的对立面不是心血来潮,甚至不是权宜考虑,而是审慎"。⑥ 比克尔说,回避疑难案件使得法院避免在推翻违宪的却大量存在的政府行为和将其合法化之间进行两难选择。"最为重要的事实——但它却经常被遗忘——是:最高法院拥有三种权力。它可以宣告立法不合乎原则。它可以确认立法合理原则,或者用查尔斯·布莱克更准确的话说,可以使立法'合法化'。或

---

① See Elizabeth Magill, "Standing for the Public: A Lost History", 95 *Va. L. Rev.* 1131, 1189 (2009).

② Henry P. Monaghan, "Constitutional Adjudication: The Who and When", 82 *Yale L. J.* 1363, 1368 (1973).

③ Louis L. Jaffe, "The Editorial Responsibility of the Broadcaster: Reflections on Fairness and Access", 85 *Harv. L. Rev.* 768, 774 (1972).

④ Henry P. Monaghan, "Constitutional Adjudication: The Who and When", 82 *Yale L. J.* 1363, 1371 (1973).

⑤ 参见〔美〕亚历山大·M. 比克尔:《最小危险部门——政治法庭上的最高法院》,姚中秋译,北京大学出版社 2007 年版,第 184 页。

⑥ 同上书,第 142 页。

者,这两者它都不做。它可以什么都不做,它在原则与权宜的紧张关系中维持自己能力之奥秘,就在于此。"①所以,可诉性最重要的功能可能是向法院提供一个规避疑难案件的机制。②

但是,也有学者认为不能过于强调可诉性的司法自制功能:因为,"第一,据称是强制性的可诉性与授予法院驳回案件的一般裁量权的目的不符;第二,在很多情况下,该理论至多也就推迟了对宪法性争议的裁决,有时推迟的还不是很久;第三,法院为此目的运用可诉性对其本身造成太大的伤害。"③并且,在司法能动主义者看来,尽管司法史表明政治问题理论已日趋式微,但案件和争议要件却是可以进行操纵的。④ 笔者认为,就宏观调控行为的可诉性问题而言,强调可诉性的司法自制功能是具有一定现实意义的。因为,"自从 1937 年以后,自由主义者典型地采用了双重标准——在公民自由方面赞成司法能动主义,而在经济问题上主张采取极端司法克制,甚至是完全要求其放弃权力。"⑤更为重要的是,在缺乏违宪审查机制的当前中国,法院只要"什么都不做"就可以避免对被质疑的政府规制行为进行审查,可诉性从而可以成为避免宣告法规违宪的一个灵巧的替代机制。

综上所述,可诉性具有分权功能、代表功能、改善诉讼功能和司法自制功能。当然,这并不是说可诉性的每一个要件都必然同时具有这四项功能,事实上,可诉性每一个要件的侧重点都是不同的。具体表现为:第一,虽然起诉资格和成熟都可以成为法院"无为"的工具,但是,政治问题理论才是"拒绝司法裁判的最宽广、也是最彻底的标签"⑥,也就是说,政治问题理论的司法自制功能最强。第二,"当我们分析过去二十年来起诉资格理论和政治问题理论的演变,会发现这两个理论已经形成了一个共同的理论基础,即都是建立在权力分立的观念之上的。"⑦质言之,政治问题理论与起诉资格都具有分

---

① 〔美〕亚历山大·M.比克尔:《最小危险部门——政治法庭上的最高法院》,姚中秋译,北京大学出版社 2007 年版,第 72 页。引文的"权宜"在原文中是"权益",笔者疑为译者笔误。
② See Cass R. Sunstein, "Leaving Things Undecided", 110 *Harv. L. Rev.* 4, 52 (1996).
③ Jonathan R. Siegel, "A Theory of Justiciability", 86 *Tex. L. Rev.* 73, 109 (2007).
④ 参见〔美〕克里斯托弗·沃尔夫:《司法能动主义——自由的保障还是安全的威胁?》,黄金荣译,中国政法大学出版社 2004 年版,第 134 页。
⑤ 同上书,第 191 页脚注。
⑥ 〔美〕亚历山大·M.比克尔:《最小危险部门——政治法庭上的最高法院》,姚中秋译,北京大学出版社 2007 年版,第 133 页。
⑦ Linda Sandstrom Simard, "Standing Alone: Do We Still Need the Political Question Doctrine?", 100 *Dick. L. Rev.* 303, 306 (1996).

权功能,而成熟与过时作为起诉资格的扩展与延伸,显然也具有分权功能。所以,可诉性的所有要件都具有分权功能。第三,代表功能关注的是"谁"有资格提起诉讼的问题,所以主要是起诉资格要件的功能。第四,改善诉讼功能则主要是起诉资格要件与过时要件的功能。

第三章 政治问题的排除

第一节 政治问题理论概要

一、政治问题理论的起源

根据可诉性理论,政治问题理论是规避司法审查的一种方法。正如比克尔教授所指出的,起诉资格和成熟概念,尽管本身相当丰富,但并不是"无为"的唯一可运用的工具。还有一些技术性标签所指的概念,从很多方面看,有重叠之处,但可能传达或强调,和更清楚地表明了另外的考虑因素。政治问题理论,就是这样一个能够用以拒绝司法裁判的最宽广、也是最彻底的标签。由韦奇斯勒(Herbert Wechsler)先生给出的经典解释是,当最高法院由于"政治"理由而拒绝了一个案件的管辖权,或者当它受理了该案件,却基于同样的理由拒绝对该案件中的这一或那一争议的实体性问题作出裁判,则最高法院所做的,与马布里诉麦迪逊案(Marbury v. Madison)相一致,就是将该事项所包含的一个宪法性裁判留给其他部门不受控制地进行自由裁量。[①]因此,政治问题理论是建立在某些宪法问题处于司法审查范围之外的前提上的。类似于其他可诉性要件,诸如起诉资格、过时或者成熟,该理论允许司法部门避免对案件的实体性问题(on the merits)作出实体性裁决。[②] 然而,这一理论却是联邦党人无意之中发现的。

（一）可推翻的"自然推定"

联邦党人在阐述三权分立理论时偶然发现了司法审查的特定例外。在赞成批准宪法的论辩中,麦迪逊认为所有政府部门都享有"阐释宪法的共存的权力",并且它们各自的权力"是完全平等的"。[③] 然而,他也认识到"阐释

[①] 参见〔美〕亚历山大·M.比克尔:《最小危险部门——政治法庭上的最高法院》,姚中秋译,北京大学出版社2007年版,第133页。

[②] See U. S. Department of Commerce v. Montana, 503 U. S. 442, 457—458 (1992).

[③] 〔美〕汉密尔顿、杰伊、麦迪逊:《联邦党人文集》,程逢如、在汉、舒逊译,商务印书馆1980年版,第257页。

法律和宪法的任务交给了司法部门"。① 麦迪逊的论断部分建立在以下假设之上:宪法审查将会很少,并且司法部门将充当"不明智和不公正措施"以及"立法部门将所有权力吸入其权力漩涡这一趋向"的监督。②

而汉密尔顿对司法审查提出了一个截然不同的观点,认为法院将充当人民与立法部门的中间机构,以"监督后者局限于其权力范围内行事"。③ 根据法治的格言"任何人均不能作为其本人或与其本人有任何干系或其本人有所偏私一类案件的裁判者"④,只有法院才能公正的判决起诉国会或总统执行法律的行为的案件。汉密尔顿领会了这一格言,同时也预示了(foreshadow)政治问题理论:"如谓立法机关本身即为其自身权力的宪法裁决人,其自行制定之法其他部门无权过问,对此可作如下答复:这不可能是自然推定(natural presumption),不是从宪法中的特定条款(particular provisions)中得出的。"⑤也就是说,汉密尔顿认为联邦法院能够依据国会不能是其自身权力最终裁决者的这一"自然推定"而审查法律的合宪性,但是也认识到了"宪法中的特定条款"可能推翻这一推定。⑥ 而这些立法部门和行政部门完全自由裁量的领域逐渐成为众所周知的"政治问题"(political question)。⑦

质言之,尽管司法审查是一个原则,但是也有例外,并表述为"特定条款"。所以汉密尔顿承认政治问题理论具有宪法基础。根据政治问题理论的这一观点,司法自制不仅仅是审慎或是便利,而是宪法的要求。对政治问题理论的适用并不依赖于案件中特定当事人或者所寻求的特定救济,它是一

---

① Maeva Marcus, *Judicial Review in the Early Republic*, in Launching the "Extended Republic": The Federalist Era 25, 31 (Ronald Hoffman & Peter J. Albert eds., University of Virginia, 1996).

② See Robert Lowry Clinton, *Marbury v. Madison and Judicial Review* 59 (University Press Of Kansas, 1989).

③ 〔美〕汉密尔顿、杰伊、麦迪逊:《联邦党人文集》,程逢如、在汉、舒逊译,商务印书馆 1980 年版,第 392 页。

④ 同上书,第 401 页。

⑤ 同上书,第 392 页。这一段的原译是"如谓立法机关本身即为其自身权力的宪法裁决人,其自行制定之法其他部门无权过问;则对此当作以下答复:此种设想实属牵强附会,不能在宪法中找到任何根据。"英文原文是:"If it be said that the legislative body are themselves the constitutional judges of their own powers and that the construction they put upon them is conclusive upon the other departments, it may be answered, that this cannot be the natural presumption, where it is not collected from any particular provisions in the constitution."See Alexander Hamilton, James Madison, John Jay, *The Federalist Papers* 524—525 (Penguin Classics, 1987) No. 78, (Hamilton). 笔者在此对原译者的意译作了一定的修正。此处的"自然推定"是指上文的"任何人均不能作为其本人或与其本人有任何干系或其本人有所偏私一类案件的裁判者"。

⑥ 现在有很多学者已经忽视了汉密尔顿在《联邦党人文集》中的这一段话,甚至认为汉密尔顿的这段话是主张整个宪法都是可以审查的,相反,他自己在后来就确认了若干司法审查的例外。See Robert J. Pushaw, Jr., "Justiciability and Separation of Powers: A Neo-federalist Approach", 81 *Cornell L. Rev.* 393, 424 (1996).

⑦ Ibid., 449 (1996).

个植根于宪法自身文本和结构的理论。

(二) 马歇尔的政治问题理论

作为描述司法审查边界的恰当理论,政治问题理论与司法审查共享着同一渊源:马伯里诉麦迪逊案。① 所以,并不是亚历山大·汉密尔顿一个人认识到特定宪法问题的解决归属于政治上负责的部门。另外一位司法部门的拥护者马歇尔首席大法官,也是一位逐渐为人所知的政治问题理论的强有力的支持者。实际上,在他老练的构建最高法院宣布法律违宪的权力的同一观点中,他认识到了政治问题理论。②

虽然马伯里诉麦迪逊案代表着司法审查的开始,但是马歇尔通过清楚地阐明最高法院的救济权力并不涉及所有的法律问题来为司法谦抑进行辩护,"法院的权限只是决定个人的权利,而不是质询行政部门、行政官员在其具有自由裁量时如何履行其职责的。这些问题,就其性质而言是政治的,或者已由宪法和法律授予行政部门解决,决不能由法院作出裁决"。③ 尤其是,"当宪法将有些问题交付给国会或总统由其全权裁量,也就没有司法监督的余地了"。④ 所以,政治问题"尊重的是国家,而不是个人权利"。⑤ 马歇尔在马伯里案中举出了两个政治问题的例子:总统提名和任命参议员的行为,外交官员在总统的命令下履行职责的行为。⑥

最近有学者通过马歇尔列举的例子概括了他的政治问题理论观点,政治问题包括对国家利益的判断,包括对其自身与其他国家之间的公平利益和保护国家安全的利益,从而有别于涉及个人权利的问题。⑦ 马歇尔曾解释道,尽管他相信司法部门具有"解释法律是什么"的权力,但他也相信司法部门不是具有该权力的唯一部门。⑧ 正如学者所指出的,"事实上,在有些问题上,只有作出审慎和策略性判断的政治能力才能落实宪法的要求"。⑨

正是由于马歇尔关于政治问题的论断使得早期法院在总体上比现在的

---

① See Robert A. Schapiro, "Judicial Deference and Interpretive Coordinacy in State and Federal Constituional Law", 85 *Cornell L. Rev.* 656, 684 (2000).
② See Gordon S. Wood, "The Origins of Judicial Review Revisited, or How the Marshall Court Made More out of Less", 56 *Wash. & Lee L. Rev.* 787, 793 (1999).
③ Marbury v. Madison, 5 U.S. (1 Cranch) 137, 170 (1803).
④ Ibid., 165—166 (1803).
⑤ Ibid., 166 (1803).
⑥ Ibid., 166—167 (1803).
⑦ See Walter Dellinger & H. Jefferson Powell, "Marshall's Questions", 2 *Green Bag* 2d 367, 372—374 (1999).
⑧ Ibid., 375 (1999).
⑨ Ibid., 376 (1999).

法院更加遵从政治部门作出的判断。例如,在 Martin v. Mott 案中,法院裁定总统具有决定何时调用民兵的专属权力,因此,他的权力免于司法审查。①Martin 案中的裁决表明了给予政治部门的普遍遵从,并有助于建立被认为不适合司法审查的政治问题的大致类别。因此,在处理政治问题时,法院要审查并适用政治部门的观点,以便使"政治部门所表达的观点成为法院的裁决规则"。② 到 20 世纪初,法院已经将这一理论依据运用于涉及保证条款、法律的颁布、宪法修正案、战争的持续时间、国界的案件。

综上所述,政治问题理论建立在以下观念的基础之上:特定问题不适合司法审查,而应该留给政府的政治部门处理,即便所有的管辖权和其他可诉性要件都得以满足。③ 所以政治问题理论反映了并不要求司法部门提供所有宪法条款实体内容的宪法安排。司法部门在每一个案件中最初的任务就是作出初始性决定(threshold determination),即宪法是否将所提出问题的解释权力授予了政治部门,并且"界定分配给其他部门职责的具体界限"。④ 在政治问题理论和这一宪法安排的背后是基于政治部门所拥有的在决定特定宪法问题时优越于司法部门的体制性能力(institutional competence)。也就是说,制宪者们建立了三个并列部门,每一个部门都有其独特的属性,并在政府运作和自由保护之间实现制衡。因此,承认政治问题并没有削弱人民主权、法治或者制衡,因为人民决定在某些特定场合效率的需要是如此之迫切以致他们给予了政治官员不受限制的权力。任何此类自由裁量权的行使事实上都是"合宪的",没有人能够在法院主张它们不合宪。⑤ 这也是政治问题又称为不可诉问题的原因。⑥

二、政治问题理论的形式

(一) 经典形式

由于政治问题是司法审查的例外,只有在"特定条款"的明确规定下才可以推翻"自然推定",马歇尔也恪守了这一做法,将政治问题局限于有限的

---

① See Martin v. Mott, 25 U. S. 19, 29 (1827).
② Oliver P. Field, "The Doctrine of Political Questions in the Federal Courts", 8 *Minn. L. Rev.* 485, 485 (1924).
③ See Erwin Chemerinsky, *Federal Jurisdiction* 73 (3rd ed., Aspen, 1999).
④ Henry P. Monaghan, "Marbury and the Administrative State", 83 *Colum. L. Rev.* 1, 9 (1983).
⑤ See Robert J. Pushaw, Jr., "Justiciability and Separation of Powers: A Neo-federalist Approach", 81 *Cornell L. Rev.* 393, 504 (1996).
⑥ See Bryan A. Garner, ed., *Black's Law Dictionary* 1197 (8th ed., Thomson West, 2004).

几种情形。因而,学者将这些建立在宪法自身的文本、结构和历史基础上的政治问题形式称为政治问题理论的经典形式。①

政治问题理论的经典形式被认为是由韦奇斯勒教授所构建的。韦奇斯勒认为司法审查直接来源于宪法规定。② 但是,他认为有些问题由于其本身的政治性质而不应该由法院审查。韦奇斯勒假定,"当一个案件被适当的起诉到法院时,其既有权利也有义务根据宪法的规定审查其他部门的行为,即便该行为涉及价值选择,因为行为总是涉及价值选择。"③按照韦奇斯勒的观点,真正的问题在于确定一个案件是否被"适当的起诉"到法院。至于这个问题,韦奇斯勒认为,法院只有在宪法明确将根本问题的决定授权给一个并列部门作出的情况下才能放弃解决这一案件。"尽管明智的作出这一判断可能很困难……所涉及的完全是一个宪法解释行为,必须由通常控制解释过程的标准来作出和判断。"④韦奇斯勒认为,如果解释的结果是该问题已被授权给政治部门作出最终决定,司法部门对诉讼请求的审查就应该终止。

政治问题理论随后的发展主要体现为法院裁决中审慎性考量的迅速增长。即便在审查经典的政治问题时,法院也越来越多地转向宪法文本以外的考量来放弃司法审查。⑤ 例如,在 Luther v. Borden 案中,法院面临的问题是决定罗德岛(Rhode Island)特许政府是否符合保证条款(the guaranty clause)。⑥ 通过援引政治问题理论的经典形式,法院认为保证条款赋予国会最终的权力,并宣称"它的决定对政府的所有其他部门都有拘束力,也不能被起诉到司法法庭。"⑦然而,审慎性考量在该裁决中显然发挥了一些作用,正如首席大法官坦尼(Taney)所阐明的废止罗德岛政府及其行为所导致的众多后果。⑧ 同样,法院在 Pacific States Telephone & Telegraph Co. v. Oregon 案中也面临类似的问题。法院面临的是对俄勒冈州税法提起的诉讼,其理由是俄勒冈缺乏共和政体形式。首席大法官怀特详细阐述了对案件的实体问

---

① See Fritz W. Scharpf, "Judicial Review and the Political Question: A Functional Analysis", 75 *Yale L. J.* 517, 538(1966).

② See Herbert Wechsler, "Toward Neutral Principles of Constitutional Law", 73 *Harv. L. Rev.* 1, 3—6 (1959).

③ Ibid., 19 (1959).

④ Ibid., 9 (1959).

⑤ See Martin H. Redish, "Judicial Review and the Political Question", 79 *Nw. U. L. Rev.* 1031, 1043 (1985).

⑥ See Luther v. Borden, 48 U. S. 1, 46 (1849).

⑦ Ibid., 42 (1849).

⑧ Ibid., 38—39 (1849).

题作出裁决的各种实际和不良后果,而不是仅仅依靠 Luther 案或宪法文本。①

法院在 Luther 案和 Pacific States Telephone 案中的分析证明了"在决定如何解释宪法时,司法干预的可能后果是合理的考量,但是运用审慎性因素作为宪法解释的一部分逐渐为那些因素呈现独立的意义奠定了基础——而不顾特定系争宪法条款的文本、结构或历史"。② 这说明,在政治问题理论经典形式的适用过程中孕育出了该理论的审慎形式。不像政治问题理论的经典形式,审慎的政治问题理论不依赖于对宪法自身的解释,相反却是法官在其裁量中创制出来的用来保护它们合法性并避免与政治部门产生冲突的隔离物。

(二) 审慎形式

政治问题理论的进一步发展主要体现在 Coleman v. Miller 案中,因为在该案之后,审慎性考量才成为司空见惯的事情。③ 在该案中,国会在 1924 年提出了一个名为童工修正案的议案,以回应法院否决达到同样效果的立法。1925 年,堪萨斯州议会否决了这一修正案。直到 1937 年堪萨斯州议会才投票批准。堪萨斯州立法机构的一个组织反对该修正案并起诉该批准行为,认为批准行为违反了联邦宪法第 5 条,因为州议会没有在一个合理的时间内批准该修正案。④ 首席大法官休斯解释道,在国会没有固定(fix)时间的时候,法院自己不能固定一个时间,因为没有司法裁决的标准,并且这样一个裁决将涉及"对多种相关的条件、政治、社会和经济状况的评价"。⑤ 所以他认为,法院不能决定一项宪法修正案提案可供批准的时间。因此,除非国会自己提出批准修正案的时间限制,法院没有审查该案的实体性问题或自身设立时间限制的权力。⑥ Coleman 案中值得注意的是法官们单独依赖审慎性因素得出他们的结论。这七位大法官认为该案提出了政治问题,而没有将联邦宪法第 5 条的文本、历史或结构作为他们的分析的中心或一部分。相反,"缺乏令人满意的司法裁决标准"⑦促使休斯意见的形成,并且其他四位持赞同意见的

---

① See Pacific States Telephone & Telegraph Co. v. Oregon, 223 U. S. 118, 141—142 (1912).
② Rachel E. Barkow, "More Supreme Than Court? The Fall of the Political Question Doctrine and the Rise of Judicial Supremacy", 102 *Colum. L. Rev.* 237, 258 (2002).
③ Martin H. Redish, "Judicial Review and the Political Question", 79 *Nw. U. L. Rev.* 1031, 1037 (1985).
④ See Coleman v. Miller, 307 U. S. 433, 435—436 (1939).
⑤ Ibid., 453—454 (1939).
⑥ Ibid.
⑦ Ibid., 433, 454 (1939).

法官几乎没有提供任何分析以支持他们的观点。实际上,对于联邦宪法第 5 条由国会决定的问题仍然存在有力的文本和结构争议。也就是说,在 Coleman 案之后,审慎性考量已经完全脱离宪法的文本、历史和结构,而成为独立于政治问题理论经典形式的又一种形式——审慎形式。

比克尔也许是最有名的审慎形式的拥护者,他将政治问题理论作为法院得以行使自由裁量权的手段。比克尔认为,最高法院拥有三种权力:第一,它能够废除法律,但是只有在其与中立原则不一致时;第二,法院能够履行"合法化功能",即通过支持与中立原则一致的立法,并给予特定的政府立场以象征性的支持;第三,法院能够不对案件的实体性问题作出裁决,并且,它在原则性和灵活性的紧张关系中维持自己能力的秘密,就在于此。① 因为比克尔相信,"'坏的'法律只有基于原则性基础才能被废除"②,并且支持"坏的"法律就有可能使其合法化,法院需要一种允许其完全置身于事外的机制,以避免生成政府的行为仅仅因为它是不违宪的就可以接受的普遍观念。比克尔进一步注意到,"司法审查在民主社会至少是一个潜在的背离机制",而政治问题理论将使法院通过置身特定问题之外而避免"不受控制的能动主义"。③

如果对案件的实体问题没有进行司法审查,对政治问题没有监督,也没有对现有的政策进行合法化,那么法院有机会"引出其他机构的偏颇的答案和反应,让其自己努力给出站得住脚的答案"。④ 例如,法院在比克尔写作本书的前十年就坚持的一个道德原则是:"种族不能被州当局所隔离。"⑤然而,比克尔认为,法院驳回 Naim v. Naim⑥ 案就是基于最近的 Brown v. Board of Education⑦ 案的裁决而作出的一个审慎选择,并进一步促进了种族融合。对于比克尔而言,毫不妥协的坚持原则对于社会是不利的,规避司法审查的方法不仅是明智的,也反映了法院通常所利用的自由裁量权。因此,对于政治问题理论审慎形式的拥护者而言,法院在援引该理论时的自由裁量权与在一

---

① 参见〔美〕亚历山大·M. 比克尔:《最小危险部门——政治法庭上的最高法院》,姚中秋译,北京大学出版社 2007 年版,第 72 页。

② Gerald Gunther, "The Subtle Vices of the 'Passive Virtues'—A Comment on Principle and Expediency in Judicial Review", 64 *Colum. L. Rev.* 1, 24 (1964).

③ Alexander M. Bickel, "The Supreme Court, 1960 Term-Foreword: The Passive Virtues", 75 *Harv. L. Rev.* 40, 47 (1961).

④ 〔美〕亚历山大·M. 比克尔:《最小危险部门——政治法庭上的最高法院》,姚中秋译,北京大学出版社 2007 年版,第 261 页。

⑤ 同上书,第 262 页。

⑥ Naim v. Naim, 90 S. E. 2d 849 (1956).

⑦ Brown v. Board of Education, 347 U. S. 483 (1954).

般的宪法解释中的自由裁量权相比,是"一些具有更大灵活性的东西。"①

三、政治问题的确认标准

然而,政治问题理论的审慎形式一旦将政治问题理论完全从宪法自身释放出来,有什么能够对法官在适用该理论时形成相应的监督?有什么能够防止法院仅仅因为它相信问题太复杂或者太过于政治化而回避案件?有什么能够阻止法官对已经交由其他部门解决的宪法问题,在只要其相信由法院来裁决比较便利的情况下就径行裁决?比克尔自己也认识到政治问题理论的运用不具有"我们有权期望的根据案情作出裁判意义上的原则性"。② 但是按照比克尔的观点,又不"承认根据冲动、直觉、情绪、偏好、不能言明或无从推理的东西来进行判决"。③ 比克尔期望法院运用一定程度的审慎和原则来行使裁量。然而,正如杰拉德·冈瑟(Gerald Gunther)教授所指出的,"期望得太多了"。④ 那么,构建政治问题的确认标准就显得尤为迫切了。

尽管比克尔在一段被引用很多的文字中阐述了他对政治问题理论的认识:"政治问题理论的基础——不管是在知识上,还是在本能上——正在于最高法院对于能力匮乏的感觉,它由下面几个分量不等的部分构成:(1)对于问题的陌生及得出合乎原则的决定比较棘手;(2)问题是绝对重大的,它可能使司法判断失去平衡;(3)与其说是因为司法判断会被忽视而焦虑,不如说,也许是因为应当被忽视却不得被忽视而焦虑;(4)最后一点('在成熟的民主制度中'),是一个不对选民承担责任、因而没有汲取力量之大地的机构内在的脆弱,它的自我怀疑。"⑤但是比克尔意识到这种解释对于法院从普通的宪法问题中区分出政治问题并无多少助益。所以,他指出了两者之间存在一定的区别,但没有提供多少实质性建议帮助法院进行区分。⑥

在沃伦法院宣布联邦法院"在解释宪法方面具有至高无上的地位"⑦之

---

① 〔美〕亚历山大·M.比克尔:《最小危险部门——政治法庭上的最高法院》,姚中秋译,北京大学出版社2007年版,第134页。
② Alexander M. Bickel, "The Supreme Court, 1960 Term—Foreword: The Passive Virtues", 75 *Harv. L. Rev.* 40, 51 (1961).
③ Ibid.
④ Gerald Gunther, "The Subtle Vices of the 'Passive Virtues'—A Comment on Principle and Expediency in Judicial Review", 64 *Colum. L. Rev.* 1, 3 (1964).
⑤ 〔美〕亚历山大·M.比克尔:《最小危险部门——政治法庭上的最高法院》,姚中秋译,北京大学出版社2007年版,第200页。
⑥ 同上。
⑦ Cooper v. Aaron, 358 U.S. 1, 18 (1958).

后,布伦南大法官开始逆转弗兰克福特法官在 Colegrove v. Green① 案中所造成的趋势。在 Colegrove 案中处于劣势的选民主张,他们根据联邦宪法第十四修正案获得法律平等保护的权利因而受到了侵犯,他们请求禁止伊利诺斯州当局依据划分不当的选区安排任何选举。也就是说,他们请求法院颁发禁令,下令在州立法机构重新划分选区使之更为均等之前,国会大选应当在全州举行[不在各选区举行]。联邦最高法院弗兰克福特大法官在所撰写的多数意见中拒绝给予这一或那一救济。他说,假如涉及"我们的政府的有效运转",这个问题呈现出了"特有的政治性质,因而,不适合由司法机构来决定"。他接着说:"再清楚不过的是,这一争议涉及的问题将法院带入与相对抗的当事人直接而积极的关系中。而联邦最高法院传统上是回避对这样的问题作出决定的。让司法机构卷入人民的政治活动中,是有悖于民主制度的。"他又说:"除此之外尚有一点,宪法已经授予国会确保各州在众议院代表性之公平性的排他性权威,让该院来决定各州是否履行了自己的责任。假如国会没有行使它的权力,由此而使公平的标准受到侵害,救济之法最终则在人民那里。"最后,他说了一句被广泛引用的话:"法院不应当踏入政治丛林之中。"②

在与 Colegrove 案同类型的 Baker v. Carr 案中,沃伦法院却踏入了"政治丛林"之中,认为原告对州的议席分配法违反宪法第十四修正案的平等保护条款(the equal protection clause)的质疑是可诉的。③ 在判决该问题是可诉的之后,法院审查了案件的实体性问题,布伦南法官的意见列举了一大串涉及政治问题理论的案件,包括外交关系、宪法修正案的效力、印第安部落的法律地位。④ 最后,布伦南总结了政治问题的六个特征,它们各自独立的表明政治问题的存在:"任何被认为涉及政治问题的案件,从表面上看都显著的具有(以下特征):宪法文本已经表明将问题的解决授权给了并列的政治部门;或者在解决该问题时,缺乏能被发现和易于操作的司法标准;或者在解决该问题之前,必须初步解决非明确属于司法裁量权的政策;或者法院从事独立决定,就必然对并列政府部门缺乏应有的尊重;或者存在非同寻常的需要,必须无条件地服从已经作出的政治决定;或者各部门对同一问题的多种意见

---

① See Colegrove v. Green, 328 U.S. 549 (1946).
② 参见〔美〕亚历山大·M.比克尔:《最小危险部门——政治法庭上的最高法院》,姚中秋译,北京大学出版社 2007 年版,第 207 页。
③ See Baker v. Carr, 369 U.S. 186 (1962).
④ Baker v. Carr, 369 U.S. 186, 211—217 (1962).

将产生潜在的尴尬。"①

在提炼政治问题特征的过程中,法院强调该理论"主要是三权分立的一个功能"。② 因此,该理论涉及一个"宪法解释的微妙行使",以确定一个问题是否已经被授权给了另一个部门解决或一个并列部门的行为是否超越了被授予它的权力;这反映了该理论的经典形式。③ 通过回顾 Coleman v. Miller 案,法院也指出,确定是否存在政治问题的主要考量包括政治部门行为的终局性和令人满意的司法裁决标准的存在;这些标准都与该理论的审慎形式有关联。④ 相应地,Baker 案所提出的上述六个特征成为确认政治问题的六项标准。并且,前两个标准被视为该理论经典形式的因素,其余四项标准已被确定为审慎形式的因素。⑤ Baker 案将政治问题理论的经典和审慎形式整合成一个融贯的法律标准,并且,该标准似乎从表面上使得法院能够灵活性地利用这一理论。⑥ 在 Baker 案的裁决作出之后不久,比克尔认为 Baker 案"裁决的要害不是最高法院在立法机构划分选区的过程中要履行哪些职能……而是,最高法院是否可以发挥某种作用"。⑦ 但是图什内特(Tushnet)教授认为,"尽管比克尔的观点是相当的乐观,但是这一裁决最终将标志着该理论的消亡。"⑧

综上所述,源于联邦党人可推翻的"自然推定"的政治问题理论的经典形式,自从其产生那一刻起就朝着不利的方向发展,最终形成脱离于宪法文本、结构和历史的审慎形式。尽管审慎形式的集大成者比克尔将政治问题理论看成是"消极的美德",但是这样一种"更大灵活性的东西",使得法院也难以把持。"尽管 Baker 案创制了一个考察该理论适用的原则性结构,该结构从总体上也导致了审慎性考量的减少。"⑨然而,在"司法至上"的理念下,法院一次又一次地踏入了"政治丛林"。这便映射出 Baker 案的逻辑悖论:这一囊括政治问题经典形式和审慎形式的法律标准的本来目的是为了减少审慎

---

① Baker v. Carr, 369 U. S. 186, 217 (1962).
② Ibid., 210 (1962).
③ Ibid., 211 (1962).
④ See Coleman v. Miller, 307 U. S. 433, 454—455 (1939).
⑤ See Rachel E. Barkow, "More Supreme Than Court? The Fall of the Political Question Doctrine and the Rise of Judicial Supremacy", 102 *Colum. L. Rev.* 237, 265 (2002).
⑥ See Robert F. Nagel, "Political Law, Legalistic Politics: A Recent History of the Political Question Doctrine", 56 *U. Chi. L. Rev.* 643, 646—647 (1989).
⑦ 〔美〕亚历山大·M. 比克尔:《最小危险部门——政治法庭上的最高法院》,姚中秋译,北京大学出版社2007年版,第213页。
⑧ Mark Tushnet, "Law and Prudence in the Law of Justiciability: The Transformation and Disappearance of the Political Question Doctrine", 80 *N. C. L. Rev.* 1203, 1208 (2002).
⑨ Ibid., 1204—1205 (2002).

性考量,却使得政治问题理论的整体性式微。原因何在?

第二节 政治问题理论的衰落与重构

一、政治问题理论的衰落

(一) 经典形式的变异

Baker 案的标准从表面上看似乎为法院提供了非常有弹性的操作标准,然而七年之后的 Powell v. McCormack 案却是另一番景象。

在 Powell 案中,众议院的一个决议将众议院议员鲍威尔(Powell)排除在第 90 届国会之外。众议院并没有否认鲍威尔已由其选民正式选举产生,且符合了联邦宪法第 1 条第 2 款第 2 项的年龄、国籍和居住条件的标准。① 而是因为有人指控其在上一任期担任教育和劳动委员会主席时存在不当使用资金的行为,而其拒绝为此作证。在该案上诉到联邦最高法院的时候,众议院已经决定允许鲍威尔参加第 91 届国会②,法院肯定可以基于过时理论(mootness doctrine)回避众议院决议的合宪性问题。然而,法院认为鲍威尔被排除在国会之外期间的欠薪诉讼请求仍然是一个争议问题。所以该案主要问题就是国会决定其成员资格的权限是否构成一个政治问题。被告(众议院议长等人)争辩道,联邦宪法第 1 条第 5 款的语言——"每院是本院议员的选举、选举结果报告和资格的裁判者"——是一个"'宪法文本已经表明授权'众议院'裁决权'以确定鲍威尔的资格"。③ 鲍威尔回应道,国会的权力仅限于确定年龄、国籍、居住条件是否已得到满足,而众议院已明确确定这些条件都已得到满足。④ 在审查了从制宪会议到宪法批准争议之间的史料之后,法院得出结论认为,鲍威尔的观点从历史的角度看是似是而非的。⑤ 也就是说,宪法尽管授予了众议院判断其成员任职资格的广泛权力,法院仍然认为其能够对案件的实体性问题进行裁决⑥,所以它拒绝了对此领域适用政治问题理论。

法院的裁判路径表现为:第一,沃伦法院在提炼政治问题理论的时候强

---

① See Powell v. McCormack, 395 U.S. 486 (1969).
② Ibid., 495—496 (1969).
③ Powell v. McCormack, 395 U.S. 486, 519 (1969).
④ Ibid., 520 (1969).
⑤ Ibid., 547—548 (1969).
⑥ Ibid., 550 (1969).

调其主要是三权分立的一个功能,Baker案涉及联邦制——田纳西州的选区划分制度受到质疑——就在很大程度上把政治问题理论作为一个障碍处理掉了。① Powell案涉及的显然是分权问题,而不是联邦制问题,但是法院同样认为其提出的问题是可诉的。第二,法院采纳了Baker案标准中的经典形式,即从宪法的文本和历史进行分析。Powell案虽然具有Baker案的第一项标准"宪法文本已经表明将问题的解决授权给了并列的政治部门",但是法院却认为众议院"没有权力排除任何经其选民恰当选举的人,而该人又符合了宪法所明确规定的所有成员要件"。② "联邦宪法第1条第5款最多也就是'宪法文本表明授权'国会仅仅根据宪法所明确列举的资格要件进行判断。"③

相应的,我们可以发现:第一,政治问题理论在沃伦法院"司法至上"的理念下渐趋衰落是因为"沃伦时代的宪法裁决成为一种改革的工具"④,考克斯教授认为"司法自制会把大量的公民自由完全置于立法与执法分支之手;然而,在这一新时代,政治力量要么是反动于自由主义、平等主义与人道主义的驱动力,要么就是在抵制这些时代的动力"。⑤ 而政治问题理论作为司法自制最重要的一种方式,显然也是在摒弃之列,不论问题是涉及分权还是联邦制,所以"法院要逃离这一困境,逻辑上的方法在于发展一种司法原理,这种原理将把公民自由和权利提升到一种更高的位阶,因此在涉及公民自由和权利的案件中,法院可以使用比审查经济措施时更为严格的司法审查标准"。⑥ 第二,宪法文本授权一个部门享有执行特定职能的职责的事实并不必然意味着该条款免受司法部门的实体性审查。⑦ 也就是说,在评估是否存在授权给另一个部门的宪法文本的时候,法院已经认为必须解释系争文本,以确定该问题在何种程度上被授予另一个部门解决——或者换言之——该部门的权限。⑧

综上,法院对政治问题经典形式的审议本来只是看该问题是否已被宪法文本授予政府的其他政治部门进行裁决,而不对案件的实体性问题进行审

---

① 参见〔美〕克里斯托弗·沃尔夫:《司法能动主义——自由的保障还是安全的威胁?》,黄金荣译,中国政法大学出版社2004年版,第48—49页。
② Powell v. McCormack, 395 U. S. 486, 522 (1969).
③ Ibid. , 548 (1969).
④ 〔美〕阿奇博尔德·考克斯:《法院与宪法》,田雷译,北京大学出版社2006年版,第188页。
⑤ 同上书,第177页。
⑥ 同上。
⑦ See Michelle L. Sitorius, "The Political Question Doctrine: A Thin Black Line Between Judicial Deference and Judicial Review", 87 *Neb. L. Rev.* 793, 803 (2009).
⑧ See Powell v. McCormack, 395 U. S. 486, 519—520 (1969).

查,但是,根据 Powell 案的裁决,"Baker 案的第一个标准似乎不是由将实施政府职能的职责分配给另一个部门的委托文本决定的"①,从而导致政治问题理论经典形式的变异。

(二) 审慎形式的消亡

由于 Baker 案政治问题标准的提出时期正好处于沃伦法院"寡头统治的暴政之下"②,可谓生不逢时。所以在沃伦法院时期,法院没有认定任何政治问题案件。但是,即便在首席大法官沃伦卸任之后,到目前为止,美国联邦最高法院才认定了三个政治问题案件。③ 而且,对 Baker 案标准的分析几乎仅限于该理论的经典形式④,即只评价前两项标准——是否存在"宪法文本已经表明将问题的解决授权给了并列的政治部门;或者在解决该问题时,缺乏能被发现和易于操作的司法标准。"

在 Gilligan v. Morgan 案中,法院驳回了肯特州学生提出的诉讼请求,该诉讼请求认为枪杀学生抗议者是政府疏于训练国民卫队所导致的。学生要求法院"对俄亥俄州的国民卫队承担持续的监管职责"。⑤ 这将包括"建立国民卫队训练、武器种类和控制行为命令的范围和种类的具体标准"。⑥ 法院驳回了这一诉讼请求,并指出联邦宪法第 1 条第 8 款第 16 项授予国会"负责对民兵(现在是国民卫队)的组织、装备和训练"。⑦ 首席大法官伯格的意见指出"关于军事力量的组织、训练、装备的复杂、微妙的专业的决策在本质上讲是专业的军事判断,总是由立法和行政部门的官员控制的"。⑧

在 Nixon v. United States 案中,法院所面临的问题是参议院在弹劾审判中所使用的程序是否符合联邦宪法第 1 条第 3 款第 6 项的规定"参议院独自拥有审判一切弹劾案的权力"。通过对"独自""审判"(try)以及"弹劾条款的历史和当代理解"的广泛考察,伦奎斯特大法官认为并不存在对"审判"一词的文本限制。⑨ 参议院审判 Nixon 法官的程序没有"超过可确认的文本限

---

① Michelle L. Sitorius, "The Political Question Doctrine: A Thin Black Line Between Judicial Deference and Judicial Review", 87 *Neb. L. Rev.* 793, 804 (2009).
② 〔美〕阿奇博尔德·考克斯:《法院与宪法》,田雷译,北京大学出版社 2006 年版,第 177 页。
③ See Vieth v. Jubelirer, 541 U.S. 267 (2004); Nixon v. United States, 506 U.S. 224 (1993); Gilligan v. Morgan, 413 U.S. 1 (1973).
④ See Nixon v. United States, 506 U.S. 224 (1993); Gilligan v. Morgan, 413 U.S. 1 (1973).
⑤ Gilligan v. Morgan, 413 U.S. 1, 5 (1973).
⑥ Ibid., 6 (1973).
⑦ Ibid.
⑧ Ibid., 10 (1973).
⑨ See Nixon v. United States, 506 U.S. 224, 230—233 (1993).

制".① 此外,法院指出,弹劾是对司法部门的一种政治制衡措施,并为不授予与司法部门自身并列的解释权提供了一个结构性理由。② 由于这些原因,学者们经常援引弹劾作为典型的政治问题的例子。正如威廉姆斯法官在 Nixon 案中为华盛顿特区巡回法院撰写的意见中指出,"如果政治问题理论在宪法已明确地将权力授权给一个并列部门并且在最终裁决的需求是极其重要的地方都没有力量的话,那它肯定是死定了"。③

上述两个政治问题案件都涉及 Baker 案第一个标准的审查,而第二项标准则是与第一项标准联系在一起的,因为法院主要用第二项标准来支撑第一项标准。虽然缺乏原则性的标准可能与 Coleman v. Miller 中的审慎性考量联系在一起④,但是法院已经用这一标准支持 Baker 案的第一项标准。例如,在 Nixon 案中,法院认为,"缺乏易于操作的司法标准可能加强宪法文本已经表明将问题的解决授权给了并列的政治部门这一结论的说服力。"⑤当发现弹劾条款或其他宪法条款缺乏"可确认的文本限制"后,法院认为对参议院的权限不存在任何限制是有根据的。⑥

Baker 案第二项标准之所以很少单独的使用,是因为法院认为"能够决定惩罚在什么时候是'残酷和罕见的',保释金在什么时候是'过多的',调查在什么时候是'不合理的',国会执行所列举的权力在什么时候是'必要和恰当的'的司法体制也是可以作出普通的宪法判断的。"⑦ 质言之,法院更倾向于自己来确认系争宪法语言的含义,并运用第二项标准来表明将问题的解决授权给了并列的政治部门的宪法文本。

可见,在上述政治问题案件中,运用的主要是 Baker 案的第一项标准和第二项标准,尽管法院对 Baker 案中所列的审慎性标准还会有所提及,但是这些标准无论如何都不是决定性的因素。⑧ 事实上,法院想表达的是 Baker 案的标准"可能是按照重要性和确定性降序排列的"。⑨ 因此,评估在案件中是否应该适用政治问题理论的重点在于前两个标准。那么,政治问题理论审慎形式的消亡也就在所难免了。

---

① See Nixon v. United States, 506 U.S. 225 (1993).
② Ibid., 224, 235 (1993).
③ Nixon v. United States, 938 F.2d 239, 246 (D.C. Cir. 1991).
④ See Coleman v. Miller, 307 U.S. 433, 453—454 (1939).
⑤ Nixon v. United States, 506 U.S. 224, 228—229 (1993).
⑥ Ibid., 238 (1993).
⑦ United States v. Munoz-Flores, 495 U.S. 385, 396 (1990).
⑧ Ibid., 390 (1990); Japan Whaling Association v. Am. Cetacean Society, 478 U.S. 221, 230 (1986).
⑨ Vieth v. Jubelirer, 541 U.S. 267, 278 (2004).

(三) 小结

Baker 案之后的有关政治问题的案件表明政治问题理论已经演变为对系争宪法文本的实体性评估。前两项标准允许法院评估相关条款的文本以决定对政治部门的权限,并因此判断政治部门的行为是否合宪。这一评估表明了政治问题理论的经典形式有了显著的变异。例如,在 Martin v. Mott 案和 Luther v. Borden 案中,法院放弃司法审查的理由很简单:"根据调查,属于政治权力而不是司法权力……它由政治权力来作决定。"①因此,以前该理论是作为法院对宪法文本进行任何实体性解释之前决定是否进行司法审查的初始性问题(a threshold question),在 Baker 案之后,法院使用该理论"解释宪法,说的是这件事情而不是那件事情了"。② 即法院先对宪法系争文本进行实体性解释之后再决定是否进行司法审查。此外,后面的四项审慎性标准实际上已经被忽略,这使得进一步强调前两项标准。根据以上分析,政治问题理论经典形式的变异与审慎形式的消亡使得该理论总体上呈现衰落的趋势,主要表现为:第一,自从 Baker 案以来,美国联邦最高法院对该理论的运用逐步减少③,联邦最高法院只在三个案件中认定了政治问题理论,并将该理论的讨论局限于 Baker 案的前两项标准。第二,"Baker 案的前两个标准,其一直主要与该理论的经典形式联系在一起,已经被批评为几乎没有掩饰的掩盖法院对案件的实体性问题作出裁决的企图。"④第三,法院主张对各种各样的问题享有司法解释权越来越有信心,从而对该理论造成了损害。⑤

二、政治问题理论衰落的原因

Baker 案的前两项标准之所以无法防止法院对案件的实体性问题作出裁决,并最终使得法院对该理论运用的减少,这在某种意义上可以归因于 Baker 案标准的内在缺陷;法院之所以对各种问题主张司法解释权,在现代

---

① Luther v. Borden, 48 U. S. 1, 39 (1849).
② Mark Tushnet, "Law and Prudence in the Law of Justiciability: The Transformation and Disappearance of the Political Question Doctrine", 80 *N. C. L. Rev.* 1203, 1206 (2002);
③ See Rachel E. Barkow, "More Supreme Than Court? The Fall of the Political Question Doctrine and the Rise of Judicial Supremacy", 102 *Colum. L. Rev.* 237, 263—267 (2002).
④ Louis Henkin, "Is There a 'Political Question' Doctrine?", 85 *Yale L. J.* 597, 598—599 (1976).
⑤ See Mark Tushnet, "Law and Prudence in the Law of Justiciability: The Transformation and Disappearance of the Political Question Doctrine", 80 *N. C. L. Rev.* 1203, 1208 (2002).

美国联邦最高法院——从沃伦法院开始①、在伯格法院得以继续②、并在伦奎斯特法院时期呈指数级增长③——承认对其解释法律是什么的权力几乎没有限制的背景下,主要是来源学界对政治问题理论是否应该存在的质疑。

(一) Baker 案标准的循环悖论

有学者认为,"Baker 案的六项标准不能有效的从可诉的'法律'问题中区分出'政治'问题。"④笔者深以为然,因为:

第一,法院对任何依据宪法产生的案件行使管辖权都几乎不可避免地表现出"对并列政府部门缺乏应有的尊重",打乱了国会或总统可能认为需要"无条件服从"的"已经作出的政治决定",或存在"各部门对同一问题的多种意见将产生潜在的尴尬"。原因很简单:平行的司法审查需要对国会或行政部门的行为进行审查,并且推翻这类行为的裁决必然意味着作出这一行为政治官员要么违背了其维护宪法的宣誓,要么不了解宪法的含义。⑤

第二,许多宪法规定,而不只是那些被法院当做"政治的",似乎也"缺乏能被发现和易于操作的司法标准"。事实上,美国联邦宪法包括了大量弹性条款,例如"正当程序""必要和恰当的""贸易",法院对涉及这些规定的案件也都作出了裁决。此外,Baker 案的标准似乎需要"初步解决非明确属于司法裁量权的政策",而法院也没有解释哪些政策决定将"明确"的交由政治部门解决。实际上,许多现代宪法问题可以说都涉及应该通过政治过程解决的政策选择。

第三,如果"宪法文本已经表明将问题的解决授权给了并列的政治部门"提出了一个政治问题,那么联邦法院永远不能对任何起诉国会或总统的主张进行裁决,因为联邦宪法第 1 条和第 2 条的文本已经授予它们全部的立法和行政权力。相反,起决定性作用的是一个宪法问题是否必须委托给一个政治部门作出终局的、不可审查的决定。⑥ 然而,这一决定不能简单地通过参考宪法文本就能作出的,因为宪法也没有包含授权司法审查的具体条款,

---

① See Cooper v. Aaron, 358 U. S. 1, 18 (1958).
② See Robert F. Nagel, "Political Law, Legalistic Politics: A Recent History of the Political Question Doctrine", 56 *U. Chi. L. Rev.* 643, 661 (1989).
③ See Robert A. Schapiro, "Judicial Deference and Interpretive Coordinacy in State and Federal Constitutional Law", 85 *Cornell L. Rev.* 656, 657 (2000).
④ J. Peter Mulhern, "In Defense of the Political Question Doctrine", 137 *U. Pa. L. Rev.* 97, 163 (1988).
⑤ See Robert J. Pushaw, Jr., "Judicial Review and the Political Question Doctrine: Reviving the Federalist 'Rebuttable Presumption' Analysis", 80 *N. C. L. Rev.* 1165, 1176 (2002).
⑥ See Robert J. Pushaw, Jr., "Justiciability and Separation of Powers: A Neo-Federalist Approach", 81 *Cornell L. Rev.* 393, 500—501 (1996).

更不用说作出这一权力的例外规定了。① 相反,正如司法审查主要是来源于宪法的结构和其背后的政治理论,政治问题理论也同样如此。②

由此可见,Baker 案的标准似乎本身就不具有可操作性。而且,政治问题理论经典形式的变异与审慎形式的消亡在某种程度上是由于援引 Baker 案标准所导致的。因为,"政治问题理论在其适用过程中创造了一个循环悖论(a circular dilemma)"。③ 在援引 Baker 案的标准时,即便"宪法文本已经表明将问题的解决授权给了并列的政治部门",这也并不表明宪法问题就是委托给政治部门作出终决的、不可审查的决定。正如怀特法官指出的:"政治问题理论中的争议问题(issue)不在于是否将实施特定政府职能的专门职责由宪法文本授权给一个政治部门……而是,问题在于宪法是否为政治部门提供了解释此类权力的范围和性质的最终职责。"④法院为了确定政治部门的具体权限,就必须对宪法进行实体性解释,并对案件的实体性问题作出裁决。可是,一旦宪法性问题已经解决,任何审慎性考量的使用都是多余的,因为援引该理论的目的已经落空。所以,Baker 案标准的援引已经在很大程度上减少了该理论的力量。其实这也并不奇怪,因为布伦南法官创制 Baker 案标准的初衷是为了论证案件的可诉性,而不是为不可诉的政治问题理论鸣锣开道的。

(二) 对政治问题理论的质疑

相对于那些力求界定政治问题理论并证明其正当性的人而言,路易斯·亨金(Louis Henkin)教授却在其一篇著名的论文中对政治问题理论提出了质疑:"存在政治问题理论吗? 我们需要一个政治问题理论吗?"⑤他认为,由于马伯里诉麦迪逊案,宪法问题通常不再是"政治的"而是可诉的,而且宣布政府政治部门的行为违宪并不因此表明布伦南法官根据政治问题理论所构建的司法自制理论基础之一的"对并列政府部门缺乏应有的尊重"。司法审查作为我们宪法学中已牢固树立的一块基石,必然要求我们以怀疑的态度对这个发现某些问题免受司法审查的政治问题理论进行严格的审查。⑥

亨金将法院对政治领域的尊重分为法院对政治部门实体性决定(sub-

---

① See Erwin Chemerinsky, *Federal Jurisdiction* 146 (3rd ed., Aspen, 1999).

② See Robert J. Pushaw, Jr., "Judicial Review and the Political Question Doctrine: Reviving the Federalist 'Rebuttable Presumption' Analysis", 80 *N. C. L. Rev.* 1165, 1177 (2002).

③ Michelle L. Sitorius, "The Political Question Doctrine: A Thin Black Line Between Judicial Deference and Judicial Review", 87 *Neb. L. Rev.* 793, 819 (2009).

④ Nixon v. United States, 506 U.S. 224, 240 (1993).

⑤ Louis Henkin, "Is There a 'Political Question' Doctrine?", 85 *Yale L. J.* 597, 597 (1976).

⑥ Ibid., 599—600 (1976).

stantive decision)的一般尊重(ordinary respect)和对政治部门所作出的合宪决定的特别的司法遵从(extraordinary judicial deference)。而"韦奇斯勤和比克尔都没有提及法院必须给予政治部门宪法权力的一般尊重,他们都是将'政治问题'作为特别的司法遵从的理论基础的意义上讨论的"。① 亨金通过对被认为是政治问题理论象征的三类著名案件进行了回顾。例如,他认为 Luther v. Borden 案只不过是一个平淡无奇的案件,该案触及了实体性问题,并得出结论认为,"国会和总统的行为……都在各自宪法权限之内,并没有违反任何规定的限制或禁止。"同样,在法院的外交关系案件中,亨金认为没有证据表明原封不动的留给总统作出"对或错"决定的司法自制。② 所以,"那些被认为是建立了政治问题理论的案件并不需要这类特别的司法遵从而免于司法审查;它们只有要求法院对政治领域的一般尊重。通过审查,法院拒绝废止被起诉的行为是因为它们处于总统或国会的宪法权限之内。不存在法院必须使用'政治问题'这一术语的情况,当它使用的时候,也只是在不同的意义上在使用这一术语,实际上是在说:'我们已经审查了你的诉讼请求,我们发现被起诉的行为涉及一个政治问题,处于宪法授予政治部门的权限之内。被起诉的行为没有违反宪法对该权力的限制,要么是因为宪法没有施加相关的限制,要么是因为该行为处于所规定的限度之内。我们落实了政治部门所做的,因为他们依据宪法有这样做的政治权力。'"③

其实,亨金也认识到作为不可诉的政治问题理论要具有法院必须能够基于缺乏管辖权而驳回案件、并且要具有不触及案件实体性问题(reach the merits)权力的含义。他认为一个有意义的政治问题理论应该是,"一个政治问题是法院放弃其合宪性司法审查的独特的和主要的功能。按照如此设想,尽管在一般情况下,在一个适当的案件中,法院将审查政府行为是否符合宪法的授权和限制,该理论将使得有些宪法规定被最终完全的委托给政府政治部门以'自我监督'(self-monitoring)。"④但是由于理论与实务界未能区分一般尊重与特别的司法遵从之间的区别,从而加剧了以下的混乱和争议:是否,以及为什么,并且什么时候需要这类特别的司法遵从。⑤ 所以他干脆认为,"政治问题理论是一个由若干已确定的理论构成的不必要的、欺骗性包裹,

---

① Louis Henkin,"Is There a 'Political Question' Doctrine?", 85 *Yale L. J.* 597, 602 (1976).
② Ibid., 612 (1976).
③ Ibid., 601 (1976).
④ Ibid., 599 (1976).
⑤ Ibid., 599 (1976).

该包裹已经误导了律师和法院,让他们在里面寻找从来没有放进去的东西"。① 从而,"我们应该打开包裹,将其真正的内容放到其他地方,并将该包裹扔掉"。②

可见,一般尊重与特别的司法遵从之间的区别,实际上就是如何界定政治问题的问题。如果法院的裁决涉及对是否存在违宪行为的处理,那就是一个实体性裁决,从而触及了案件的实体性问题(merits);如果认识到一个宪法条款可能被"最终完全的委托给政府政治部门以'自我监督'",那就是一个程序性裁决,并不触及实体性问题。而政治问题理论要求的就是程序性裁决,也就是要求法院放弃其司法审查的职能,对政治部门给予"特别的司法遵从",由政治部门"自我监督"以保证其行为的合宪性。如果法院对案件的处理依赖于政治部门的实体性决定,即"要么是因为宪法没有施加相关的限制,要么是因为该行为处于所规定的限度之内",那么该案件所涉及的也不是政治问题,法院也只要给予"一般尊重"就行了。在这种情况下,"法院放弃他们审查政治部门决定的权力,只是做做样子而已,而不是基于程序性的理由实际上遵从该部门。"③所以,亨金认为由于目前所谓的政治问题理论案件都触及了案件的实体性问题,法院不需要给予政治部门特别的司法遵从,从而也不需要他称之为"纯理论"(pure theory)④的政治问题理论。彼得·马尔赫恩(Peter Mulhern)教授将亨金教授的这一理论的出发点看成是"司法垄断"(judicial monopoly)假设⑤,也就是说他认为司法审查不应有例外,即便是政治问题理论也没有授权任何此种例外。

三、政治问题理论的重构

尽管布伦南法官试图通过 Baker 案标准来构建政治问题免于司法审查的理论基础,但是由于该标准内在的"循环悖论"使得法院不得不对相关宪法条款进行实体性解释,从而触及了案件的实体性问题,这也促成了亨金教授"司法垄断"观点的形成,即"现在的政治问题理论仅仅是成为法院从实体上驳回宪法性诉求的简化手段(shorthand)而已"。⑥ 因而,有必要重新检视

---

① Louis Henkin, "Is There a 'Political Question' Doctrine?", 85 *Yale L. J.* 597, 622 (1976).
② Ibid., 625 (1976).
③ Louis Michael Seidman, "The Secret Life of the Political Question Doctrine", 37 *J. Marshall L. Rev.* 441, 448 (2004).
④ Louis Henkin, "Is There a 'Political Question' Doctrine?", 85 *Yale L. J.* 597, 599 (1976).
⑤ See J. Peter Mulhern, "In Defense of the Political Question Doctrine", 137 *U. Pa. L. Rev.* 97, 117 (1988).
⑥ Amanda L. Tyler, "Is Suspension a Political Question?", 59 *Stan. L. Rev.* 333, 368 (2006).

政治问题免于司法审查的理论基础,实现政治问题理论的重构,从而遏制政治问题理论的颓势。当然,学界在对政治问题理论重构的过程中也出现了诸多分歧。

（一）分歧的实质

由于政治问题理论的衰落,当前学界对政治问题理论重构的分歧主要体现为以下两个方面:

第一,用其他理论替代政治问题理论。例如,西马德(Simard)教授认为,"当我们分析过去二十年来起诉资格理论和政治问题理论的演变,会发现这两个理论已经形成了一个共同的理论基础,即都是建立在三权分立的观念之上的。"① "通过将 Baker 案所列的六项标准从可识别性(cognizability)和可救济性(redressability)两个方面进行分类,政治问题理论与现代起诉资格理论之间的重合就变得很明显。具体而言,因为现代起诉资格理论要求联邦法院根据三权分立的原则解释起诉资格的三个要件——实际损害、因果关系和可救济性,有人可能会说,对起诉资格的分析已经包含了法院依据 Baker 案标准宣布一个问题是不可诉的政治问题所要考虑的。总之,这两种理论似乎趋于一致了。"②所以西马德教授也主张将政治问题理论作为无用的"包裹"扔掉而替代为起诉资格理论。此外,乔珀(Choper)教授认为法院完全有比政治问题理论的审慎形式更好的自由裁量体制。例如,"根据法院复审令(certiorari)的自由裁量体制,它现在几乎涵盖所有的待审案件,比克尔的审慎进路很可能会更妥当的使用。这完全不同于其拥有的政治问题,(政治问题)不是仅仅将最终裁决推迟到另一天,而是禁止所有联邦法院对宪法问题的实体性问题进行裁决。"③

第二,保留政治问题理论的经典形式。普肖教授认为,Baker 案标准的"循环悖论"在某种意义上是因为"法院抛弃了联邦制的核心结构和理论原则"。④ "宪法从表面上看并没有特别赋予联邦法院审查政治官员(联邦或州的)行为合宪性的权力,因此,也显然没有告诉我们哪些这类行为免受司法审查。相反,无论是司法审查还是其例外(例如,'政治问题')都来源于宪法

---

① Linda Sandstrom Simard, "Standing Alone: Do We Still Need the Political Question Doctrine?", 100 *Dick. L. Rev.* 303, 306 (1996).
② Ibid., 333 (1996).
③ Jesse H. Choper, "The Political Question Doctrine: Suggested Criteria", 54 *Duke L. J.* 1457, 1478 (2005).
④ Robert J. Pushaw, Jr., "Judicial Review and the Political Question Doctrine: Reviving the Federalist 'Rebuttable Presumption' Analysis", 80 *N. C. L. Rev.* 1165, 1177 (2002).

的基本结构和政治理论。对这些宪法性原理的关注表明 Baker 案法院误解了三权分立,明确地将联邦制(federalism)排除在其考量因素之外,甚至都没有提及以人民主权为基础的成文宪法确立了有限政府的核心思想。"①"尽管 Baker 案中的多数通过创制和运用了一个与历史无关的、完全自由裁量的多因素进路正确地发现该案是可诉的,但是该进路尚未产生、也不会产生法律上始终一贯的结论。相比之下,我所提出的汉密尔顿模式具有深厚的历史根源、正当的法律基础,并有可能使政治问题理论变得有意义。"②所以,"恢复对宪法的原初理解将极大地澄清政治问题理论。用汉密尔顿的话说,就是宪法创造了一个只有少数'特定条款'才能够推翻司法审查的'自然推定'。"③

普肖主张恢复汉密尔顿的"自然推定",实际上是主张政治问题理论的经典形式。对此,巴尔科(Barkow)教授也认为不能因为审慎形式的失败就拒绝整个政治问题理论。因为,经典政治问题理论在宪政秩序中是极其重要的,它的消亡将产生了两个方面的消极影响:第一,直接的负面影响。"因为它阻碍了政治部门在提出政治问题的案件中行使宪法判断。固然,这类案件的数量非常少,不太可能经常出现。选举计数争议、司法弹劾以及宪法修正案的批准问题都没有很高的发生概率。然而,这些问题是至关重要的,并且这些情况下的司法干涉可能会对我们政府产生超出特定案件范围的负面影响。没有案件能比 2000 年选举案件中的联邦宪法第 2 条的问题更能深刻说明这一点。该理论打击了三权分立的核心和各部门恪守其职维持宪政秩序的需要。"④第二,广泛的次生后果。如果政治问题理论消亡了,实际上是由联邦最高法院独自监督其权力的边界。这或许是所有法院承担的最困难的任务,因为它要求最强的意志力。它还极大地显示了所有法院裁决背后所存在的紧张关系。也就是说,当法院保护个人的权利免受国会行为的侵害、决定权力是由州还是由国会行使、或解决行政部门和国会之间的争议时,它自身的利益并不体现在这些裁决之内。"从表面上看,法院是为了防止一个主体受到另一个主体的侵害。然而,当法院决定政治问题理论是否适用的时候,仅仅是隐含在其他裁决背后的利益就会变得明确:法院相对于其他部门

---

① Robert J. Pushaw, Jr., "Judicial Review and the Political Question Doctrine: Reviving the Federalist 'Rebuttable Presumption' Analysis", 80 N. C. L. Rev. 1165, 1185 (2002).
② Ibid., 1201 (2002).
③ Ibid., 1185 (2002).
④ Rachel E. Barkow, "More Supreme Than Court? The Fall of the Political Question Doctrine and the Rise of Judicial Supremacy", 102 *Colum. L. Rev.* 237, 335 (2002).

的体制利益和优势。"①所以巴尔科认为,联邦最高法院不能以牺牲政府的政治部门为代价来扩张自己司法权力,即便政治问题理论衰落了,也不能放弃经典的政治问题理论形式。

可见,虽然学界对政治问题理论的分歧主要体现为用其他理论替代政治问题理论,抑或放弃政治问题理论的审慎形式而保留经典形式。其实这些分歧的实质还在于经典形式与审慎形式的取舍问题。西马德之所以认为可以用起诉资格理论替代政治问题理论,是因为现代的起诉资格理论具有审慎形式的自由裁量功能,乔珀之所以主张用复审令制度替代政治问题理论,也是因为其具有比审慎形式更好的自由裁量功能,所以,西马德与乔珀的观点是类似的,并不是真正的放弃政治问题理论,而是要放弃政治问题理论的审慎形式。如果这样的话,他们就与普肖和巴尔科的观点一致了,即要保留(或恢复)政治问题理论的经典形式。但是他们仍然没有回答政治问题免于司法审查的理论基础应该是什么?所以完全有可能重蹈 Baker 案的覆辙!

(二) 自我实施的政治问题理论

法院对于政治问题案件只要作出一个"初始决定"(threshold determination),并不触及案件的实体性问题。质言之,在政治问题案件中,政治部门对任何此类自由裁量权的行使事实上都是"合宪的",没有人能够在法庭主张它们不合宪。对此,麦考马克(McCormack)教授认为,"作为一个逻辑问题,政治问题理论是不能存在的,因为基于政府被授权由其自身决定其行为合宪性的理由而驳回对该行为的起诉,则等同于认为被起诉的行为是合宪的"。②可见,我们如果不能从理论上证明政治部门自身能够确保其行为的合宪性,那就意味着政治问题理论的确是一个逻辑悖论。因为,如果仍然需要法院来裁决政治部门行为的合宪性,那么就不需要对政治部门给予特别的司法遵从,相应的,政治问题理论也就没有存在的土壤了。

对此,已有一些学者在有意无意之中作出了初步的努力。例如,韦奇斯勒教授认为,"放弃司法审查的唯一正当理由是该问题已由另一个部门'自主决定'(autonomous determination)"。③ 亨金教授在其构建的"纯理论"中认为,政治问题理论"将使得有些宪法规定被最终完全的委托给政府政治部

---

① Rachel E. Barkow, "More Supreme Than Court? The Fall of the Political Question Doctrine and the Rise of Judicial Supremacy", 102 *Colum. L. Rev.* 237, 335 (2002).
② Wayne McCormack, "The Justiciability Myth and the Concept of Law", 14 *Hastings Const. L. Q.* 595, 616(1987).
③ Herbert Wechsler, "Toward Neutral Principles of Constitutional Law", 73 *Harv. L. Rev.* 1, 7—8 (1959).

门以'自我监督'"。① 图什内特教授认为涉及政治问题案件的宪法条款是会"自我执行"(self-enforcing)的。② 这些宪法条款之所以会自我执行(以 Nixon 案为例),是因为"参议员们对公正程序的规范有所承诺,他们或许会挑战该宪法文字的极限,发展出一套程序让较多的参议员可以不必参与听审,但是他们不可能真的超过太多而完全否定了弹劾案听审的基本公正性。即使参议员们想改变传统的审判形式,他们还是会尊重'审判'这个宪法用词的精神"。③ 至于这些参议员为什么不可能"超得太多",也就是宪法条款自我执行的理论基础是什么?图什内特认为可以用经济学上的"诱因相容"(incentive-compatible)理论解释。④ 对此,笔者深表赞同,不过按照中国通行的译法是"激励相容"。

美国的威廉·维克里(William Vickrey)教授和英国的詹姆斯·米尔利斯(James Mirrlees)教授获得了 1996 年度的诺贝尔经济学奖,正是由于在他们的研究中引入"激励相容"的概念,开创了信息不对称条件下的激励理论——委托代理理论。威廉·维克里和詹姆斯·米尔利斯指出,由于代理人和委托人的目标函数不一致,加上存在不确定性和信息不对称,代理人的行为有可能偏离委托人的目标函数,而委托人又难以观察到这种偏离,无法进行有效监管和约束,从而会出现代理人损害委托人利益的现象,造成两种后果,即逆向选择和道德风险,这就是著名的"代理人问题"。为解决此问题,委托人需要做的是如何设计一种机制,使委托人与代理人的利益进行有效"捆绑",以激励代理人采取最有利于委托人的行为,从而委托人利益最大化的实现能够通过代理人的效用最大化行为来实现,即实现激励相容。也就是说,"给定委托人不知道代理人的类型的情况下,代理人在所设计的机制下必须有积极性选择委托人希望他选择的行动。显然,只有在代理人选择委托人所希望的行动时得到的期望效用不小于他选择其他行动时得到的期望效用的时候,代理人才有积极性选择委托人所希望的行动。这个约束被称为激励相容约束(incentive-compatible constraint)。……满足激励相容约束的机制称为可实施机制(implementable mechanism)"。⑤ 上文学者所提出的"自主决定""自我监督"和"自我执行"就是指在满足激励相容之后的一种可实

---

① Louis Henkin, "Is There a 'Political Question' Doctrine?", 85 *Yale L. J.* 597, 599 (1976).
② 〔美〕马克·图什内特:《让宪法远离法院》,杨智杰译,法律出版社 2009 年版,第 142 页。
③ 同上书,第 143 页。
④ 同上书,第 127 页。
⑤ 张维迎:《博弈论与信息经济学》,上海三联书店、上海人民出版社 2004 年版,第 162—163 页。

施机制。

詹姆斯·麦迪逊认为宪法是激励相容的。在他对如何确保新宪法价值被遵守的想法中,违宪审查所扮演的角色其实相当小。相反,麦迪逊思考的是,在宪法创造的架构中人民会如何根据他们的个人激励去行动。而他认为,选民、立法机构和总统的自利行为,会创制出符合宪法价值的好的公共政策。① 例如,麦迪逊认为,人民在设计宪法时所面临的最重要的挑战,就是党争。而"党争就是一些公民,不论是全体公民中的多数或少数,团结在一起,被某种共同情感或利益所驱使,反对其他公民的权利,或者反对社会的永久的和集体利益"。② 但是由于"党争的原因不能排除,只有用控制其结果的方法才能求得解决。"③麦迪逊认为对于少数参与的党争可以用共和政体的多数决原则来求得解决。④ 而对于多数人参与的党争,则主要是通过以下两种方式解决:(1) 宪法创造出间接民主,使"公众意见得到提炼和扩大";⑤ (2) 国家相对大一些,这样"就可包罗种类更多的党派和利益集团,全体中的多数有侵犯其他公民权利的共同动机可能性也就少了,换句话说,即使存在这样一种共同动机,所有具有同感的人也比较难于显示自己的力量,并且彼此一致地采取行动"。⑥ 也就是说,当党派的自利行为很难通过间接民主表达出来,当与国家整体利益相悖的党派的共同利益很难在较大的国土范围内聚集起来的时候,党派如果想要达到利益最大化,就必须使其自利行为人民的整体利益一致,这就实现了激励相容。

相应的,政治问题理论自我实施的激励相容的机制应该是问责制。政治部门相对于司法部门的体制性能力为其更好的处理政治问题提供了可能性,而其现实性则在于这些部门都是对人民负责的。"正如亚历山大·汉密尔顿指出的,如果国会或总统要篡夺太多的权力并破坏宪法的平衡,人们不需诉诸监督他们的武器。票选国会成员或总统的能力'将证明是[人民]自由的安全保障,并且对一般政府而言是一个极其重要的监督机制。'"⑦政治问题理论在外交关系方面比在国内相关领域更有活力的一个原因在于法院承

---

① 参见〔美〕马克·图什内特:《让宪法远离法院》,杨智杰译,法律出版社2009年版,第128—129页。

② 〔美〕汉密尔顿、杰伊、麦迪逊:《联邦党人文集》,程逢如、在汉、舒逊译,商务印书馆1980年版,第45页。

③ 同上书,第48页。

④ 同上。

⑤ 同上书,第49页。

⑥ 同上书,第50页。

⑦ Rachel E. Barkow, "More Supreme Than Court? The Fall of the Political Question Doctrine and the Rise of Judicial Supremacy", 102 *Colum. L. Rev.* 237, 327 (2002).

认,这些案件的许多基本问题"是微妙的、复杂的、并涉及大量的预测性因素……它们是司法部门既没有能力、设施,也没有责任作出的决定。"①人们之所以不需要诉诸监督他们的武器(显然包括司法审查),是因为美国的权力分立的系统是自我实施的②,问责制使得官员们不敢以人民的整体利益为代价而追求其个人私利。可是,"今天的政治部门往往只是太愿意让法院去处理这些困难问题,从而避免直面由此带来的政治后果。当法院作出这些裁决,人们就无法让政治部门为此负责"。③

固然,一个自我实施的宪法,不可能会百分之百地促进宪法价值,因为政治人物所拥有的激励并不是完美的:宪法并不是百分之百的激励相容。不幸的是:法官也不是完美的。他们同样也会犯错误,也同样会受到不完美激励的影响。所以,一个由司法实施的宪法,也一样不能百分之百地促进宪法价值。真正的问题在于,这两个组织政府的不完美方式,哪一个才能让我们得到我们比较想要的结果。④

综上所述,政治问题理论就其本身而言似乎是微不足道的,毕竟,它只适用于很小一部分的宪法问题。然而,这些问题却具有非常大的意义。或许更重要的是,该理论只是一个更大的宪政结构图景的一部分,即在解决具体问题时考虑到了每个部门的体制优势和不足。法院完全无视该理论从而反映了一个更为广泛和更为危险的"司法垄断"趋势。目前法院似乎认为它单独提供了几乎所有宪法问题的最终答案,而其他部门的解释要依据法院的裁量才能被接受。这种看法没有能够发掘政治部门所提供的资源,即它们更接近于人民并接受人民的问责。接近人民使得国会和行政部门具有更多的获取信息的机会,问责制使它们比法院更好的成为民众情绪的晴雨表。诚然,法院的主要作用是纾解民众情绪以维护宪法对个人权利的保护。但是,"并非所有问题都涉及同等程度的个人权利,至关重要的是,法院认识到在某些案件中,其最大的优势——它的独立性和社会超脱性——也可能成为其最大的弱点"。⑤

---

① Chi. & S. Air Lines v. Waterman S.S. Corp., 333 U.S. 103, 111 (1948).
② 参见〔美〕马克·图什内特:《让宪法远离法院》,杨智杰译,法律出版社2009年版,第130页。
③ Abner J. Mikva, "How Well Does Congress Support and Defend the Constitution?", 61 *N. C. L. Rev.* 587, 588—589 (1983).
④ 参见〔美〕马克·图什内特:《让宪法远离法院》,杨智杰译,法律出版社2009年版,第144页。
⑤ Rachel E. Barkow, "More Supreme Than Court? The Fall of the Political Question Doctrine and the Rise of Judicial Supremacy", 102 *Colum. L. Rev.* 237, 336 (2002).

第三节　宏观调控行为不是政治问题

一、学界的分歧

当邢会强博士于 2002 年首次提出宏观调控行为可诉性命题之后，经济法学界围绕这一命题的论争已十余年。① 经济法学界在论证宏观调控行为可诉性命题的时候，其关键性分歧在于宏观调控行为是否是国家行为。具体表现为：邢会强博士认为，"宏观调控行为是一种国家行为，应当将其排除在司法审查之外。这种直接的推理就说明了宏观调控行为的不可诉性。"② 颜运秋教授等人认为，宏观调控行为"不是法律上的'国家行为'，充其量是一种政府行为，准确地说，是一种政府经济行为，当然不属于《最高人民法院关于执行〈中华人民共和国行政诉讼法〉若干问题的解释》第 2 条规定和《中华人民共和国行政诉讼法》第 12 条第（1）项规定的不可诉范畴。"③ 胡光志教授认为，宏观调控行为并非是国家行为，"只有在特殊情况下，即在与固有的国家行为发生特定联系时，宏观调控行为才有可能转化为国家行为，从而不再具有可诉性。"④ 然而，根据可诉性理论，原告的起诉资格必须建立在表明被告已经对其构成损害的基础上，并且，该案已经成熟并且没有过时，最后，系争的问题不能是"政治的"，而必须是能够"司法的"解决。也就是说，政治问题才是宏观调控行为可诉性的阻却事由，"是各国宪法审查制度中被不同程度采纳的一项排除性要件，发挥着阻却不合适的政治性争议启动实体性审查的功能。"⑤ 由此产生的问题是：国家行为是否等同于政治问题，如果两者是一致的，则表明经济法学界在论证宏观调控行为可诉性命题时的努力方向是正确的；如果两者不一致，宏观调控行为可诉性阻却事之排除究竟以何者为准？

经济法学界对国家行为理论的阐述来源于宪法与行政法学界。陈新民教授认为，1989 年制定的《中华人民共和国行政诉讼法》（以下简称《行政诉讼法》）第 12 条第 1 项规定，人民法院不受理"国防、外交等国家行为"之诉

---

① 参见徐澜波：《宏观调控的可诉性之辨》，载《法学》2012 年第 5 期。
② 邢会强：《宏观调控行为的不可诉性探析》，载《法商研究》2002 年第 5 期。
③ 颜运秋、李大伟：《宏观调控行为可诉性分析》，载《中国社会科学院研究生院学报》2005 年第 1 期。
④ 胡光志：《论宏观调控行为的可诉性》，载《现代法学》2008 年第 2 期。
⑤ 参见林来梵主编：《宪法审查的原理与技术》，法律出版社 2009 年版，第 88 页。

讼,虽然此处称为国家行为,实际上包括了元首权及统治行为。① 所谓元首权,泛指国家元首基于宪法的授权而享有的权力。各国的国家元首拥有哪些权力,必须视其国体与政体如何而定,采行君主国或共和国的元首,以及采行虚位元首与实权元首,都会对元首的权限有不同的范围。② 所谓统治行为(Regierungsakt),这是英美法系所产生的制度,基于承认三权分立的制度,法院只能依据法律来实施审判。对于属于立法或行政范畴内的行为,法院基于司法自制(judicial self-restraint)原则,应该采取保守的立场,这在法院审查一个法律是否违宪时特别重要。对于每一法律的立法动机以及采行何种措施,法院承认立法者拥有极概括的裁量权力,属于政治问题而非法律问题,是政治责任而非法律责任,法院不能审查之。因此,所谓的政治问题理论遂成为美国联邦最高法院经常援引的原则。在德国行政法学界也有类似的概念,即统治行为,主要包括政府中实际政策决定之过程及政党政治的运作,在发生争议时,都不是经由解决一般行政争议的行政法院来审查,故可称为"无法院审查之统治行为"(gerichtsfreier regierungsakt)或"无法院审查之高权行为"(gerichtsfreier hoheitsakt)。③ 胡锦光教授认为,国家行为在不同的国家有不同的称呼。英国称为国家行为,法国和日本称为统治行为,美国称为政治行为或政治问题。④ 我国学者一般将《行政诉讼法》第12条第1项的"等"字理解为等外"等",即除国防和外交行为外,还包括有其他类别的国家行为。⑤ 对此,胡锦光教授并没有表示反对,只是认为根据普通法的理解,法律条文中的"等"只能理解为等内"等",即国家行为仅限于国防和外交两类,而不能有其他类别的国家行为。但是,他又认为,确定"等"的内容和范围,应当注意以下两点:一是必须是最高行政机关即国务院的行为;二是这些行为具有高度政治性。⑥ 也就是说,他至少在一定程度上是赞成我国学者的一般理解的。

由此可见,陈新民教授与胡锦光教授对于《行政诉讼法》第12条第1项"国家行为"的理解出现了分歧。从表面上看,胡锦光教授所理解的国家行为相当于陈新民教授的统治行为,不包括元首权;实际上,胡锦光教授所理解的国家行为已经包含了陈新民教授的元首权,因为根据《中华人民共和国宪

---

① 参见陈新民:《中国行政法学原理》,中国政法大学出版社2002年版,第16页。
② 同上书,第15页。
③ 同上书,第16页。
④ 参见胡锦光:《论国家行为》,载陈光中、江伟主编:《诉讼法论丛》(第1卷),法律出版社1998年版,第467页。
⑤ 同上书,第488页。
⑥ 同上书,第489页。

法》第 80 条和第 81 条之规定,中华人民共和国主席可以公布法律,任免国务院总理、副总理、国务委员、各部部长、各委员会主任、审计长、秘书长,授予国家的勋章和荣誉称号,发布特赦令,发布戒严令,宣布战争状态,发布动员令,派遣和召回驻外全权代表,批准和废除同外国缔结的条约和重要协议。这些条款显然包含了大量的国防和外交事务,而这些都属于元首权。之所以出现这种混乱,在很大程度上是由于我国大陆地区对国家行为理论、政治问题理论的研究不足所导致的。正如胡锦光教授所指出的,大陆法系(法国和德国)的统治行为概念来源于英美法系的政治问题概念。而在我国的法学理论和法律制度中,历来不存在国家行为概念及其相应的法律制度,很显然这一概念也是借鉴于其他国家的法学理论和法律制度,属于"舶来品"。① 现在,既然有学者将国家行为概念混同于政治问题概念,则有必要对国家行为概念进行追本溯源。

二、国家行为理论与政治问题理论的区分

(一) 国家行为理论法理基础的变迁

国家行为理论(act-of-state doctrine)是国际法上的概念,是指国家不能在其自身领土内裁决外国主权行为的合法性。② 该理论主要是通过英美普通法国家法院的实践逐步发展而成的。英国的国家行为理论早在 1674 年的法理学中就存在了,美国的国家行为理论出现在 18 世纪末期和 19 世纪初期。③

在 Underhill v. Hernandez 案中,美国联邦最高法院表述了国家行为理论的早期形式。联邦最高法院在 Underhill 案的判决书中指出:"每一个主权国家必须尊重其他主权国家的独立,并且任一国家的法院不能对其他国家在其境内所实施的行为进行裁判。对这类行为所造成不满的救济必须通过他们主权之间可行的方式进行。"④

在随后的 Oetjen v. Central Leather Co. 案的裁决中,法院认为 Underhill 案所表述的国家行为理论是建立在"国际礼让和便利的最高考虑"的基础上

---

① 参见胡锦光:《论国家行为》,载陈光中、江伟主编:《诉讼法论丛》(第 1 卷),法律出版社 1998 年版,第 467 页。
② See Bryan A. Garner, ed., *Black's Law Dictionary* 37 (8th ed., Thomson West, 2004).
③ See Jonathan M. Wight, "An Evaluation of the Commercial Activities Exception to the Act of State Doctrine", 19 *Dayton L. Rev.* 1265, 1274 (1994).
④ Underhill v. Hernandez, 168 U.S. 250, 252 (1897).

的。① 为了遵循先例,《外交关系法第三次重述》将国家行为理论描述为,"该理论是法院根据自身的权力发展起来的,作为司法自制的一个原则,主要是为了避免对外国的不尊重。"②因此,国家行为理论的较早版本来源于司法部门对国家主权平等的承认与尊重。

1964 年,美国联邦最高法院在 Banco Nacional de Cuba v. Sabbatino 案中阐述了国家行为理论的现代形式。法院在 Sabbatino 案中认为:"在没有现存的和在起诉时该国所承认的关于准据法原则的条约或其他明确协议的情况下,司法部门将不会审查外国主权政府在其境内实施的剥夺财产行为的有效性,即便诉状主张该剥夺财产的行为违反了国际惯例。"③

尽管认识到国际礼让在国际舞台上的重要性,法院在 Sabbatino 案中还是拒绝了国家行为理论源于主权权力的固有性质的或是国际法的观念。④此外,法院还指出,虽然宪法没有"规定国家行为理论",也没有"不可撤销地废除了司法部门审查外国国家行为效力的能力",但是该理论具有"宪法基础"。⑤ 国家行为理论"产生于三权分立体制下政府部门之间的基本关系。它涉及不同机构制定和实施国际关系领域中特定类型决定的能力。"⑥

由此可见,美国国家行为理论从早期形式到现代形式的发展体现了该理论法理基础的变迁,其变迁路径表现为:Underhill 案体现的国家主权学说→Oetjen 案体现的国际礼让学说→Sabbatino 案体现三权分立学说。在 Underhill 案中,适用国家行为理论体现的是对外国主权的尊重,并且有关外国国家行为的争议,应通过国际法的方法解决,而不是由国内法院来裁判。国家行为理论建立在相互尊重主权的基础之上,就使得适用该理论成为国家的一项国际法义务。在 Oetjen 案中,法官完全撇开国际法,仅仅将国家行为理论建立在国际礼让和国际交往便利的基础之上,其结果就是排除了国家适用该理论的国际法义务。在 Sabbatino 案中,美国联邦最高法院对放弃了主权学说和国际礼让说,采纳了三权分立学说作为国家行为理论的法理基础,这在一定程度上使得国家行为理论成为一个国内法上对法院司法审查权的限制,而不是出于尊重外国国家主权的国际法义务或是国际礼让。

(二) 国家行为理论不同于政治问题理论

可诉性理论作为一个宪法问题,对该问题的界定是为了证明"建立在三

---

① See Oetjen v. Central Leather Co., 246 U.S. 297, 303—304 (1918).
② Restatement (Third) of Foreign Relations Law of the United States 443 (1987).
③ Banco Nacional de Cuba v. Sabbatino, 376 U.S. 398, 428 (1964).
④ Ibid., 421 (1964).
⑤ Ibid., 423 (1964).
⑥ Ibid.

权分立基础上的联邦政府的司法部门在民主社会是一个恰当的——并受到合理限制的——角色"。① 同样,布伦南大法官在 Baker 案中提炼政治问题理论时强调该理论"主要是三权分立的一个功能"。② 正是国家行为理论法理基础的变迁,使得其类似于政治问题理论,因为以三权分立学说为基础的国家行为理论与政治问题理论的功能产生了一定的契合,都反映了对行政部门的司法遵从(judicial deference)。

但是,国家行为理论类似于政治问题理论并不表明两者趋于一致。因为:

第一,"国家行为理论不是一个真正的政治问题,因为它提出的权力分立问题——在行政部门与司法部门之间分配责任——不是基于宪法解释的文本或功能来推动的,而是建立在政策关切的基础上——相信对外国国家行为的裁决将会在某些情况下妨碍行政部门或使其尴尬。"③当司法部门对外国国家行为的裁决并不会妨碍行政部门或者使其尴尬时,就会有一系列的例外。例如,在 First National City Bank v. Banco Nacional de Cuba 案中,也涉及糖的征收,法院的结论是,它可以裁定古巴的行为是否有效的问题,因为行政部门已明确要求不予适用国家行为。④ 在 W. S. Kirkpatrick & Co. v. Environmental Tectonics Corp 案中,法院用一种不同的方式限制了该理论,采取了什么才构成外国"官方行为"的一个狭义的观点。认为只有在"案件的结果取决于……外国主权所为的官方行为的效果"的情况下才应该运用这一理论,联邦最高法院裁定,如果与尼日利亚政府签订的军事采购合同像所宣称的那样是通过贿赂获得的,这将不会阻止其对该合同的效力进行审议。⑤ 其实,美国国家行为理论的例外除了上述的两个案件所体现的违反国家法之外,还有放弃、行政机关的同意、商业行为例外和执行仲裁协议、确认仲裁结果、执行依据仲裁结果所作出的命令。⑥ 而根据上一节的分析,政治问题理论要么是基于宪法解释的文本,要么是来源于宪法解释的功能,而且其本身作为司法审查的例外,是不允许再有例外的。法院对政治问题理论运用的式微一方面是因为该理论的确认标准有内在的缺陷,另一方面是因为从沃伦法

---

① Allen v. Wright, 468 U. S. 737, 750 (1984).
② Baker v. Carr, 369 U. S. 186, 210 (1962).
③ Jesse H. Choper, "The Political Question Doctrine: Suggested Criteria", 54 *Duke L. J.* 1457, 1501 (2005).
④ See First National City Bank v. Banco Nacional de Cuba, 406 U. S. 759, 768 (1972).
⑤ See W. S. Kirkpatrick & Co. v. Environmental Tectonics Corp, 493 U. S. 400, 406 (1990).
⑥ 参见杨树明、易明:《国际民事诉讼中的国家行为原则——以美国法为例》,载《云南大学学报(法学版)》2006 年第 6 期。

院开始的"司法至上"理念甚嚣尘上。

第二,从根本上讲,国家行为理论的基础仍然是国家主权,而不是三权分立。正如有学者认为,不论法院在司法实践中根据什么法理基础来决定适用国家行为理论,我们都有充分的理由相信,国家行为理论的基础和依据是国家主权,是对国家在其自己领土上的主权权威相互尊重的国际法义务。具体表现为:(1) 国家行为理论与主权豁免原则虽有区别,但从其产生的过程可以看出,这一原则与主权豁免有着密切的关系;(2) 国家行为理论所涉行为的主体是主权国家,也即主权者;(3) 国家行为理论所针对的国家行为必须在行为国领土内作出,对这种行为给予司法审查的豁免,就是对国家属地管辖权的承认;(4) 根据国家或政府承认的国际法规则,既存国家应当承认新国家或新政府国家行为的效力。①

综上,国家行为理论的现代形式虽然以三权分立学说为法理基础,而且在 Sabbatino 案中也采取了类似于政治问题理论的推理形式,但是国家行为理论的根源仍然是对国家主权独立的尊重,与根源于三权分立的政治问题理论并不相同。相应的,国家行为也不同于政治问题。而且,我国在立法例中所引入的国家行为概念并不对应于英美法系的国家行为概念,而是包含了英美法系的国家行为与政治问题,当然,在大陆法系有些国家,政治问题概念表述为统治行为概念。显然,经济法学界试图排除的宏观调控行为可诉性的阻却事由是政治问题,而不是我国立法例中笼统的"国家行为",更不是英美法系中的国家行为。所以,我们在借鉴宪法学、行政法学已有研究成果的时候,必须有所甄别,否则将误导经济法学理论的研究方向,毕竟我们今天的努力在某种程度上可能成为后来者将来所依赖的路径。

三、美国国会调控行为是否是政治问题

由于罗斯福新政是现代宏观调控制度的起源,而且美国进行宏观调控的权力依据是贸易条款下的国会调控权。因而,对美国国会调控行为是否是政治问题的阐述不仅具有标本意义,而且也必然包含了宏观调控行为是否是政治问题的判断。

(一) 国会调控权的异化

在罗斯福新政中确立国会调控权的最重要的两个案例是 National Labor Relations Board v. Jones & Laughlin Steel Corp. 案和 Wickard v. Filburn 案。

---

① 参见司平平:《国家行为原则及其发展》,载《法学》1999 年第 1 期。

在 Jones & Laughlin Steel Corp. 案中，法院认为国会有权保护贸易以反对任何威胁，包括州际罢工。"如果[州际活动]与州际贸易有这样一种紧密和实质性的联系，以致它们的控制对于防止对贸易造成负担和障碍是必要的或是合适的，就不能否决国会行使该控制的权力。"① 法院在该案中的进路使得国会依据贸易条款行使的权力转变为国会是否规制与州际贸易具有充分的"实质性"联系的活动。联系是否是实质性的取决于寻求所涉州和联邦利益的恰当平衡，然而随后的 Filburn 案表明，法院将不会寻求这一平衡。在 Filburn 案中，联邦最高法院推翻了地区法院的判决，认为费尔本依据第五修正案所享有的正当程序权利没有受到侵犯，并且在通过《农业调整法》后，国会依据贸易条款所从事的行为都是合宪的。② 在裁决国会可以调控费尔本完全发生于俄亥俄州之内的小麦自产与自用活动后，杰克逊大法官创制了"累积影响理论"(the aggregate effects doctrine)。③ 根据该理论，如果处于情况类似的个人的州内活动，尽管其本身是微不足道的，但是这类活动累积在一起就可能对"价格和市场条件产生实质性影响"，国会就可以立法。④

虽然在 Jones & Laughlin Steel Corp. 案中，法院驳回了"间接"和"直接"的区分，认为国会的贸易条款权力涉及与州际贸易有"实质性联系"的活动。但是法院同时也指出了国会规制州际活动的权力不是无限的，首席大法官休斯认为贸易权力"必须考虑到我们政府的双重体制；并且鉴于我们这样一个复杂的社会，不能为了能够调整对州际贸易的影响是如此之间接和遥远的行为而将其扩张，因为这样将实际上抹杀了什么是地方的与什么是国家的之间的差别，从而创造了一个彻头彻尾的集权政府"。⑤ 因而，这一"联邦权力范围的现代解释"⑥也大致划定了宏观调控权的范围。

可是，一旦杰克逊大法官在 Filburn 案建立了累积影响理论，对国会依据贸易条款的权力就不存在任何实质性的限制了，并且法院许可对大量的州内活动实施联邦管理。例如，在 Heart of Atlanta Motel, Inc. v. United States 案中，法院支持了 1964 年《民权法》的公共设施(the public accommodations)规定，它禁止私人在酒店、餐厅、剧院等公共场所歧视个人。该案涉及店主对顾客之间进行种族歧视的州内行为。⑦ 在发现这种歧视影响到州际贸易后，法

---

① National Labor Relations Board v. Jones & Laughlin Steel Corp., 301 U.S.1, 37 (1937).
② See Wickard v. Filburn, 317 U.S. 111, 123 (1942).
③ Ibid., 127—129 (1942).
④ Ibid., 128 (1942).
⑤ National Labor Relations Board v. Jones & Laughlin Steel Corp., 301 U.S.1, 37 (1937).
⑥ 〔美〕阿奇博尔德·考克斯：《法院与宪法》，田雷译，北京大学出版社 2006 年版，第 162 页。
⑦ See Heart of Atlanta Motel, Inc. v. United States, 379 U.S. 241, 243 (1964).

院维持了公共设施规定。① 国会发现由于有些酒店和餐馆业主的种族歧视使得黑人男子和女子的州际旅行更加困难,从而得出对州际贸易有影响的调查结论,法院遵从了国会的这一结论。

后来,在 Perez v. United States 案中,法院批准了联邦禁止放高利贷或"敲诈性贷款交易"的行为,即便认识到这种行为是"纯粹州内的"。② 在强调了国会的调查结论,即敲诈性贷款交易"附着"(tie-in)于州际贸易并且高利贷是一个全国性问题,法院维持了《消费信贷保护法》第二个标题项下条款的合宪性。③ 斯图尔特法官在其孤零零的异议中指出,如果国会能够宣布该案中系争的放高利贷行为为犯罪,那么它就可以禁止任何地方性活动,因为没有任何东西能够将放高利贷从大量的其他地方性的、与贸易有关的犯罪活动(诸如入店行窃)区分出来。④ 最后,在 Garcia v. San Antonio Metropolitan Transit Authority 案中,当法院允许对州和地方政府工作人员的工资和工作条件实施联邦控制的时候,它进一步扩张了已经非常宽泛的贸易权力,即便这些工作人员的工作与贸易中的货物和人员的流动一点关系也没有。⑤

所以,正如政治问题理论随着罗斯福新政期间洛克纳案的死亡而开始扩张⑥,法院同样也开始遵从国会依据贸易条款所作的调控行为,并且,"政治问题理论在新政法院经历了其全盛时期"。⑦ 事实上,从 1937 年至 1995 年,法院遵从了国会所有的贸易条款案件。然而,这显然与现代法院的司法能动主义,尤其是从沃伦法院开始的"司法至上"哲学不符合。这是因为,"自从 1937 年以后,自由主义者典型地采用了双重标准——在公民自由方面赞成司法能动主义,而在经济问题上主张采取极端司法克制,甚至是完全要求其放弃权力"。⑧ 由此导致的问题是,法院遵从国会所有的贸易条款案件,对经济问题保持极端的司法自制的理由是否是因为美国国会对贸易问题的调控行为是政治问题? 根据上一节所阐述的,一个自我实施的政治问题理论必须具有激励相容的机制。法院遵从国会的调查结果(findings)是由于政治部门

---

① See Heart of Atlanta Motel, Inc. v. United States, 379 U.S. 258—262(1964).
② Perez v. United States, 402 U.S. 146, 154—157(1971).
③ Ibid.
④ Ibid., 157—158(1971).
⑤ Garcia v. San Antonio Metropolitan Transit Authority, 469 U.S. 528, 555—557 (1985).
⑥ 从 1905 年的洛克纳案的判决一直到 1937 年期间,美国联邦最高法院频繁地使用正当程序条款来推翻各种规制型立法,所以这一时期又被称为洛克纳时代。See Lochner v. New York, 198 U.S. 45(1905).
⑦ Louis Henkin, "Is There a 'Political Question' Doctrine?", 85 Yale L. J. 597, 625 (1976).
⑧ 〔美〕克里斯托弗·沃尔夫:《司法能动主义——自由的保障还是安全的威胁?》,黄金荣译,中国政法大学出版社 2004 年版,第 191 页脚注。

的体制性优势使然,并不表明贸易条款问题就是政治问题。

其实,当法院依据 Filburn 案的累积影响理论认可国会对 Heart of Atlanta Motel, Inc. 案、Perez 案和 Garcia 案等大量的州内事务进行调控时,贸易条款项下的国会调控权已经面目全非了。正如托马斯大法官所指出的:"累积影响理论(政府依据其可以享有不受限制的权力)简直是太肆无忌惮了,剥夺了作为国会权力限制的列举权力理论(the doctrine of enumerated powers)的任何运用。"① 却伯(Tribe)教授也认为,"法院从 1937 年到 1995 年期间对贸易条款法理中累积影响理论的运用,再加上对国会调查结果的遵从,使得其在推翻贸易条款时所援引的权力主张越来越站不住脚了,而同时所采用的一套理论使得其实际上不可能行使这一权力。"② 所以,国会调控权的演化呈现出一种两难悖论:一方面,"现代美国经济的全球性特质可能超出了任何一位制宪者所怀有的期望,并且他们中的任何一个人都不可能预见到这样一个复杂和相互交织的经济关系"③,所以必须大大地扩展国会调控权才能因应高度复杂的经济现实;另一方面,当法院创制出扩张国会调控权的理论依据时,自身又无法对国会调控权进行驾驭,使得对国会权力进行限制的列举权力理论形同具文。所以,当国会调控权的触角从经济领域伸向民权领域、刑事犯罪领域时充分暴露了贸易条款的不自足性,从而很难认为美国国会依据贸易条款的调控行为是一个政治问题。

可能,作出这一判断稍显仓促。毕竟,"对贸易条款的解释也许是法院将国会的宪法判断替换为自己的判断最为明显的领域"。④ 法院对贸易条款的裁决和政治问题的案件一起曾经作为联邦最高法院遵从国会的宪法决定的例子。⑤ 实际上,法院对贸易条款的处理追踪了(track)政治问题理论的兴衰。⑥ 现在,正如政治问题理论已经失宠,贸易条款似乎也成为推翻(reverse)国会解释的沃土。⑦ 因而,在这"推翻"的过程中,是否有存在国会调控

---

① Randy E. Barnett, "Necessary and Proper", 44 *Ucla L. Rev.* 745, 763 (1997).
② 1 Laurence H. Tribe, *American Constitutional Law* 816 (3rd ed., Foundation, 2000).
③ Stephen R. McAllister, "Is There a Judicially Enforceable Limit to Congressional Power under the Commerce Clause?", 44 *Kan. L. Rev.* 217, 229 (1996).
④ Robert A. Schapiro, "Judicial Deference and Interpretive Coordinacy in State and Federal Constitutional Law", 85 *Cornell L. Rev.* 656, 679 (2000).
⑤ See Scott E. Gant, "Judicial Supremacy and Nonjudicial Interpretation of the Constitution", 24 *Hastings Const. L. Q.* 359, 414 (1997).
⑥ See Laurence H. Tribe, "A Constitution We Are Amending: In Defense of a Restrained Judicial Role", 97 *Harv. L. Rev.* 433, 444 (1983).
⑦ See Steven G. Calabresi, "The Structural Constitution and the Countermajoritarian Difficulty", 22 *Harv. J.L. & Pub. Pol'y* 3, 3 (1998).

行为是政治问题而免于司法审查的主张呢?

(二) 苏特大法官的异议

在 Garcia 案中,法院曾经宣布,"州的主权利益……由联邦制结构固有的程序保障来保护比由司法创制的联邦权力的限制更为恰当。"①质言之,法院似乎接受了韦奇斯勒的理论,即联邦制的关照(federalism concerns)最好是由政治部门而不是由司法机关来控制②,因为,"美国的国家政治过程——特别是各州在中央政府的组成和选择中的作用——在本质上是非常适合于阻碍或限制中央政府对州领域新的入侵的"。③ 韦奇斯勒教授的"政治过程"主张在今天看来被认为是不切实际的和天真的。如今的联邦行政国家背叛了韦奇斯勒的断言,"自从危机[新政]承认,相对于州而言,国会要比以往和将来拥有更广泛的权力。"④从自产小麦到美国所有公厕每一次冲洗用水加仑数的控制,都是对韦奇斯勒和 Garcia 案法庭观点的莫大讽刺,即"政治过程"不仅能够充分保障州政府,还能防止个人受到大量的、扰人的联邦法律的侵害。实际上,在法院对 Jones & Laughlin Steel Corp. 案和 Filburn 案裁决之后,那些强烈要求建立庞大的联邦行政国家的人逐渐公然藐视列举权力理论和对联邦政府的限制。

在 United States v. Lopez 案中,法院自从 1937 年以来第一次对国会调控权实施了限制。Lopez 案确立了国会可以依据贸易条款对"三大类"领域内的行为进行调控:(1) 州际贸易的渠道;(2) 州际贸易的工具;(3) 对州际贸易有重大影响的活动。⑤ Lopez 案中的联邦法律(《无枪校区法(GFSZA)》)依据贸易条款授权,规定对任何人在距离学校 1000 英尺以内的地方持有枪支的行为作为"对州际贸易有实质性影响"的活动予以禁止。⑥ 法院认为这种行为并没有"实质性影响到州际贸易",因为在校区持有武器与经济企业根本就没有联系,此外,国会也不能依据新政期间法院在 Filburn 案中创造的累积影响理论来禁止该行为。⑦ 所以,法院驳回了政府试图通过"犯罪成本"分析将持有枪支的犯罪行为与贸易联系起来的一系列推论。⑧

---

① Garcia v. San Antonio Metropolitan Transit Authority, 469 U.S. 528, 552 (1985).
② See Herbert Wechsler, "The Political Safeguards of Federalism: The Role of the States in the Composition and Selection of the National Government", 54 *Colum. L. Rev.* 543, 543 (1954).
③ Ibid., 552 (1954).
④ Ibid., 559 (1954).
⑤ See United States v. Lopez, 514 U.S. 549, 558—559 (1995).
⑥ Ibid., 559—568 (1995).
⑦ Ibid., 549, 560 (1995).
⑧ Ibid., 563—564 (1995).

随后,在 United States v. Morrison 案中,法院对国会调控权实施了进一步的限制。法院不仅认为《对妇女暴力行为法》超越了国会依据贸易条款的权力而违反了宪法,因为该法所要处理的行为不是经济性的;还推翻了国会大量的调查结果,从而法院在 Morrison 案中没有认定国会对影响州际贸易的某个特定行为的明确的调查结果的效力。所以,法院的结论是,即便考虑到其"累积影响",《对妇女暴力行为法》所规范的是国会依据贸易条款的权力之外的"非经济性的,暴力犯罪行为"。①可见,法院通过 Lopez 案和 Morrison 案对国会调控权进行了司法审查,并将其调控范围限制在经济性的和对州际贸易有实质性影响的活动。这在某种意义上也似乎进一步论证了美国国会的调控行为不是政治问题,之所以是"似乎",不仅仅是因为 Lopez 案和 Morrison 案都是以 5:4 的微弱多数通过的,关键还在于苏特大法官在 Morrison 案中的异议中提出了国会的调控行为是政治问题的主张。

Morrison 案中的异议非常不同于(实际上否定了) Lopez 案中的异议。因为,在由布雷耶大法官撰写,并由史蒂文斯、苏特和金斯伯格大法官加入的 Lopez 案的异议中,这四位大法官一致认为需要对贸易条款进行限制,异议与多数意见的区别仅在于在哪里划分这一界限,也就是说,所有九个法官都同意国会调控权要有一个界限,并且最终是由司法部门来划分。然而,在 Morrison 案中,加入异议的四名法官与 Lopez 案中的是一样的,但是这一次苏特大法官是捉刀人。苏特没有明确否定 Lopez 案中布雷耶大法官的意见,但他采用了一种与其冲突的、截然相反的理论。让 Morrison 案异议如此不同寻常的是,苏特大法官建议法院应将贸易条款问题视为一个不可诉的(nonjusticiable)政治问题,并且这一异议是两个世纪以来第一次有法官认为依据贸易条款的联邦权力范围是一个政治问题。②

也就是说,布雷耶大法官同意对国会调控权进行限制,并且唯一的问题是系争联邦法律是否处于该权限之内,与其不同是,苏特大法官拒绝这一分析框架,并提出了彻底的司法弃权(judicial abdication):"制宪者们深思熟虑的判断是,应该由政治判断(而不是司法审查)来协调州与国家之间的利益冲突,因为随着可预期的国家经济的增长,全国性政府的力量和立法管辖权不可避免地逐步增强。"③此外,Morrison 案的异议认为,"无论是麦迪逊、威尔逊和马歇尔,还是 Jones & Laughlin Steel Corp. 案、Darby 案、Garcia 案的法

---

① United States v. Morrison, 529 U.S. 598, 617 (2000).
② See Ronald D. Rotunda, "The Commerce Clause, the Political Question Doctrine, and Morrison", 18 *Const. Commentary* 319, 325 (2001).
③ United States v. Morrison, 529 U.S. 598, 647 (2000).

庭都没有提及用政治来界定贸易权力。当然我们也没有,尽管我们认识到当今世界的状况导致政治的影响力大大超出了制宪者们所预想的范围。……如果接受这一历史的教训并将其作为今天阐释贸易条款的指南,正如我们所接受的,那么该法的调整对象就处于贸易权限之内了,而且对该对象的调整是进行全国性立法还是不进行全国性立法(因为州在传统上已经处理这些问题)的选择应该是并且只能是一个政治选择"。①

笔者认为,在这一异议中,大法官们在该段落的后半段(省略号后面的)收回了上半段似乎已经承认的东西。正如有学者在对 Jones & Laughlin Steel Corp. 案、United States v. Darby 案、Filburn 案考察之后指出,"异议旨在接受'历史的教训'作为它的指导,但是历史并没有表明对贸易条款的限制'应该是并且只能是一个政治选择',历史的教训恰恰相反"。② 其实,已有大法官对国会调控行为的可诉性问题进行了明确的阐述。例如,在 Heart of Atlanta Motel, Inc. 案中,布莱克大法官在附随意见中强调了一个重要的附加说明:"汽车旅馆和餐厅的业务正好都属于国会在《民权法》中所规定的公共设施,并被认为足以表明宪法上所禁止的对贸易产生不利影响的行为。政策的选择当然是国会的专门权力;但是具体的操作是否影响了州际贸易,并足以受到国会宪法权力的调控则最终是一个司法而不是立法问题,并且只能由法院最终解决。"③虽然布莱克大法官的注解只是一个附随意见,但是没有迹象表明其他法官在其意见中反对他的分析。事实上,在类似于该案的 Katzenbach v. McClung 案中,多数明确表明:"当然,仅就国会所说的一个具体的行为什么时候应该被认为对贸易产生了影响这一事实并没有排除法院的进一步审查。"④苏特大法官的异议与 McClung 案和布莱克大法官在 Heart of Atlanta Motel, Inc. 案中的附随意见显然是相悖的。

所以,苏特大法官所提议的司法弃权,是两个世纪以来第一次有法官主张在划定贸易条款的界限时司法部门不需要发挥其重要作用。甚至从 1937 年直到 1995 年的 Lopez 案,没有任何法官在法庭上曾提议法院放弃其司法作用。法官支持联邦调控,有时也反对,但他们从来没有说过这个问题是一个政治问题。苏特大法官改变了这一切,既拒绝布莱克大法官的告诫,也否定了 Lopez 案中布雷耶大法官的异议。并且,"苏特的异议实质上包含了法

---

① United States v. Morrison, 529 U. S. 651—652 (2000).
② Ronald D. Rotunda, "The Commerce Clause, the Political Question Doctrine, and Morrison", 18 *Const. Commentary* 319, 326 (2001).
③ Heart of Atlanta Motel, Inc. v. United States, 379 U. S. 241, 273 (1964).
④ Katzenbach v. McClung, 379 U. S. 294, 303 (1964).

院(在他看来)不能审查的一般联邦警察权(a general federal police power),尽管这种一般的警察权也是制宪者们和各州的代表们在那时所担心的"。①

论述至此,我们基本上可以判断贸易条款项下的美国国会调控行为不是政治问题,进而推导出宏观调控行为也不是政治问题。其实,贸易条款问题不是政治问题的根本原因在于贸易条款所关涉的是一个联邦制问题,即联邦与州之间的分权问题。因为,美国联邦宪法的制定者们估计到自利的"联邦多数"将始终设法对人民和州施加更多的联邦控制。② 因此,他们创造了一个联邦体制,旨在通过分散和限制联邦权力以保护自由。他们建立联邦制主要是为了保护个人,即人民,而不是州。③ 首席大法官伦奎斯特在 Morrison 案的多数意见中也指出,"制宪者们设计政府的联邦体制使得人们的权利通过权力的分立来确保。"④所以,"法院应当极不情愿地将一个个人权利主张判决为不可诉的(nonjusticiable),即使它可能涉及'政治'、政治过程、或者政治部门的内部运作。"⑤

四、托克维尔的断言

政治问题作为司法审查的例外,必须具有激励相容的自我实施机制,这在某种程度上决定了不可诉的政治问题是非常少的。自罗斯福新政以来,法院之所以对国会扩张调控权的行为保持了极大的司法自制,这是因为美国的经济现实使然。但这并不表明,法院放弃了对贸易条款问题的司法审查权,它不过是引而不发;当国会调控权超过法院所认为的合理界限之后,那么法院的司法审查将如期而至,这表现出了美国宪政框架的巨大的自我调适能力。比克尔教授也指出,"政治问题的领域不同于国会管理州际贸易的那种权力,那种权力是全面的,实践中几乎没有限制,但它也并没有被当做完全自由裁量的事物而被放过"。⑥

政治问题只是司法自制的理论基础之一,而且政治问题所要求的是司法自制的最高级——司法弃权(judicial abdication)。在宏观调控过程中,的确

---

① Ronald D. Rotunda, "The Commerce Clause, the Political Question Doctrine, and Morrison", 18 *Const. Commentary* 319, 331 (2001).
② See William T. Mayton, "'The Fate of Lesser Voices': Calhoun v. Wechsler on Federalism", 32 *Wake Forest L. Rev.* 1083, 1093 (1997).
③ See National League of Cities v. Usery, 426 U.S. 833, 847—848 (1976).
④ United States v. Morrison, 529 U.S. 598, 617(2000).
⑤ Jesse H. Choper, "The Political Question Doctrine: Suggested Criteria", 54 *Duke L. J.* 1457, 1469 (2005).
⑥ 〔美〕亚历山大·M.比克尔:《最小危险部门——政治法庭上的最高法院》,姚中秋译,北京大学出版社 2007 年版,第 202 页。

会存在调控主体的决策行为(decisionmaking),但是这并不表明宏观调控行为是一种决策行为,更不能就此断定宏观调控行为是一种"国家行为"(其实应该是政治问题)。① 如今法院在司法审查过程中大量的遵从政治部门的决策行为、调查结果(findings),这是政治部门的体制性优势使然。例如,美国联邦最高法院在谢弗朗案中提出了一种"两步法"来审查行政法规范解释的效力,并由此确立了著名的司法遵从原则。② 当然,法院在司法审查中也完全可能推翻政治部门的决策行为或调查结果,例如 Morrison 案。

笔者也曾经从形式逻辑的角度对宏观调控行为是政治问题的提法表示了质疑③,实际上,即便仅仅依靠形式逻辑,也基本上可以对宏观调控行为可诉性命题作出判断。也就是说,如果宏观调控行为是不可诉的政治问题,即便该行为存在瑕疵,其在法律上也是"无可挑剔"④,当然,由于当时缺乏一种系统性的理论对这种观点予以有力的反驳,并没有深入探讨宏观调控行为为什么不是政治问题,在这里算是给出了一个交代。可能有人会认为,这未免太繁琐了,因为托克维尔早就断言,"在美国,几乎所有政治问题迟早都要变成司法问题"。⑤ 对此,笔者不敢苟同,固然"他在这部著作里提出了一些极为著名而且后来果真应验的社会学预测"⑥,但是在托克维尔去美国的三年之前,联邦最高法院在 1827 年的 Martin v. Mott 案中就提出了免于司法审查的政治问题。

---

① 参见邢会强:《宏观调控权运行的法律问题》,北京大学出版社 2004 年版,第 20 页。
② 杨伟东:《行政行为司法审查强度研究——行政审判权纵向范围分析》,中国人民大学出版社 2003 年版,第 68 页。
③ 参见陈承堂:《宏观调控的合法性研究——以房地产市场宏观调控为视角》,载《法商研究》2006 年第 5 期。
④ 邢会强:《宏观调控行为的不可诉性再探》,载《法商研究》2012 年第 5 期。
⑤ 〔法〕托克维尔:《论美国的民主》(上卷),董果良译,商务印书馆 1988 年版,第 310 页。
⑥ 同上书,译者序言第 iv 页。

第四章 起诉资格的建构

第一节 宏观调控权的合法性困境

"如果我们在私人生活中成立一个机构来管理某一产业的话,那么它就不可能采用孟德斯鸠主张的方式。同样,在严格的三权分立条件下,也不能有效地进行工业管理。"① 因而,在美国,宏观调控权生成过程中的分权障碍随着禁止授权原则的嬗变而得以消除,并且基于宏观调控行为不是政治问题的论述,证成了宏观调控权的性质属于立法权的判断。但是,中国有着不同于美国的政治架构,该观点的普适性还有待进一步的论证,此外,如果宏观调控权的性质确实属于立法权,其可能的逻辑后果是什么?

一、实例考察

宏观调控出自宏观经济学,经济学界一般认为,宏观调控等于宏观经济调控,调控的主体是政府或国家,客体是国民经济的总量,主要是指总供给、总需求以及总价格、总就业量等。手段是货币、财税等宏观经济政策,不包括产业政策、结构优化标准和环境政策等。但是经济法学界在移植宏观调控概念的过程中,并没有完全按照宏观经济学对调控范围的界定,而把经济结构调控包括在宏观调控之内,因而产业政策也被认为是宏观调控法的重要组成部分。② 但对于时下以货币、财税、土地等手段为主要调控工具的中国房地产市场的宏观调控而言,这种不同学科之间的分歧就不存在了,因而以之作为分析对象在理论上是可靠的。

(一)中国房地产市场宏观调控行为性质的初步界定

继 20 世纪 90 年代初期中国局部地区第一轮房地产市场的宏观调控之后,自 2003 年以来,中国正在如火如荼地进行着第二轮的房地产市场宏观调控。而其宏观调控行为表现为一系列的规范性文件的出台,具体有 2003 年 6 月《中国人民银行关于进一步加强房地产信贷业务管理的通知》(银发

---

① 〔美〕伯纳德·施瓦茨:《行政法》,徐炳译,群众出版社 1986 年版,第 29 页。
② 参见汤在新:《宏观调控和微观规制、产业政策》,载《当代经济研究》2000 年第 5 期。

[2003]121号)、2003年8月《国务院关于促进房地产市场持续健康发展的通知》(国发[2003]18号)、2004年10月《国务院关于深化改革严格土地管理的决定》(国发[2004]28号)、2005年3月《国务院办公厅关于切实稳定住房价格的通知》(国办发明电[2005]8号)、2006年5月《国务院办公厅转发建设部等部门关于调整住房供应结构稳定住房价格意见的通知》(国办发[2006]37号)、2006年5月《关于当前进一步从严土地管理的紧急通知》(国土资电发[2006]17号)、2006年7月《关于落实新建住房结构比例要求的若干意见》(建住房[2006]165号)、2006年8月《国务院关于加强土地调控有关问题的通知》(国发[2006]31号)、2007年9月《央行银监会关于加强商业性房地产信贷管理的通知》(银发[2007]359号)、2010年1月《国务院办公厅关于促进房地产市场平稳健康发展的通知》(国办发[2010]4号)、2010年4月《国务院关于坚决遏制部分城市房价过快上涨的通知》(国发[2010]10号)、2011年1月《国务院办公厅关于进一步做好房地产市场调控工作有关问题的通知》(国办发[2011]1号)、2013年2月《国务院办公厅关于继续做好房地产市场调控工作的通知》(国办发[2013]17号)。这些规范性文件的法律名称表现为"通知""决定"和"意见"三种,发布这些规范性文件的机关包括国务院、国务院办公厅、国土资源部、中国人民银行、建设部、中国银行业监督管理委员会。

  根据《国家行政机关公文处理办法》(2001年1月1日施行)的规定,"通知"适用于批转下级机关的公文,转发上级机关和不相隶属机关的公文,传达要求下级机关办理和需要有关单位周知或者执行的事项,任免人员;"决定"适用于对重要事项或重大行动作出安排,奖惩有关单位及人员,变更或者撤销下级机关不适当的决定事项;"意见"适用于对重要问题提出见解和处理办法。而行政机关的公文则是行政机关在行政管理过程中所形成的具有法定效力和规范体式的文书,是依法行政和进行公务活动的重要工具。在发文机构中,根据《中华人民共和国国务院组织法》的规定,建设部、国土资源部和中国人民银行属于国务院部委,中国银行业监督管理委员会属于国务院直属事业单位,国务院办公厅属于国务院的内设机构。根据《国家行政机关公文处理办法》的规定,建设部、国土资源部和中国人民银行都是有权对外行文的;在政府部门内设机构中,国务院办公厅也是可以对外行文的;中国银行业监督管理委员会虽无权对外行文,但是其作为具有行政职能的事业单位可与政府部门联合行文。所以上述各政府部门对房地产市场作出的宏观调控行为具有形式合法性。

  笔者之所以以房地产市场宏观调控行为为观察视角,是因为宏观调控权是一个静态的概念,而宏观调控行为是一个动态的概念,是宏观调控权运行的表现形式。因而对上述房地产市场宏观调控行为性质的界定有助于明确宏观调控权的性质。根据《行政法规制定程序条例》和《行政规章制定程序条例》的相关规定,行政法规的名称一般称"条例""规定"和"办法",国务院根据全国人民代表大会及其常务委员会的授权决定制定的行政法规,称"暂行条例"或者"暂行规定";行政规章的名称一般称"规定""办法"。因而上述各政府部门发布的关于宏观调控的规范性文件既不属于行政法规,也不属于行政规章。

在现代社会,行政规范在性质上一般分为两种,一种是通过行政立法而制定的规范,属于广义的法的范畴;另一种则是行政主体在行政立法之外制定的普遍性规范,不具有行政立法的法定标准。前一类行政规范即行政法规和行政规章,这在我国行政法学理论上已经形成了共识,而对后一类行政规范,无论在学理上还是在立法实践中,定义与名称都没有完全统一,行政法学界一般认为是"其他规范性文件",即国家行政机关为执行法律、法规、规章,依法定权限制定和发布的具有普遍约束力的决定、命令。① 因此,上述有关房地产市场宏观调控的"通知""决定"和"意见"属于后一类行政规范即"其他规范性文件",根据《中华人民共和国立法法》(以下简称《立法法》)的规定,它们不属于中国的法律渊源。

(二) 其他规范性文件法律渊源的实质确认:司法审查的路径

根据上文的论述,其他规范性文件在立法学上不属于法律的渊源。然而,其他规范性文件最主要的特点恰恰在于其"行政性"和"规范性",据此德国和日本行政法学称之为"行政规则"。② 因而,各级人民政府颁布的除行政法规、规章之外的其他行政规范性文件具有法的一般特征。它是行政主体实施行政行为的一个依据,同样也可以拘束公民、法人或其他组织。在行政实践中,它往往是具有法的效力的,而且因为它具体明确而还被优先适用。③但是在行政诉讼中,其他规范性文件的效力是不被法院所承认的,造成了其他规范性文件在行政执法与司法实践中的尴尬处境。

然而,在司法实务中最高人民法院通过司法审查的方式对其他规范性文件的法律渊源问题进行了有益的探索,并作出了相应的司法解释和规定。首

---

① 参见方世荣:《行政法与行政诉讼法》,中国政法大学出版社1999年版,第175页。
② 参见〔德〕哈特穆特·毛雷尔:《行政法学总论》,高家伟译,法律出版社2000年版,第591页;〔日〕盐野宏:《行政法》,杨建顺译,法律出版社1999年版,第72页。
③ 参见韩大元、王贵松:《中国宪法文本中"法律"的涵义》,载《法学》2005年第2期。

先,2000年3月10日起生效的[法释(2000)8号]《关于执行〈中华人民共和国行政诉讼法〉若干问题的解释》第62条第2款规定:"人民法院审理行政案件,可以在裁判文书中引用合法有效的规章及其他规范性文件。"其次,2004年5月18日出台的[2004(96)号]《纪要》也对此提出了指导意见:"行政审判实践中,经常涉及有关部门为指导法律执行或者实施行政措施而作出的具体应用解释和制定的其他规范性文件……行政机关往往将这些具体应用解释和其他规范性文件作为具体行政行为的直接依据。这些具体应用解释和规范性文件不是正式的法律渊源,对人民法院不具有法律规范意义上的约束力。但是,人民法院经审查认为被诉具体行政行为依据的具体应用解释和其他规范性文件合法、有效并合理、适当的,在认定被诉具体行政行为合法性时应承认其效力;人民法院可以在裁判文书中对具体行政行为应用解释和其他规范性文件是否合法、有效、合理或适当进行评述。"由于其他规范性文件在行政法上属于抽象行政行为,而非具体行政行为,在行政审判中直接予以审查并对其是否合法、有效、合理、适当进行评述,实际上已经演变为对被诉具体行政行为所依据的其他规范性文件的司法审查,从而突破了《中华人民共和国行政诉讼法》对被诉具体行政行为进行合法性审查的原则和抽象行政行为不属于行政诉讼受案范围的规定。① 实际上,台湾地区学者也指出:行政规则(相当于大陆地区的"其他规范性文件")与法源实际上具有同样的机能。故除显然违法外,为维持公平及行政圆滑运作,司法机关尤其行政法院通常亦予以尊重并加以适用,未曾怀疑其法源地位。②

　　对此,可能有学者指出,既然政府部门制定其他规范性文件的行为是抽象行政行为,而其他规范性文件是否是法律渊源并不影响其抽象行政行为的性质,因而可以径直判断出宏观调控权的性质为行政权,为何还要多此一举?笔者认为,虽然行政法学界认为行政机关作出抽象行政行为又称为行政立法,但这是建立在其他规范性文件是法律渊源的基础之上的。行政立法作为现代民主国家立法的一种类型③,立法形式表现为授权立法和职权立法,相

---

① 参见李杰:《其他规范性文件在司法审查中的地位及效力探悉》,载《行政法学研究》2004年第4期。
② 参见翁岳生编:《行政法》(上册),中国法制出版社2002年版,第131页。
③ 一般认为,现代民主国家的立法可分为四大类型:一为"直接立法"(direct legislation),即由公民创制复决而立法;二为议会立法(parliamentary legislation),即由民选之国会,代表人民行使立法权,又可谓为"间接立法"(indirect legislation);三为"司法立法",乃法官在审理案件时,作成判例,或对现行宪法或法律加以解释,此种判例或解释,等于创立新法则,故谓之"司法立法";因多系由法院法官为之,又可称为"法官造法"(judge-made-law);四为行政立法(administrative legislation),乃行政机关在国会授权范围内,或基于职权行使之必要,而定颁布具有辅助性法律性质之法规命令。参见吴万得:《论行政立法的概念及意义》,载《行政法学研究》2000年第2期。

应的,其立法权源既可来源于立法权又可来源于行政权,因而对宏观调控权性质的界定还有待进一步的论证。

二、立法权抑或行政权

(一)授权立法的缘起

经济学界一般认为,国家的经济职能表现为以下三种:对一定的生产关系和生产方式、经济体制的干预,国家对微观经济、个别行业部门的干预和宏观调控。① 与前两种经济职能不同,宏观调控这一经济职能并不是与国家共生的,而是在经济发展到一定阶段后才出现的。在自给自足的自然经济的历史长河中,单个经济之间缺乏联系,没能形成彼此互相影响、互相牵制的社会总体经济,因而不存在宏观调控的必要。宏观调控作为经济发展的客观要求,是以生产高度发展、存在广泛社会分工的社会化大生产的社会为前提的,是以商品经济获得相当充分的发展为前提的。在这样的社会经济条件下,全部生产都已社会化,全部生产消费和个人消费也已社会化;社会生产总体的产品构成社会总供给,这些有支付能力的消费构成社会总需求。同时,由于商品经济固有矛盾的发展,总需求和总供给又往往处于非均衡的状态。在这种情况下,为了缓解由此爆发的生产过剩的危机,保证经济的平稳增长,国家才需要对总需求和总供给进行调节,使两者趋向均衡。因而,宏观调控是市场经济高度发展必然产生的经济总量失衡的产物,是商品经济发展的内在要求,是现代市场经济条件下国家特有的经济职能。②

这对于在自由资本主义时期,把政府视为利维坦继而奉行"管的最少的政府就是最好的政府"信条的人来说是不可想象的,因而随着人们观念上对政府宏观调控职能的认同,加上诸如第一次世界大战、20世纪30年代资本主义世界经济危机总爆发等紧急情况,使世界主要资本主义国家的国家立法机关几乎无一例外、程度不同的授予了政府立法权,以应付危机,这是授权立法得以产生和发展的直接政治、经济背景。③ 因为在这样一个历史时期议会立法无论是在时间上、技术上、程序上等均难以适应新的情况,正如英国大臣权力委员会的报告所指出的那样:首先,议会的立法时间赶不上社会对法律的实际需求量;其次,议会缺乏技术型的立法力量(而现代立法的内容又极具技术性);再次,议会立法缺乏对紧急事件急速处理的能力,缺乏对新情况

---

① 参见汤在新:《宏观调控和国家干预》,载《当代经济研究》2000年第4期。
② 同上注。
③ 参见周少青:《论授权立法的合法性》,载《河北法学》2003年第6期。

的适应性;复次,议会立法不能像授权立法那样有从容试验、不断完善的机会;最后,议会立法在遇有紧急情况时,难以及时地保障人民的利益。① 因而,有了授权立法,立法机关就可以专注于法律的基本原则;就可以节省时间以监督行政;行政机关也可以避免因行政权受法律细节的掣肘而左右为难,可以就具体事项作出详密的规定,从而起到防止行政人员滥用权力的作用;另外,由于行政人员经年累月处理各种事物,有丰富的经验来制定便于适用的、明确性较强的法规等等。②

可见,授权立法的上述优点在某种意义上给现代市场经济条件下凸显的政府宏观调控职能提供了一个可操作性的路径。但是由于授权立法关于一国的立法体制,属于宪政框架下的制度安排,一般均有宪法性规范予以规定,我国亦不例外。因而对宏观调控权性质的争议还有待对《中华人民共和国宪法》(以下简称《宪法》)相关条款的厘定。

(二)《宪法》第 89 条的解析

"宏观调控"这一语词最早进入《宪法》的方式是 1993 年 3 月 29 日第八届全国人民代表大会第一次会议通过的《中华人民共和国宪法修正案》。具体条款为《宪法》第 15 条:"……国家加强经济立法,完善宏观调控。……"因而,"建立宏观经济体制,实行宏观调控,是中央政府的职责,是国家的权力"。③ 可是,作为国家权力类型之一的宏观调控权尽管得到了《宪法》的确认,但其宣示性的规定并没有告诉"中央政府"(国务院)具体的操作方法。正如上述,授权立法却是一个保障宏观调控权得以贯彻的可行方法。如果《宪法》中具备关于授权立法的规范,那么问题也就迎刃而解,因而问题的关键在于确定相关规范的性质。

一般认为,《宪法》第 89 条第 1 项的规定就是有关授权立法的条款,即"国务院行使下列职权:(一)根据宪法和法律,规定行政措施,制定行政法规,发布决定和命令……"。但是学者们对国务院"根据"的立法原则有不同的理解。一种是"职权说",即法定的行政机关除了根据宪法、法律制定行政法规或规章外,在不同宪法、法律和法规相抵触的前提下,在法律赋予的职权范围内,根据实际需要,也可以制定行政法规或规章。认为制定行政法规、规章是行政机关行使行政管理职权的形式之一;行政机关在其职权范围内,凡法律未曾禁止的,或者不属于法律、法规明确列举的调整事项,可以通过制定

---

① 参见〔英〕詹宁斯:《英国议会》,蓬勃译,商务印书馆 1959 年版,第 489—490 页。
② 参见吴大英:《比较立法制度》,群众出版社 1992 年版,第 330 页。
③ 李铁映:《关于建立社会主义市场经济体系的问题》,载《求是》1997 年第 11 期。

行政法规或规章来履行职权。也即制定行政法规、规章的"根据"除了宪法和法律的具体授权外,还应包括赋予行政机关的职权,在职权范围内,没有具体授权也可以制定行政法规或规章。另一种是"依据说",也就是行政机关制定行政法规或规章,应遵守宪法和有关法律对制定行政法规和规章的要求,即应有直接的"根据"、具体的授权。认为制定行政法规和规章不是行政机关固有的权力,它也不是行政机关行使职权的形式。① 显然,"职权说"混淆了立法权与行政权,而且也与《宪法》和《立法法》所确立的中国"一元双层"立法体制相违背。在《立法法》通过之后,其中第56条对国务院的行政法规制定权进行了明确规定,即行政法规可以对"宪法第89条规定的国务院行政管理职权的事项"作出规定。因而,《宪法》第89条第1项从职权的严格意义上来说,不属于行政管理职权的内容,应当说它是实现行政管理职权的方式和途径,因为在每一项行政管理职权中,都可以通过制定行政法规来实现管理目标,它并不是一项独立的管理职权,它总是和具体的事权结合起来而实现其功能的。② 因而国务院"根据"的立法原则应采"依据说",当然,《宪法》所规定的授权立法规范还有待进一步完善,《立法法》对此已有规定,即"授权决定应当明确授权的目的、范围。被授权机关应当严格按照授权目的和范围行使该项权力。被授权机关不得将该项权力转授给其他机关"。

至此,房地产市场的宏观调控行为不过是相应政府部门行使授权立法权制定相应的规范性文件,而授权立法权来源于立法权,因而,宏观调控权的性质应该是立法权而不是行政权。对此,当学者讨论最高人民法院在宏观调控中的地位时,其内在的逻辑机理也应是建立在最高人民法院所享有的司法解释权这一事实上的立法权的基础之上③,这在某种意义上也是对宏观调控权性质界定的一个脚注。

三、合法性困境的产生

因而,"不论是在强调三权分立的国家,还是在坚持议行合一的国家,都在广泛利用授权立法,以解决立法机关立法之不足,完成国家管理社会的职能"。④ 当然,这也决定了宏观调控权的性质是立法权。不过,在此需要强调的是,在语言表述上,"宏观调控权的性质是立法权"与"宏观调控权是立法权"还是有些微区别的。对此,笔者在第一章第一节论述宏观调控权生成的

---

① 参见许安标:《关于中央与地方立法权限的划分》,载《中国法学》1996年第3期。
② 参见许安标:《论行政法规的权限范围》,载《行政法学研究》2001年第2期。
③ 参见鲁篱:《论最高法院在宏观调控中的角色定位》,载《现代法学》2006年第6期。
④ 陈伯礼:《授权立法研究》,法律出版社2000年版,第83页。

独立性时已有所阐述,即立法权与宏观调控权属于属种关系。

正如前文所述,禁止授权原则的嬗变不仅克服了宏观调控权生成的障碍,而且凸显了宏观调控权的核心内容——自由裁量权及其限度。由于新兴的禁止授权原则使得宏观调控主体具有了制定规章或发布具有法律效力的决定的自由裁量权,从而可以从根本上应对宏观调控的周期变易性。但是,宏观调控权在具有这一优势的同时,由于其得以生成的路径是立法部门的授权立法,那么授权立法的弊端无疑也会影响到宏观调控权。人们对授权立法的批评主要表现为:第一,法律通常是以框架立法的形式通过,而由行政机关提供细节加以补充。这种法规、规章、细则、命令等,与立法机关制定的法律一样,对人们的生活产生影响,由于授权立法是与保障人们自由的分权理论相矛盾的,因此不得把立法权授予其他部门。第二,过度授予行政机关立法权和自由裁量权,是对法治的否定,威胁个人自由。第三,对授权立法的控制不足。议会既没有时间,也没有机会关注它授出的事项。第四,对授权立法的司法控制是不完整的。因为立法机关有时会利用在法律中规定"授权立法如同议会制定的法律,或包括在议会制定的法律中"的条款,来排斥司法审查。[1]

对于第一点,正如威廉·韦德所指出的,"过去,人们通常认为,广泛的自由裁量权与法不相容,这是传统的宪法原则。但是这种武断的观点在今天是不能被接受的,确实它也并不含有什么道理。法治所要求的并不是消除广泛的自由裁量权,而是法律应当能够控制它的行使"。[2] 因而,经过嬗变之后的禁止授权原则并不会与分权理论产生矛盾。第二、第三、第四点所体现出来的问题归结到一点,就是行政机关通过授权立法获得的自由裁量权的合法性问题,也就是如何控制行政机关的自由裁量。从而,宏观调控权的合法性困境得以凸显:宏观调控权需要通过授权立法获得的自由裁量权来熨平经济周期,因而,在宏观调控法的构成方面,"会存在很大的变动性和不同的部门特点,从必须执行的到可以自行斟酌执行的;使用的概念具有异常的可塑性;支配法律关系的,不是有关各方的主管意图,而是他们面临的客观经济形势"。[3]

但是,由于立法部门和司法部门对授权立法的控制不足又导致宏观调控

---

[1] See K. C. Joshi, Administrative Law 41, (3rd ed., 1984). 转引自陈伯礼:《授权立法研究》,法律出版社2000年版,第84页。

[2] 〔英〕威廉·韦德:《行政法》,楚建译,中国大百科全书出版社1997年版,第55页。

[3] 〔法〕阿莱克西·雅克曼、居伊·施朗斯:《经济法》,宇泉译,商务印书馆1997年版,第85—86页。

权合法性的丧失。这是因为,立法部门在对宏观调控领域进行授权立法时没有富有实际意义的控制标准。"多数法院为了避免宣告授权法无效,则愿意接受'公共利益'一类的没有实际意义的套话。……现在的倾向是,授给行政机关几乎是不受立法机关控制的空白支票,以解决新出现的问题。当出现了通货膨胀无法控制的危险时,国会则授权总统稳定物价、租金、工资。虽然授权法除授稳定权之外,别无其他任何内容,法院却急忙认可,牵强附会地解释说,授权法中包含了国会不必写进授权法的标准。"①

四、不一样的合法性

美国罗斯福新政时期的宏观调控权虽然是通过禁止授权原则的嬗变得以生成,却体现了美国法律类型的转变,即从自治型法转变为回应型法。当然,这也是经济法回应性的体现。②"我们从19世纪承继而来的法与国家的经典模式都强调马克斯·韦伯所谓的'形式理性'。一个形式理性的法律制度创制并适用一套普遍的规则,形式理性的法律依赖于通过特有的法律推理来解决具体冲突的法律职业群体。随着福利法制国的到来,人们特别强调实质理性法,即法律作为一种有目的的、目标导向的干预的工具。"③对诺内特和塞尔兹尼克而言,回应型法把目的导向与强调参与立法过程结合起来,它是一个超越"自治型法"的演化推进,这个"自治型法"阶段就是韦伯所指的形式理性。他们认为"回应型法"的法律目的是权能,其合法性来源于实体正义,其规则从属于原则和政策,执法者具有扩大了的、但仍对目的负责的自由裁量权,其法律愿望与政治愿望达到了一体化。④

因而,关注形式理性的"自治型法"与关注实质理性的"回应型法"的合法性追求是不一致的。"自治型法关注的中心是正统性(合法性)而非能力。"⑤"合法性被理解为对规则严格负责,它是自治型法的前提;法条主义则是自治型法的苦恼所在。对规则的关注有助于缩小法律上相关事实的范围,从而使法律思维与社会现实分离。"⑥"回应型法如同自治型法一样,其'主要

---

① 〔美〕伯纳德·施瓦茨:《行政法》,徐炳译,群众出版社1986年版,第53—54页。
② 参见刘普生:《论经济法的回应性》,载《法商研究》1999年第2期;卢代富:《经济法研究应注重回应性和本土性》,载《郑州大学学报(哲学社会科学版)》2008年第5期。
③ 〔德〕图依布纳:《现代法中的实质要素和反思要素》,矫波译,载《北大法律评论》1999年第2辑,第580—581页。
④ 参见〔美〕P. 诺内特、P. 塞尔兹尼克:《转变中的法律与社会:迈向回应型法》,张志铭译,中国政法大学出版社2004年版,第18页。
⑤ 同上书,第117页。
⑥ 同上书,第71页。

理想'也是合法性。但是,虽然保持着这种连续性,合法性这一理想却不应该混同于'合法化'的各种配件——规则和程序格式的骤增。这些官僚主义模式被当做是正当程序或负责任的表现,它们与回应型法是不相容的。合法性这一理想有必要更一般地加以表达,清除形式主义。在一种目的型体系中,合法性就是在实在法及其实施中不断减少专横武断。要求最大限度并切实可行地减少专横武断,就是要求一种能够超出形式上的规则性和程序上的公平而迈向实质正义的法律体系。"[1]

宏观调控权不是从法条主义的三段论逻辑演绎出来的,而是贸易条款对已经变化了的社会经济现实回应的产物。但是其却不能从原有的追求形式理性的"自治型法"中获得合法性根据,而这也正是立法部门在对宏观调控领域进行授权立法时没有富有实际意义的控制标准的原因。所以,新兴的宏观调控权有赖于依照"回应型法"的特征来构建其自身的合法性。

第二节 合法性困境的求解

一、案例与问题的提出

案例1 《关于调整住房供应结构稳定住房价格的意见》(2006年5月24日)(以下简称《意见》)

(四)严格房地产开发信贷条件。为抑制房地产开发企业利用银行贷款囤积土地和房源,对项目资本金比例达不到35%等贷款条件的房地产企业,商业银行不得发放贷款。对闲置土地和空置商品房较多的开发企业,商业银行要按照审慎经营原则,从严控制展期贷款或任何形式的滚动授信。对空置3年以上的商品房,商业银行不得接受其作为贷款的抵押物。

(七)加大对闲置土地的处置力度。土地、规划等有关部门要加强对房地产开发用地的监管。对超出合同约定动工开发日期满1年未动工开发的,依法从高征收土地闲置费,并责令限期开工、竣工;满2年未动工开发的,无偿收回土地使用权。对虽按照合同约定日期动工建设,但开发建设面积不足1/3或已投资额不足1/4,且未经批准中止开发建设连续满1年的,按闲置土地处置。

---

[1] 〔美〕P.诺内特、P.塞尔兹尼克:《转变中的法律与社会:迈向回应型法》,张志铭译,中国政法大学出版社2004年版,第121—122页。

案例 2 《关于利用住房公积金贷款支持保障性住房建设试点工作的实施意见》(2009 年 10 月 16 日)(以下简称《实施意见》)

> 在优先保证职工提取和个人住房贷款、留足备付准备金的前提下,可将 50% 以内的住房公积金结余资金贷款支持保障性住房建设,贷款利率按照五年期以上个人住房公积金贷款利率上浮 10% 执行,严格控制贷款规模,禁止无偿调拨使用。①

在案例 1 中,经国务院同意,建设部、发改委、监察部、财政部、国土资源部、人民银行、税务总局、统计局、银监会等九部委于 2006 年 5 月 24 日联合发布的《意见》涉及对《中华人民共和国担保法》(以下简称《担保法》)、《中华人民共和国商业银行法》(以下简称《商业银行法》)和《中华人民共和国土地管理法》(以下简称《土地管理法》)等法律法规重要内容的修改。具体而言,《意见》第(四)条限制了商业银行依据《商业银行法》第 4 条所具有的自主经营权,也对抵押物标的作出了不同于《担保法》第 37 条的限制性规定;《意见》第(七)条对闲置土地的认定以及对土地闲置费的征收幅度均作出了不同于《土地管理法》第 25 条的规定。

在案例 2 中,经国务院同意,住房和城乡建设部、财政部、发改委、人民银行、监察部、审计署、银监会等七部委于 2009 年 10 月 16 日联合发布的《实施意见》涉及对《物权法》第 4 条个人所有权的限制。根据《住房公积金管理条例》第 3 条的规定:"职工个人缴存的住房公积金和职工所在单位为职工缴存的住房公积金,属于职工个人所有。"《实施意见》将住房公积金结余以贷款的方式支持保障性住房建设,这限制了职工个人对其财产权的使用与收益。②

上述案例 1 与案例 2 不过是从我国当前诸多宏观调控实践中所撷取的片段,由此引发的宏观调控权的合法性问题可见一斑。宏观调控权的合法性是研究宏观调控权首先要涉及的一个问题,它有助于我们认识宏观调控权的来源和产生基础。③ 针对目前国务院在宏观调控过程中屡屡出现的改变现行法律法规相关规定的这一合法性困境,有学者作出了非常有益的探索,认

---

① 截止到 2010 年 4 月 15 日还没有公开发布全文,只有各大报纸发表的通稿。
② 实际上,对职工个人住房公积金的财产权的侵犯也体现在《住房公积金条例》第 29 条,"住房公积金的增值收益应当存入住房公积金管理中心在受委托银行开立的住房公积金增值收益专户,用于建立住房公积金贷款风险准备金、住房公积金管理中心的管理费用和建设城市廉租住房的补充资金。"对此,已有学者提出了批评,参见秋风:《公积金增值收益归政府还是归个人》,载《新京报》2009 年 3 月 15 日。
③ 参见张守文:《经济法理论的重构》,人民出版社 2004 年版,第 413 页。

为宏观调控的合法性包括其在法律、经济、社会、政治等各个方面的合法性。由于国家制定的法律总是相对滞后于不断流变的现实经济活动,而是否符合现实经济社会生活的要求则是衡量法律生命力和有效性至为重要的标准,因此,许多国家进行的经济改革或实施的宏观调控,大都是突破已有的法律框架,有些甚至是违反宪法的。① 这在某种意义上是由于经济法所具有的回应性使然,因为所有的制定法都不可避免地带有滞后性。宏观调控权的合法性就是要最大限度并切实可行地减少其自由裁量所带来的专横武断,就是要求一种能够超出形式上的规则性和程序上的公平而迈向实质正义的法律体系。因而,在诺内特和塞尔兹尼克看来,宏观调控权合法性的困境不应该"混同于'合法化'的各种配件——规则和程序格式的骤增"②,因为这只能消弭宏观调控行为经济上的合理性。此外,还应该看到,"对于一个采取赶超政策的发展中国家来说,实际上很难笼统地强调程序规则。因为要保持整体发展的势头和建立具有比较优势的经济分工体系,中央的宏观调控和动员能力是不可缺少的。而最大限度的动员和强有力的调控往往会与严格的规则、权限划分以及程序在不同程度上发生各种冲突,其结果是导致非正式主义的倾向。"③

所以,正如张守文教授所指出的,"对于经济上具有合理性或合规律性的宏观调控,必须考虑如何在制度上予以保障,使其同时获得法律上的合法性,从而提高其遵从度,实现宏观调控的预期目标。"④也就是说,宏观调控权合法性困境的消解路径是:为经济上具有合理性的宏观调控行为提供合乎法律的制度保障,而不是为了满足法律上的形式理性而增加"合法化"的各种配件,从而使得宏观调控行为丧失经济上的合理性。那么,这样一种合乎法律的制度保障的可能选择是什么?

二、传统行政法合法性模式的失灵

(一)"传送带"模式的失灵

在现代政治语境中,人民主权是一切合法性的根源,因此,民意的传送成为所有权力合法性的基本模式。在西方政治思想史上,霍布斯、洛克、卢梭等

---

① 参见张守文:《经济法理论的重构》,人民出版社2004年版,第416页。
② 〔美〕P. 诺内特、P. 塞尔兹尼克:《转变中的法律与社会:迈向回应型法》,张志铭译,中国政法大学出版社2004年版,第121页。
③ 季卫东:《宪政新论——全球化时代的法与社会变迁》,北京大学出版社2002年版,第173页。
④ 张守文:《经济法理论的重构》,人民出版社2004年版,第416页。

社会契约论者认为国家的权力来源于公民权力或权利的让渡,以此构建国家权力的合法性基础,其中的奥秘就在于此。在西方国家三权分立的政治架构下,立法机关将民意转化为法律,行政机关严格按照法律规定行使权力,司法机关提供必要的司法审查以确保行政机关在法定权限内行使权力。按照这样的模式,传统行政法就像一条以司法审查为齿轮的"传送带",将立法机关以法律形式固化的民意传送给各个当事人,行政机关通过遵从被传送的民意而获得合法性,这就是斯图尔特教授所谓的"传送带"模式。在这种模式下,行政机关的职责是在特定案件中执行立法指令。不受选民控制的行政官员对私人自由的侵入,由该模式予以了合法化,所采用的方式是确保此类侵入受命于一个合法的权力来源——立法机关。行政机关必须证明对私人自由的侵入是立法机关指令其所为,这一要求为司法审查提供了一个依据,也可用以界定法院在面对行政机关时所应承担的适当角色。①

美国学者弗鲁克也认为,行政法理论尽管大谈特谈控权,但都是为了证明官僚制和行政的正当性(合法性)。二者之间的关系基本在本质上属共生的。根据对官僚制的不同看法,弗鲁克区分出四种行政法模式。第一种模式是形式主义模式,此种模式视官僚制为执行置其于严格控制之下的缔造者的意旨的机制。② 可见,"传送带"模式是对这种形式主义模式的形象描述。在形式主义模式的背后,我们经常可以发现对干预最少国家的偏爱。因此,当发现许多学者认为行政法的主要功能,应当是控制一切逾越国家权力的行为,使其受到法律尤其是司法的控制,应毫不奇怪。这种行政法理念,英国学者又称之为"红灯理论"。③

这种以"控权"为核心理念的"传送带"模式,盛行于19世纪英美法系国家。其在制度上表现出以下特征:第一,行政法在基本原则上体现出最大限度保障个体自由权利、制止国家行政机关侵害或干预个体权利和自由的价值取向。正如有学者指出的,"传送带"模式虽然属于公法范畴,却显然以私法为蓝本,在这种模式下,行政法的目标并不关注行政事务本身,而是确保公民的权利(基本上是指民事权利)不被政府侵犯。④ 第二,行政法制度体系中最为重要的是司法审查制度。第三,行政职能受到严格的法律限制,主要限于

---

① 参见〔美〕理查德·B.斯图尔特:《美国行政法的重构》,沈岿译,商务印书馆2002年版,第10—11页。
② 参见〔英〕卡罗尔·哈洛、理查德·罗林斯:《法律与行政》(上卷),杨伟东等译,商务印书馆2004年版,第74—75页。
③ 同上书,第92页。
④ 参见毛玮:《行政法红灯和绿灯模式之比较》,载《法治论丛》2009年第4期。

国家的一些基本职能(如国防、外交、税收、治安等),也就是我们通常所谓的"夜警国家"职能。

因而,"美国政府在19世纪的工作重点几乎完全集中在那些旨在严格限制行政范围的法律约束之上。行政中的自由裁量范围也不可避免地被缩小到了一种无可奈何的地步"。① 然而,"现代统治要求尽可能多且尽可能广泛的自由裁量权"。② 这是因为:第一,现代社会变迁迅速,立法机关很难预见未来的发展变化,只能授权行政机关根据各种可能出现的情况作出决定;第二,现代社会极为复杂,行政机关必须根据具体情况作出具体决定,法律不能严格规定强求一致;第三,现代行政技术性高,议会缺乏能力制定专业性的法律,只能规定需要完成的任务或目的,由行政机关采取适当的执行方式;第四,现代行政范围大,国会无力制定行政活动所需要的全部法律,不得不扩大行政机关的决定权力;第五,现代行政开拓众多的新活动领域,无经验可以参考,行政机关必须作出试探性的决定,积累经验,不能受法律严格限制;第六,制定一个法律往往涉及不同的价值判断。③

只要行政权力被维系在相对狭小的范围内,而且不严重侵犯既得的私人利益,那么,行政自由裁量权问题就可以通过运用一些似是而非的标签而得到掩盖,如"准司法"或"准立法"。设计这些标签的目的就在于把行政机关的权力比作传统政府机构所行使的权力。但是,罗斯福新政时期的国会以最具概括性的立法指令把权力一揽子授予大量新成立的行政机关后,上述标签再也无法将广泛而新颖的行政自由裁量权隐匿在身后了。④ 可见,随着社会经济立法的大量增加以及现代政府职能的扩大,重大的社会和经济政策问题均由并非民选的行政官员来决定,"传送带"模式的制约功能和使行政行为合法化的功能都要受到损害。因为,"传送带"模式是西方国家控制自由裁量的一种形式主义的合法性模式。这种模式主要是运用立法手段为自由裁量权提供尽可能详尽的"法律规则"或"立法指令",以确保行政机关在立法机关授予的法定权限内行事,由此形成一个内在封闭的以立法为取向并严格服从于法律规则的裁量权控制体系。⑤ 所以,这种模式在本质上是一种制约

---

① 〔美〕E.博登海默:《法理学:法律哲学与法律方法》,邓正来译,中国政法大学1999年版,第368页。
② 〔英〕威廉·韦德:《行政法》,楚建译,中国大百科全书出版社1997年版,第55页。
③ 参见王名扬:《美国行政法》,中国法制出版社2005年版,第542—543页。
④ 参见〔美〕理查德·B.斯图尔特:《美国行政法的重构》,沈岿译,商务印书馆2002年版,第12—13页。
⑤ 参见周佑勇:《行政裁量治理研究——一种功能主义的立场》,法律出版社2008年版,第35页。

政府权力的消极机制,它并未触及政府"积极行政的一面"。①

(二)"专家知识"模式的失灵

行政过程中自由裁量权的广泛存在,直接威胁到传统行政法以"传送带"模式为基础的合法性解释模式的有效性。面对这种情况,传统行政法试图在自由裁量权与形式合法性之间寻求调和的可能性。但是规范主义的合法性模式根源于保守主义和自由主义,而罗斯福新政则强调政府的积极性与能动性,因而体现出公法中的功能主义的特点,其理论基础可以在盛行于19世纪末和20世纪初的社会实证主义、进化论和实用主义等思想运动中找到。② 公法中的功能主义认为国家机器乃是用来实现一套特定目的的,而这些目的与出现在19世纪末期的能动型国家的目标是紧密相关的。③ 显然,作为制约政府权力消极机制的"传送带"模式无力应对能动型国家中政府权力的合法性问题。

在罗斯福新政期间,改革者认为"现代调控的复杂特征极大地增加了政府决策中对技术专家和专业化的需要。似乎没有任何一个原初制度具有那些特性"。④ 由此产生了"专家知识"模式以使行政过程合法化。该模式的理论基础是:行政机关的角色就如同有着确切目标的经理或规划人员,立法的指令可以被区分为两种:规则和目标。规则指引行政机关处理某些类型的案件,不用借助任何中介;目标则要求实现一个设定状态或实现价值的最大化,为了就一个特定个案作出决定,有必要考虑各种可选方案对既定目标的影响,并判断哪一种方案最有利于既定目标的实现。根据这一理论,如果行政目标可以借助于来自专门经验的知识而予以实现的话,"专家知识"模式似乎就可以作为解决自由裁量权问题的方案而得到提倡。因为,在那种情形下,行政官员更多的只是享有表面上的自由裁量权,而非真正的自由裁量权。⑤

在弗鲁克看来,"此种模式既认可行政裁量的程度,又承认外部控制的

---

① 〔美〕理查德·B.斯图尔特:《美国行政法的重构》,沈岿译,商务印书馆2002年版,第27页。
② 参见〔英〕马丁·洛克林:《公法与政治理论》,郑戈译,商务印书馆2002年版,第187页。
③ 同上书,第188页。
④ Cass R. Sunstein, "Constitutionalism After the New Deal", 101 Har. L. Rev. 421, 440 (1987).
⑤ 参见〔美〕理查德·B.斯图尔特:《美国行政法的重构》,沈岿译,商务印书馆2002年版,第14页。

无效性,但欢迎把官僚制作为有效政策制定的基本工具"。① 于是,20世纪,尤其是20世纪30年代,大量担负着监督管理经济和社会生活各个领域的规制机构接连不断地涌现出来,并且产生了这样一种趋势,即取消或削弱对这些规制机构的行为所施以的司法审查。② 这种态度变化反映了在行政领域对经济事务立法者的尊重,这也是美国公法在20世纪中期的特点。③ 实际上,在我国宏观调控法学界也有类似的主张。例如,史际春教授认为,由于宏观调控对象的不确定性、周期性和易变性,各经济变量和参数相互作用的复杂性,一个宏观调控主体运用某种经济杠杆或调控手段作出的宏观调控行为与其他主体的调控行为之间的相互辐射性,以及中国微观经济基础的不完善,这些都使得对一个宏观调控行为的正当、合理性的判断,与一个普通的具体行政行为相比更为复杂,责任的认定和追究相对比较难。宏观调控与企业经营是相通的,它们都要面对市场的莫测变幻和自身决策即业务的复杂性,因而可以借用公司法上的"业务判断规则"作为宏观调控主体免责的理由。④ 可见,其将宏观调控权合法化的内在逻辑与"专家知识"模式具有一定的相似性。

"专家知识"模式的出现本来是为了解决经济规制过程中的技术性问题的,即规制过程中的事实问题。然而,多元主义者认为,行政机关行使自由裁量权的行为,可以根据自己的判断选择不同的政策,实质上是一个充满价值判断的立法过程。⑤ 在这一模式之下,技术官僚们在行使自由裁量的过程中必然会将其自身的价值判断代替裁量权所指向的目标。而且,二战以来稳定的经济增长使得人们的注意力集中于复杂的分配问题,即繁荣的经济成果如何被分享,"这样的选择显然不能转化为可以安全地交由专家们去处理的技术问题"。⑥

此外,规制机构几乎毫无信息能力和计划能力,彼此也不能很好地协调一致,因此它们要依赖于规制对象所给予的信息。这样也就无法保证它们和规制对象会保持必要的距离,以独立的作出决策。"个别经济部门似乎能够

---

① 〔英〕卡罗尔·哈洛、理查德·罗林斯:《法律与行政》(上卷),杨伟东等译,商务印书馆2004年版,第75页。
② 参见〔美〕E.博登海默:《法理学:法律哲学与法律方法》,邓正来译,中国政法大学1999年版,第369页。
③ 参见〔美〕伯纳德·施瓦茨:《美国法律史》,王军等译,法律出版社2007年版,第188页。
④ 参见史际春、肖竹:《论分权、法治的宏观调控》,载《中国法学》2006年第4期。
⑤ 参见王名扬:《美国行政法》,中国法制出版社2005年版,第551页。
⑥ 〔美〕理查德·B.斯图尔特:《美国行政法的重构》,沈岿译,商务印书馆2002年版,第22页。

将某些公共行政部门据为己有,从而把个别社会利益之间的竞争转移到国家机器内部"①,其中的一个突出表现就是"规制俘获"。根据该理论,行政机关在执行宽泛的立法指令时总是不公正地偏向有组织的利益,尤其是那些受规制的或受保护的商业企业利益以及其他有组织集团的利益,而损害分散的、相对而言未经组织的利益,如消费者、环境保护主义者以及贫困者的利益,则得不到有效的保护。② 因而,"如果联盟控制了整个经济中的市场,政府总是代表特殊利益干预经济生活,那么就不存在正确的宏观经济政策"。③

综上所述,"专家知识"模式作为对"传送带"模式应对自由裁量权兴起不足的一种回应,试图以专家理性来证成行政机关权力行使的合法性。对于这种以技术理性排除了司法控制的"专家知识"模式,"一些评论者主张法院应当在调控中扮演重要角色——以确保'合法性'和防止党争——总统角色则是次要的"④,这是因为,行政机关行使自由裁量权的"政治过程"属性以及"规制俘获"理论所带来的"系统性偏见问题"无法保障能动政府行使权力的合法性。

(三) 小结

斯图尔特教授将美国行政法的发展分为以下五个模式:普通法模式、传统的行政法模式、规制管理的新政模式、利益代表模式和对规制的分析性管理。⑤ 而传统的行政法模式又称为"传送带"模式,规制管理的新政模式是传统的行政法模式的扩展,所以学者们将普通法模式、传统的行政法模式与规制管理的新政模式统称为行政法的传统模式,而将利益代表模式和对规制的分析性管理称为行政法的公益模式。⑥ 所以,笔者将"传送带"模式与"专家知识"模式的失灵称为传统行政法合法性模式的失灵。而体现现代国家职能的宏观调控权的内核就在于自由裁量权,显然不能由上述两种传统的行政法合法性模式予以解释。所以,问题在于:"在行政机关并不享有由一人一票的民主选举所赋予的形式合法性的情况下,如何既认可又控制行政机关行

---

① 〔德〕尤尔根·哈贝马斯:《合法化危机》,刘北成、曹卫东译,上海人民出版社2000年版,第84页。
② 〔美〕理查德·B.斯图尔特:《美国行政法的重构》,沈岿译,商务印书馆2002年版,第23页。
③ 〔美〕曼瑟·奥尔森:《国家的兴衰:经济增长、滞胀和社会僵化》,李增刚译,上海世纪出版集团2007年版,第238页。
④ Cass R. Sunstein, "Constitutionalism After the New Deal", 101 *Har. L. Rev.* 421, 427 (1987).
⑤ 〔美〕L. B. 斯图尔特:《二十一世纪的行政法》,苏苗罕译,载《环球法律评论》2004年夏季号。
⑥ 宋雅琴:《美国行政法的历史演进及借鉴意义——行政与法互动的视角》,载《经济社会体制比较》2009年第1期。

使本质意义上的立法权力。"①笔者已经从宏观调控权的权源论证了其性质属于立法权,那么这里的"本质意义上的立法权力"意欲何指?

三、作为政治过程的宏观调控决策

按照当代西方经济学的经典理论,宏观经济政策的目标是:(1) 高的且不断增长的国民产出(实际 GNP)水平;(2) 高就业(或低失业);(3) 稳定或温和上升的价格水平,而同时价格和工资在自由市场上由供给和需求决定;(4) 商品、劳务及资本旺盛的国际贸易,同时保持外汇汇率的稳定和进出口的平衡。② 这也就是我们通常所称的宏观调控法的四个目标:促进经济增长、充分就业、稳定物价和平衡国际收支。在美国的宏观调控法历史上,国会于 1985 年制定了《平衡预算法》,该法规定了一项严格的财政纪律,它要求国会于 1991 年以前实现预算平衡,如果减少赤字的要求未能实现,那么政府开支就会自动地、全面地被缩减。当 1990 年初赤字到达历史最高水平时,《平衡预算法》所规定的目标被证明是很难实现的。国会一再推迟实现预算平衡的最后期限,国会最终不得不在 1990 年修改了《平衡预算法》,把对政府开支的限制放在主要的联邦预算项目上。究其原因在于:宏观调控主体要对"所面临的制约因素和对不可兼得的目标进行权衡取舍"。③

以充分就业与稳定物价为例。1958 年,经济学家菲利普斯在英国杂志《经济学》上发表一篇使他成名的文章。这篇文章的题目是《1861—1957 年英国失业和通货膨胀率之间的关系》。在这篇文章中,菲利普斯说明了失业率与通货膨胀率之间的负相关关系。这就是说,菲利普斯说明了,低失业的年份往往有高通货膨胀,而高失业的年份往往有低通货膨胀。虽然菲利普斯的发现是基于英国的数据,但研究者很快把这个发现扩大到其他国家。在菲利普斯的文章发表后两年,经济学家保罗·萨缪尔森和罗伯特·索洛在《美国经济评论》上发表了一篇题为《反通货膨胀政策分析》的文章。在这篇文章中,他们用美国的数据表明了通货膨胀和失业之间类似的负相关关系。他们的推理是,这种相关性的产生是因为低失业与高的总需求相关,而且很高的总需求会给整个经济带来工资与物价上升的压力。萨缪尔森和索洛把失

---

① 〔美〕理查德·B.斯图尔特:《美国行政法的重构》,沈岿译,商务印书馆 2002 年版,第 28 页。

② 参见〔美〕保罗·A.萨缪尔森、威廉·D.诺德豪斯:《经济学》(第 14 版),胡代光等译,北京经济学院出版社 1996 年版,第 742 页。

③ 同上书,第 748 页。

业与通货膨胀之间的负相关关系称为菲利普斯曲线。① 所以,根据萨缪尔森和索洛的看法,宏观调控主体面临着通货膨胀和失业之间的权衡取舍,而且菲利普斯曲线说明了这种权衡取舍,也就是说,失业率与物价变动率之间存在非此即彼的关系,从而充分就业与稳定物价的宏观调控目标是不可兼得的。

所以,在某一特定的宏观经济条件下,要同时实现宏观调控的四个目标是不可能的。斯蒂格利茨也认为,在宏观调控决策过程中:"第一,帕累托占优政策是不存在的,没有任何单一的政策能够保证社会中所有人的福利较之实施其他政策都会有所改善。不同的政策对社会中不同的群体有不同的影响(雇员与金融市场,国内债权人与国外债权人,债务人与债权人)。第二,不同的群体被迫要面对不同的风险,包括一种政策成功或失败带来的风险。第三,由于对不同群体的影响不同,民主体制不应该将宏观经济政策交给技术官僚们,不管他们了解多少信息或动机多么善良。当然,政治程序可以将某些特定的任务交给技术官僚,但是,宏观经济政策本质上属于政治范畴,它涉及那些只能在政治程序内决策的各种权衡取舍。"②而"必要的政策平衡就其内在本性而言就是自由裁量的过程,归根结底就是政治的过程"。③

所谓政治过程就是一种经常性的利益集团行为,即利益集团之间的合作竞争、联合分裂和改革调整,最终构成了反映公众需求的政策。"利益集团作为政治参与的重要工具,通过这种工具,个人寻求对政治活动的影响,利益集团因而成为各个层次政治过程的核心。"④而"利益集团是致力于影响国家政策方向的组织,它们自身并不图谋组织政府"。⑤ 由于"利益集团政治则是多元主义的重心"⑥,所以政治过程体现了一种多元主义的政治学研究路径。虽然多元主义是西方的政治学研究范式,但是利益集团却是当下中国的一种客观存在。在宏观调控领域,利益集团表现得尤为突出。最具典型意义的案例是最高人民法院仅一年之隔就颁布了两个相互冲突的司法解释,即 2004

---

① 参见〔美〕曼昆:《经济学原理》(宏观经济学分册)(第 4 版),梁小民译,北京大学出版社 2006 年版,第 285 页。

② 〔美〕约瑟夫·斯蒂格利茨等:《稳定与增长 宏观经济学、自由化与发展》,刘卫译,中信出版社 2008 年版,第 30 页。

③ 〔美〕理查德·B.斯图尔特:《美国行政法的重构》,沈岿译,商务印书馆 2002 年版,第 22 页。

④ 陈尧:《利益集团与政治过程》,载《读书》2006 年第 8 期。

⑤ 〔英〕戴维·米勒、韦农·波格丹诺:《布莱克维尔政治学百科全书》,邓正来主编译,中国政法大学出版社 1992 年版,第 362 页。

⑥ 张静:《法团主义——及其与多元主义的主要分歧》,中国社会科学出版社 1998 年版,第 73 页。

年 10 月 26 日通过的《最高人民法院关于人民法院民事执行中查封、扣押、冻结财产的规定》(以下简称《查封规定》)和 2005 年 11 月 14 日通过的《最高人民法院关于人民法院执行设定抵押的房屋的规定》(以下简称《执行抵押房屋规定》)。

2004 年《查封规定》的第 6 条规定:"对被执行人及其所扶养家属生活所必需的居住房屋,人民法院可以查封,但不得拍卖、变卖或者抵债。"该规定在社会上引起了轩然大波。虽然社会各界对此褒贬不一,但基本认为该司法解释对我国当时房地产市场的宏观调控产生了重要影响,它也表明国家更加注重用法律手段来介入国家的宏观调控。并且该司法解释也符合 2007 年修正之前的《中华人民共和国民事诉讼法》第 222、223 条的规定,体现了作为人权的生存权优先于债权的理念。但是,2005 年《执行抵押房屋规定》却在实际上废止了《查封规定》的第 6 条。因为《执行抵押房屋规定》规定"对于被执行人所有的已经依法设定抵押的房屋,人民法院可以查封,并可以根据抵押权人的申请,依法拍卖、变卖或者抵债",如果与一般的抵押物处置有什么不同的话,那就是要给予房屋抵押人一定的宽限期。对此,最高人民法院给出的理由是,"从长远来看,如果设定抵押的房屋不能执行,不利于维护银行房贷债权,增加了银行的经营风险,将影响商业银行的住房消费信贷业务,不利于住房按揭市场的发展,同时不利于社会诚信体系的建立与房地产业的健康发展。该规定出台后,各地银行为了维护自己的房贷权益,纷纷采取措施提高房贷门槛,致使许多原本可以获得银行住房贷款的人无法贷款买房,最终损害了广大消费者的利益。"[1]显然,"《执行抵押房屋规定》的出台是屈服于金融和房地产强势利益群体的需求"。[2] 因为,债务人不能如期偿还银行按揭贷款只是商业银行所能够预见也必须面对的经营风险,《查封规定》的第 6 条实际上能起到督促商业银行审慎经营的作用。相反,《执行抵押房屋规定》的出台却使得我国商业银行既能够继续享有优质的房贷资产所带来的高额利润,又没有遭受其所应该承受的经营风险之忧。所导致的结果必然是,宽松的房贷政策促使房价的进一步飙升反而有碍于中国房地产市场的健康发展。

这不过是我国宏观调控领域诸多利益集团角逐的一个缩影。而其所体现出来的却是:在宏观调控调控领域并不存在任何先验超然的"公共利益",

---

[1] 石国胜:《最高法司法解释:设定抵押的房屋可以查封拍卖》,载《人民日报》2005 年 12 月 22 日。

[2] 黄莹、王厚伟:《生存权优先于债权——评〈最高人民法院关于人民法院执行设定抵押的房屋的规定〉》,载《法学评论》2006 年第 4 期。

有的只是不同利益集团的独特利益。因而,宏观调控决策的过程就是各种相互冲突的利益集团不断斗争与妥协的政治过程。所以,宏观调控权的行使无法避免地被认为在本质上是一个立法过程:对受宏观调控政策影响的各种利益集团之间相互冲突的主张进行权衡取舍的过程。如果宏观调控主体在决策过程中能够充分考虑所有受影响的利益主体之后再作出决定,"就在微观意义上基于和立法一样的原则而获得了合法性"。① 而这也正是上文"本质意义上的立法权力"的意义所在。

但是,在实践中,这种多元主义的合法化路径由于"规制俘获"问题而备受质疑,其中最为主要的理由是对未经组织的利益缺乏应有的关照。因为,与受规制或受保护的利益团体不同,对立的团体经常是分散的,并且对任一特定宏观调控决策的结果都只有非常微小的个别利益。因而,即使对立团体的总体损害是巨大的,但高额的交易成本和搭便车问题可能会有力地阻止其为影响宏观调控决策而组织化。所以,宏观调控权合法化的消解就在于我们能否为大量分散的利益主体提供一个利益表达机制,以矫正目前的代表不足问题。

四、利益代表模式的关键

为了控制日益增长的政府权力,斯图尔特教授认为,应该通过以下方式来扩展传统行政法的合法性模式:"(1)确立一种日益强化的推定,即行政作为(或不作为)可以受司法审查;(2)扩大有权获得正当程序条款保护的利益之范围,使其在受到行政机关侵犯之前可以得到行政听证;(3)扩大制定法或行政规章授权参与行政决定正式程序的利益之范围;(4)扩大有权就行政行为获得司法审查的利益之范围。"②而要求对行政行为进行司法审查的起诉资格的放宽,以及非宪法性的行政过程参与权利的拓展,是上述传统行政法合法性模式的四个发展变化的核心③,根据这两种方式,美国法院发展出利益代表模式。根据利益代表模式,法院扩展了相关利益主体在行政程序和司法审查过程中的参与权,以保障各相关利益主体在制定政策或作出决定的过程中都得到代表,并获得适当的考虑,从而实现决策过程的自我合法化。鉴于本书所要解决的只是宏观调控行为的可诉性问题,所以对行政过程的非宪法性参与不予考虑。其实,"通过扩展有资格对行政行为提起司法审查的

---

① 〔美〕理查德·B.斯图尔特:《美国行政法的重构》,沈岿译,商务印书馆2002年版,第64页。
② 同上书,第69页。
③ 同上。

利益主体范围,传统模式向利益代表的转型在很大程度上已经得到实现。"①因而,起诉资格的扩展才是利益代表模式得以实现的关键。

根据无救济则无权利的原则,救济是与权利相关联的,因此只有那些自身权利受到威胁的人才有资格获得救济。"在私法中,这个原则可以从严应用。在公法中,只有这个原则还不够,因为它忽略了公共利益的一面。"②"起诉资格扩展至越来越多的利害关系人,是法院针对行政机关没有公正代表这些利益而作出的回应,也是法院进行司法审查以矫正行政机关失职的需要。"③所以,根据回应型法的特点,"法律机构应该放弃自治型法通过与外在隔绝而获得的安全性,并成为社会调整和社会变化的更能动的工具。在这种重建过程中,能动主义、开放性和认知能力将作为基本特色而相互结合"。④从而,"法律舞台成了一种特殊的政治论坛,法律参与具有了政治的一面。换言之,诉讼逐渐成为团体组织可能借以参与决定公共政策的一种工具。它不再那么专门地被看做是基于公认的规则维护个体权利要求的一种方法"。⑤

起诉资格的扩展使得公共政策的发展和实施有了一些新的支座,"如果获得律师辩护权得以扩大,如果群体诉讼为表现社会利益开辟了道路,如果'实际损害'(injury in fact)取代了作为诉讼资格(起诉资格)标准的形式上的权利,那么结果就不只是扩大了诉诸法律机构的权利。扩大了法律调查的范围也同样重要"。⑥ 因而,案例1和案例2中宏观调控权合法性的获得不能囿于自治型法下仅仅是维护个体权利的传统行政法的合法性模式,而应该从宏观调控决策的这一政治过程的视角进行考察,赋予相关利益主体起诉资格就具有了更为深远的意义,也就是说,他们提起诉讼可能不仅仅实现了其自身的利益诉求,更为关键的是这种利益代表模式实现了宏观调控权行使的合法性。可见,利益代表模式有可能为经济上合理的宏观调控政策提供一个合乎法律的制度保障,当然,这还有赖于起诉资格扩展的广度和深度。

---

① 〔美〕理查德·B.斯图尔特:《美国行政法的重构》,沈岿译,商务印书馆2002年版,第78页。
② 〔英〕威廉·韦德:《行政法》,楚建译,中国大百科全书出版社1997年版,第364页。
③ 〔美〕理查德·B.斯图尔特:《美国行政法的重构》,沈岿译,商务印书馆2002年版,第85页。
④ 〔美〕P.诺内特、P.塞尔兹尼克:《转变中的法律与社会:迈向回应型法》,张志铭译,中国政法大学出版社2004年版,第82页。
⑤ 同上书,第107页。
⑥ 同上书,第109页。

第三节　公益诉讼起诉资格的生成

一、问题的提出

20世纪30年代的大萧条引发了经济危机,同时也创造了一个法律危机。"罗斯福对国家经济衰落的创新性回应挑战了政治与法律之间的历史关系,以及政府干预社会和经济秩序的限度。"①罗斯福新政的目的是用对市场的广泛规制取代自由放任的资本主义体制。但是,联邦最高法院中恪守经济上的实体性正当程序的保守集团,对罗斯福应对经济危机的务实进路感到震惊。于是,联邦最高法院依照洛克纳法理开始推翻罗斯福的立法动议,从而阻碍了政府应对经济危机的努力。新政改革者对司法部门针对行政规制的敌意感到不满,并谴责法院对私有财产的过度保护。对此,罗斯福总统的"填充法院计划"加快了联邦最高法院七名大法官的退休。菲利克斯·弗兰克福特(Felix Frankfurter)作为罗斯福总统新任命的支持新政改革的大法官,追随布兰代斯(Brandeis)大法官带领美国联邦最高法院发展了起诉资格理论。正是在这一时期,"'起诉资格(standing)'作为一个独立的理论体以温和的姿态开始初步展现"。②

起诉资格理论的初步展现作为20世纪20年代和30年代美国关于新出现的规制型国家(regulatory state)合法性的激烈斗争的一部分,起诉资格理论在事实上充当了支持罗斯福新政的法官们消除该合法性危机的一个极为重要的手段。在新政改革者看来,规制机构具有"民主控制、技术专家、自启动和免于传统的判决限制"等特点。③ 因而,布兰代斯和弗兰克福特大法官发展起诉资格理论的目标就是将进步主义和新政立法隔离于不时的司法攻击。除非原告有一个"法律权利——财产权、产生于合同的权利、防止不当侵犯的权利或者源于授予特权的法规的权利"④,法院将否决诉因(cause of

---

① Robert J. Pushaw, Jr. , "Justiciability and Separation of Powers: A Neo-Federalist Approach", 81 *Cornell L. Rev.* 393, 457 (1996).
② Cass R. Sunstein, "What's Standing After Lujan? Of Citizen Suits, 'Injuries', and Article III", 91 *Mich. L. Rev.* 163, 179 (1992).
③ Cass R. Sunstein, "Constitutionalism After the New Deal", 101 *Harv. L. Rev.* 421, 424—425, 440—446 (1987).
④ Tennessee Elec. Power Co. v. Tennessee Valley Auth. , 306 U.S. 118, 137—138 (1939).

action)。① 可见,该起诉资格理论保留了初期私法模式限制诉诸法院的政策,起到了防止政府方案不受无正当理由攻击的作用。② 这种起诉资格的私法模式体现了以"控权"为核心理念的"传送带"模式,表现为最大限度保障个体自由权利、制止国家行政机关侵害或干预个体权利和自由的价值取向。

对此,我们可以发现,起诉资格的私法模式反映了两套观念的交汇,既与洛克纳时代密切联系,也与新政对洛克纳时代法理学的攻击密切联系:第一,洛克纳时代本身所突出的,是司法部门的存在主要是为了保护普通法利益免受政府的侵犯。普通法形成了法院得以区分政府作为与不作为或中立与偏私的基准。为此,对普通法权利的侵犯,而不是其他类型的利益,才会引发司法保护。第二,作为对规制国家有好感的一部分,反对洛克纳时代的反应是包括起诉资格的可诉性理论,应该考虑到尽量减少司法干预规制过程的场合。③ 并且,体现经济上的实体性正当程序哲学的洛克纳法理的衰落已是我们公法中不可动摇的趋势,规制型国家的兴起在很大程度上就是建立在对普通法秩序抛弃的基础上的。也就是说,尽管洛克纳式的前提假定在规制型国家的兴起过程中被否定,但是深植于传统私法之中的起诉资格理论却依然反映着洛克纳式的前提假设。由此导致的问题是,这种维护个人普通法权利的起诉资格的私法模式如何才能保护规制型国家中新出现的利益类别?

二、起诉资格私法模式的不足

(一) 起诉资格的私法模式

就大部分国家的历史而言,并没有独特的起诉资格理论。起诉资格是否存在取决于制定法(positive law)是否建立了诉因。④ 所以,大量研究起诉资格的学术文献将其谱系批评为可疑的、法官创造的法律拟制物。也就是说,

---

① 诉因是英美法系的概念,对于"什么是诉因",即便是英美法系的法学家也很难给出一个确切的含义。根据《布莱克法律词典》的规定,其大体上包括三种含义:第一,为诉讼提供一个或更多基础的一组可操作性事实(operative facts);使某人有权在法院从其他人处获得救济的事实状况。第二,有关诉讼的法律理论,有时也指诉讼的基础。第三,泛指诉讼。See Bryan A. Garner,ed., *Black's Law Dictionary* 235 (8th ed., Thomson West, 2004).

② See Cass R. Sunstein, "What's Standing After Lujan? Of Citizen Suits, 'Injuries', and Article III", 91 *Mich. L. Rev.* 163, 180 (1992).

③ See Cass R. Sunstein, "Standing and the Privatization of Public Law", 88 *Colum. L. Rev.* 1432, 1438 (1988).

④ See Raoul Berger, "Standing to Sue in Public Actions: Is it a Constitutional Requirement?", 78 *Yale L. J.* 816, 839 (1969); Louis L. Jaffe, "The Citizen as Litigant in Public Actions: The Non-Hohfeldian or Ideological Plaintiff", 116 *U. Pa. L. Rev.* 1033, 1044 (1968); Steven L. Winter, "The Metaphor of Standing and the Problem of Self-Governance", 40 *Stan. L. Rev.* 1371, 1395—1396 (1988).

它基本上是一个没有宪法文本或历史基础的司法创造物。① 事实上,美国联邦宪法第3条将司法权扩展至"案件"和"争议"的光秃秃的语言几乎也没有为限制获得司法审查的标准和政策提供任何宪法性指导。② 根据对宪法的原初理解,"案件"包括民事和刑事纠纷(disputes),而"争议"仅限于民事纠纷。③ 也就是说,第3条并不含有"起诉资格"的明确的宪法要件。对此,制宪会议也没有提供任何洞见。关于这个问题的唯一证据是詹姆斯·麦迪逊的声明,即司法权应该"被限制在具有司法性质的案件"。④ 联邦最高法院故而在很大程度上求助于普通法来获取第3条的含义。例如,法院指出,第3条的"案件"和"争议"条款将司法权限定于解决"传统上适合、并通过司过程解决"的纠纷。⑤ 那么这种传统适合司法解决的纠纷类型是什么呢?

首席大法官马歇尔在解释作为司法职能标准(touchstone)的马伯里诉麦迪逊案时,强调了对既有利益或法律权利的司法保护的必要性。他认为司法审查的理由是建立在法院裁决个人权利的前提上的。"马伯里案从而预示采取了类似普通法管辖权制度的宪法审查的私人权利模式(a private rights model)。"⑥根据该模式,裁决私人纠纷是法院的义务。当然,如果在裁决私人纠纷过程中必须解释法规的合宪性,那么也可以这样做。然而,司法权的行使是保护私人权利。私人权利的现代管辖权执行模式是法律利益标准(the legal interest test)⑦,又被称为法律权利标准。根据这一标准,如果被告的行为损害了原告的"法律利益",一个"案件"才得以提出。当然,司法部门最有可能越权的一直是那些质疑联邦或州政府行为的案件。通过扩展普通法类推,法院将政府被告视为私人当事人。因此,只有在政府作为私人被告,其官员的行为引起财产、合同、或侵权方面的诉因时,法院才承认针对政府官员的诉讼请求。因此,司法权只有在损害是普通法制度所寻求的救济种类是私人当事人之间的纠纷时才可以恰当的行使。

直到被认为是现代起诉资格法起源的1923年的 Frothingham v. Mellon

---

① See Cass R. Sunstein, "What's Standing After Lujan? Of Citizen Suits, 'Injuries', and Article III", 91 *Mich. L. Rev.* 163, 166 (1992).

② See Gene R. Nichol, Jr., "Justice Scalia, Standing, and Public Law Litigation", 42 *Duke L. J.* 1141, 1150 (1993).

③ See Chisholm v. Georgia, 2 U.S. (2 Dall.) 419, 431—432 (1793).

④ 2Max Farrand, *Records of the Federal Convention of 1787* 430 (rev. ed., Yale University, 1966).

⑤ Vt. Agency of Natural Res. v. U.S. ex rel. Stevens, 529 U.S. 765, 774 (2000).

⑥ Gene R. Nichol, Jr., "Injury and the Disintegration of Article III", 74 *Cal. L. Rev.* 1915, 1921 (1986).

⑦ See Joint Anti-Fascist Refugee Comm. v. McGrath, 341 U.S. 123, 151—153 (1951).

案,联邦最高法院基于纳税人的利益"太小而难以确定"的理由否决了联邦纳税人起诉《联邦产假法》(the federal Maternity Act)的权利,也不曾使用过"起诉资格"一词。① 所以,在1939年之前,当法院首次开始发展独特的起诉资格法时,提起诉讼的权利是与一组狭隘的公认的产生于侵权、违约或侵犯财产权等普通法损害密切结合在一起的。② 这种范式为法院在起诉资格理论正式发展之前所确认,现已被贴上了"私法"模式的标签。③

起诉资格的私法模式是建立在一个类推(analogy)和一个可识别的基本理论基础上的。这个类推源于私法,其中的起诉资格问题、诉因和实体性问题(the merits)是紧密的交织在一起。在A导致B损害的行为中,B是否具有诉因的问题与B是否具有起诉资格以及B在案件的实体性问题上是否是正确的问题上存在大量的重合。对于所有这三个问题而言,问题是A是否违反了它对B所负有的义务,而C,受影响的第三方当事人,当A损害到B——即便C受到了重大影响,一般来说不得提起诉讼。在私法上,不需要一套特别的支配起诉资格的原则。④ 当然,这并不是因为19世纪没有按照这一理论行事,而是因为人们认为它太理所应当,太没有争议,以至于没有必要对其含义加以明确。直到转型时期宪法经历了急剧的扩张(尤其是经济上的实体性正当程序方面)后,才使人们觉得有必要对这一原理加以阐述。⑤

对于这样一种起诉资格的私法模式,哈佛大学法学院艾布拉姆·查耶斯(Abram Chayes)教授将其特征描述为:(1)诉讼是两极的。诉讼是建立在赢者通吃基础上的两个人或至少是两方直接对立的利益主体之间的对抗。(2)诉讼是回溯性的。争议是围绕如何确认一系列过去的事件而展开的:它们是否发生,如果发生过,其对双方当事人的法律关系造成了怎样的影响。(3)权利和救济是相互依存的。根据通常的理论,救济的范围基本上可以合乎逻辑的来源于实体性违反,即原告有权获得与因被告违反义务时对他所造成之损害相当的赔偿——在合同中,被告须赔偿原告在合同未违约情况下可获得的金钱,在侵权中,被告须赔偿与其所造成的损害相当的价值。(4)诉讼是一个自足的事件。判决的效力仅及于双方当事人。如果原告胜诉,就会获得法院判决的赔偿,赔偿通常是金钱,有时也会是返还特定物或为特定的

---

① See Frothingham v. Mellon, 262 U.S. 447, 487 (1923).
② See Tennessee Elec. Power Co. v. Tennessee Valley Auth., 306 U.S. 118, 137—138 (1939).
③ See Cass R. Sunstein, "Standing and the Privatization of Public Law", 88 Colum. L. Rev. 1432, 1436 (1988).
④ Ibid., 1434—1435 (1988).
⑤ 参见〔美〕克里斯多弗·沃尔夫:《司法能动主义——自由的保障还是安全的威胁?》,黄金荣译,中国政法大学出版社2004年版,第45页。

行为。如果被告胜诉，那么损失就得不到救济。但无论是哪种情形，判决一经作出，法院将不再干预。(5) 诉讼进程由当事人启动并由当事人控制。案件的组织与争点的界定均是通过双方当事人的交流才得以完成。发现事实的责任也归于双方当事人。初审法院是他们交锋的一个中立裁判者，仅在一方当事人提出恰当的动议时才对系争法律问题作出裁决。①

（二）私法模式的不足

根据起诉资格的私法模式，救济与权利是相互依存的，只有那些自身权利受到威胁的人才有资格获得救济。王名扬教授认为这种私法模式的理论缺点是混淆程序法上和实体法上的标准。起诉资格是程序法上的标准，当事人是否具有合法的权利，是当事人能否胜诉的实体法上的标准。实体法上的标准只在经过审理以后才能确定，不能在未经审查以前就否定当事人请求审查的权利。② 与大陆法系国家不同，英美法系国家不热衷于诉权的内涵等抽象问题理论上的探讨，而是着重于有关诉权规则的合理制定和有关诉权的实用性等问题的探讨。③ 所以，我国学者在讨论英美法系的相应理论的时候，将"standing"翻译为"诉讼资格"，并认为其包含了民事诉权的两个构成要件，即"当事人适格"和"诉的利益"的内容。④ 日本学者田中英夫与竹内昭夫教授在移译美国的"standing"时，将其翻译为"诉讼利益"，并认为其包含"诉之利益"和"主张之利益"两方面的意义。⑤ 如果说英美法系的起诉资格理论至少在一定程度上类似于大陆法系的民事诉权理论的话，那么，起诉资格的私法模式的上述缺陷也将是大陆法系民事诉权理论的缺陷，例如以萨维尼（Savigny）与温德雪德（Windscheid）等为代表的私法诉权说认为从权利保护的目的上说，诉权是为"权利"而服务的，先有"权利"后有诉权，诉权是"权利"在审判上的延伸与转化。⑥ 实际上，民事诉权理论从私法诉权说到公法诉权说、再到宪法诉权说，不管是公法诉权说中的抽象诉权说、具体诉权说、本案判决请求权说和司法行为请求权说，还是多元诉权说和诉权否定说，它

---

① See Abram Chayes, "The Role of the Judge in Public Law Litigation", 89 *Harv. L. Rev.* 1281, 1282—1283 (1976).
② 参见王名扬：《美国行政法》，中国法制出版社 2005 年版，第 615 页。
③ 参见〔德〕K. 茨威格特、H. 克茨：《比较法总论》，潘汉典等译，贵州人民出版社 1992 年版，第 133 页。
④ 参见江伟、邵明、陈刚：《民事诉权研究》，法律出版社 2002 年版，第 221 页。
⑤ 参见〔日〕田中英夫、竹内昭夫：《私人在法实现中的作用》，李薇译，法律出版社 2006 年版，第 31 页注释。
⑥ 参见丰霁：《诉权理论的发展路向》，载《中外法学》2008 年第 5 期。

们在某种程度上都是从诉权与实体权利的关系角度阐述诉权理论的。①

但是,"在私法中,这个原则可以从严应用。在公法中,只有这个原则还不够,因为它忽略了公共利益的一面"。② 现代社会的复杂性越来越频繁地导致这样的情形,即一项单独的人类行动可能对许多人有益或有害,因而,这导致仅仅作为当事人之事的传统诉讼体制完全不适当。例如,大公司披露的虚假信息可能损害购买该公司股票的所有人;一项违反反托拉斯法的违法行为可能损害该不正当竞争所影响的所有人;一项集体劳动合同的雇主违约会侵犯他所有雇员的权利;一项违宪的税收或违法停止一项社会救济可能有损于大部分公民;向湖泊或河流倾倒排放废弃物会侵害期望享受洁净水源的所有人;有瑕疵或不健康的包装可能对这些商品的所有消费者造成损害。此种大规模侵害的可能性代表了我们时代一项典型的特征。③ 因此,在 20 世纪 30 年代和 40 年代初,"规制机构的扩张提出的新问题就是如何决定谁可以起诉政府的规制行为所带来的大规模侵害问题"。④ 在起诉资格的私法模式下,被规制对象(regulated entities)——产业和其他被规制对象——有权到法院质疑机构非法侵犯他们普通法权利的行为,在这类案件中,当事人享有起诉资格是没有问题的;然而,竞争者和规制受益者的利益没有得到法律上的确认⑤,这些利益,被认为是特权(privileges)或法律的奖赏(legal gratuities),是通过政治过程得以维护的或根本就得不到维护。⑥ 正如卡佩莱蒂教授所指出的,这种利益是"寻找作者"的权利和利益。⑦ 谁"持有"它们?而谁又拥有为维护它们而起诉的资格?

对此,有学者指出,在纵观民事诉权理论的历史发展脉络之后,我们发现一直以来引导诉权理论发展的关系性视角正在逐步从"诉权——实体权利"向"诉权——诉讼权利"转换,诉讼权利在理论上成为诉权理论突破现实困境的主要工具。⑧ 而法院扩大起诉资格的一个可行选择是采用公共权利模

---

① 参见丰霖:《诉权理论的发展路向》,载《中外法学》2008 年第 5 期。
② 〔英〕威廉·韦德:《行政法》,楚建译,中国大百科全书出版社 1997 年版,第 364 页。
③ 参见〔意〕莫诺·卡佩莱蒂:《比较法视野中的司法程序》,徐昕、王奕译,清华大学出版社 2005 年版,第 372—373 页。
④ William A. Fletcher, "The Structure of Standing", 98 *Yale L. J.* 221, 225 (1988).
⑤ See Alabama Power Co. v. Ickes, 302 U. S. 464, 479—480 (1938).
⑥ See Cass R. Sunstein, "Standing and the Privatization of Public Law", 88 *Colum. L. Rev.* 1432, 1436 (1988).
⑦ 〔意〕莫诺·卡佩莱蒂:《比较法视野中的司法程序》,徐昕、王奕译,清华大学出版社 2005 年版,第 374 页。
⑧ 参见丰霖:《诉权理论的发展路向》,载《中外法学》2008 年第 5 期。

式(a public rights model)——允许个人起诉任何侵犯公共利益的行为。①

(三) 小结

其实,起诉资格的私法模式的理论基础是社会契约理论。当公民从自然状态进入到市民社会,他们保留了某些权利。国家不能干预这些权利,除非是根据进行干预的集体授权——辅之以适当行政执行的立法行为。相关的利益类别由存在于自然状态下的私有财产和自由组成。如果这样的利益没有受到侵害,法律根本就不能干预。所以,就英美法系的起诉资格而言,普通法利益或者传统的私人权利从而与制定法利益(statutory benefits)形成了显著的区别。当联邦最高法院废止与进步主义和新政时期联系在一起的经济性规制法规的时候,它是通过援引普通法权利或利益来达成的,以便检验公法的效力。② 侵犯普通法利益或是对普通法原则的背离,被认为需要特别的理由;相反,遵守普通法则被认为是无可非议的中立(unobjectionable neutrality)。可见,起诉资格的私法模式运用了普通法的观念,从而显著区分了制定法利益和19世纪私人权利,这也是洛克纳时期法理的主要标志。③

虽然罗马法上的罚金诉讼和民众诉讼也孕育了一定意义上的起诉资格理论④,例如,意大利罗马法学家彼德罗·彭梵得指出:"人们称那些为维护公共利益而设置的罚金诉讼为民众诉讼,任何市民均有权提起它。受到非法行为损害(即使只是私人利益受损)的人或被公认较为适宜起诉的人具有优先权。"⑤但是,罗马法上的起诉资格理论的萌芽并没有得到进一步的发展。出于诉讼方便、司法成本、防止滥诉等因素考虑,对诉讼主体资格进行限制,规定只有与案件有直接利害关系才可以起诉是各国诉讼法奉行的普遍原则。⑥ 然而,大陆法系中以社会契约论为基础的传统行政法上的"传送带"模式虽然属于公法范畴,却以私法为蓝本,在这种模式下,行政法的目标并不关注行政事务本身,而是确保公民的权利不被政府侵犯。因而,其民事诉权学说也不可避免的带上起诉资格私法模式的种种印迹。甚至有学者认为,这一私法模式不仅体现在民事诉讼法上,也体现在行政诉讼法与刑事诉讼法上,

---

① See F. Andrew Hessick, "Standing, Injury in fact, And private rights", 93 *Cornell L. Rev.* 275, 293 (2008).
② See Cass R. Sunstein, "Lochner's Legacy", 87 *Colum. L. Rev.* 873, 879 (1987).
③ Ibid., 874 (1987).
④ 参见周枏:《罗马法原理》(下册),商务印书馆1996年版,第886页。
⑤ 〔意〕彼德罗·彭梵得:《罗马法教科书》,黄风译,中国政法大学出版社1992年版,第92页。
⑥ 参见〔意〕莫诺·卡佩莱蒂编:《福利国家与接近正义》,刘俊祥译,法律出版社2000年版,第81页。

即"认为只有自己合法权益受到违法侵害的人才具有原告资格"。① 所以,公共权利与源于普通法的私人权利之间的区别催生了公益诉讼起诉资格法。②

三、公益诉讼起诉资格的兴起

起诉资格法的演化经历了许多曲折。孙斯坦教授将美国的起诉资格法的发展分为五个不同的阶段。③ 第一阶段从建国时期到大约 1920 年是迄今为止最长的。在此期间,根本就没有独立的起诉资格理论。④ 第二阶段发生在 20 世纪的罗斯福新政时期。正是在此期间,独立的起诉资格理论开始形成。起诉资格发展的第三阶段由 1946 年的《行政程序法》(APA)的颁布与解释构成。《行政程序法》的相关规定体现了将法官创造的起诉资格法法典化的努力。起诉资格法的第四阶段从 20 世纪 60 年代初期跨越到大约 1975 年。这一时期起诉资格的构成要件从"法律损害"(legal injury)转变为"实际损害"(injury in fact)。第五阶段就是现在的起诉资格法,其构成要件增加了可救济性(redressability)、因果关系(causation)。但是,笔者基于起诉资格法从私法模式向公益诉讼起诉资格模式(standing for the public)的演化进程,以 1940 年的 FCC v. Sanders Brothers Radio Station⑤ 案为标志将公益诉讼起诉资格的兴起分为两个不同阶段,第一阶段以不法侵害(legal wrongs)为标准,第二阶段以"当事人遭受损害"(party aggrieved)条款为标准。

(一)不法侵害标准

在公益诉讼起诉资格兴起的初期,联邦最高法院在质疑规制行为案件中采用的确认起诉资格的方式主要体现为不法侵害路径。当产生质疑者(challenger)诉讼请求(claim)的法律依据没有确定谁可以质疑规制行为的时候,质疑者必须确定是对"法律权利"造成的损害(一般称为"不法侵害")以建立质疑规制行为的起诉资格。⑥ 不法侵害中最为典型的是涉嫌侵犯普通法权利的行为。涉嫌构成侵权、侵犯财产权或违约的规制行为无疑是适格

---

① 颜运秋:《公益经济诉讼:经济法诉讼体系的建构》,法律出版社 2008 年版,第 181—182 页。
② See F. Andrew Hessick, "Standing, Injury in Fact, and Private Rights", 93 *Cornell L. Rev.* 275, 289 (2008).
③ See Cass R. Sunstein, "What's Standing After Lujan? Of Citizen Suits, 'Injuries', and Article III", 91 *Mich. L. Rev.* 163, 168 (1992).
④ See Louis L. Jaffe, "Standing to Secure Judicial Review: Public Actions", 74 *Harv. L. Rev.* 1265, 1269—1282 (1961).
⑤ FCC v. Sanders Brothers Radio Station, 309 U.S. 470 (1940).
⑥ See Elizabeth Magill, "Standing for the Public: A Lost History", 95 *Va. L. Rev.* 1131, 1135 (2009).

的。① 即使在没有侵犯普通法权利的情况下,制定法也可以为特定当事人建立权利或特权,对其的否定将足以建立起诉资格。② 为了确定当事人是否已宣称法律权利受到损害,法院将调查有关的法律依据以确定质疑规制行为的质疑者是否具有法律保护的据称已被忽视的利益。③

不法侵害路径是通过一系列涉及质疑州际贸易委员会(ICC)决定的案件中发展起来的。在每一个案件中,法院面对的规制行为的质疑者不是州际贸易委员会命令的规制对象,而是其竞争地位受到了州际贸易委员会决定影响的当事人。在1923年的一个案件中,木材生产商抱怨州际贸易委员会的一个命令,该命令要求铁路公司取消对到达目的地之后仍在车厢中的木材征收的存储费用。这项收费是在战争期间由于汽车的短缺而被课征的,一旦汽车不再短缺,州际贸易委员会就取消了这项收费。并不需要支付该项收费的木材生产商不希望失去他们相对于那些需要支付该项收费的生产商的竞争优势。他们质疑州际贸易委员会命令的合法性——认为其未经正当程序剥夺了铁路公司的财产权——但是,联邦最高法院说他们不具有起诉资格,因为他们不能声称该命令使其受到"法律损害"。④ 法院说,质疑者的法律权利"限于防止受到不公正的歧视"。⑤

法院在另外两个案件中对法定权利作了进一步的精确阐述,一个在1924年,另一个在1930年。前一个案件涉及质疑州际贸易委员会允许一个铁路公司收购芝加哥的一个关键的并且之前独立的火车站控制权的决定。⑥ 在州际贸易委员会发布命令之前,该车站没有为任何运输公司所控制,它是为所有进入芝加哥的铁路公司所共同使用的。曾经使用该车站的竞争铁路公司干预了州际贸易委员会的决议程序(proceedings),当他们没有成功时,就在法庭上质疑州际贸易委员会的决定,认为没有证据支持州际贸易委员会关于该收购是为了"公共利益"(public interest)的调查结论。联邦最高法院认为这些竞争者具有"法律利益"(legal interest),因此具有质疑州际贸易委员会决定的起诉资格。法院的分析表明,这种"法律利益"是建立在由州际贸易委员会进行管理的法规的基础上的。与1923年案件不同的是,法院指出双方当事人并没有抱怨更有效的竞争;有关法规并没有要求州际贸易委员

---

① See Louis L. Jaffe, *Judicial Control of Administrative Action* 511—512 (Little, Brown, 1965).
② See Tennessee Elec. Power Co. v. Tennessee Valley Auth., 306 U.S. 118, 137 (1939).
③ See Stark v. Wickard, 321 U.S. 288, 305 (1944).
④ Edward Hines Yellow Pine Trustees v. United States, 263 U.S. 143, 148 (1923).
⑤ Ibid.
⑥ See The Chicago Junction Case, 264 U.S. 258, 259—262 (1924).

会考虑维持其竞争地位。相反,他们抱怨说,他们没有得到公平的对待。根据该法,他们有权得到这样的待遇。① 也就是说,该法规要求州际贸易委员会在其考虑是否授予一方当事人垄断权的时候,同等的考虑所有当事人的利益;质疑者的诉讼请求是州际贸易委员会并没有这样做,因此他们宣称他们的法律权利受到了侵犯。②

案件的三部曲是由 1930 年的 Alexander Sprunt & Son, Inc. v. United States 案完成的。在该案中,州际贸易委员会取消了棉花装运的双重费率结构。虽然受该费率结构约束的铁路公司以及曾从之前的双重费率结构受益的托运人(shipper)都质疑州际贸易委员会的决定,但只有托运人——其相对于其他托运人的竞争优势被州际贸易委员会的新的单一费率取消——要求联邦最高法院审查州际贸易委员会的这一决定。托运人已经干预了州际贸易委员会的决议程序,但法院却认为他们没有起诉资格,因为他们没有法律权利(legal right)。根据法院的意见,托运人被允许干预决议程序,因为它受到丧失"该优势"的威胁,但其本身并不意味着它具有足以被授予起诉资格的法律权利。托运人"没有为该命令侵犯的独立的权利"。③ 由于托运人只有权"得到没有不公正歧视的合理费率下的合理的服务"④,取消他们所享有的竞争优势并不含有法律权利,从而他们不具有起诉资格。

上述案例表明,这些适用不法侵害标准的案件可能是千差万别,但其检验方法却是直截了当的:"质疑者是否宣称法律要求规制机构考虑到他的利益以及该机构并没有这么做?"⑤可见,这一阶段的起诉资格仍然保留着私法模式的特点,法院以当事人是否具有"法律权利"或"法律利益"作为授予起诉资格的标准,所以还不是真正意义上的公益诉讼起诉资格。当然,在第一个和第三个案例中,即便相关竞争者获得了起诉资格,其诉求也不一定会促进公共利益;在第二个案例中,公共利益的存在是显然的,法院通过对私法模式进行扩张解释授予了起诉资格。所以,公益诉讼起诉资格的兴起还有待进一步拓展。

(二)"当事人遭受损害"条款标准

在 1940 年,美国联邦最高法院接受了一个不同的起诉资格标准。该标准允许国会授权那些不具有法律权利的人质疑行政行为。也就是说,当在一

---

① See The Chicago Junction Case, 264 U.S. 258, 267 (1924).
② Ibid., 268 (1924).
③ Alexander Sprunt & Son, Inc. v. United States, 281 U.S. 249, 255 (1930).
④ Ibid.
⑤ Louis L. Jaffe, *Judicial Control of Administrative Action* 507 (Little, Brown, 1965).

个特定的规制机构法规中,国会确定了哪些当事人可以质疑行政行为时,法院将授予这些当事人起诉资格。这些条款——通常被称为"专门的法定审查"(special statutory review)条款——因法规的不同而有所不同,但标准的公式是:那些遭受机构行为"不利影响"(adversely affected)或"损害"(aggrieved)的人能够在法院质疑该行为。① 这一标准肇始于 FCC v. Sanders Brothers Radio Station 案(以下简称 Sanders Brothers 案)②,这将表明,不法侵害进路考虑的只是法律所承认的个人权利可由法院审理,当法院允许那些依据"当事人遭受损害"条款提起的诉讼,却是要求法院裁决法官们自己所认为的"公共权利"。

在该案中,一个规制行为对象的经济竞争对手(爱荷华州迪比克市现存的广播电台许可证持有人)质疑损害其竞争地位的规制行为(联邦通讯委员会允许报业公司在迪比克市兴建一个广播电台)。联邦最高法院在该案中的两个立场明确表明了其对"法律权利"标准的背离。法院首先认为,对竞争对手造成的经济损害本身并不是联邦通讯委员会在决定其行为是否会符合《通信法》(the Communications Act)的"公共利益、便利和必要性"标准必须要考虑的因素。换句话说,质疑者没有法律权利。法院接着问——"因为权利的缺乏意味着救济的缺乏"——当事人是否具有质疑联邦通讯委员会行为的起诉资格?③

然而,根据法院的意见,它并没有从法律权利的缺乏得出质疑者不具有起诉资格的结论。《通信法》允许"遭受联邦通讯委员会特定决定损害或其利益因此遭受不利影响的……任何人"都可以提起司法审查。正如法院所看到的,如果它适用法律权利标准,法院将会使该制定法条款丧失效力。所以法院将"遭受损害"的当事人解读为那些不具有法律权利却可以依据该规定提起质疑机构行为诉讼的人。其中的思路是明确的:"法律权利是一种国会可以通过制定法授予法律质疑的权利(statutorily authorizing a legal challenge)而予以推翻的法院构建的理论(a court-constructed doctrine)。"④ 在 Sanders Brothers 案中,法院接着解释说,国会可能有充分的理由这样做。法院推测,虽然竞争对手没有普通法或制定法所赋予的法律权利,国会可能会"认为一个可能在经济上由于许可证的签发而受到损害的人,将是唯一具有

---

① See 3 Kenneth Culp Davis, *Administrative Law Treatise* 215 (2d ed., K. C. Davis, 1983).
② FCC v. Sanders Brothers Radio Station, 309 U.S. 470 (1940).
③ See FCC v. Sanders Brothers Radio Station, 309 U.S. 470, 477 (1940).
④ Elizabeth Magill, "Standing for the Public: A Lost History", 95 *Va. L. Rev.* 1131, 1140 (2009).

提请上诉法院关注该委员会违法行为的充分利益的人"。①

可见,政府规制活动的迅速增长,已经使得以普通法上财产和自由权利为基础的不法侵害标准成为确定有资格寻求司法干预以抵抗非法规制的私人利益方面的羁绊。保护那些受益于政府规制行为的当事人的新型个人利益的需要,导致了起诉资格的回应性扩展。"当事人遭受损害"条款标准的产生也昭示了公益诉讼起诉资格的兴起。但是,当"当事人遭受损害"条款标准被运用得越来越频繁,也越来越大胆,甚至在制定法对获得司法审查的权利完全缄默不语的情况下也得以运用。以此推定,任何一类利益主体只要制定法(隐含地或明确地)要求行政官员在制定行政政策时必须予以考虑,就享有起诉资格。大范围存在的、未经组织的分散利益主体——诸如消费者或环境保护主义者,都可以获得司法审查,即便这些个人在规制政策中的实质利益相对而言是非常微弱的。② 这也就引发了学者和法官们对"当事人遭受损害"条款合宪性的质疑。

四、"当事人遭受损害"条款的合宪性

由于学者和法官们将上述 Sanders Brothers 案解读为允许那些不具有法律权利的人代表公众起诉,有学者正是基于这一原因认为其存在合宪性问题,即"不具有法律权利的质疑者质疑规制行为能否符合联邦宪法第3条案件或争议要件?"③正如第二巡回法院的弗兰克(Jerome N. Frank)法官在给 Sanders Brothers 案中持有异议的道格拉斯(Douglas)大法官的回信中所表明的,"他没有诉因,也没有提出法院审理的案件或争议",如果该法规的意思是这样一个"没有表明案件或争议的人也可以请求法院审议这样的一个问题,那么该法规在一定程度上(pro tanto)就违宪了"。④

对于 Sanders Brothers 案中的"当事人遭受损害"条款的合宪性问题,联邦最高法院的大法官们自身也很快进行了讨论。在1942年的 Scripps-Howard Radio, Inc. v. Federal Communications Commission 案中,联邦最高法院考虑联邦上诉法院在当事人决定依据 Sanders Brothers 案中的系争法定审查条

---

① FCC v. Sanders Brothers Radio Station, 309 U.S. 470, 477 (1940).
② 参见〔美〕理查德·B.斯图尔特:《美国行政法的重构》,沈岿译,商务印书馆2002年版,第83—84页。
③ Harry P. Warner, Some Constitutional and Administrative Implications of the Sanders Case, 4 Fed. Comm. B. J. 214, 217 (1940).
④ Letter from Jerome N. Frank to Justice Douglas (April 1, 1942). (William O. Douglas Papers, Files on Scripps-Howard Radio, Inc. v. Federal Communications Commission, No. 41—508, Box 65, Library of Congress, Manuscript Division, Washington, D.C.).

款提出上诉之前,是否可以中止(stay)联邦通讯委员会命令的执行。该条款没有明确授权发布该命令,相比之下,依据该制定法其他条款提起的司法审查却可以这样做。为法院撰写多数意见的弗兰克福特大法官认为,上诉法院在当事人依据"当事人遭受损害"条款提起上诉之前,有权发布中止机构命令实施的裁决。① 在此期间,持多数意见的法官和持有异议的法官对于该条款允许当事人在法院提起"公共权利"诉讼的事实是否意味着法院具有发布中止诉讼程序裁决的权力进行了辩论。

弗兰克福特大法官大量依靠法院发布中止诉讼程序直到提起上诉(issue stays pending appeals)的传统权力。但是道格拉斯大法官在异议中写道,这段历史是不相关的,因为遭受损害的当事人提出了这种法律权利(中止诉讼成程序的权利)。正如他所说的,"暂且不谈所有宪法问题,我们允许在诉讼中没有个人的实体性权利利害的上诉人获得中止裁决以保护公共利益,应要求明确的、毫不含糊的授权。"② 弗兰克福特大法官回应道,该权利的性质并不重要:"1934年的《通信法》并没有建立新的私人权利(private rights)。该法的目的是保护通信中的公共利益。通过法定审查条款,国会赋予了'遭受通信委员会特定决定损害或其利益因此受到不利影响'的人提起上诉的权利。但是,这些私人诉讼当事人仅仅是作为公共利益的代表而具有起诉资格。要求法院实施公共权利而不是私有财产的利益并没有减损其保护这种权利的权力……一个在上诉未决(the pendency of an appeal)期间维护权利的具有历史意义的程序同样是适当的——除非国会已经选择收回它——因为维护的权利是公共的,而不是私人诉讼当事人的……拒绝给予这项权力将使得国会运用法院作为维护公共利益手段的目的落空(stultify)。"③

随后,法兰克弗特大法官在 FCC v. NBC(KOA)案中,又重申了这一立场。该案件中的相关问题是,一个宣称联邦通讯委员会的行为有可能导致其波段(frequency)受到干扰的广播公司是否是"当事人遭受损害"条款含义内的当事人。弗兰克福特认为,Sanders Brothers 案意味着,虽然对竞争地位造成的损害不是撤销联邦通讯委员会行为的理由,但它却构成了质疑联邦通讯委员会行为的起诉资格的其他理由,即"维护公众利益"。④ 他接着指出,"这种安排的合宪性已得到解决:无论对这种情况下是否存在'案件'或'争议'

---

① See Scripps-Howard Radio, Inc. v. FCC, 316 U.S. 4, 11—13 (1942).
② Ibid., 20 (1942).
③ Ibid., 14—15 (1942).
④ FCC v. NBC (KOA), 319 U.S. 239, 259 (1943).

要件有多大的疑虑,都将被我们在 Sanders Brothers 案中的裁决所消除……"①笔者认为,弗兰克福特虽然对国会所做的理解——国会允许遭受损害的私人当事人在法院维护公共利益——以及对这种安排的心安理得的接受,但是并没有为"当事人遭受损害"条款的合宪性提供令人信服的理论基础,因为目的并不能证成手段的正当性。

对于"当事人遭受损害"条款合宪性的最有力的解释是弗兰克法官在 Industries v. Ickes 案中作出的。在该案中,煤炭消费者起诉内政部长(the Secretary of the Interior),质疑在纽约州出售烟煤价格每吨上涨 20 美分决定。② 这些消费者声称该机构已经超越了它的法定权限,而且它对事实的调查结果并没有得到有关证据的支持。依据相关法规,任何参与机构决议程序并遭受随后签发的命令"损害"的当事人可以在上诉法院质疑该命令。该机构主张这些消费者没有起诉资格,因为他们没有受到"损害"。该机构承认,有关法规确实保障消费者的利益,但消费者的利益是由政府官员来代表的——被称为"消费者的顾问(Consumers' Counsel)"——即该法授权其对机构行为寻求司法审查,但并没有选择这样做。由此引发的问题是:如果消费者受到机构行为的"损害",他们能够在法院代表公众的利益(该利益已专门授予政府官员来保护)质疑该行为吗?

据弗兰克法官的意见,Sanders Brothers 案意味着该回答是"可以"。弗兰克法官说,如果没有"当事人遭受损害"条款,很明显消费者不会具有起诉资格,因为他们不能表明法律利益受到侵犯。③ 但是授予任何遭受损害的当事人提起司法审查的"当事人遭受损害"条款改变了这一状况。他指出,"法院在 Sanders Brothers 案和 Scripps-Howard 案中,正如我们对它们的理解,将'当事人遭受损害'条款解释为宪法上有效的授权'遭受损害的人'为了维护公共利益在上诉法院提起诉讼以防止非法的规制行为的法律规范,虽然这种人没有个人的实体性利益(personal substantive interest)已经或将被侵犯……那么,如果一个人是'遭受损害的人',他根据第 6 条第 2 款的审查程序有权维护由被告违反该法所涉及的公共利益,即使他不能证明对其自身的为法律所保护的任何实体性利益造成侵害或侵害的危险。"④

根据弗兰克法官的意见,这些消费者显然是受到了"损害"。如果遭受经济损失威胁的竞争对手是受害方,"一个由于委员会命令而遭受经济损失

---

① FCC v. NBC (KOA), 319 U.S. 239, 259—260 (1943).
② See Industries v. Ickes, 134 F.2d 694, 697(2d Cir. 1943).
③ Ibid., 700—701(2d Cir. 1943).
④ Ibid., 700, 705(2d Cir. 1943).

威胁的消费者,该命令固定了价格并且取消了消费者从其购买(烟煤)的竞争者之间的竞争,也是'受到损害的人'。"①正是在 Ickes 案中,弗兰克法官创造并描述了这种安排的术语:私人检察总长(private Attorney General)。由于弗兰克法官试图调和 Sanders Brothers 案与案件或争议的宪法性要件,他的理由是,因为国会可以授权检察总长提起案件以维护公共利益,它也有可能允许个人(private individuals)维护公共利益。正如他所说的:"这些人,得到了这样的授权,都可以说是私人检察总长。"②

此外,哈佛大学法学院的贾菲教授,在其 1965 年的具有里程碑意义的《行政行为的司法控制》这一著作中,也谈到了弗兰克法官对 Sanders Brothers 案的解读:"弗兰克法官……相信,在我看来是正确的,根据 Sanders Brothers 案,由于得到了 Scripps-Howard 案的进一步强化,原告具有何种利益并不是案件或争议的宪法性要件的必要因素。只要法规授权他作为'私人检察总长'代表公共利益就足够了。我们已经发现在英国和美国的普通法中都允许任何公民实施公共权利。国会可以授权任何个人质疑行政命令似乎也是必然的结果。"③

可见,由于弗兰克法官创造了私人检察总长术语,使得"当事人遭受损害"条款的合宪性问题得以消解,公益诉讼起诉资格才得以展现。实际上,个人以私人检察总长的名义提起的维护公共利益的诉讼类似于世界各国公司法中普遍存在的股东代表诉讼,在本质上属于社会整体利益的补充代表机制。④ 当然,这也是公益诉讼得以存在的理论基础。

综上所述,由于起诉资格私法模式所具有的固有缺陷,法官们通过对一系列案例进行归纳,提炼了公益诉讼起诉资格的"当事人遭受损害"条款的生成路径,并创造私人检察总长的术语以论证其合宪性的理论基础,最终由 1946 年制定的《行政程序法》(APA)得以法典化。根据上文所述,政府规制行为中的利害关系人要具有起诉资格:要么根据不法侵害标准确定一个"法律权利"受到了侵犯,要么根据"当事人遭受损害"条款表明国会允许那些没有法律权利的人代表公共利益起诉以质疑规制机构的行为。《行政程序法》第 702 条同时采取了以上两种路径。在确定谁能够质疑规制行为时,该法规规定如下:"由于机构(agency)的行为而使其遭受不法侵害(legal wrong)的

---

① Industries v. Ickes, 134 F. 2d 694, 705(2d Cir. 1943).
② Ibid., 704(2d Cir. 1943).
③ Louis L. Jaffe, *Judicial Control of Administrative Action* 517 (Little, Brown, 1965).
④ 参见李友根:《社会整体利益代表机制研究——兼论公益诉讼的理论基础》,载《南京大学学报(哲学·人文科学·社会科学)》2002 年第 2 期。

人,或者受到有关法规含义之内(within the meaning of a relevant statute)的机构行为的不利影响或损害的人,均有权由此提出司法审查。"所以有学者认为,对于这一被广泛接受的观点,《行政程序法》的表述只是对现行法律的重述而已。① 而且,公益诉讼起诉资格的生成是以一种保守的姿态完成的,它没有完全放弃起诉资格的私法模式。

第四节 公益诉讼起诉资格的扩张与限制

随着时间的推移,联邦最高法院关注的重点已经由经济领域的规制问题转向公民权利问题。② 例如,国旗敬礼案(flag-salute)、二战早期的美籍日本人拘留案(Japanese-American internment),以及沃伦法院在20世纪50年代中期为公民权利发起的司法斗争而裁决的废除种族隔离案件。③ 对宪法权利扩张的关注在20世纪60、70年代得到了加强④,并且,意识形态价值随着越南战争、民权运动以及水门事件也发生了转变。因此,公众和法院不再像后新政时期那样推定政府规制机构(government agencies)将妥当的行动以保护公共利益。在此期间,司法能动占据主导地位的全国各级法院⑤,以极大的概括性构造了许多问题以找出隐藏在宪法中的新的基本权利。这些新兴权利保护个人,而不是市场,不受政府的无端侵扰。⑥ 在这个时期,法院采取司法能动的最主要的手段就是对制定法采取了自由解释以扩大起诉资格概念。

一、公益诉讼起诉资格的扩张

(一)两个典型案例

起诉资格扩展至越来越多的利害关系人,是法院针对行政机关没有公正代表这些利益而作出的回应,也是法院进行司法审查以矫正行政失职的需

---

① See Louis L. Jaffe, "Standing to Secure Judicial Review: Private Actions", 75 Harv. L. Rev. 255, 288 (1961).
② See Kermit L. Hall et al. eds. The Oxford Companion to the Supreme Court of the United States 394 (Oxford University,1992).
③ Ibid., 395 (Oxford University,1992).
④ See William A. Fletcher, "The Structure of Standing", 98 Yale L. J. 221, 227 (1988).
⑤ See Donna F. Coltharp, "Writing in the Margins: Brennan, Marshall, and the Inherent Weaknesses of Liberal Judicial Decision-Making", 29 St. Mary's L. J. 1, 6 (1997).
⑥ See Griswold v. Connecticut, 381 U. S. 479, 484 (1965); Roe v. Wade, 410 U. S. 113, 153 (1973).

要。法院的这种关注在两个案件的判决中表达得非常明确,即 Scenic Hudson Preservation Conference v. Federal Power Commission 案和 Office of Communication of the United Church of Christ v. FCC 案。①

在 Scenic Hudson Preservation Conference v. Federal Power Commission 案(以下简称 Scenic Hudson 案)中,该案涉及环境保护者和其他人质疑电力公司在哈得逊河上建设大型水利设施的诉讼。联邦电力委员会(FPC)已根据《联邦电力法》授予了该电力公司许可证。由环境保护团体和个人联合起来的哈德逊河自然风景保护联盟组织起来试图阻止这一水利设施的建设,他们在联邦电力委员会的许可程序中质疑了该许可证,但失败了;又在第二巡回法院质疑联邦电力委员会授予许可证的命令。虽然《联邦电力法》具有类似于 Sanders Brother 案意义上的"当事人遭受损害"条款——它允许任何"遭受损害"(aggrieved)的当事人对联邦电力委员会的行为寻求司法审查。但是,联邦电力委员会认为该联盟没有起诉资格,因为它不能表明由于许可证的授予所导致的个人经济损害(a personal economic injury),因此它不是一个"遭受损害"的当事人。由此引发的问题是,在其允许当事人依据对于这类行为的非经济性不满(non-economic grievance)以获取对机构行为的司法审查时,国会是否可与联邦法院只审理案件或争议的宪法性要件保持一致?

第二巡回法院以肯定的态度回答了这一问题,指出"宪法并没有要求一个'遭受损害'或'遭受不利影响'的人为了享有起诉资格而需要有个人的经济利益(a personal economic interest)"。② 并认为,《联邦电力法》要求联邦电力委员会在其作出许可证决定时需要考虑非经济性因素,包括"审美、环境保护和电力发展娱乐方面"③的公共利益。法院指出,联邦电力委员会在考虑该公司的许可证申请时,自身已经认识到了这一点。由于该联盟的"活动和行为已显示了其在这些领域的特别利益",它"必定包含在该法规定的'遭受损害'的当事人类别之内"。④

在 Office of Communication of the United Church of Christ v. FCC 案(以下简称 United Church of Christ 案)中,华盛顿特区巡回法院在 1966 年撤销了联邦通讯委员会的一个播放许可证的续期,因为该机构没有允许听众团体介入

---

① 参见[美]理查德·B.斯图尔特:《美国行政法的重构》,沈岿译,商务印书馆 2002 年版,第 85 页。
② Scenic Hudson Preservation Conference v. Federal Power Commission, 354 F. 2d 608, 615 (2d Cir. 1965).
③ Ibid., 616 (2d Cir. 1965).
④ Ibid.

再许可程序。① 当密西西比州杰克逊市的 WLBT 要求联邦通讯委员会延长其经营的电视台的许可证时,基督联合教会通讯办公室,以及两个密西西比黑人(民权活动家)和州全国有色人种协进会主席阿龙·亨利(Aaron Henry)和令人尊敬的 R. L. T. Smith 牧师,试图干预许可程序以反对许可证的续期。对 WLBT 的质疑是由基督联合教会通讯办公室的埃弗雷特·帕克(Everett Parke)牧师牵头的,该起诉的关键在于电视台业主将其种族隔离的观点转化成有关种族问题和民权运动的有偏见的报告。在提交联邦通讯委员会的反对该电视台的许可证续期的请愿书中,基督联合教会通讯办公室认为该电视台没有为它的黑人观众利益服务,没有公平地表达民权问题。联邦通讯委员会拒绝让帕克牧师干预联邦通讯委员会的许可程序,并且它没有举行听证会以评估帕克牧师的主张。

  法院首先考虑了质疑者干预联邦通信委员会许可程序的起诉资格——法院将其视为与当事人在法院质疑该机构决定的起诉资格共同扩张的(co-extensive)。根据《通信法》,"具有利益的当事人"能够参与许可程序。联邦通信委员会否认了质疑者参加许可程序的起诉资格,因为,如果该许可证被授予,他们不会遭受根据传统的路径能使他们成为"具有利益的当事人"的经济损害或电波干扰中的任何一种。华盛顿特区巡回法院认为,像质疑者这样的听众代表有权参加许可程序,并通过扩展,具有在法院质疑该机构决定的起诉资格。并指出,无论是行政还是司法的起诉资格观念都不是"一成不变的"(static)②,它是由法院所解释的相关法律条款决定的。正如法院所说的,"既然起诉资格观念是旨在确保只有那些具有真正的和正当利益的人才能够参加许可程序的一个实用的和功能性观念,我们就能够理解,没有理由排除那些具有如此明显和重大关切的听众"。③

  华盛顿特区巡回法院宣称,授予消费者质疑规制行为的权利,表明几起给予消费者(煤炭消费者、电力用户、运输系统的乘客)质疑费率上涨的权利,允许乘客质疑铁路餐车中的种族隔离,并容许人造黄油的消费者质疑规定人造黄油成分的命令,都是"司空见惯的事情"。④ 虽然这些案件都不是对《通信法》干预条款的解释,但它们是相关的,因为法院在每个案件中都要根据"当事人遭受损害"条款决定质疑者是否都遭受了规制机构行为的影响或

---

① See Office of Communication of the United Church of Christ v. FCC, 359 F. 2d 994 (D. C. Cir. 1966).
② Ibid., 1000 (D. C. Cir. 1966).
③ Ibid., 1002 (D. C. Cir. 1966).
④ Ibid.

损害。法院还指出,尽管联邦通信委员会本身负有保护公共利益的责任,但这并不排除广大听众对规制机构许可程序的参与。① "为了维护节目播放中的公共利益,因此,我们认为在许可证的续期程序中必须许可一些'听众参与'(audience participation)。"②

这两个下级法院的判决得到了广泛的赞扬,并且在裁决作出当时以及后来都得到了进一步的阐述。它们被视为具有创新精神的并引领了一个新的和更具有启发意义的起诉资格的扩张时代。

(二) 扩张的逻辑

在上述两个案件中,当事人遭受损害是因为他们声称规制机构漠视了他们的利益,并且根据有关法律的规定,他们的利益都是相关的。③ 因此,环境保护主义者与听众具有起诉资格,是因为有关法规要求规制机构考虑这些利益,而质疑者宣称这些规制机构并没有这样做。可见,这些质疑者具有他们自身的法律利益。如果按照以往的表述方式,他们不是不具有法律权利而在法院维护公共利益的私人检察总长。所以,"法院都没有按照 Sanders Brother 案的脚本并将质疑者看作是不具有法律权利但仍然可以质疑政府行为的人,相反,允许质疑者提起诉讼是因为他们具有法律权利。"④

United Church of Christ 案在这方面的表述不及 Scenic Hudson 案的直白。在 United Church of Christ 案中,法院将干预联邦通信委员许可程序的问题与质疑因此产生的规制行为的起诉资格看作是同样的问题。但法院总的结论是,法规明确要求广播公司要服务大众,因此,"广大听众的负责任的代表"有权参加续期许可程序,并有质疑由此产生的机构行为的起诉资格。这将听众的起诉资格与他们自身与法规所规定的相关利益的关联捆绑在一起了。

在 Scenic Hudson 案中,法律权利的逻辑直截了当的渗入了"遭受损害"的当事人的理解。政府认为,Scenic Hudson 案中的哈德逊河自然风景保护联盟没有遭受到损害,因为它不能表明由于批准许可证所导致的个人的经济损害。但是,法院在 Scenic Hudson 案中指出,联邦最高法院从未认为经济损

---

① See Office of Communication of the United Church of Christ v. FCC, 359 F. 2d 994, 1003—1004 (D. C. Cir. 1966).

② Ibid., 1003—1005 (D. C. Cir. 1966).

③ See Thomas W. Merrill, "Capture Theory and the Courts: 1967—1983", 72 *Chi. -Kent L. Rev.* 1039, 1076 (1997); Cass R. Sunstein, "Standing and the Privatization of Public Law", 88 *Colum. L. Rev.* 1432, 1440—1442 (1988).

④ Elizabeth Magill, "Standing for the Public: A Lost History", 95 *Va. L. Rev.* 1131, 1156 (2009).

害是当事人遭受损害所必需的。① 事实上,Sanders Brother 案中的系争问题不是谁可以作为遭受损害的当事人,而是确实遭受损害但缺乏法律权利的当事人是否可以提起他人的权利——实际上是公众的权利？联邦最高法院认为国会可以构建这样的制度安排。所以,联邦最高法院并没有表明遭受损害的当事人提起诉讼的唯一理由是因为他遭受了经济损害。而这也正是 Scenic Hudson 案法院所表明的。

然而,第二巡回法院在 Scenic Hudson 案中的分析就有些奇怪了。在拒绝了政府认为遭受损害的人必须具有个人经济性损害的观点之后,法院然后本应该问还有其他什么可能使当事人成为遭受损害的人。例如,一个致力于使用哈得逊河流域小路的徒步旅行的组织,由于联邦电力委员会的行为导致该小路现在被淹没在水下,那么该组织能否主张遭受了损害？但是,法院并没有这么做。相反,法院审查了《联邦电力法》所保护的利益,指出"《联邦电力法》旨在保护经济利益以及非经济利益",并且联邦电力委员会已承认这一点。② 原来,第二巡回法院是在根据质疑者与这些利益形成关联的事实构建起诉资格:"为了确保联邦电力委员会充分的保护审美、自然环境保护和电力发展娱乐方面的公共利益,那些由于他们的活动和行为已显示了其在这些领域的特别利益的人,必定包含在《联邦电力法》第 313 条第 2 项所规定的'遭受损害'的当事人类别之内。我们认为,《联邦电力法》给予了请求者保护他们特别利益的法律权利。"③因此,哈德逊河自然风景保护联盟是"遭受损害"的当事人,因为该法规要求规制机构考虑到环境保护的价值,而该联盟,通过其活动,已经"显示了其在这些领域的特别利益"。④ 也就是说,当事人只有在能够证明他们的利益得到法规承认的情况下才具有起诉资格,从而他们享有为法规所确认的并已被该机构漠视的"权利"。

综上,公益诉讼起诉资格在民权领域的扩张是通过淡化法律保护的利益标准来实现的。正如斯图尔特教授所指出的,起诉资格的扩张是通过拓宽法律权利观念,使其既包括普通法所保护的利益也包括制定法所保护的利益。⑤ 对此,孙斯坦教授也认为在 United Church of Christ 案中,法院通过确

---

① See Scenic Hudson Preservation Conference v. Federal Power Commission, 354 F.2d 608, 615 (2d Cir. 1965).
② Ibid.
③ Ibid., 616 (2d Cir. 1965).
④ Ibid.
⑤ 参见〔美〕理查德·B. 斯图尔特:《美国行政法的重构》,沈岿译,商务印书馆 2002 年版,第 81 页。

认听众具有允许其在法院享有起诉资格的"法律权利"自觉地扩大了起诉资格。① 但是,我们发现,法院在民权领域建立维护公共利益的起诉资格的理论逻辑迥异于建立公益诉讼起诉资格的 Sanders Brother 案中的"当事人遭受损害"条款的理论逻辑。Sanders Brother 案构建公益诉讼起诉资格是建立在质疑者的利益不被制定法或普通法认可的情况下,法院还会授予遭受损害的当事人起诉资格,并允许他维护公共利益。而 United Church of Christ 案和 Scenic Hudson 案试图在将当事人所遭受的损害纳于法律权利的框架之下,从而出现了对"当事人遭受损害"条款标准的背离以及向不法侵害标准的一定程度上的回归。

二、1970 年革命

美国联邦最高法院在 1970 年作出了一个裁决,该裁决被证明是起诉资格理论发展过程中的转折点。② 法院在 Association of Data Processing Service Organizations v. Camp 案(以下简称 Data Processing 案)中的裁决,本来是想作为促进原告起诉政府能力的手段,却产生了意想不到的效果:它不仅没有增进诉诸联邦法院的机会,反例为起诉资格理论提供了有史以来最为严格的要件结构(architecture)。③

(一) 从"法律损害"到"实际损害"

Data Processing 案是一个典型的竞争对手诉讼。当货币监理局(the Comptroller of the Currency)宣布一项新的允许银行进入数据处理服务市场的规则时,那些销售数据处理服务的服务商就开始质疑了这一规则,声称该规则违反了禁止银行从事其他业务的《银行服务公司法》(the Bank Services Corporation Act)的相关规定,因为它允许银行从事非银行业务。第八巡回法院,适用当时的起诉资格法,认为数据处理服务商没有起诉资格,因为他们没有法律利益,从而无法符合不法侵害标准;并且该法规也没有包含类似于 Sanders Brother 案中的"当事人遭受损害"条款,其将允许他们"维护公众的权利"。④

---

① Cass R. Sunstein, "Standing and the Privatization of Public Law", 88 Colum. L. Rev. 1432, 1440—1442 (1988).
② See William A. Fletcher, "The Structure of Standing", 98 Yale L. J. 221, 229 (1988).
③ See Laveta Casdorph, "The Constitution and Reconstitution of the Standing Doctrine", 30 St. Mary's L. J. 471, 493 (1999).
④ Association of Data Processing Service Organizations v. Camp, 406 F. 2d 837, 843 (8th Cir. 1969).

联邦最高法院在起诉资格问题上推翻了下级法院的做法,理由是"就制定法而言,趋势是扩大可以抗议规制行为的群体",并且"整个促使扩大遭受损害的'人'(persons)的类别是这一趋势的征兆"。① 为了促进这种趋势,法院不再考虑原告是否具有"法律利益"的问题,并声称"'法律利益'的标准触及案件实体性问题(goes to the merits)"。② 根据法院的意见,"起诉资格问题则不一样"。③

对此,联邦最高法院建立了一个由两部分组成的起诉资格标准,将起诉资格问题与案件实体性问题分离。该意见提出了一个新的初始性问题(a new threshold),要求原告宣称一个"实际损害"(injury in fact)④,并证明"原告要求得到保护的利益按理(arguably)属于系争法规或宪法保障所保护或规制的利益范围之内(within the zone of interests)"。⑤ 由于道格拉斯大法官(多数意见的撰写人)希望扩大有资格质疑规制行为的这一类群体,符合逻辑的结论是:组成该标准的两个部分将被一并适用;就是说,起诉资格问题将体现为"是否存在'按理属于法规保护的利益范围之内'的实际损害"。⑥ "按理"一词的使用进一步揭示了道格拉斯大法官的意图,即法院应宽泛地解释某一给定的法规旨在保护的利益类型。⑦ 此外,实际损害要件也不是很严格,只需要对证明某个特定的法律利益的法规作简要的审查。⑧ 所以,质疑者在建立起诉资格时,需要同时具备上述"实际损害"与"利益范围"两个要件。但最为重要的是,他必须证明该机构的行为导致他遭受了"经济的或其他方面的实际损害"。⑨

实际损害要件,其似乎是道格拉斯大法官用来作为对《行政程序法》法定条款(尽管是根据联邦宪法第3条)的一个解释,是用来取代不法侵害标准的。⑩ 从理论上讲,实际损害要件是询问当事人是否确实(factually)遭受政府行为的损害,而不是询问质疑者是否可以声称对其法律所承认的权利或

---

① Association of Data Processing Service Organizations v. Camp, 397 U. S. 150, 154 (1970).
② Ibid., 153 (1970).
③ Ibid.
④ Ibid., 152 (1970).
⑤ Ibid., 153 (1970).
⑥ Cass R. Sunstein, "Standing and the Privatization of Public Law", 88 Colum. L. Rev. 1432, 1445 (1988).
⑦ See Sanford A. Church, "A Defense of the 'Zone of Interests' Standing Test", 1983 Duke L. J. 447, 452.
⑧ See Cass R. Sunstein, "Standing and the Privatization of Public Law", 88 Colum. L. Rev. 1432, 1445 (1988).
⑨ Association of Data Processing Service Organizations v. Camp, 397 U. S. 150, 152 (1970).
⑩ See Association of Data Processing Service Organizations v. Camp, 397 U. S. 150, 167 (1970).

特权的损害。① 但是,联邦最高法院以前在起诉资格法上从未使用过"实际损害"这个词,那么,"实际损害"术语属于道格拉斯大法官的创造,还是学者对《行政程序法》的解读?

（二）戴维斯—贾菲之争

在 Data Processing 案之后的几年,"联邦最高法院的多数目前还不清楚新塑造的实际损害要件是对《行政程序法》法定审查条款的解释还是对联邦宪法第3条案件或争议要件的解释。"② 这在某种意义上是由于《行政程序法》第 702 条的法定审查条款中"有关法规"(a relevant statute)的模糊性引起的。

在制定《行政程序法》之前,公益诉讼起诉资格不是由一个单个统一的标准控制的。在有些案件中,尽管原告或上诉人遭受了明显的不利影响,法院却否决了他的公益诉讼起诉资格;而在其他案件中,却允许对作为私人检察总长的原告授予公益诉讼起诉资格。《行政程序法》采用了一个统一的公式,但该公式的开放结构仍然保持了《行政程序法》制定之前的起诉资格法所具有的灵活性;并且在《行政程序法》制定之后,它仍然允许为所制定的法律和创制的行政机构保持适当的灵活性和变动性。试金石是任何人只要"有关法规"认为行政机构的行为对其造成了不利影响或损害都有对依据该法作出的行为提起司法审查的起诉资格。这类"有关法规"包括从《国家环境政策法》到《国内税收法典》的任何法律。有些法律考虑宽泛的授予起诉资格。例如,《清洁水法》规定"任何人"都可以实施该法的条款。1972 年的《海事保护、研究和避难法》规定"任何人"可以寻求禁令救济,《清洁水法》同样也可以。其他法律考虑要更严格的授予起诉资格。例如,1937 年的《农业市场协议法》被解读为牛奶管理者对行政定价具有提起司法审查的权利,而消费者却没有。③

作为一个概念问题,《行政程序法》所构建的起诉资格方案看起来似乎既简洁又明了。但是,任何个案都可能是疑难的,因为"有关法规"考虑特定原告是否有权寻求司法救济可能还不明确。所以,第 702 条在实际操作中仍然具有一定困难。对此,戴维斯教授坚持认为《行政程序法》的众议院和参议院的委员会报告的表述应该控制《行政程序法》自身的语言,并坚持将"实

---

① See William A. Fletcher, "The Structure of Standing", 98 *Yale L. J.* 221, 231—233 (1988).
② Elizabeth Magill, "Standing for the Public: A Lost History", 95 *Va. L. Rev.* 1131, 1163 (2009).
③ See Block v. Community Nutrition Institute, 467 U. S. 340, 348 (1984).

际损害"作为审查行政机构行为的起诉资格的试金石。① 在他1983年版的行政法论著中,戴维斯教授指出,"(《行政程序法》)规定'任何受到不利影响的人'应该有权利提起司法审查,并且无论是众议院还是参议院的委员会报告都说这是指'任何人实际上遭受了不利影响'(any person adversely affected in fact)"。② 然而,贾菲教授指出,法律本身(不同于众议院和参议院的委员会报告)没有包含"实际上"(in fact)的词语,并且这一部分是通过增加"有关法规含义之内"(戴维斯教授没有引用)的语句以限制"不利影响或伤害"。③ 对于贾菲教授而言,只有通过有关特定实体法律(一个"有关法规")决定谁受到法律的保护以防止何种损害,才能根据第702条发现授予当事人提起司法审查的足够的损害。④ 质言之,"不利影响或损害"不是独立的,而是紧跟着"有关法规含义之内"。《行政程序法》第702条的并列式表明国会考虑到了创建私人检察总长的其他法律。⑤

法院对于20世纪70年代的戴维斯—贾菲之争(the Davis-Jaffe debate)没有提出一个令人满意的解决方案。Data Processing案法院,无论是持多数意见者还是异议者,都接受了"实际损害"的表述方式并声称它是第3条的一个基本宪法性要件。⑥ 并且,在支持贾菲教授立场的同时,法院解释道,如果原告的利益"按理属于系争法规或宪法保障所保护或规制的利益范围之内",《行政程序法》就授予起诉资格。尽管在Data Processing案之后,法院经常忽视了利益范围这一部分的检验标准⑦,却时常关注实际损害这一部分的检验标准。与戴维斯教授观点相同,它假设实际损害要件不需要考虑所援引保护的实体法律,损害这一证据就足以构建起诉资格,并且损害的界定能够从实体性法律中独立出来。所以,道格拉斯大法官在Data Processing案中开创性的使用的实际损害这一术语实际上是来源于戴维斯教授,因为实际损害要件一直是其对一个清晰而又简洁的起诉资格法的不懈追求。

综上,正如Data Processing案所阐明的,法院确实放宽了对起诉资格的限制。法院准许一个经济竞争者质疑机构行为,根据先前的不法侵害标准和"当事人遭受损害"条款标准,它都不会被允许这样做。而其路径则是将涵

---

① See Kenneth Culp Davis, "The Liberalized Law of Standing", 37 *U. Chi. L. Rev.* 450, 473 (1970).
② 3 Kenneth Culp Davis, *Administrative Law Treatise* 232 (2d ed., K. C. Davis, 1983).
③ Louis L. Jaffe, *Judicial Control of Administrative Action* 528—530 (Little, Brown, 1965).
④ See Louis L. Jaffe, *Judicial Control of Administrative Action* 530 (Little, Brown, 1965).
⑤ See David P. Currie, "Misunderstanding Standing", 1981 *Sup. Ct. Rev.* 41, 43—44.
⑥ See Association of Data Processing Service Organizations v. Camp, 397 U. S. 150, 152 (1970).
⑦ See Clarke v. Securities Industries Association, 107 S. Ct. 750, 758 (1987).

盖不法侵害标准和"当事人遭受损害"条款标准的《行政程序法》第702条进行了革新,戴维斯教授对于《行政程序法》的误读也随着 Data Processing 案裁决的作出得以官方化,从而使得地方法院在民权领域以"法律损害"标准所构建的公益诉讼起诉资格开始向以"实际损害"为基石的公益诉讼起诉资格转变。

三、公益诉讼起诉资格的限制

(一) 公益诉讼起诉资格的私法取向

对于 Data Processing 案所确立的这样一种起诉资格模式,有学者认为,"法院创建了一个准公益起诉资格模式"。① 因为诉讼当事人具有起诉资格不再仅仅是维护他们自己的私人权利,还可以起诉以维护公共利益。起诉资格的唯一要件是被质疑的行为影响到了诉讼当事人②,此外,实际损害要件作为一个初始性问题,具有独立于案件实体性问题的特点。③ 诉讼当事人不再被要求为了在案件的实体性问题上胜出(prevail on the merits)而证明该法规侵犯了个人权利;诉讼当事人通过证明该法规侵犯了公共权利就能够在案件的实体性问题上胜出。诉讼当事人尽管其自身不存在有利害关系的法律利益也能够提起诉讼。所以,"法院并不打算以此限制之前就已存在起诉资格的案件中的起诉资格为代价,在某些案件中采纳实际损害要件授予起诉资格。"④相反,法院打算"扩大那些能够授予潜在的原告起诉资格的'个人利害'(personal stake(s))类型"。⑤ 换言之,依据法院的实际损害要件的观点,所有那些根据不法侵害标准可诉的案件将继续可诉,同时,起诉资格在很多根据以前的标准是不可诉的案件中也可能存在。所以,Data Processing 案广义地界定了实际损害,指出它不仅包括经济利益上的损害,而且也包括"美学的""自然环境保护的""休闲的"和"精神的"的价值。⑥ 法院在 United States v. Students Challenging Regulatory Agency Procedures(SCRAP)案中强调了这一宽泛的标准,指出起诉资格能够建立在任何"可确认的琐碎"(iden-

---

① Henry P. Monaghan, "Constitutional Adjudication: The Who and When", 82 *Yale L. J.* 1363, 1379—1380 (1973).

② Ibid., 1382 (1973).

③ See Gene R. Nichol, Jr., "Rethinking Standing", 72 *Cal. L. Rev.* 68, 74 (1984).

④ F. Andrew Hessick, "Standing, Injury in fact, And private rights", 93 *Cornell L. Rev.* 275, 295 (2008).

⑤ Abram Chayes, "The Supreme Court, 1982 Term-Foreword: Public Law Litigation and the Burger Court", 96 *Harv. L. Rev.* 4, 10 (1982).

⑥ See Association of Data Processing Service Organizations v. Camp, 397 U. S. 150, 154 (1970).

tifiable trifle)之上。①

也有学者认为,Data Processing 案之后,"联邦最高法院从而彻底扼杀了先前的法律","公益诉讼起诉资格原则在联邦最高法院消亡了"。② 正如上文所述,由于实际损害要件包含的损害范围十分广泛,所以该标准扩大了具有质疑规制行为起诉资格的人的类别。但是其既没有按照不法侵害标准,因为从理论上讲,实际损害要件是询问当事人是否确实遭受规制行为的损害,而不是询问质疑者是否可以声称对其法律所承认的权利或特权的损害③;也没有按照"当事人遭受损害"条款标准,因为《银行服务公司法》根本就没有规定类似于 Sanders Brother 案中的法定审查条款。所以,按照公益诉讼起诉资格标准,联邦最高法院本不应该在 Data Processing 案中授予数据处理服务组织起诉资格。

可见,就谁有权提起诉讼而言,实际损害要件导致了很大的混乱。④ 例如,在使用 Data Processing 案所确立的实际损害要件时,联邦最高法院将其运用于两个事实类似的环境起诉资格案件却达成完全相反的结果。在 1972 年裁决的 Sierra Club v. Morton 案中,一个环保组织要求实施规制国家森林和国家公园土地使用的法律。⑤ 法院否决了起诉资格,得出的结论是因为该组织没有宣称其任何成员实际上将遭受损害,该俱乐部对结果不具有直接利害。⑥ 其实,塞拉俱乐部(Sierra Club)本应该是代表公共利益的理想的当事人,因为它是围绕保护这些利益而组织起来的。正如塞拉俱乐部自身所指出的,"鉴于这是一个有关自然资源使用的'公益'诉讼,该俱乐部对这些事情的特别利益和专业知识足以授予其作为公众代表的起诉资格。"⑦

第二年,联邦最高法院裁决了 United States v. Students Challenging Regulatory Agency Proceedings(SCRAP)案。在该案中,乔治华盛顿大学法学院的学生环保组织质疑州际贸易委员会的铁路运费涨价。⑧ 该组织宣称,根据《国家环境政策法》(NEPA)的相关规定,州际贸易委员会在作出这一涨价之

---

① See United States v. Students Challenging Regulatory Agency Proceedings, 412 U. S. 669, 689 (1973).
② Elizabeth Magill, "Standing for the Public: A Lost History", 95 *Va. L. Rev.* 1131, 1163 (2009).
③ See William A. Fletcher, "The Structure of Standing", 98 *Yale L. J.* 221, 231—233 (1988).
④ Ibid., 256 (1988).
⑤ See Sierra Club v. Morton, 405 U. S. 727, 730 (1972).
⑥ Ibid., 740 (1972).
⑦ Ibid., 736 (1972).
⑧ See United States v. Students Challenging Regulatory Agency Proceedings, 412 U. S. 669, 675—676 (1973).

前要安排环境影响评价(EIS)。并且,上涨的费率可能使得废弃材料的循环使用不再具有经济上的吸引力,"鼓励了没有保障的采矿、伐木和其他采掘活动,从而对环境造成了不利影响"。① 该组织声称,涨价最终会造成学生们徒步旅行、捕捞和登山的华盛顿特区地区垃圾的增多。② 该组织的成员也指出,他们"呼吸这里的空气",并且使用这里的河流、森林、山脉和小溪,以及该地区的其他自然资源。③ 在确认了运费涨价与更多的垃圾之间的微弱的(attenuated)因果关系之后,法院还是裁定这一普遍的损害足以授予起诉资格,即使只有某些人受到了实际损害。④ 对此,法院进行了解释,认为塞拉俱乐部没有主张一个具体损害(a specific injury),而 SCRAP 案的原告却主张"州际贸易委员会的非法行为将直接损害了他们对华盛顿首府地区的自然资源的使用。"⑤

可见,联邦最高法院创建了两个事实相似却相互矛盾的判例。因此,随后的法院裁决将必然与这两个裁决中的一个产生冲突。⑥ 这在判例法国家几乎是不可想象的。那么,为什么当前的起诉资格理论需要实际损害要件呢? 赫希克(Hessick)教授认为,"最可能的原因是,它在法律中是根深蒂固的(entrenched in)。"⑦因为自从 1970 年以来,法院不断地将这一司法创造物(实际损害要件)解释为联邦宪法第 3 条案件或争议的初步管辖权要件的核心,即弗莱彻教授所谓的"宪法性核心"(constitutional core)。⑧ 当然,法院一直没有给出理由。相反,它指出,实际损害要件对于确保司法部门遵守"裁决个人权利……的职责"是必要的。⑨ 因此,根据法院所陈述的理由,实际损害要件起到了一个替代品(proxy)的作用,以确保原告是在主张他们自己的个人权利。⑩ 可见,法院发展实际损害要件是许可那些原告不能表明侵犯个人权利诉讼中的起诉资格。⑪

---

① United States v. Students Challenging Regulatory Agency Procedures, 412 U. S. 669, 676 (1973).
② Ibid., 678 (1973).
③ Ibid., 678 (1973).
④ Ibid., 687 (1973).
⑤ Ibid., 687 (1973).
⑥ See William A. Fletcher, "The Structure of Standing", 98 *Yale L. J.* 221, 261 (1988).
⑦ F. Andrew Hessick, "Standing, Injury in fact, And private rights", 93 *Cornell L. Rev.* 275, 300 (2008).
⑧ William A. Fletcher, "The Structure of Standing", 98 *Yale L. J.* 221, 230 (1988).
⑨ See Lujan v. Defenders of Wildlife, 504 U. S. 555, 576 (1992).
⑩ Ibid., 576—578 (1992).
⑪ See F. Andrew Hessick, "Standing, Injury in fact, And private rights", 93 *Cornell L. Rev.* 275, 301 (2008).

综上,"描述法院在起诉资格案件中所犯错误的一个方式就是表明法院试图以太高的共性来构建起诉资格理论。"①当法院试图以实际损害要件来替代不法侵害标准和"当事人遭受损害"条款标准时,对事实相似的案例作出截然相反的裁决也就不足为奇了。但是 Data Processing 案建构的这一路径不仅没有改变,还得到了《布莱克法律辞典》的强化,其将起诉资格界定为"当事人提出法律请求或寻求义务或权利的司法实施的权利。原告享有起诉资格须具备以下两个要件:(1)被诉的行为已对原告造成了实际损害;(2)寻求保护的利益处于法规和宪法保障的范围之内。"②这一解释实际上是对 Data Processing 案所确立的双重标准的重述。由于法院恪守裁判个人权利的传统职责,法院在发展实际损害要件时体现了私法模式的取向,这在一方面引发了现有公益诉讼起诉资格模式的争议,另一方面也在有些案例中事实上限制了公益诉讼起诉资格。因为实际损害只是联邦宪法第 3 条案件或争议的核心要件,也就是说,除此之外还有其他非核心要件。当公益诉讼起诉资格是由不法侵害标准或"当事人遭受损害"条款标准的析取关系转变为实际损害与其他要件的合取关系时,我们完全有理由期待 Data Processing 案所构建的实际损害要件可能是最为严格的起诉资格的要件结构。

(二)其他限制性要件

继实际损害要件之后,联邦最高法院相继发展了第 3 条案件或争议的其余两个要件:因果关系与可救济性。作为实际损害要件的必然结果,这两个要件需要所声称的损害是"完全可以追溯"(traceable)至被告的行为,而不是第三方的行为。③ 此外,有利的裁决必须有可能弥补原告的损害。④ 由于与实际损害要件一起,因果关系和可救济性要件才在概念上讲得通:如果被告没有造成原告的损害,或者判决不大可能实现原告所要求的结果,那么司法救济将不会改变原告的状况,而且"联邦法院行使其权力将是不必要的(gratuitous),从而与第 3 条的限制不一致"。⑤

法院在 Warth v. Seldin 案中阐述了因果关系。在该案中,四类原告质疑了纽约 Penfield 的排除中低收入住房的分区条例。⑥ 法院否决了所有这四类原告的起诉资格,因为每类原告都未能建立该条例与其个人的各自情况之间

---

① William A. Fletcher, "The Structure of Standing", 98 *Yale L. J.* 221, 290 (1988).
② Bryan A. Garner, ed., *Black's Law Dictionary* 1442 (8th ed., Thomson West, 2004).
③ See Simon v. Eastern Kentucky Welfare Rights Org., 426 U.S. 26, 42—43 (1976).
④ Ibid., 38 (1976).
⑤ Ibid.
⑥ See Warth v. Seldin, 422 U.S. 490, 493—494 (1975).

的联系。① 在法院看来,原告不能证明"重大可能性"(substantial probability),即如果没有分区条例,他们将能够买得起 Penfield 的住房。② 对此,撰写异议的布伦南大法官认为,对原告的过分具体的要求——证明该条例损害原告的"重大",而不是"合理"可能性——是前所未有的。③ 对于可救济性要件,法院在 Linda R. S. v. Richard D. 案和 Simon v. Eastern Kentucky Welfare Rights Organization 案中进行了阐述。在 Linda R. S. v. Richard D. 案中,一个非婚生子女的母亲起诉地方检察官,声称他没有启动针对孩子父亲的子女抚养的诉讼程序,并对其造成了伤害。法院否决了她的起诉资格,理由是目前还不清楚有利于该母亲的法规是否能够弥补这方面的伤害。非婚生子女的父亲可能会去坐牢,而非婚生子女的母亲并没有比以前过得更好。根据法院的意见,这种可能性使得检控程序是否会产生预期结果变为纯粹"推测性的"(speculative)。④ 在 Simon 案中,法院否定了穷人的起诉资格,这些穷人对有关税收政策的变更提出了质疑,因为这些政策减少了向其提供医疗服务的医院的责任。原告声称,作为该规则的结果,他们被拒绝提供治疗服务。根据法院的意见,原告不能证明该政策的改变实际上影响了他们自己的处境。"诉状中拒绝提供指定医疗服务是否可以完全归因于请求权人所主张的'鼓励',还是产生于医院在作出决定时没有考虑税收的影响,纯粹是推测性的。"⑤

通过架构包括因果关系和可救济性要件的管辖权调查(jurisdictional inquiry),法院已创建了评估原告主张可诉性的替代因素和标准,并增加了起诉资格与主张的实体性问题之间的歧义(ambiguity)。⑥ 公益诉讼起诉资格的回应性发展是为了规避程序法和实体法不分的起诉资格私法模式的缺陷,可是,以实际损害、因果关系与可救济性要件所构成的起诉资格理论却又在很大程度上体现了私法取向,所以起诉资格与主张的实体性问题之间的歧义在所难免。正如有学者在评价因果关系时指出,其"无非是法院对基本主张的实体性问题看法的一个拙劣的伪装而已"。⑦ 本来,法院发展实际损害要件是为了延续民权领域扩大了的起诉资格,然而,"在 20 世纪 80 年代,联邦

---

① See Warth v. Seldin, 422 U.S. 490, 518 (1975).
② Ibid., 504 (1975).
③ Ibid., 520 (1975).
④ See Linda R. S. v. Richard D. 410 U.S. 614, 618(1973).
⑤ Simon v. Eastern Kentucky Welfare Rights Organization, 426 U.S. 26, 42—43 (1976).
⑥ See William A. Fletcher, "The Structure of Standing", 98 *Yale L. J.* 221, 243 (1988).
⑦ Stanley E. Rice,"Standing on Shaky Ground: The Supreme Court Curbs Standing for Environmental Plaintiffs in Lujan v. Defenders of Wildlife", 38 *St. Louis U. L. J.* 199, 203 (1993).

最高法院为了限制规制受益人提起诉讼的能力……不无讽刺的是,对'实际损害'的要求竟然成了这种限制的源头"。①

综上所述,起诉资格"或许是最重要的"可诉性理论。② 到目前为止,我们基本上可以将公益诉讼起诉资格的要件表述为:(1)原告必须遭受了实际损害;(2)原告的损害必须完全可以追溯至被告的行为;(3)诉讼中所要求的救济必须能够补偿原告的损害。尽管这个由三部分组成的标准非常简洁,但是法院已经认识到起诉资格要件"不容置疑的包含了不易于精确定义的概念"。③ 法院发展实际损害要件本来是为了便于获得司法救济,现在却导致了完全相反的目的。以实际损害为基石构建的起诉资格,作为一个对有权诉诸法院的新型"公共权利"(public rights)案件——使得法院超越它们传统角色的案件——进行控制的理论,现在被用于防止那些即便是提起传统的"私人权利"诉讼的人诉诸法院:"虽然法院声称起诉资格要件对于维护司法部门的传统限制是必要的,但是这些要件已经将法院历史上允许提出的主张也排除掉了。"④对于这样一种极为严格起诉资格的要件结构,Data Processing 案法庭显然是始料未及的。

第五节　实际损害要件的功能

公益诉讼起诉资格标准得以从 1970 年的 Data Processing 案法庭所提出的由"实际损害"与"利益范围"构成的两要件转变为由"实际损害""可救济性"与"因果关系"构成的三要件,鲍威尔大法官在其中发挥了关键性的作用。因为,在其为 1975 年的 Warth v. Seldin 案和 1976 年的 Simon v. Eastern Kentucky Welfare Rights Organization 案撰写的多数意见中,他明确指出,"实际损害要件,正如法院对其阐述的,是第 3 条的一个最低限度的要件,即使当事人可以表明该诉讼的明确授权也必须证明(实际损害)。"⑤质言之,即便相关法规中规定了类似于 Sanders Brothers 案中的"当事人遭受损害"条款,当事人也必须表明其遭受了实际损害。并且,法院指出,损害必须是"实际的"

---

① 〔美〕凯斯·R.桑斯坦:《权利革命之后——重塑规制国》,钟瑞华译,中国人民大学出版社 2008 年版,第 241 页。
② See Allen v. Wright, 468 U.S. 737, 750 (1984).
③ Allen v. Wright, 468 U.S. 737, 751 (1984).
④ F. Andrew Hessick, "Standing, Injury in Fact, and Private Rights", 93 *Cornell L. Rev.* 275, 277 (2008).
⑤ Elizabeth Magill, "Standing for the Public: A Lost History", 95 *Va. L. Rev.* 1131, 1174 (2009).

(actual)、"明确的"(distinct)、"显而易见的"(palpable)和"具体的"(concrete)。① "抽象的"(abstract)损害,例如由于政府未能遵守法律所造成的损害,是不够的。② 除了限制满足起诉资格的实际损害类型,法院还通过要求所宣称的实际损害涉及对"可司法确认的利益"(judicially cognizable interest)的侵犯来限制起诉资格。法院甚至宣称一个可确认的利益是"防止受法律保护的权利受到侵犯或受到侵犯时获得赔偿的构成部分。"③所以,有学者认为表明"可司法确认的利益"要件是被 Data Processing 案放弃的不法侵害标准的化身(reincarnation)。④

可见,以实际损害要件为核心的公益诉讼起诉资格标准已经完全替代了以前的不法侵害标准与"当事人遭受损害"条款标准。由此引发的问题是,实际损害要件的功能是什么,它为什么能够替代以前的标准?

一、对抗性功能

当联邦法院在第 3 条的框架内考虑起诉资格问题时,一般将司法权限定于该条所规定的"案件"或"争议"。第 3 条的"案件或争议"条款将"联邦法院的职责限定在相对抗的(adversary)背景下提出的问题,并且该问题在历史上被认为是可以通过司法过程解决的"。⑤ 正如查耶斯教授所指出的,起诉资格的私法模式具有天然的对抗性(两极性)。⑥ 所以,在起诉资格的私法模式中不需要专门强调实际损害要件。"如果一个案件产生了传统的私人权利诉讼请求,它应该是可诉的:在这类案件中,没有任何理由进行这样的分析,以确定原告是否具有必要的利害,因为——只要案件不是串通的——对私人权利的侵犯一直是司法权的核心。"⑦但是,在公益诉讼中,"当事人结构不是严格的两造,而是不规则的和无定形的"。⑧ 那么,在不具备两极当事人的诉讼结构中,如何才能实现对抗性?

---

① See Allen v. Wright, 468 U.S. 737, 750—751, 756 (1984).
② Ibid., 751 (1984).
③ Vt. Agency of Natural Res. v. U.S. ex rel. Stevens, 529 U.S. 765, 772—773 (2000).
④ See F. Andrew Hessick, "Standing, Injury in Fact, and Private Rights", 93 *Cornell L. Rev.* 275, 298 (2008).
⑤ Flast v. Cohen, 392 U.S. 83, 95 (1968).
⑥ See Abram Chayes, "The Role of the Judge in Public Law Litigation", 89 *Harv. L. Rev.* 1281, 1282—1283 (1976).
⑦ F. Andrew Hessick, "Standing, Injury in Fact, and Private Rights", 93 *Cornell L. Rev.* 275, 324 (2008).
⑧ Abram Chayes, "The Role of the Judge in Public Law Litigation", 89 *Harv. L. Rev.* 1281, 1302 (1976).

在 Baker v. Carr 案中，法院认为："起诉资格的要旨（gist）在于，寻求救济的当事人是否宣称在争议的结果中具有这样的一个个人利害，以确保加强争议问题表述的具体对抗性，据此，法院在很大程度上得以阐明疑难的宪法问题。"①在该案中，原告争辩说，州的投票分配法规违反平等保护条款；他们具有起诉资格，因为他们"寻求救济是为了保护或维护他们自己的利益，以及那些处于同样境况的人……他们断言，他们在维持投票有效性中具有清晰、直接和充分的利益"。② 可见，只有当事人对争议的结果具有个人利害的情况下，才有可能实现诉讼的对抗性，从而可以清晰的表述系争问题。对此，肯尼迪大法官在 Lujan v. Defenders of Wildlife 案中的赞同意见作出了详细的说明，他指出："一个独立的司法部门是通过其公开的程序与合乎逻辑的判断来说明的。在这个过程中，有必要让公众知道是什么人或团体在援引司法权，他们提起诉讼的理由以及他们的诉讼请求是否会得到维护或被否决。实际损害要件有助于确保存在这些问题的答案；并且，正如法院意见所表明的，这是宪法意图的一部分。"③

所以，实际损害要件是用来确保某一原告对他在法院提起的争议具有一定的利害，以证明法院行使司法权的正当性。其中的理论根据是：只有"确保诉讼当事人是真正的相对抗的，从而才有可能有效的陈述案情"④，如果原告没有受到实际损害而授予起诉资格，那么原告就缺乏相应的激励去完成向法院阐明案件事实等一系列必要的费时费力的工作。

二、区分功能

法院已经将起诉资格描述为一个有助于确保"法院在民主社会中的恰当的——并被合理限制的角色"⑤的理论。实际损害要件在这里发挥了一个不同于对抗性功能的作用：问题并非单纯是一个案件可否司法解决，而是是否考虑到"司法部门在权力三分中被分配的角色"⑥，原告向法院起诉的问题，即使其可以通过司法解决，但是在其他地方予以解决可能更为恰当。因此，问题不在于第 3 条仅仅要求的是什么，而是三权分立限制要求法院的是什么。这就是实际损害要件的区分功能，即按照三权分立的要求区分出适合

---

① Baker v. Carr, 369 U.S. 186, 204 (1962).
② Ibid., 207—208 (1962).
③ Lujan v. Defenders of Wildlife, 504 U.S. 555, 581 (1992).
④ Kenneth E. Scott, "Standing in the Supreme Court-A Functional Analysis", 86 *Harv. L. Rev.* 645, 679—680 (1973).
⑤ Warth v. Seldin, 422 U.S. 490, 498 (1975).
⑥ Flast v. Cohen, 392 U.S. 83, 95 (1968).

司法部门解决的争议问题。

(一)"普遍不满"

贾菲教授将原告分为霍菲尔德式原告(Hohfeldian plaintiff)与非霍菲尔德式原告(non-Hohfeldian plaintiff)(或者观念上的原告(ideological plaintiff))。所谓霍菲尔德式原告是指"寻求对他所具有权利、特权、豁免或权力作出裁决的人"①;所谓非霍菲尔德式原告是指"在诉讼中不具有任何个人利害,为了维护公共利益而提起诉讼的人"。② 贾菲的"霍菲尔德"一词泛指霍菲尔德教授所构建的司法推理中的基本概念"权利""特权""豁免"和"权力"。③ 其实,霍菲尔德式原告可对应于前文所述的起诉资格私法模式中的原告;非霍菲尔德式原告可对应于处于扩张时期的公益诉讼起诉资格中的原告。

非霍菲尔德式原告最为突出的表现是环境法中所规定的公民诉讼条款(citizen suit provisions)。公民诉讼条款是授予任何人实施法律的私人诉权(a private right of action)的法定条款。个人和团体依据这些条款提起诉讼通常没有遭受个人的实际损害(personal injury in fact)。④ 公民诉讼中的诉讼当事人与其说是作为受害者提起诉讼以矫正个人的不法行为,倒不如说是作为"私人检察总长"代表一般大众实施法律。⑤ 在美国法律史上,依据公民诉讼条款所提起的诉讼已经被比作训令(mandamus)、要求取得罚金之诉(qui tam)和检举人诉讼(informer's actions)。⑥ 然而,不像要求取得罚金之诉与检举人诉讼,公民诉讼法规没有规定奖金的募集,诉讼当事人是为了公共利益而实施法律。⑦

自从 20 世纪 70 年代以来,在消费者保护、防止采购欺诈以及遏止内幕交易方面,国会已日益依赖私人实施以实现公共目标。然而,国会扩张私人实施的主要领域一直是环境法。自从 1970 年的《清洁空气法》规定了第一个

---

① Louis L. Jaffe, "The Citizen as Litigant in Public Actions: The Non-Hohfeldian or Ideological Plaintiff", 116 *U. Pa. L. Rev.* 1033, 1033 (1968).

② Ibid., 1037(1968).

③ See Wesley N. Hohfeld, "Some Fundamental Legal Conceptions as Applied in Judicial Reasoning", 23 *Yale L. J.* 16 (1913);另外可参见王涌:《私权的分析与建构》,中国政法大学 1999 年博士论文第 2 章。

④ See Michael S. Greve, "The Private Enforcement of Environmental Law", 65 *Tul. L. Rev.* 339, 340 (1990).

⑤ Ibid.

⑥ See Cass R. Sunstein, "What's Standing after Lujan? Of Citizen Suits, 'Injuries', and Article III", 91 *Mich. L. Rev.* 163, 172—175 (1992).

⑦ See Michael S. Greve, "The Private Enforcement of Environmental Law", 65 *Tul. L. Rev.* 339, 341 (1990).

公民诉讼条款后,这种条款几乎包含在每一个联邦环境法中。公民诉讼条款将公民假定为:既是现有环境法规定的私人实施者,又是环境保护机构活动的直接监督者。"任何人"可以对据称违反环境保护局现有排放标准或限制的"任何人"提起民事诉讼;"任何人"也可以对"据称不履行不属于自由裁量的职责或作为的"环境保护机构官员提起民事诉讼。①

我们可以发现,公民诉讼条款对起诉资格的授予比公益诉讼起诉资格兴起时期的"当事人遭受损害"条款标准更为宽泛。甚至可以说,根据公民诉讼条款,起诉资格能够授予任何人。所以,有些参议员在制定公民诉讼条款时提出了反对意见。例如,鲁斯卡(Hruska)参议员认为这种条款将给法院带来讼累。并且他将一段概括了一系列反对理由的冗长备忘录插进了国会记录。该备忘录形容该条款为"美国历史上前所未有的",并指出它是建立在行政部门的官员不会做好他们工作的"错误"假设之上的。该备忘录认为,"在美国历史上,国会以前从来没有进行过这样的假设,即行政部门将不会贯彻国会的命令,因此,应该给予私人公民专门的法定权力以迫使这些官员这样做。"②

对于根据公民诉讼条款提起诉讼的当事人所遭受的损害,联邦最高法院称之为"普遍不满"③,即人们以类似的方式所遭受的一种对普遍利益的损害。斯卡利亚大法官认为,"当作为法律的要求或禁止性规定对象的人要对其进行起诉时,他总是有起诉资格的",但是,"当原告抱怨一个行政机构没有对他人施加法律的要求或禁止性规定的违法行为时,起诉资格通常是难以获得的"。④ 对此,他明确声称,"甚至美国国会将普遍利益转化为法律权利的权力都有限制——该限制是由所谓的起诉资格的'核心'要件(实际损害要件)所施加的。"⑤在后一种情况下,损害是"一个多数问题"(a majoritarian one)。⑥ 其根据在于:个人或少数群体遭受到政府政治部门非法行为的损害需要得到一个非民选的和非政治性的负责的司法部门的保护,而大多数人却

---

① 史际春教授在以民事公诉构建我国的经济法的实现机制时,指出"区分民事公诉和行政公诉并无意义,且在英美和日本等发达国家,就是通过民事诉讼来实现对行政权的司法审查,所以民事公诉涵盖着行政公诉的"。参见史际春主编:《经济法》,中国人民大学出版社2005年版,第116页。就美国环境法上的公民诉讼条款而言,诚哉斯言!
② Senate Debate, in Legislative History, v. 1, p. 277. 转引自 Elizabeth Magill, "Standing for the Public: A Lost History", 95 *Va. L. Rev.* 1131, 1188 (2009).
③ Flast v. Cohen, 392 U.S. 83, 114 (1968).
④ Antonin Scalia, "The Doctrine of Standing as an Essential Element of the Separation of Powers", 17 *Suffolk. U. L. Rev.* 881, 894 (1983).
⑤ Ibid., 886 (1983).
⑥ Ibid., 894 (1983).

不需要来自于他们自己的保护。大多数人只要运用多数决程序就能很好地保护自己,所以,在大多数人的权利遭受影响的情况下,多数决程序不仅可以决定法律的内容,而且还可以决定法律实施的限度。①

(二)"普遍不满"的消解路径

斯卡利亚大法官在 FEC v. Akins 案的异议中指出,如果原告遭受的损害"对所有公众成员都是无差别的和共同的,原告具有必须通过政治而不是司法的手段予以解决的'普遍不满'"。② 法院在 1982 年的一个纳税人诉讼中也指出,"要是联邦法院只是政府资助的发泄普遍不满的论坛……'起诉资格'的概念将完全是没有必要的。……对我们宪法结构复杂性的恰当关注,既不需要司法部门因担心与联邦政府其他两个并列部门产生对抗而予以回避,也不需要政府其他部门在原告没有遭受可确认的损害的时候热情的接受违宪裁决的诉讼请求。"③

为此,法院拒绝了纯粹的"私人检察总长"概念,"私人检察总长"通过法院追究违法分子仅仅是因为其对法律被遵守具有利益。④ 这样的一个人是不能从那些希望看到法律被遵守的其他数千或数百万人中的任何一个区分出来;这些人应该联合起来而不是起诉,以确保他们的民选代表看到法律被实施。⑤ 例如,在 Allen v. Wright 案中,原告认为,他们受到了损害,因为国税局没有对剥夺他们入学资格的实行种族隔离的私立学校实施反歧视规章,而且国税局没有实施该规章的行为本身就构成对原告尊严的直接伤害。法院没有进行太多的分析就得出结论,即声称的尊严损害仍然要么是一个普遍不满——"宣称具有要求政府依法行事的权利"⑥,要么是一个"抽象的尊严损害"(abstract stigmatic injury)。⑦ 法院表示,要同意这样的损害足以建立一个案件或争议,"将使得联邦法院成为'只不过是维护忧虑的旁观者的工具'"。⑧

显然,对"私人检察总长"概念的拒绝在某种意义上是对公益诉讼起诉

---

① See Antonin Scalia, "The Doctrine of Standing as an Essential Element of the Separation of Powers", 17 *Suffolk U. L. Rev.* 881, 894—896 (1983).
② FEC v. Akins, 524 U.S. 11, 35 (1998).
③ Valley Forge Christian College v. Americans United for Separation of Church and State, 454 U.S. 464, 473—474 (1982).
④ See Sierra Club v. Morton, 405 U.S. 727, 737 (1972).
⑤ See Massachusetts v. EPA, 549 U.S. 497, 535 (2007).
⑥ Allen v. Wright, 468 U.S. 737, 754 (1984).
⑦ Ibid., 755 (1984).
⑧ Ibid., 756 (1984).

资格的限制,甚至是对"当事人遭受损害"条款和公民诉讼条款的抛弃。因为这些法定审查条款是"美国20世纪70年代出现并充分发挥威力的改革者政治模式的一个标志,也是其的一个重要内容"。① 这种模式将诉讼作为实现社会变革的一个关键机制。改革者团体致力于环境保护、消费者权利、消除贫困,以及这一时期出现的许多其他目标。其中,有些群体采用诸如游说或意在说服国会决策者和行政部门考虑他们的利益的直接行动等老套的策略。但很多团体认为,提起诉讼是推进他们团体利益的一个关键工具。可是,由于公益诉讼的激增,"当法院对方兴未艾的以诉讼为导向的改革者政治模式感到不自在的时候"②,公益诉讼起诉资格的衰落也就在所难免了。也就是说,以公民诉讼条款为代表的公益诉讼起诉资格模式本来就是国会所采纳的为改善政府决策的一个关键方法,其具有鲜明的政治属性。事实上,乔珀教授也将起诉资格上的"普遍不满"作为区分争议是否是政治问题的一个标准。③ 所以,将这些对普遍利益造成损害的"普遍不满"争议区分出来由政治部门解决只是政治部门原有功能的回归。

于是,法院一方面既要保存公益诉讼起诉资格,另一方面又要将现有公益诉讼中的涉及"普遍不满"的很大一部分争议区分出来。对于这样一个困境,法院显然没有回到起诉资格的私法模式,而是对公益诉讼起诉资格采取了限制的手段,例如,对实际损害要件增加了一系列的诸如"明确的""显而易见的""具体的"等定语。当然,由此也导致了一系列的混乱与批评。尼科尔教授指出,为了排除"普遍不满"争议,起诉资格理论"体制性的促成了有权者对无权者的压迫"④,这种偏见意味着"启动司法审查的权力更容易提供给那些传统上享有最大程度的接触民主政治过程的人"。⑤ 对此,查耶斯教授也指出,普遍的损害(widespread harm)这一事实并不必然导致政治动员(political mobilization):"真正的问题……是不可避免的利益表达不完整。那些不主动(提起诉讼的人)是什么人——最常见的是弱小的、贫困的、无组织的人?"⑥因此,如果损害是普遍所遭受的就被驳回案件,这一假设是建立在

---

① Elizabeth Magill, "Standing for the Public: A Lost History", 95 *Va. L. Rev.* 1131, 1189 (2009).

② Ibid., 1183 (2009).

③ See Jesse H. Choper, "The Political Question Doctrine: Suggested Criteria", 54 *Duke L. J.* 1457, 1472 (2005).

④ Gene R. Nichol, Jr., "Standing for Privilege: The Failure of Injury Analysis", 82 *B. U. L. Rev.* 301, 304 (2002).

⑤ Ibid., 333 (2002).

⑥ Abram Chayes, "The Role of the Judge in Public Law Litigation", 89 *Harv. L. Rev.* 1281, 1311 (1976).

该群体将动员起来通过政治部门获得救济却没有考虑到政治现实,或者某些群体比其他的更容易诉诸政治部门这一基础上的。

笔者认为,遭受"普遍不满"的非霍菲尔德式原告由于他们会普遍性的遇到奥尔森教授所指出的集体行动问题,所以尼科尔教授与查耶斯教授所指出的问题在一定程度上是存在的。但是,如果这些遭受"普遍不满"的非霍菲尔德式原告在诉诸政治部门的时候会遇到这样的问题,那么他们在诉诸法院的时候也同样会遇到这样的问题。可是,由于美国的多元主义的政治模式,这种由于集体行动问题所带来的激励机制的缺乏在一定程度上得到克服,美国20世纪60年代与70年代公益诉讼时期的作为起诉人的绝大多数的公益诉讼组织都得到了有关基金会的资助,例如环境保护基金会(EDF)、自然资源保护委员会(NRDC)和塞拉俱乐部法律保护基金会(Sierra Club's Legal Defense Fund)都得到了福特基金会的资助。而且,即便是满足实际损害要件的当事人也会遇到这样的问题。所以这并不影响实际损害要件的区分功能。

三、合法化功能

"私人检察总长"概念为"当事人遭受损害"条款的合宪性提供了一个合理的理论解说,但是,当对普遍利益造成的"普遍不满"的争议由政治部门解决时,其就不能再对公益诉讼起诉资格提供相应的合法性支撑。

(一)"谨慎"条款

美国联邦宪法第2条第3款规定,"总统应谨慎诚实的实施法律"。根据这一"谨慎"(Take Care)条款,斯卡利亚大法官认为,宪法已经将法律实施的任务分配给了行政部门,而不是司法部门:它要求总统,而不是法院,"谨慎诚实的实施法律"。[①] 他说,法院不能僭越总统的这项职权,也不允许国会将其转让给它们。[②] 所以,"维护公众利益(包括对政府遵守宪法和法律所具有的公共利益)是国会和总统的职能"。[③] 如果国会可以通过制法定审查条款将"在行政官员遵守法律中的未分化的(undifferentiated)公共利益转变为能在法庭上维护的'个人权利'"[④],则是"把行政首长最重要的宪法义务(谨慎

---

① Lujan v. Defenders of Wildlife, 504 U. S. 555, 577 (1992).
② See Antonin Scalia, "The Doctrine of Standing as an Essential Element of the Separation of Powers", 17 *Suffolk U. L. Rev.* 881, 894—896 (1983).
③ Lujan v. Defenders of Wildlife, 112 S. Ct. 2130, 2145 (1992).
④ Ibid.

诚实的实施法律)从总统转移到了法院"。① 从这个角度来看,当国会创建允许公民个人提起诉讼以实施联邦法律的法定审查条款时,联邦法院将被迫事实上充当"行政行为智慧与合理性的持续的监督者"的角色。② 这种角色将"不可避免地产生……行政自治过程的过度司法化(overjudicialization)"。③

实际损害要件在防止国会越权、防止国会侵犯行政机关的职权方面发挥合法化的功能,因为其能够将原告为维护未分化的公共利益而提起的公益诉讼排除出去。实际损害要件的合法化功能与区分功能的区别在于:区分功能是将"普遍不满"问题分配给政治部门解决,合法化功能则是为私人维护公共利益而提起诉讼提供一个合法化基础。其实,实际损害要件对于国会征募(conscript)法院监督行政行为的努力起到了一个制动器的作用。④ 如果没有这种制动,法院可能,"在国会的许可下……将对另一个相互平等政府部门的行为享有的权力视为当然"。⑤

(二)"检验者"的起诉资格

公益诉讼作为客观诉讼的一种新的类型,是指原告起诉并非由于自己的权利受到某种直接的侵害,而是为了客观的法律秩序或抽象的公共利益,从诉讼法的技术层面,特别是从原告与案件之间的利益关系层面出发而指称的某种新的诉讼类型。在这类案件中,原告与案件利益关系的特殊性(主要是因为缺乏足够的利益关系之联结),导致原告起诉资格之障碍,并进而产生一些诉讼法技术上的问题。⑥ 例如,《中华人民共和国民事诉讼法》第119条规定,"原告是与本案有直接利害关系的公民、法人和其他组织"。按照这样一种起诉资格的私法模式,很多当事人是没有提起公益诉讼的起诉资格的。对此,有学者根据中国公益诉讼的运作状况将公益诉讼分为他益形式的公益诉讼与自益形式的公益诉讼。⑦ 在自益形式的公益诉讼中,原告本身是违法行为的受害者,与案件具有利害关系,但起诉的目的主要是为了维护公共利益,而不是自己的私益。我国目前的公益诉讼之所以大多是这类诉讼,是因为这样可以消解起诉资格法上的障碍,自己作为一个受害者提起诉讼,或者使自己成为一个受害者起诉。就直接的利益关系而言,特别是就经济利益而

---

① Lujan v. Defenders of Wildlife, 112 S. Ct. 2130, 2145 (1992).
② Lujan v. Defenders of Wildlife, 504 U. S. 555, 577 (1992).
③ Antonin Scalia, "The Doctrine of Standing as an Essential Element of the Separation of Powers", 17 *Suffolk U. L. Rev.* 881, 881 (1983).
④ See Flast v. Cohen 392 U. S. 83, 100—101 (1968).
⑤ Lujan v. Defenders of Wildlife, 504 U. S. 555, 577 (1992).
⑥ 参见林莉红:《公益诉讼的含义与范围》,载《法学研究》2006年第6期。
⑦ 同上。

言,原告提起和进行诉讼往往是得不偿失的。

然而,"在现代社会中,人越来越带有'经济人'的色彩,很少有那种不顾个人利益、为正义挺身而出、'为权利而斗争'的'义士',如佐仓惣五郎或堂吉诃德式的大人物。如果一旦有这样的正义人士出现,当然应当大加赞赏。但是,如果法律制度是建立在对英雄模范的期待的基础上,那就完全失去了其应有的意义"。① 自益形式的公益诉讼作为一种对现有公益诉讼起诉资格障碍的规避机制,无疑体现了这些"以身试法"的维权人士的智慧。但是,这样的一种规避机制仍然是局限于起诉资格的私法模式,仍然无法扩展享有起诉资格的人的类别。

在美国起诉资格法上,也出现了类似的机制。根据实际损害要件的区分功能,遭受"普遍损害"的人不能享有起诉资格,只有遭受了实际损害的人才可能具有起诉资格。为此,有一批专业或业余的"检验者"(tester),为了规避"普遍损害",也是"以身试法"式的挑战现有的法律规定。例如,在 Havens Realty Corp. v. Coleman 案中,一个专业的黑人"检验者"不想租赁或购买住房或公寓,但是佯装租房人或购房者以收集有关非法种族歧视的信息。由于1968 年的《联邦公平住房法》规定,"向任何人因其种族、肤色、宗教、性别、残疾、家庭地位或国籍而指出没有住宅可供入住、出售或出租,当实际上有这类住宅的时候"是违法的。所以,Havens Realty 案法庭认为,就该法规看来,国会授予了检验者法律利益并规定可以得到法律的救济。对"法律创造的获取真实住房信息的权利"的损害充分满足了实际损害要件。②

可见,"检验者"只要佯装租房或买房,而没有必要现实地租房或买房,就可以满足实际损害要件,这显然要比自益型的公益诉讼模式中的起诉资格范围要广得多。实际上,公共利益,作为一个"罗生门"式的概念,最大的特色表现在其内容的不确定性,亦即公益的受益人及利益的抽象性。③ 这就需要各种法律制度中的现实的行动者,将抽象的公共利益具体化。而"检验者"之所以具有起诉资格,显然是因为实际损害要件发挥了合法化的功能。这也符合查耶斯教授所界定的公益诉讼特征,"救济不是一种从实体责任逻辑导出的形式而设定的对于过去所犯错误的赔偿,并且将其影响限定在眼前的当事人之间,而是面向未来,特别是根据弹性的和宽泛的救济原则而形成的,并且通常对于包括诉讼之外的人在内的很多人都具有重要后果。……诉

---

① 〔日〕田中英夫、竹内昭夫:《私人在法实现中的作用》,李薇译,法律出版社 2006 年版,第 10 页。
② See Havens Realty Corp. v. Coleman, 455 U.S. 363, 374 (1982).
③ 参见陈新民:《德国公法学基础理论》(上册),山东人民出版社 2001 年版,第 204 页。

讼的主题不是发生在私人之间的关于私权的纠纷,而是对于公共政策实施的不满"。①

综上所述,实际损害要件的功能越多,就越限制了公益诉讼起诉资格。例如,在 Havens Realty 案中,实际损害要件已经在某种程度上向公益诉讼起诉资格早期的不法侵害标准的回归。对此,有学者认为其在一定程度上造成了目前的起诉资格理论的不连贯。而这种不连贯又给予了"法官在意识形态的驱动下对起诉资格案件进行理论操纵的强烈倾向的机会(scope)"。②目前的起诉资格理论不能助益于法院而是对其造成了混乱:"任何法官都可以在案件中撰写一个合理地精心设计的授予或拒绝起诉资格的意见。联邦最高法院已发表具有多种实际损害、因果关系和可救济性版本的起诉资格意见……任何能够胜任的法官都可以找到充足的先例以支持构成起诉资格法的广义或狭义的理论要件。"③但是,笔者认为,正如学者指出的,"尽管其具有可操纵性(manipulability),目前的起诉资格理论有可能成为一个避免宣告法规违宪的灵巧机制。只需根据第 3 条要件拒绝授予起诉资格,法院就避免决定该法规本身是否是违反宪法"。④ 这对于缺乏违宪审查机制的中国而言,显得尤为重要。

第六节 宏观调控公益诉讼起诉资格的建构

根据当前的起诉资格法,当事人想援引联邦法院的管辖权需要证明三件事情:(1)"实际损害",该要件的意思是侵犯了法律所保护的利益,即(a)是具体的并可以特定化,并且(b)实际的或即将发生的,而不是推测的或假设的……(2)该损害能追溯至被告的被质疑的行为……(3)该损害通过有利判决得到救济的可能性。⑤ 而公益诉讼起诉资格的最早裁决是在 Frothingham v. Mellon 案中作出的,该裁决否决了纳税人对联邦制定法的合宪性质疑,因为她没有遭受"直接的损害":她的利益为"数百万人所共有",因此"太

---

① Abram Chayes, "The Role of the Judge in Public Law Litigation", 89 *Harv. L. Rev.* 1281, 1302 (1976).
② Richard J. Pierce, Jr., "Is Standing Law or Politics?", 77 *N. C. L. Rev.* 1741, 1760 (1999).
③ Ibid., 1762 (1999).
④ Laveta Casdorph, "The Constitution and Reconstitution of the Standing Doctrine", 30 *St. Mary's L. J.* 471, 546 (1999).
⑤ See Northeastern Fla. Chapter of the Associated Gen. Contractors v. City of Jacksonville, 508 U. S. 656, 663 (1993).

小而难以确定",并且制定法的执行是基于"公共而非私人的考虑"。① 所以,公益诉讼起诉资格的实际损害、因果关系和可救济性三要件演化了七十多年才得确立,并且这三要件在起诉资格法上已经被描述为"令人麻木的熟悉"(numbingly familiar)。② 所以,宏观调控公益诉讼起诉资格的构建有赖于这三个要件的满足,而关键在于对作为其核心和最低限度要件的实际损害要件的满足。

一、公益诉讼起诉资格的性质

"起诉资格",中国学者一般将其译为"原告资格"③或"诉讼资格"④。而且对其的研究主要体现在行政法学和环境法学领域。起诉资格出现在行政法学领域是因为起诉资格法本来就是美国规制国家兴起的产物;其出现在环境法学领域是因为美国20世纪70年代继《清洁空气法》之后所颁布的一系列的联邦环境法中几乎都包含了公民诉讼条款,并将其作为环境法的私人实施的一个极为重要的手段。因而,中国学者对起诉资格的借鉴首先发生在这两个领域并不奇怪,尽管起诉资格法在美国公法领域均有所涉及。

由于起诉资格法从私法模式到公益诉讼起诉资格模式,再从公益诉讼起诉资格模式到私法模式的一定程度的回归,有些学者指责起诉资格理论为"不连贯的"⑤、"可操纵的"并充满了"理论混乱"⑥,相当于以初步的管辖权调查为幌子而对案件的实体性问题作出的决定⑦,类似于实体性正当程序(substantive due process)⑧,"起到了对法院的毫无意义的约束"。⑨ 其实,所有这些指责归结到一点就是起诉资格的性质到底是什么?具体而言,起诉资格究竟是案件的实体性问题还是程序性问题?

我国已故的王名扬教授通过对起诉资格法的研究,认为"司法审查中的起诉资格是指什么人可以对行政决定提出申诉,请求法院审查行政行为的合

---

① Frothingham v. Mellon, 262 U.S. 447, 487—488 (1923).
② See William A. Fletcher, "The Structure of Standing", 98 *Yale L. J.* 221, 222 (1988).
③ 参见高家伟:《论行政诉讼原告资格》,载《法商研究》1997年第1期。
④ 参见齐树洁:《环境公益诉讼起诉资格的扩张》,载《法学论坛》2007年第3期。
⑤ William A. Fletcher, "The Structure of Standing", 98 *Yale L. J.* 221, 221 (1988).
⑥ Cass R. Sunstein, "Standing and the Privatization of Public Law", 88 *Colum. L. Rev.* 1432, 1458 (1988).
⑦ See Mark V. Tushnet, "The New Law of Standing: A Plea for Abandonment", 62 *Cornell L. Rev.* 663, 663 (1977).
⑧ See Cass R. Sunstein, "Standing and the Privatization of Public Law", 88 *Colum. L. Rev.* 1432, 1480 (1988).
⑨ See Jonathan R. Siegel, "A Theory of Justiciability", 86 *Tex. L. Rev.* 73, 75 (2007).

法性并给予救济,这是诉讼程序方面的问题"。① 也就是说,不具备起诉资格的人提出的诉讼,法院不能受理;有起诉资格的人不一定胜诉。法院受理当事人的诉讼以后,原告是否胜诉,取决于案件的实体性问题。我国学者通过将起诉资格与诉讼请求进行对比,也指出了起诉资格是案件的程序性问题。即,第一,起诉资格是客观问题;而诉讼请求则是主观问题。起诉人认为自己没有起诉资格不等于自己实际上就没有该资格;但是,如果起诉人不提出某项诉讼请求,则该项诉讼请求就只能认为不存在。第二,起诉资格是受理审查程序的客体;而诉讼请求是审判程序的客体。审查起诉资格的结果是决定受理或裁定不予受理,而审理诉讼请求的结果是裁判。②

而弗莱彻教授在其一再被引用的文章中表明,对于起诉资格问题,"我们应该询问,作为一个涉及实体性问题的法律问题,无论原告是否具有实施系争特定法律义务的权利"。③ 起诉资格将取决于调整该实体性问题的法律:"如果义务是法定的,国会应该具有基本上无限制的权力来界定有权实施该义务的人的类别,因为国会建立该义务的权力应当包括界定谁具有实施它的起诉资格的权力。如果义务是宪法规定的,宪法条文不仅应被视为该义务的来源,而且也应被视为那些有权实施它的人的主要描述。国会应该有一些,但不是无限制的,授予实施宪法权利的起诉资格的权力。该权力的性质和范围应该根据义务和系争宪法条款而有所不同。"④

笔者认为,不能脱离起诉资格法的演化语境来抽象地讨论起诉资格究竟是案件的实体性问题还是程序性问题。在起诉资格的私法模式下,权利与救济是相互依存的,起诉资格问题与案件的实体性问题是重合的,所以起诉资格问题可能就是案件的实体性问题;而在作为超越起诉资格私法模式的公益诉讼起诉资格模式下,起诉资格问题是案件的程序性问题,否则享有起诉资格的人的范围根本无法扩展,而这也正是公益诉讼起诉资格得以兴起的原因之所在。弗莱彻教授之所以认为起诉资格问题是案件的实体性问题是因为Data Processing 案革命性地提出了"实际损害"要件,从而导致了公益诉讼起诉资格法体现了一定的私法取向,但是不能由此就否定公益诉讼起诉资格的程序属性。

弗莱彻教授认为实际损害要件的根本性缺陷在于:它不能以这种非规范的(non-normative)方式进行适用,因为损害是如何构成的不是一个事实问

---

① 王名扬:《美国行政法》,中国法制出版社 2005 年版,第 611—612 页。
② 参见高家伟:《论行政诉讼原告资格》,载《法商研究》1997 年第 1 期。
③ William A. Fletcher, "The Structure of Standing", 98 *Yale L. J.* 221, 290—291 (1988).
④ Ibid., 243—244 (1988).

题,而是一个法律问题。① 实际上,这在某种意义上就是公益诉讼起诉资格得以扩张的关键之处。在公益诉讼起诉资格这一初步的管辖权问题中,实际损害要件既要排除对由民选部门能够妥善决定的"普遍不满"问题进行司法审查,并确保法院遵守宪法对其限定的界限;又要允许受到规制行为实际影响的人有诉诸法院的资格。这的确是一个难以拿捏的问题,而起诉资格法的演进历史也证明了这一点:法院创造性地提出实际损害要件主观上是为了扩大享有起诉资格的人的类别,但在客观上由于三权分立这一根深蒂固的思想又限制了享有起诉资格的人的类别。但是,这不影响"实际损害要件作为一个初始性问题,具有独立于案件实体性问题的特点"。② 所以,以实际损害为核心要件的公益诉讼起诉资格是案件的程序性问题。就宏观调控公益诉讼而言,遭受实际损害的当事人享有起诉资格并不必然意味着其在案件的实体性问题上占优,进而,更不意味着享有起诉资格的人必然会胜诉。

二、实际损害的形成

根据《行政诉讼法》的第 12 条规定,抽象行政行为不能成为司法审查的对象——法院不受理"行政法规、规章或行政机关制定、发布的具有普遍约束力的决定、命令"而引发的纠纷。有学者认为,宏观调控行为多以抽象行政行为的方式出现,因此现行法律对抽象行政行为不可诉的规定是我国宏观调控行为不可诉的立法性障碍。③ 对此,王太高教授指出 2000 年实施的《最高人民法院关于执行〈中华人民共和国行政诉讼法〉若干问题的解释》(以下简称《若干问题的解释》)一方面避开了对具体行政行为进行解释,采用"公民、法人或者其他组织对具有国家行政职权的机关和组织及其工作人员的行政行为不服,依法提起诉讼的,属于人民法院的受案范围",即将受案范围落脚在"行政行为"上;另一方面采用除外方式设定受案范围,明确规定不属于行政诉讼受案范围的事项,即对于其他行政争议,只要未在排除之列,原则上均允许相对人提起行政诉讼。这在客观上使得行政诉讼实践中完全可能将所有损害相对人合法权益的行政行为都纳入诉讼的范围之内,而不必去判别他们究竟是具体行政行为还是抽象行政行为。④ 果真如此的话,那么我国宏观调控行为可诉性的立法障碍是否得以消解呢?

---

① See William A. Fletcher, "The Structure of Standing", 98 *Yale L. J.* 221, 232 (1988).
② Gene R. Nichol, Jr., "Rethinking Standing", 72 *Cal. L. Rev.* 68, 74 (1984).
③ 参见胡光志:《论宏观调控行为的可诉性》,载《现代法学》2008 年第 2 期。
④ 参见王太高:《新司法解释与行政公益诉讼》,载《行政法学研究》2004 年第 1 期。

（一）政策的动态不一致性

其实，抽象行政行为不可诉的障碍的消除对于建构宏观调控公益诉讼起诉资格还是远远不够的。根据实际损害要件的区分功能，能够将不适合司法解决的"普遍损害"区分出来。而宏观调控权在性质上属于立法权，宏观调控行为大都表现为宏观调控主体颁布具有普遍拘束力的法律规范。因而，调控受体仅仅是表现出对宏观调控规范的"普遍不满"是不可能享有公益诉讼起诉资格的。那么，调控受体怎样才能遭受构成公益诉讼起诉资格的实际损害呢？

基于宏观调控的周期变易性，凯恩斯干预主义采取借助国家力量介入的调节进路，以财政、货币政策等政策工具"逆经济风向而动"，抵消不同经济周期的负性溢出效应，熨平经济周期，实现宏观经济运行的增长率、就业、价格、经济平衡四大目标。[①] 而第二次世界大战结束以后长时期内资本主义国家的政府所采取的管理经济的"凯恩斯方式"，是指采取"相机抉择行动"来运用宏观财政政策和宏观货币政策，调节总需求。[②] 所以，对于凯恩斯主义者而言，干预需要相机抉择与自由裁量。而且，大多数宏观经济学家都认为，系统的宏观经济政策至少在短期内能够对失业和产出发生影响。但是，以罗伯特·卢卡斯为代表的理性预期宏观经济学或者新古典经济学理论认为，（1）人们要尽可能地利用所有可以得到的信息，并且（2）工资和价格都是可变通的。所以，"理性预期假设的最关键之处在于，政府在系统地采纳经济政策方面，不可能愚弄其人民"。[③] 由此推导出了宏观经济政策无效性定理："在人们作出理性的预期以及工资和物价可以灵活变通的条件下，可事先预见的政策不可能对实际产出或者失业率发生影响。"[④]

根据理性预期宏观经济学，政府的宏观经济政策之所以会无效，是因为作为宏观调控主体的政府与调控受体之间产生了动态博弈，调控受体能够观察到宏观调控主体所选择的行动，这样一种失效状态属于博弈论上的子博弈精炼纳什均衡。这也得到了2004年诺贝尔经济学奖获得者基德兰德和普雷

[①] 参见吴易风，王健，方松英：《政府干预和市场经济——新古典宏观调控经济学和新凯恩斯主义经济学研究》，商务印书馆1998年版，第9页。

[②] 参见胡代光、厉以宁、袁东明：《凯恩斯主义的发展和演变》，清华大学出版社2004年版，第36页。

[③] 〔美〕保罗·A.萨缪尔森、威廉·D.诺德豪斯：《经济学》（第14版）（下），胡代光等译，北京经济学院出版社1996年版，第1191页。

[④] 同上书，第1195页。

斯科特所提出的政府政策的动态不一致性理论的证实。① 政府政策的动态不一致性与政府政策的动态一致性相对应。政府政策的动态一致性指的是,一个政策不仅在制定阶段应该是最优的(从政府的角度看),而且在制定之后的执行阶段也应该是最优的,假设没有任何新的信息出现。如果一个政策只是在制定阶段是最优的,而在执行阶段并不是最优的,这个政策就是动态不一致。说它是动态不一致,是因为政府并没有积极性真正实施这项政策;自然老百姓也就不会相信这项政策。② 比如说,在理性预期假设下,只有未预料到的通货膨胀才会对产出产生影响。如果政府有兴趣用通货膨胀的办法解决失业问题,政府的零通货膨胀政策就不是动态一致的,因为给定公众相信零通货膨胀的情况下,政府就有积极性在事后制造通货膨胀。这说明,零通货膨胀的许诺是不可置信的。具有理性预期的公众当然不会被政府所愚弄,最后的结果是一个被预料到的正的通货膨胀率,而失业率则会保持在其"自然水平"。③ 这也正是欧美各国在20世纪70年代产生"经济滞胀"的根本原因,从而也导致了凯恩斯主义者相机抉择调控政策的失败。

(二) 信赖利益

治愈宏观调控政策无效性的方法就是使宏观调控政策具有可置信性。对此,弗里德曼也表示,"减轻这些(通货膨胀)副作用的最主要的办法,就是事先宣布一项政策,并加以贯彻实施,使之取信于民,用这种方法逐渐而平稳地降低通货膨胀率"。④ "事先宣布一项政策"的方法在基德兰德和普雷斯科特看来就是政府按预先承诺的最优规则行事将优于相机抉择。规则是指独立于调控受体理性的一种相对固定的行为承诺。相机抉择是指各宏观调控主体根据当前的约束条件和调控受体的行为选择,进行当期最优决策的行为。规则和相机抉择是两种相互对立的行为方式。市场经济分散决策的特点使人们在每一期作决策时都采用"相机抉择"的决策策略,但相机抉择的后果会造成最优决策的动态不一致性。而动态不一致的均衡往往是一个福利效果很差的均衡,如果采用某种"规则",就有可能使博弈双方合作,从而改善双方的福利水平。

---

① See Finn E. Kydland & Edward C. Prescott, "Rules Rather Than Discretion: The Inconsistency of Optimal Plans", 85 *Journal of Political Economy* 473 (1977).
② 参见张维迎:《博弈论与信息经济学》,上海三联书店、上海人民出版社2004年版,第110页。
③ 同上书,第15页。
④ 〔美〕米尔顿·弗里德曼:《货币的祸害——货币史片段》,安佳译,商务印书馆2006年版,第214页。

那么,如何才能使得宏观调控主体按规则行事时所作出的宏观调控政策就是可置信的呢?也就是说,如何才能保证宏观调控主体为了因应政治经济周期而不出尔反尔?以货币政策为例,货币主义经济学家认为,"固定的货币增长率(每年3%—5%)将能消除现代经济中引起不稳定的因素——货币政策的反复无常和令人不信任的变动"。① 虽然,中央银行的独立性将在一定程度上有助于提高货币政策的可置信性,即货币政策不应由政治家来制定和执行,而应该将其交给不受外部政治压力影响的中央银行负责。可是就我国的中国人民银行而言,其作为中央银行在制定和执行货币政策时显然缺乏应有的独立性②,更不可能作出可置信的货币政策。所以,这就需要构建使得宏观调控主体作出可置信的宏观调控政策的追责机制,质言之,如果宏观调控主体不施行其预先承诺的政策将会遭受更大的损失。

对此,吴元元教授指出,在宏观调控制度设计中,应该把调控受体基于信赖调控主体的承诺而失去的可得收益确定为信赖利益,通过归责原则、责任构成要件的安排使得违诺收益与宏观调控主体相分离,并转移到遭受损害的调控受体处,由此建立宏观调控的信赖利益保护机制,以在填补调控受体信赖利益损失的同时,为调控主体的违诺行为设立一个净收益为负值的新价格,激励其绕开违诺策略,将选择稳定在遵守诺言这一行动路径上。③ 这一思路极有启发性,事实上,经济法学界对信赖利益的研究已经滞后于民法学与行政法学。

民法学上对信赖利益的研究主要体现在允诺禁反悔理论、权利外观理论、富勒的信赖理论和缔约过失理论④;行政法学上对信赖利益的研究主要体现在行政信赖保护原则⑤与合法预期的保护⑥。吴元元教授试图构建调控主体与调控受体之间的不完备契约关系来适用民法上的缔约过失理论,进

---

① 〔美〕保罗·A.萨缪尔森、威廉·D.诺德豪斯:《经济学》(第14版)(下),胡代光等译,北京经济学院出版社1996年版,第1187页。

② 参见《中华人民共和国中国人民银行法》第2条:"中国人民银行是中华人民共和国的中央银行。中国人民银行在国务院领导下,制定和执行货币政策,防范和化解金融风险,维护金融稳定。"第5条第1款:"中国人民银行就年度货币供应量、利率、汇率和国务院规定的其他重要事项作出的决定,报国务院批准后执行。"

③ 参见吴元元:《调控政策、承诺可置信性与信赖利益保护——动态不一致性理论下的宏观调控法治建构路径》,载《法学论坛》2006年第6期。

④ 参见朱广新:《信赖保护理论及其研究述评》,载《法商研究》2007年第6期。

⑤ 参见李春燕:《行政信赖保护原则研究》,载《行政法学研究》2001年第3期;黄学贤:《行政法中信赖保护原则》,载《法学》2002年第5期。

⑥ 参见余凌云:《行政法上合法预期之保护》,载《中国社会科学》2003年第3期。

而实现宏观调控法上的信赖利益的设计。① 笔者则更倾向于借鉴行政法学上的合法预期理论,因为:第一,宏观调控主体之所以要按规则行事是因为政策的动态不一致性会使得宏观调控政策失效,而其内在的理论根据则是理性预期宏观经济学的关于调控受体会尽可能地利用所有可以得到的信息的假设,也就是说宏观调控受体预期到了宏观调控主体会出尔反尔。第二,基于信息经济学的视角,调控主体与调控受体之间的博弈是非合作博弈而非合作博弈,"合作博弈与非合作博弈之间的区别主要在于人们的行为相互作用时,当事人能否达成一个具有约束力的协议"②,按照民法上的缔约过失理论来构建信赖利益的理论根据是具有约束力的协议,这显然是不合适的。第三,这是法的安定性的要求。"什么都不如匆匆忙忙、没有好好起草的经济法条文的技术性缺陷那样令人失望,因为文体臃肿、质量很差的条文在很大程度上使经济法丧失了威信。……但是,规则的变动性如此之大,就有可能与要求起码的稳定背道而驰。"③第四,合法预期是在司法审查传统上所保护的权利和利益之外建立起来的第三维度,它要保护的不是权利,也不是利益④,对这样一种"合法预期"造成的损害在某种意义上等同于 Data Processing 案中所提出的"实际损害",其范围要比经过限缩之后的实际损害要件大得多,唯有如此,才有可能扩大享有起诉资格的人的类别。⑤

论述至此,我们可以发现弗莱彻教授所指出的实际损害要件的缺陷恰恰是其优点,其形成则有赖于宏观调控主体违背承诺从而对宏观调控受体对合法预期的信赖造成了损害。

三、公益诉讼起诉资格的授予模式

通过构建宏观调控法上的信赖利益,保障宏观调控合法性的利益代表模式的关键问题将得以破解。那么,宏观调控受体的利益由谁来代表,也就是说,公益诉讼起诉资格应该授予谁呢?

---

① 吴元元:《调控政策、承诺可置信性与信赖利益保护——动态不一致性理论下的宏观调控法治建构路径》,载《法学论坛》2006 年第 6 期。
② 张维迎:《博弈论与信息经济学》,上海三联书店、上海人民出版社 2004 年版,第 3 页。
③ 〔法〕阿莱克西·雅克曼、居伊·施朗斯:《经济法》,宇泉译,商务印书馆 1997 年版,第 87 页。
④ 参见余凌云:《行政法上合法预期之保护》,载《中国社会科学》2003 年第 3 期。
⑤ 例如,余凌云教授指出,"当政策改变或者行政机关出尔反尔的时候,受影响的相对人不具有《行政诉讼法》第 2 条规定的'合法权益',相对人受到损害的只是对行政机关未来行为的一种预期和信赖,是一种事实上的利害关系,还谈不上法律上的利害关系,所以,即便《若干问题的解释》第 12 条已经将原告资格适当延展到'法律利害关系',也无济于事。"参见余凌云:《行政法上合法预期之保护》,载《中国社会科学》2003 年第 3 期。

(一) 模式之辩

根据传统的法律原则,尤其在民法法系世界中,严格地把实体法和权利分为"私的"和"公的"。"私"权是那些属于私人的权利,而"公"权是那些"属于"由国家或共和国所代表的公众——人民。结果,起诉资格的传统原则把起诉资格要么授予"持有"那些需要司法保护的权利的私人,要么在公权的情形下授予国家本身,国家通过其机构向法院起诉。[①] 这也正是笔者所描述的起诉资格私法模式的集中表现。卡佩莱蒂教授对现代社会中超个人的分散型利益受到损害时的起诉资格问题进行了研究,他指出,虽然民法法系国家逐渐摒弃这种全然否定对分散利益诉诸司法保护的最保守的进路,但是,民法法系国家"授予直接受损害的个人的起诉资格"与"授予政府代理人作为国家总代表的起诉资格"的两种模式都不理想[②],而且,即便是突破上述两种起诉资格授予模式的"专门性政府代理人"模式也是不足的。[③] 所以,卡佩莱蒂教授比较倾向的解决方案是:(1) 通过允许私人性的个人和组织为普遍或团体利益而向法院起诉,从而激发他们的主动和热情,即便他们自己的个人权利可能未直接受到损害;(2) 把这种私人的热情与政府的主动和/或监控结合和整合起来,不论是否为专门化的政府机构。[④]

对于公益诉讼起诉资格的授予问题,国内学者一般认为应该授予检察机关。例如,颜运秋教授认为,"检察机关作为法律的监督机关是国家利益的最佳代表,法律应当赋予其有为社会公益提起民事和行政诉讼的职能,应当是公益诉讼的适格原告"。[⑤] 但是,章志远教授认为,中西检察体制殊异,域外的经验无法在中国简单复制,西方国家检察机关代表政府提起公益诉讼的做法在我国难以推行。[⑥] 笔者认为这有一定道理。因为:根据三权分立理论,西方各国通过设立议会、政府和法院分别执掌立法、行政与司法大权,检察机关在国家权力系统中并不具有独立地位,检察权只是行政权的一部分,行政权正是通过检察机关来监督和制约司法审判权,因而检察机关从来都是政府的代表,是公共利益的维护者。例如,美国的检察总长(attorney general)是指"州或美国的首席检察官,负责就法律事项向政府提供建议并在诉讼中

---

① 参见〔意〕莫诺·卡佩莱蒂:《比较法视野中的司法程序》,徐昕、王奕译,清华大学出版社 2005 年版,第 374 页。
② 同上书,第 378 页。
③ 同上书,第 385 页。
④ 同上书,第 389 页。
⑤ 颜运秋:《公益诉讼法律制度研究》,法律出版社 2008 年版,第 107 页。
⑥ 参见章志远:《行政公益诉讼中的两大认识误区》,载《法学研究》2006 年第 6 期。

作为其的代表"。① 中国的检察机关与行政机关之间并无隶属关系,它由人民代表大会产生并对其负责。因此,检察机关与行政机关之间是相互独立的。对此,李浩教授却持有不同看法,"这一特点恰恰可以使中国的检察机关能够更好地发挥通过公益诉讼维护社会公共利益的作用"。②

国内学者关于起诉资格理论的分歧在于中国的检察机关能否被授予公益诉讼起诉资格,如果按照卡佩莱蒂教授所描述的起诉资格演化路径来进行分类的话,其基本上处于"授予政府代理人作为国家总代表的起诉资格"模式的阶段。这一模式的缺陷是检察官在履行其作为公共利益维护者的职责时"总是松懈和消极的",因为,"政府的代理人常常过于依赖政府的政治部门,从而不能担当反对滥权的代理人"。③ 中国的检察机关虽然在理论独立于行政机关,但是其运作的现实状况却不容乐观,也无法从根本上避免卡佩莱蒂教授所指出的缺陷。所以,检察机关能否被授予公益诉讼起诉资格的关键并不在于其是否独立于行政机关,而在于其是否具备维护公共利益的动力和能力。④

对于"专门性政府代理人"模式,卡佩莱蒂教授也指出,"专门性机构(或部门)也倾向于具有一种官僚心理和等级结构,这些往往导致它们的行动也过于迟缓、僵化和集权"。⑤ 这里的"专门性机构(或部门)"是指各种规制机构,实际上,该模式的缺陷也可以从美国公民诉讼条款的生成原因来说明。美国之所以在法规中大量规定公民诉讼条款是因为:第一,政府三个部门对规制机构缺乏应有的监督。在罗斯福新政之后,规制机构迅速成为一个自足的(self-contained)官僚机构。⑥ 不同于政府三个部门之间划分立法、行政和司法权的三权分立模式,规制机构被授权实施所有这三项职能:立法、实施和依据它们自己的规章进行裁决。因此,规制机构享有不受行政或立法部门直接监督或控制的高度的独立性和自由。⑦ 此外,法院通常还给予规制机构的决定以极大的遵从,因为司法部门不愿意干预规制部门的计划和政策,还因

---

① Bryan A. Garner, ed., Black's Law Dictionary 139 (8th ed., Thomson West, 2004).
② 李浩:《关于民事公诉的若干思考》,载《法学家》2006 年第 4 期。
③ 〔意〕莫诺·卡佩莱蒂:《比较法视野中的司法程序》,徐昕、王奕天译,清华大学出版社 2005 年版,第 379 页。
④ 卡佩莱蒂教授对于这一模式缺陷的描述,除了上文所述的缺陷外,还有角色混同与知识不足两个缺陷。参见同上书,第 379—380 页。
⑤ 同上书,第 386 页。
⑥ See Richard J. Pierce, Jr., "The Role of the Judiciary in Implementing an Agency Theory of Government", 64 *N. Y. U. L. Rev.* 1239, 1241 (1989).
⑦ See Richard J. Pierce, Jr., "The Role of the Judiciary in Implementing an Agency Theory of Government", 64 *N. Y. U. L. Rev.* 1239, 1244 (1989).

为有关规制决定的争议往往涉及该机构专门知识范围内的高度技术性问题。① 结果是,政府三个部门的密切监督或审查的缺乏已经将规制机构比喻为政府的第四部门,作为一个没有宪法结构上的制衡机制的独立实体进行运作。因此,公民诉讼条款被认为是一个公民可以监督规制机构并使它们为其活动负责的手段。第二,对"规制俘获"(agency capture)问题的担忧。国会推测:通过与规制机构执法官员的密切接触,被规制团体(regulated community)的代表会为它们的利益赢得同情,并有可能被允许规避或拖延不便和费钱的环保命令。② 此外,对规制机构内部程序相当熟悉的、具有高度专业技能的机构雇员,将被锁定为将来在被规制产业内就业的首要人选。因此,规制机构的雇员不那么积极地作出对被规制团体利益产生不利影响的决定。③ 公民诉讼条款的设计在某种程度上就是为了回应"规制俘获"的担忧,并且提供实施动力(motivation)。

通过对美国公民诉讼条款生成的考察,我们就不难理解卡佩莱蒂教授所概括的"专门性政府代理人"模式的"迟缓""僵化"与"集权"了。实际上,公民诉讼条款就是卡佩莱蒂教授所倾向的第一种模式,其将该模式称为"私人检察总长"模式。④ 虽然在美国起诉资格法上,彻底的"私人检察总长"模式已经遭到一定的否定,但是"实际损害"作为一个事实而非规范评价,并没有对公益诉讼起诉资格的授予产生太大的影响,上文"检验者"的起诉资格就是一个明证。

(二) 无关讼累

学者们对公益诉讼起诉资格授予问题的最大担忧是讼累(flood)⑤,当年美国国会在制定公民诉讼条款时,鲁斯卡参议员最大的关切也在于此。也有学者认为,起诉资格只是起诉人提起公益诉讼的条件,受理立案则是起诉人能否转化为原告的"门槛",所以担心起诉资格的扩张会导致滥诉的担心显

---

① See Gary Lawson, "The Rise and Rise of the Administrative State", 107 *Harv. L. Rev.* 1231, 1248—1249 (1994).

② See John F. Manning, "Constitutional Structure and Judicial Deference to Agency Interpretations of Agency Rules", 96 *Colum. L. Rev.* 612, 676—678 (1996).

③ See David R. Hodas, "Enforcement of Environmental Law in a Triangular Federal System: Can Three Not Be a Crowd When Enforcement Authority Is Shared by the United States, the States, and Their Citizens?", 54 *Md. L. Rev.* 1552, 1653 (1995).

④ 参见[意]莫诺·卡佩莱蒂:《比较法视野中的司法程序》,徐昕、王奕译,清华大学出版社2005年版,第389页。

⑤ 参见马怀德:《公益行政诉讼的原告资格及提起条件分析——以两起案件为视角》,载《中州学刊》2006年第3期;黄学贤:《行政公益诉讼若干热点问题探讨》,载《法学》2005年第10期。

然是多余的。①

当代法经济学将人视为"理性人","个人为了自己的私利而行动是人类行为的一个基本前提"②,其代表人物波斯纳认为:"服从法律更多的是一个利益刺激问题,而不是敬重和尊重的问题。"③所以,根据奥尔森的集体行动理论,"除非一个集团中人数很少,或者除非存在强制或其他某些特殊手段以使个人按照他们的共同利益行事,有理性的、寻求自我利益的个人不会采取行动以实现他们共同的或集团的利益。"④而这些"强制或其他某些特殊手段"就是奥尔森所谓的"选择性激励"(selective incentives),激励之所以必须是"选择性的",这样那些不参加为实现集团利益而建立的组织,或者没有以别的方式为实现集团利益作出贡献的人所受到的待遇与那些参加的人才会有所不同。这些"选择性的激励"既可以是积极的,也可以是消极的,就是说,它们既可以通过惩罚那些没有承担集团行动成本的人来进行强制,或者也可以通过奖励那些为集体利益而出力的人来进行诱导。⑤

因而,笔者对于公益诉讼起诉资格授予问题的担忧并不是由此导致的讼累,而是享有公益诉讼起诉资格的当事人由于选择性激励的缺乏而导致的实施不足。在美国法律史上,依据现代公民诉讼条款提起的诉讼已经被比作要求取得罚金诉讼和检举人诉讼。而且,贾菲教授认为"公共诉讼(public action)——由私人提起的主要是维护公共义务实施中的公共利益——长期以来一直是英国和美国法律的一个特点"。⑥ 但是,依据公民诉讼条款提起的诉讼与要求取得罚金诉讼、检举人诉讼最为关键的区别在于要求取得罚金诉讼与检举人诉讼的胜诉人可以获得一些经济利益;与此相反,公民诉讼中的胜诉者没有金钱补偿。正如孙斯坦教授所指出的,"历史表明,奖金(bounty)的目的旨在提供一种激励"⑦,这种激励显然是选择性激励。对此,可能有学者会指出,既然公民诉讼条款没有提供相应的激励机制,为什么不存在实施

---

① 参见王太高:《新司法解释与行政公益诉讼》,载《行政法学研究》2004年第1期。
② 〔德〕柯武刚、史漫飞:《制度经济学:社会秩序与公共政策》,韩朝华译,商务印书馆2000年版,第77—78页。
③ 〔美〕理查德·A.波斯纳:《法理学问题》,苏力译,中国政法大学出版社1994年版,第297页。
④ 〔美〕曼瑟尔·奥尔森:《集体行动的逻辑》,陈郁等译,上海三联书店、上海人民出版社1995年版,第2页。
⑤ 同上书,第41—42页。
⑥ Louis L. Jaffe, "Standing to Secure Judicial Review: Private Actions", 75 *Harv. L. Rev.* 255, 302 (1961).
⑦ Cass R. Sunstein, "What's Standing after Lujan? Of Citizen Suits, 'Injuries', and Article III", 91 *Mich. L. Rev.* 163, 176 (1992).

不足的问题,相反却导致了环境公益诉讼的激增?这是因为,虽然在理论上任何人都可以根据公民诉讼条款提起诉讼,但是美国这一时期的公益诉讼基本上都是由公益律师或公益诉讼组织提起的,他们依赖诉讼来推进以前没有通过诉讼推进的目标。① 并且,这些公益律师或公益诉讼组织基本上都得到了有关基金会的资助。所以,这在一定程度上弥补了公民诉讼的激励不足。当法院对方兴未艾以诉讼导向的改革者政治模式感到不自在的时候,实际损害要件的对抗性功能实际上又为公益诉讼起诉资格的享有者提供了应有的激励机制,有了损害才有诉诸司法解决的动力。

此外,国内学者在论述宏观调控行为的可诉性问题时,认为应当建立"法院之友"制度。② 应该说,这一提议非常具有建设性。"法院之友是欧美法院长期以来惯用的手段,其目的是请当事人(含参加人)以外之第三者提供与案件的解决有用的意见和资料,辅助法院对案件的审理。"③所以,该制度确实能够弥补法官审理宏观调控案件专业知识的不足。但是,笔者认为,该制度或许能够为宏观调控公益诉讼的激励机制提供一个有力的补充,因为,遭受实际损害的普通公众将更容易提起诉讼。可能,这也正是卡佩莱蒂教授所倾向的"把私人的热情与政府的主动和/或监控结合和整合起来,不论是否为专门化的政府机构"的综合模式的原因。

综上,通过对卡佩莱蒂教授所描述的起诉资格授予模式进行一一剖析,我们发现将起诉资格授予私人并不会导致学者们所担忧的讼累,而且实际损害要件在构建符合法院审理要求的"案件"或"争议"的同时,其依附于对抗性功能对公益诉讼起诉资格的享有者也提供了一定的激励机制,因为基于多元主义的视角,公共利益是通过"主观为自己,客观为他人"的模式才得以显现的。并且,在"法院之友"制度的支持下,宏观调控公益诉讼将得以更为便利的提起。所以,笔者赞同卡佩莱蒂教授所倾向的"把私人的热情与政府的主动和/或监控结合和整合起来,不论是否为专门化的政府机构"的综合模式。

四、私人实施的意义

经济的发展需要越来越多的规制型法律(regulation law),专业性和政策

---

① See Robert L. Rabin, "Lawyers for Social Change: Perspectives on Public Interest Law", 28 Stan. L. Rev. 207, 224—231 (1976).
② 参见胡光志:《论宏观调控行为的可诉性》,载《现代法学》2008年第2期。
③ 〔日〕田中英夫、竹内昭夫:《私人在法实现中的作用》,李薇译,法律出版社2006年版,第96页。

性使得"经济法的实现方面体现着浓重的行政主导性特征"①,经济法只有通过富有专业知识和实务经验的公务人员以及有效的行政机构才能得到实际的实施。在各种市场规制法的实施中,公共实施机制发挥着核心作用,私人实施机制只起到补充作用。然而,法的公共实施机制却不能替代私人实施机制,在法律的实施上,如果能让私人与国家机关并行发挥其应有的作用,将会产生更好的效果,"私人利用法院所产生的作用不仅体现在对受害者的救济这一被动方面,还体现在促进法之目标的实现这一积极方面"。②

日本学者川岛武宜在论述经济统制法的实施时指出:"使人们意识到提高国民的'守法精神',也是经济统制取得实效所不可缺少的条件"③,并将公民的"守法精神"概括为主体性意识和建立在价值合法化基础之上的自发的守法动机两个方面。所以,宏观调控法的实施一方面主要依赖于宏观调控主体的实施;另一方面则要依赖于具有"守法精神"的公民自发的私人实施,这不仅能够补偿当事人所遭受的实际损害,更为重要的是,这也将为存在合法性困境的宏观调控权提供一个合法化的机制。所以,我们在宏观调控公益诉讼起诉资格的建构过程中要牢记田中英夫和竹内昭夫教授的告诫:"在司法程序上,就不可能从有助于国民大众懂法用法的角度进行设计,在实体上,也不可能从有助于鼓励一般国民积极参与法之实施的角度起草法案。在这里,国民只是接受治者之统治的客体,不是为追求国民相互间正义、维持秩序而积极参与的主体。如果真正把国民当做实现正义、维护秩序的主体,那么国民影响裁判机构的行为就应当得到鼓励,因为这种行为是通过法院这一公的渠道解决纠纷的一种努力,国家应当在国民的这种行为中感受到国民实现正义的生气和支持国家的活力。"④

---

① 史际春、邓峰:《经济法总论》(第2版),法律出版社2008年版,第64页。
② 〔日〕田中英夫、竹内昭夫:《私人在法实现中的作用》,李薇译,法律出版社2006年版,第7页。
③ 〔日〕川岛武宜:《现代化与法》,申政武等译,中国政法大学出版社2004年版,第49页。
④ 〔日〕田中英夫、竹内昭夫:《私人在法实现中的作用》,李薇译,法律出版社2006年版,第6页。

第五章 诉讼时机的选择

第一节 成熟理论的缘起、标准与限制

具有起诉资格的当事人,不是在任何时候都能提起诉讼。只有当案件已经到可以起诉的阶段,并在一定的时间限度以内,当事人才能提起诉讼。① 成熟理论(the ripeness doctrine)就是这样一个旨在确定司法审查何时适当的工具②,其提出的问题是"所宣称的损害是否已经成熟到足以保证司法干预"。③ 一般而言,在对行政机构的行为进行司法审查的背景下,成熟"不是一个有待审查的行政行为的要件,而是原告和机构之间的司法争议的要件"。④ 成熟理论普遍被认为既是宪法上的规定,又具有司法上的谨慎性。宪法上的规定产生于联邦法院只审理案件或争议的联邦宪法第3条要件。审慎性限制则产生于这样一个事实:大多数法院宁愿避免对推测性的(speculative)案件作出裁决,而遵从对相关领域问题具有更多专业知识的事实调查者(factfinders),裁决具有充分阐述的记录的案件,并避免作出过于广泛的意见,即使这些法院可能合宪的审理该争议。⑤ 所以,成熟理论既关注符合第3条要件的案件或争议是否存在,又关注法院裁决一个可能为时过早的争议是否是明智的。

"成熟作为20世纪的创造"⑥,其与前文所述的政治问题理论和起诉资格的区别不仅在于是否具有历史先例,还在于成熟仅仅是在事实和法律问题成熟之前延缓司法审查,而政治问题理论和起诉资格则可以排除司法审查。但是,为什么需要在政治问题理论和起诉资格这两个可诉性要件之外新造成

---

① 参见王名扬:《美国行政法》,中国法制出版社2005年版,第636页。
② See Erwin Chemerinsky, *Federal Jurisdiction* 98—109 (3rd ed., Aspen, 1999).
③ Gene R. Nichol, Jr., "Ripeness and the Constitution", 54 *U. Chi. L. Rev.* 153, 155, 172—173 (1987).
④ Louis L. Jaffe, *Judicial Control of Administrative Action* 395 (Little, Brown, 1965).
⑤ See Robert C. Power, "Help Is Sometimes Close at Hand: The Exhaustion Problem and the Ripeness Solution", 1987 *U. Ill. L. Rev.* 547, 609—610.
⑥ Robert J. Pushaw, Jr., "Justiciability and Separation of Powers: A Neo-federalist Approach", 81 *Cornell L. Rev.* 393, 493 (1996).

熟这一诉讼时机要件呢?

一、成熟理论的缘起

在联邦可诉性法律中,最古老而又最为一贯的做法是,联邦法院将不会作出咨询意见(advisory opinions)。① 这意味着一个案件必须是最终的并具有拘束力。有学者指出,这显然是马歇尔大法官基于马伯里诉麦迪逊案的考虑。因为,如果法院强制命令送达该委任状,那么杰斐逊总统很有可能无视这一命令,并指示国务卿麦迪逊不要送达。所以,在马歇尔意见的背后是该案的决定随时有可能失去拘束力的威胁。② 其实在该案之前,联邦最高法院的第一任大法官们就阐述了避免作出咨询意见的观点。当时,作为乔治·华盛顿总统政府国务卿的杰斐逊要求法院对于处理与法国之间关系的几个"抽象问题"提供"意见",大法官们拒绝对涉及权力分立的问题提供意见。③ 大法官们指出,联邦最高法院是"法院系统中的最后救济",并且对政府的其他部门具有制约作用。

此外,禁止作出咨询意见还包括要有相对抗的当事人的存在。在 Muskrat v. United States 案中,法院发现这一针对政府的诉讼不具有宪法意义上的可诉性,因为美国"与原告不具有相对抗的利益"。④ 原告仅仅是寻求对特定法律效力的司法宣告,法院宣称其只有在"实际争议"的背景下才能宣布法律的合宪性。⑤ 联邦最高法院同时认为所要求的对抗性不能是虚构的(feigned)和串通的(collusive)。⑥ 因为在虚构或串通诉讼中,双方没有真正的争议。"他们虚构的争议是编造的,以提供一个获取法院解释法律或对其合宪性作出判断的手段"⑦,就其本质而言,仍然是寻求咨询意见。所以,联邦法院不能对法律的抽象问题提供意见,必须就相对抗的当事人之间的实际争议作出裁决。

但是,禁止联邦法院作出咨询意见有时可能使公民陷于霍布森选择(Hobson's choice):(1) 遵守一个据称是违宪的法律(或者是违反法律的行

---

① See Charles Allen Wright, *Law of Federal Court* 65 (5th ed., West, 1994).
② See J. Brian King, "Jurisprudential Analysis of Justiciability Under Article III", 10 *Kan. J. L. & Pub. Pol'y* 217, 222 (2000).
③ See 15 Harold C. Syrett, *The Papers of Alexander Hamilton* 111 (Columbia University, 1969).
④ Muskrat v. United States, 219 U.S. 346, 361 (1911).
⑤ Ibid.
⑥ See United States v. Johnson, 319 U.S. 302, 305 (1943).
⑦ William M. Wiecek, "The Debut of Modern Constitutional Procedure", 26 *Rev. Litig.* 641, 664 (2007).

政规章),或者(2)如果该法律得到维持,那么就会违反该法并面临严重的后果。① 所谓霍布森选择也就是没有选择余地。而且,随着20世纪规制型法律的爆炸性增长,霍布森选择出现的频率也越来越高。② 为了使公民摆脱这一两难困境,美国国会在1934年颁布了《宣告判决法》(The Declaratory Judgment Act)。该法授权联邦法院解释那些尚未适用的法律,只要原告能表明其与威胁要实施该法的被告具有"实际争议"。但是,弗莱彻教授认为,这表明"法院不仅愿意在法律生效之前判决法律是否合宪,而且也愿意以其作为生效的先决条件。尽管要求法院作出宣告判决是以诉讼的形式出现的,其本质却是国会和总统要求法院对他们正考虑施行的法律的合宪性提出咨询意见,同时也明确宣布如果法院认为该法律是违宪的,他们将不会施行"。③

尽管如此,联邦最高法院在1937年裁决《宣告判决法》是合宪的。④ 与此同时,法院发展了成熟理论以决定何时签发宣告判决的救济。因为,"成熟理论非常可能挫败的《宣告判决法》所要实现的意图。如果实施有误,成熟会迫使个人承受牺牲和损害以维护本可能已通过宣告判决裁决的权利。"⑤可见,成熟理论的产生在某种程度上是为了平衡禁止咨询意见的传统态度和《宣告判决法》的现实做法。

二、成熟理论的标准

(一) 标准的提出

成熟理论已经演化了多年,但是经常被引用的一个考察问题是否成熟以适于裁判的开创性案件是 United Public Workers of America v. Mitchell 案。在 Mitchell 案中,寻求反对美国公务员委员会的宣告救济(declaratory relief)和禁令(injunction)的政府工作人员,质疑了《哈奇法》(the Hatch Act)有关"联邦政府行政部门的官员或雇员不得积极参与任何政治管理或政治运动"⑥的规定。法院最终裁定,只有已经违反该法的雇员才具有一个成熟的

---

① S. Rep. No. 1005, 73rd Cong., 2d Sess. 2—3 (1934).转引自 Robert J. Pushaw, Jr., "Justiciability and Separation of Powers: A Neo-federalist Approach", 81 *Cornell L. Rev.* 393, 494 (1996).
② Robert J. Pushaw, Jr., "Justiciability and Separation of Powers: A Neo-federalist Approach", 81 *Cornell L. Rev.* 393, 494 (1996).
③ William A. Fletcher, "The Structure of Standing", 98 *Yale L. J.* 221, 282 (1988).
④ See Aetna Life Insurance v. Haworth, 300 U.S. 227 (1937).
⑤ William M. Wiecek, "The Debut of Modern Constitutional Procedure", 26 *Rev. Litig.* 641, 666 (2007).
⑥ United Public Workers of America v. Mitchell, 330 U.S. 75, 82 (1947).

主张。① 至于那些还没有被指控具有违法行为,而只是希望开展政治活动的原告,是禁止对他们作出裁决的。② 法院认为,司法审查的权力是受到严格限制的:"宪法将国家司法权分配给联邦法院。除非法院尊重对这一特有权力的限制,否则它们侵犯了授予立法部门或行政部门的权力。对三权分立原则的司法遵从保证法院对诉讼当事人间的能够得到有效裁决的争议问题作出决定……当法院按照宪法对其权力边界所实施的限制行事,它们履行其职责的能力,即作为保障人民免受政府其他部门权力滥用的危害的制衡机制仍然没有受到损害。要是法院扩张权力是为了管辖那些还没有得到很好界定的有关宪法问题的争议的话,那么它们将成为政治理论的机构。这类滥用司法权力的行为必然会遭到其他部门的非难(rebuke)和限制。通过政府部门间的这一相互制衡机制,民主承担了保护人民自由,免受集权危害的责任……"③

虽然 Mitchell 案要求实际起诉(actual prosecution),而不仅仅是一个假设的威胁,联邦最高法院有时也会放松这种标准来裁决重要的宪法问题。例如,在 Adler v. Board of Education 案中,联邦最高法院的多数维持了纽约的《范伯格法》(Feinberg law),该法授权开除任何支持或属于任何主张以武力或暴力推翻政府的组织的教师。④ 弗兰克福特大法官,在其异议中虽然没有提及成熟,但认为该案中的事实,"还达不到 Mitchell 案所认定的时机不成熟的情况"。⑤ 因此,在 Adler 案中,虽然缺乏一个具体情况,如实际起诉,法院仍然进行干预并裁决了一个宪法问题。⑥ 尽管弗兰克福特大法官在 Adler 案中持强烈的反对意见,他还是指出,"'终局性(finality)'不是……一个僵化运用的原则。"⑦ 此外,"'可诉性'是否存在……最常见的就是既要考察问题适于法院裁决的适合性(appropriateness),又要考察否决司法救济所造成的困难。"⑧ 这一标准的确切表述在成熟理论的标志性案件 Abbott Laboratories v. Gardner 案中得到了回应。

在 Abbott Laboratories 案中,食品和药物管理局局长签发了一项新条例,该条例要求处方药的制造商每一次(every time)将药物商品名印制在药瓶上

---

① See United Public Workers of America v. Mitchell, 330 U.S. 75, 91—92 (1947).
② Ibid., 89 (1947).
③ Ibid., 90—91 (1947).
④ See Adler v. Board of Education, 342 U.S. 485, 490, 496 (1952).
⑤ Ibid.
⑥ Ibid.
⑦ Joint Anti-Fascist Refugee Comm. v. McGrath, 341 U.S. 123, 156 (1951).
⑧ Ibid.

的时候都必须在标签上印刷其通用名称。这项条例是该规制机构根据《联邦食品、药品和化妆品法》(FDCA)有效实施条款的实施权而制定的。《联邦食品、药品和化妆品法》的一项修正案要求处方药的通用名称必须印刷在商品名下面,以帮助消费者更容易地识别通用名,并且更便宜地获得相当的药物,从而减少医疗保健费。该制药公司指控说,"每一次"条款将强加大量的印刷成本,并且是一项过分严厉的规制负担。① 在该公司提起诉讼之前,食品和药物管理局局长没有暂停任何违反该新的标识规定的药物注册。该质疑并非基于实际发生的损害,而是担心该公司将处于为了质疑该条例不得不冒暂停风险的不幸的两难困境之中。② 也就是说,雅培制药公司(Abbott Laboratories)面临着一个典型的霍布森选择:如果法院驳回了他们对这些条例的挑战——他们可能遵守这些条例并承担巨额费用;或违反这些条例,从而由于从事标识不符的药品交易而冒遭受刑事和民事制裁的风险。③

为法院撰写法律意见的哈兰(Harlan)大法官认为,修订后的《联邦食品、药品和化妆品法》并没有禁止实施前的审查。④ 并且,在指出在这种案件中所寻求的衡平救济的自由裁量性质之后,他指出,"不需要对成熟理论的复杂性进行调查,就可以直接说,其基本原理是:通过避免过早裁决,防止法院使其自身纠缠于行政政策的抽象分歧之中,也保护规制机构只有在行政决定已正式化以及它的效果能够以具体的方式为质疑的当事人所感知时才能受到司法干涉。这个问题最好从两个方面来考察,即需要我们既要考察问题适于司法裁决的适合性(fitness),又要考察推迟法庭审议给当事人所造成的困难性(hardship)。"⑤可见,哈兰大法官提出了一个由"适合性"和"困难性"两方面组成的成熟标准。对此,有学者认为,Abbott Laboratories 案提出的由两方面组成的标准允许更为灵活的结果,并且一直为法院所引用以确定一个案件的裁决时机是否已经成熟。⑥ 因此,虽然成熟标准是在 Mitchell 案中提出的,法院也承认这一标准不必过于僵化,由此更倾向于这个由 Abbott Laboratories 案中提出的由两方面组成的标准。

在 1967 年之前,可诉性法上的行为模式是:规制机构的行为直到政策已实施或质疑的当事人成为某个执行行为的对象时才能对其进行质疑。这虽

---

① See Abbott Laboratories v. Gardner, 387 U. S. 136, 139 (1967).
② Ibid., 152 (1967).
③ Ibid., 152—154(1967).
④ Ibid., 139—148 (1967).
⑤ Ibid., 149 (1967).
⑥ See Marla Mansfield, "Standing and Ripeness Revisited: The Supreme Court's 'Hypothetical' Barriers", 68 *N. D. L. Rev.* 1, 70 (1992).

然不是硬性规定,但它是一个不鼓励在实施之前提起诉讼的"主流观点"。①而 Abbott Laboratories 案改变了这一行为模式,并打开了在实施之前进行质疑的闸门。

(二)标准的提炼

1. 适合性

成熟理论标准的适合性方面主要考察争议问题是否具有法律性质以及规制行为的终局性(finality)。争议中提出的问题要适合由法院作出裁决,它们在很大程度上应该具有法律性质,并且不应该要求进一步的事实发展。在 Abbott Laboratories 案中,双方都认为争议问题纯粹是法律性质的。②

此外,适合性也通过争议行为或不作为的终局性来衡量的。对于规制机构而言,最终行为"必须表明其决策过程的完成",而不应"仅仅是初步的或中间性的"。③ 鉴于现代官僚机构(政府的"第四部门")所采取的易变的、持续性的决策方式的趋势,规制行为要成为终局性的,"必须是它的权利或义务已经确定,或者随之而来的就是它的法律后果"。④ 最终的规制机构行为的例子有:条例在《联邦条例法典》(the Code of Federal Regulations)上的公布,拒绝外国申请人移民的命令的签发,等等。规制机构不能"指望通过隐藏终局条款来逃避司法审查"。⑤ 当质疑者确立成熟的唯一障碍是机构被告的样板否认声明的时候,即它的行为不能被视为司法审查意义上的最终机构行为,质疑者将胜诉。

联邦最高法院甚至在两个案件中将整个成熟理论转变为"终局性"。在 Port of Boston Marine Terminal Association v. Rederiaktiebolaget Transatlantic 案中,法院在描述终局性要件时似乎以不同的术语重述了这一相同的由两部分组成的调查:"在裁决终局性时的相关考量是行政决策过程是否已经达到了这样一个阶段,即司法审查不会打断有秩序的审判过程,以及权利或义务是否已确定或法律后果是否将因该机构行为而生。"⑥在 Federal Trade Commission v. Standard Oil Co. 案中,法院裁定,在该机构的实施程序完成之前,

---

① See Ronald A. Cass et al., *Administrative Law: Cases and Materials* 373 (3rd ed., Aspen, 1998).
② See Abbott Laboratories v. Gardner, 387 U.S. 136, 149 (1967).
③ Bennett v. Spear, 520 U.S. 154, 178 (1997).
④ FTC v. Ruberoid Co., 343 U.S. 470, 487 (1952).
⑤ Dart v. United States, 848 F.2d 217, 224 (D.C. Cir. 1988).
⑥ Port of Boston Marine Terminal Association v. Rederiaktiebolaget Transatlantic, 400 U.S. 62, 71 (1970).

包含在行政申诉中的指控不受司法审查。① 法院认为,申诉不够明确以构成"最终的机构行为",因为它的唯一效果是启动了(set in motion)该机构的裁决程序②,与 Abbott Laboratories 案中被审查的条例相比,它没有法律效力。③ 法院还研究了当前司法审查的潜在影响,得出的结论是审查可能会干扰该机构的正常运作并成为法院的一个负担。④

2. 困难性

成熟理论标准的困难性方面是考察规制行为所造成的损害的性质和程度。就损害的性质而言,"经济损失本身并不是一个充分的利益"⑤,在 Abbott Laboratories 案中,雅培制药公司的损失不限于经济损失,还包括重新设计和印刷标签所涉及的劳动成本。困难性还可以表现为质疑者声称它"遭受到有关法规含义之内的机构行为的不利影响或损害",规制机构被迫面对实施之前的诉讼而遭受的困难也应该考虑在内⑥,因为成熟标准中的"当事人"不仅包括作为原告的被规制人,还包括作为被告的规制机构。

就损害的程度而言,机构行为的影响是否足够"直接(direct)和紧迫(immediate)"⑦以支持司法审查。在 Abbott Laboratories 案之后,一个重要的问题是,机构行为是否要求原告在昂贵的守法成本和在其业务或非诉活动中冒不守法的风险之间进行选择。⑧ 实际上,不少法院在回答这个问题时,已经权衡了由于推迟司法审查而带来的业务困难的严重性。例如,如果一个新的规制政策在受到实施前的审查之前,很可能对整个行业已经造成经济损失或不利影响,困难或许就是成熟意义上的充分了。⑨

有学者指出,这一更为广泛却又不失重点的困难性调查允许法院审议各种行政行为。⑩ 这是因为许多机构行为所施加的负担足以提出一个成熟的争议。许多机构行为对企业或个人具有"涟漪"(ripple)效应,甚至是一个按照制定法或规制条款含义得出的抽象意见在某些情况下就可以施加巨大的

---

① See Federal Trade Commission v. Standard Oil Co., 449 U.S. 232, 235 (1980).
② Ibid., 239—242 (1980).
③ Ibid., 242 (1980).
④ Ibid.
⑤ Abbott Laboratories v. Gardner, 387 U.S. 136, 153—154 (1967).
⑥ See In re Combustion Equipment Association v. EPA, 838 F.2d 35, 39 (2d Cir. 1988).
⑦ Abbott Laboratories v. Gardner, 387 U.S. 136, 152 (1967).
⑧ See Texaco, Inc. v. Department of Energy, 490 F. Supp. 874, 882 (D. Del. 1980).
⑨ See Rocky Mountain Oil & Gas Association v. Watt, 696 F.2d 734, 741—743 (10th Cir. 1982).
⑩ See Robert C. Power, "Help Is Sometimes Close at Hand: The Exhaustion Problem and the Ripeness Solution", 1987 *U. Ill. L. Rev.* 547, 608 (1987).

负担。①

3. 小结

当然,法院在进行成熟标准的"适合性"和"困难性"分析的时候,并不是将两者截然分开,更多的时候是将两者糅合在一起。例如,在 Dietary Supplemental Coalition, Inc. v. Sullivan 案中,第九巡回法院解释了成熟标准的这两项要件:"适合性要件要求问题主要是法律上的,没有进一步的事实发展的必要,并涉及一个最终的机构行为……为了满足困难性要件,当事人必须证明推迟的司法审查会导致直接和紧迫的困难,并将导致更多的潜在经济损失。"②该案涉及一个对食品和药物管理局(FDA)的规制函的质疑,该规制函规定膳食补充辅助酶(a dietary supplement co-enzyme)是一种未经批准的食品添加剂。法院认为,这一非正式的函件没有满足成熟的标准。因为:第一,这个问题主要不是法律上的问题,因为它需要机构作出适用于原告特定产品的事实裁决。③ 第二,原告没有证明,推迟的审查会导致直接和紧迫的困难。④ 查封和强制令(injunction action)的危险被认为"过于推测性不足以构成司法干预的根据"。⑤ 至多只有潜在的经济损失,其不足以构成要求绕开(bypass)最终的机构行为的充分困难。

通过对成熟理论标准的"适合性"与"困难性"这两个维度的提炼,我们可以发现,Abbott Laboratories 案所提出的标准的一个持久的好处是,它明确界定了与成熟分析相关的因素。大多数意见都是参考这个由两部分组成的成熟标准,然后依次进行处理。这种相对简单的方法通过允许关注案情摘要(briefing)和说理(arguments)以及减少以前裁决的有关含义的混淆,从而有助于法院和诉讼当事人。⑥ 因此,大多数成熟裁决很少有变化,基本上按照 Abbott Laboratories 案的标准:首先,法院审查适于司法审查问题的适合性,既要考虑案件提出的是否是法律问题,又要考虑机构行为是否是最终的;其次,在处理困难性时,既要考察否决司法审查对原告带来的困难,又要考察允许司法审查对规制机构造成的抵消的困难(countervailing hardship)。在实践中,该成熟标准已被证明是灵活的和有效的。法院运用其检验各种各样的行政解释、甚至机构"不作为"的司法审查的恰当性。实际上,成熟理论之所运

---

① See National Automatic Laundry & Cleaning Council v. Shultz, 443 F. 2d 689 (D. C. Cir. 1971); Standard Oil Co. v. Department of Energy, 596 F. 2d 1029.
② Dietary Supplemental Coalition, Inc. v. Sullivan, 978 F. 2d 560, 562 (9th Cir. 1992).
③ Ibid., 562—563 (9th Cir. 1992).
④ Ibid., 564 (9th Cir. 1992).
⑤ Ibid.
⑥ See 4 Kenneth Culp Davis, *Administrative Law Treatise* 369 (2d ed., K. C. Davis, 1983).

作良好,是因为 Abbott Laboratories 案提出的标准已被作为一个利益衡量的机制。

(三) 标准的利益衡量

虽然 Abbott Laboratories 案所提出的标准并没有说法院应该进行利益衡量,但是,在对上述标准适用过程中,法院已经将其作为一个利益衡量的手段。Abbott Laboratories 案只不过设立了两个寻求成熟的先决条件——适合性和困难性,然而,法院在裁决案件的司法审查时机是否成熟的过程中已确定和衡量了相关的因素。

哥伦比亚特区巡回法院将该方法描述如下:"现在需要的是,那些遭受被质疑行为'直接和实际影响'的人寻求救济的利益在重要性方面超过了(outweigh)推迟审查直到这个问题在以某些更具体和最终的形式提出的时候法院和机构的利益。后者的利益包含在 Abbott Laboratories 案的'两部分组成'调查的前半部分'问题适于司法裁决的适合性',而前者的利益在后半部分'推迟法庭审议对当事人造成的困难'中得以表达。"① 对此,戴维斯教授也指出,"成熟法律现在的关键在于衡量私人当事人的困难与提供救济对司法职能可能造成的损害……在由机构工作人员提供的随机和非最终的答复与由机构的高层官员提供的深思熟虑的和最终的裁决之间进行划界;这条界线也不是一成不变的,而是随着其他进入这一权衡过程的因素而不断变化,例如,困难的不确定性的程度与问题适于司法裁决的适合性的程度。"②

因此,在实践操作中,成熟理论确定赞成和反对司法审查的因素,并根据它们的相对权重来决定司法审查是否适当。在 Abbott Laboratories 案及它的同类型案件中确定的衡量因素——问题的法律性质、终局性、对原告的影响以及对行政的干扰——对成熟调查增加了某些要件。因此,如果涉及事实问题,并且机构作出的对寻求审查的当事人造成不利影响的只是初步的决定,法院有充分理由拒绝司法审查,只有最严重的困难才能在重要性方面超过这些原因。③ 同样,如果困难很少或根本不存在,"只需要在最低限度上表明抵消的(countervailing)司法或行政利益,如果有的话,就能够实现反对审查的衡量。"④

即使法院没有阐述成熟标准以要求利益平衡,如果必要的分析涉及对相

---

① Continental Air Lines v. Civil Aeronautics Bd., 522 F. 2d 107, 124—125 (D. C. Cir. 1975).
② 4 Kenneth Culp Davis, *Administrative Law Treatise* 411 (2d ed., K. C. Davis, 1983).
③ See Public Citizen Health Research Group v. Commissioner, FDA, 740 F. 2d 21 (D. C. Cir. 1984).
④ Diamond Shamrock Corp. v. Costle, 590 F. 2d 670, 674 (D. C. Cir. 1978).

关因素的务实评价,一个权衡过程是不可避免的。因为:首先,标准的困难性维度必然涉及平衡。除非原告遭受机构行为的某些方面的损害时,他或她没有起诉资格①,法院就没有必要考虑成熟。一旦越过起诉资格这一门槛,否定司法审查的困难就不是一个简单的"是或否"的问题,而必定是一个将导致"多少"困难的问题。同样,允许司法审查而给政府带来的困难范围也从无足轻重的(例如司法审查只是要求机构在它希望这样做之前进行辩护)②到重大的(例如司法干预妨碍了正在进行的行政诉讼)③。法院在考察是否允许司法审查的不同案件中应该并确实是在考虑不同程度的困难。其次,标准的适合性维度也不能简化为"是或否"的调查。戴维斯教授指出,"问题不能被分类为适合或不适合审查,因为……适合性和困难性是必须同时考虑的变量。"④有时推迟对一个"纯粹的法律问题"进行司法审议直至该机构作为也是恰当的,因为允许机构矫正它们自己所犯错误的利益的存在,法院不应贸然把这些应该受到行政申诉或复议的决定列为最终的机构行为。⑤

综上,由两部分组成的成熟标准的每一个方面——适合性和困难性都是广泛存在的,并且法院不能在特定案件中通过简单的分类来解决它们的相对权重。因此,"成熟标准必然包括一个个案考察的过程,将避免司法审查时的利益——'不适合性'和政府的困难,与否定司法审查时对原告造成的困难进行权衡"。⑥

三、成熟理论的限制

成熟理论的上述标准已经得到了第九巡回法院的阐释:"根据成熟理论,一个机构在司法审查是恰当的之前必须采取'最终的'行为……终局性的标志包括:被质疑的行政行为应该是对机构立场的明确声明;该行为对起诉的当事人的日常事务应该有一个直接和紧迫的影响;该行为应具有法律地位;立即遵守法律条款应该是可预期的;该问题应是一个法律问题。"⑦但是,

---

① See, e. g., Allen v. Wright, 468 U. S. 737, 751 (1984); Valley Forge Christian College v. Americans United for Separation of Church & State, 454 U. S. 464, 472 (1982); Schlesinger v. Reservists Comm. to Stop the War, 418 U. S. 208, 220 (1974); Linda R. S. v. Richard D., 410 U. S. 614, 617 (1973).
② See Abbott Laboratories v. Gardner, 387 U. S. 136, 154 (1967).
③ See Federal Trade Commission v. Standard Oil Co., 449 U. S. 232, 242 (1980).
④ 4 Kenneth Culp Davis, Administrative Law Treatise 405 (2d ed., K. C. Davis, 1983).
⑤ See United States v. California Care Corp., 709 F. 2d 1241, 1248 (9th Cir. 1983).
⑥ Robert C. Power, "Help Is Sometimes Close at Hand: The Exhaustion Problem and the Ripeness Solution", 1987 U. Ill. L. Rev. 547, 611 (1987).
⑦ Mt. Adams Veneer Co. v. United States, 896 F. 2d 339, 343 (9th Cir. 1990).

成熟理论在运用过程中由于规制机构颁布的条例或规则的性质不同而受到了一定的限制。

(一) 义务创建规则与利益授予规则

在 Reno v. Catholic Social Services① 案中,联邦最高法院对 Abbott Laboratories 案的成熟理论施加了一个重要的限制。一项法律建立了一个外国人合法化的计划,根据该法,美国的非法移民通过证明其自 1982 年以来在这个国家的连续居住即可以申请居民资格(resident status)。② 移民局颁布条例,规定"短暂的、临时的和没有恶意的"离开美国不会违反所需的连续性。③ 然而,移民局表示只有在外国人离开美国之前已经获得移民局的批准,即众所周知的"提前离境许可"(advance parole),才会考虑一个"短暂的、临时的和没有恶意的"离开。④ 原告们提起集团诉讼以质疑提前离境许可条例。

Abbott Laboratories 案中的成熟理论之所以是正确的,是因为 Abbott Laboratories 案中的条例使得原告处于一个紧迫的两难困境之中——在遵守涉嫌违法之法与冒着违法被处罚的风险之间作出抉择。其他案件表明,并不是所有的条例都是这样的;在某些案件中,直到条例通过某些具体行为已被适用于原告,该条例的审查时机才成熟。在法院看来,移民局的条例"属于后面一种情况"。⑤ 正如苏特大法官所指出的,"它们对违反任何新规定的限制并没有实施任何惩罚,而是限制获得《改革法》所创建的利益,而该利益也不是自动的赋予符合条件的外国人"。⑥ 渴望得到该利益的外国人必须采取进一步的措施——申请居民身份。"在这种情况下,受质疑条例的颁布本身并没有给予每个外国人成熟的诉讼请求;一个……诉讼主张只有在移民局通过对其适用该条例而堵塞了他的途径之前采取了积极的措施,才可能是成熟的。"⑦

基于成熟的目的,Catholic Social Service 案将义务创建规则(a duty-creating rule)与利益授予规则(a benefit-conferring rule)进行了区分。法院认为,Abbott Laboratories 案的成熟做法并不适用于一项利益授予规则,而只是适用于一项义务创建规则。⑧ 就成熟而言,这两种类型规则的区别是由奥康纳

---

① Reno v. Catholic Social Services, 509 U.S. 43 (1993).
② Ibid., 50 (1993).
③ Ibid., 47 (1993).
④ Ibid.
⑤ Ibid., 58 (1993).
⑥ Ibid.
⑦ Ibid., 59 (1993).
⑧ Ibid., 70 (1993).

(O'Connor)大法官解释的:"即使他在其预想的行为中成功了,只有该可能的受益人(the would-be-beneficiary)实际上申请了该利益,他才有可能获得;并且该机构还可以拒绝授予他该项利益,理由无非就是依据该规则他没有资格。相比之下,一个成功的质疑义务创建规则的诉讼将立即减轻原告的负担,否则,他还将继续承受。"①

所以,根据 Catholic Social Service 案,如果原告还没有申请一项利益,质疑该利益授予规则的诉讼就是不成熟的。显然,这与 Abbott Laboratories 案的成熟理论不完全一致,因为根据该案,如果一项规则通过给原告强加负担而产生了一个直接的不利影响,即便在它被适用于一个特定案件之前,就应该受到立即的审查。

(二) 任意性规则与强制性规则

在 Abbott Laboratories 案的一个姊妹案 Toilet Goods Association v. Gardner 中,法院认为被质疑条例的审查时机还没有成熟。该条例授权规制机构对拒绝机构雇员自由获取某些信息或利用某些设施的企业采取执法行为。②虽然法院承认,本案提出了一个法律问题,并且该规章也构成了"最终机构行为"③,但是它的结论仍然是实施前的审查是不适合的。因为,该规章的任意性(permissive)而不是强制性(mandatory)在若干方面告诫法院不要对其进行审查。该机构是依据国会颁布的法规制定这一规则的,"为了有效实施"规制项目,该法规授权制定该条例。法院认为,在一个具体实施程序中,其根据成熟理论对该条例进行审查将更有效。④ 法院于是认定困难性(hardship)缺乏,主要是因为该规章可能不会产生什么影响⑤,除非直到该机构试图通过采取惩罚性措施来对其强制实施,而这些措施将受到程序性保护和司法审查。⑥

综上所述,笔者认为,法院在裁判成熟案件的时候区分义务创建规则与利益授予规则以及任意性规则与强制性规则,其本意可能并不是真正的限制成熟理论,甚至在某种意义上正是严格执行成熟标准,因为在 Catholic Social Service 案与 Toilet Goods Association 案中的规则似乎尚未造成"直接和紧迫"的损害。固然,当机构行为强迫当事人在忍受耗费巨大的遵守措施与承担民

---

① Reno v. Catholic Social Services, 509 U.S. 43, 68 (1993).
② See Toilet Goods Association v. Gardner, 387 U.S. 158, 161 (1967).
③ Ibid., 162—163 (1967).
④ Ibid., 163 (1967).
⑤ Ibid., 164 (1967).
⑥ Ibid., 165 (1967).

事或刑事处罚的风险之间进行选择时,它的审查时机通常是成熟的。但是这样一种霍布森选择是可遇而不可求的,Abbott Laboratories 案之所以成功的提出成熟理论显然具有一定的偶然性。此外,这也证明了上文所述的成熟理论的双重属性:既是联邦宪法第 3 条要件的要求又是司法上审慎性(自由裁量性)的要求。正如却伯教授所指出的,"将一个案件归类为联邦裁决上的未成熟不能被归纳为一个完全有序,更不用说是一个具有高度原则性和可预测的过程。……目前还不清楚,进行这类回避裁决的司法裁量权是否可以在不过分限制明智的履行第 3 条职能所必需的灵活性的情况下而受到显著的限制。"①所以,如果说对成熟理论有什么限制的话,可能就是对成熟理论中的审慎性方面的限制。

第二节 成熟理论的界分

一、成熟理论、穷尽救济理论与终局性理论

(一) 问题的提出

法院在运用成熟理论的时候会和与其有密切关系的穷尽救济理论(the exhaustion doctrine)和终局性理论(finality doctrine)产生争斗(struggle)。② 例如,在 Ticor Title Ins. Co. v. FTC 案中,华盛顿特区巡回法院的三位法官写了三份独立的意见,但得出同样的结论,而且他们的结论分别以上述三种不同的理论为基础。Ticor 案中的原告们提起诉讼,要求法院对《联邦贸易委员会法》(the Federal Trade Commission Act)的第 5 条第 2 款作出违宪的宣告判决,并且作出禁令以反对联邦贸易委员会对他们提起的诉讼。地区法院驳回了这一要求,认为它的裁决时机还不成熟。③ 原告上诉到华盛顿特区巡回法院。

在上诉中,华盛顿特区巡回法院维持了地方法院的裁决,但是,每个法官根据不同的理论作出了他或她的决定。爱德华兹(Edwards)法官认为,原告未能穷尽其现有的救济,因此在这一行政过程完成之前不能提出他们的宪法主张。④ 爱德华兹法官指出,原告向法院提出了一个宪法性质疑,而在同时,

---

① 1 Lawrence Tribe, *American Constitutional Law* 344 (3rd ed., Foundation, 2000).
② See Kenneth Culp Davis and Richard J. Pierce, *Administrative Law Treatise* 305 (3rd ed., Little, Brown, 1994).
③ See Ticor Title Insurance Co. v. FTC, 814 F.2d 731, 732 (D.C. Cir. 1987).
④ Ibid.

对联邦贸易委员会所提出的控诉(complaint)的其他非宪法性辩护仍在正在进行的行政过程之中。① 因为原告没有提出足以符合公认的穷尽救济理论例外的事实,原告不得不等到他们救济穷尽之后,再向联邦法院提出他们的宪法性质疑。②

威廉姆斯(Williams)法官根据终局性理论撰写了他的意见。他指出,法院往往将穷尽救济理论、终局性理论和成熟理论混合(mingle)在一起,但是每个理论就分析而言都是截然不同的。③ "穷尽救济用于诉讼当事人必须采取的措施,终局性面对的则是该机构行为的完成。"④威廉姆斯法官指出,根据该案的具体情况,原告不能寻求司法审查,因为该机构没有发出最后的命令。最后的命令施加一项义务或否决一项权利。⑤ 因为原告的宪法性质疑不是源于已经对其施加义务或否决法律权利的行政命令,地区法院的裁决应该得到维护。⑥

然而,格林(Green)法官根据成熟理论撰写了她的意见。成熟理论考察"问题适于司法裁决的适合性与给予或否决审查给当事人带来的困难性"。⑦格林法官认为,原告的宪法性主张适合审查,但原告没有表明如果法院不予审查他们的主张将会发生的任何困难。因此,格林法官认为,地区法院基于未成熟驳回该案的裁决应予以维持。⑧

可见,成熟理论、穷尽救济理论和终局性理论的都在一定程度上涉及司法审查的时机,并且所有这三种理论都可能拒绝司法救济。并且,法院有时还交替的使用它们。那么,由此引发的问题是,在运用成熟理论的时候,如何将其与穷尽救济理论和终局性理论进行区分,或者说有没有必要进行区分?

(二) 穷尽救济理论的政策基础

穷尽救济理论是指当事人在完成恰当的行政程序之前,禁止其提起要求司法审查的诉讼。⑨ 如果国会没有明确规定穷尽救济,法院在决定是否要求当事人在提起司法审查之前穷尽救济具有自由裁量权。⑩ 要作出这样的决

---

① See Ticor Title Insurance Co. v. FTC, 814 F.2d 731, 732 (D.C. Cir. 1987).
② Ibid., 743 (D.C. Cir. 1987).
③ Ibid., 745 (D.C. Cir. 1987).
④ Ibid., 746 (D.C. Cir. 1987).
⑤ Ibid., 746 (D.C. Cir. 1987).
⑥ Ibid., 750 (D.C. Cir. 1987).
⑦ Ibid., 735 (D.C. Cir. 1987).
⑧ Ibid., 756 (D.C. Cir. 1987).
⑨ See McKart v. U.S., 395 U.S. 185, 193 (1969).
⑩ See McCarthy v. Madigan, 503 U.S. 140, 144 (1992).

定,法院要注意穷尽救济理论的潜在政策以及可适用法规背后的国会意图。[1] 戴维斯教授指出,有六个方面的政策支持穷尽救济理论:"(1) 机构的设立是为了通过阐述事实、运用其专业知识、并行使自由裁量权,将法定的计划实施于特定的事实情况;(2) 让该机构不间断的履行其职能,将比让司法部门在每个阶段进行干预更有效率;(3) 机构自治;(4) 通过让机构阐发特定案件的事实,从而有助于司法审查;(5) 让机构纠正自己的错误,从而向法院提起的诉讼可能会减少;(6) 最后,如果不要求穷尽救济而进行司法审查,可能会鼓励当事人规避这一过程,从而降低机构的效率。"[2] 有学者认为,戴维斯教授提出的六个理由大致可以归纳为四大类:机构自治、机构专长、司法经济、司法审查。[3] 前两类涉及行政利益,其中包括机构的自主性以及让机构将其专长运用到争议问题;后两类涉及司法利益,包括促进司法经济和协助司法审查。[4] 这四大类分别是:

1. 机构自治

穷尽救济理论通过让机构在不必考虑法院(without involving)的情况下解决问题,从而尊重了机构自治。穷尽救济理论认识到,机构而不是法庭,应该对国会让它们来管理的项目负首要责任。[5] 这一看法加强了以下的观念,即在机构已经完成它的行为或明显超出了它的管辖权之前,该机构是一个被授予了法院不应该干预的权力与职责的独立主体。因此,法院不应通过干涉本应该通过行政过程解决的行为而削弱机构的权力。[6] 如果机构已经被赋予了特定的自由裁量权,那么机构自治就显得尤为重要。[7]

2. 机构专长

穷尽救济还允许行政机构"在它的专长领域内采取行动,运用它的专门知识,并纠正它自己的错误"。[8] 国会授权规制机构在其具有专门知识的特殊领域的进行监督的权力。通过要求个人穷尽救济,机构均可以运用这一知识和专长。允许机构运用它们的专长也使其能够改正自己的错误。"当一

---

[1] See Patsy v. Board of Regents of Florida, 457 U. S. 496, 501—502 (1982).
[2] Kenneth Culp Davis and Richard J. Pierce, *Administrative Law Treatise*, 309 (3rd ed., Little, Brown, 1994).
[3] See Rebecca L. Donnellan, "The Exhaustion Doctrine Should Not Be a Doctrine With Exceptions", 103 *W. Va. L. Rev.* 361, 366—369 (2001).
[4] See Marcia P. Gelpe,"Exhaustion of Administrative Remedies: Lessons from Environmental Cases", 53 *Geo. Wash. L. Rev.* 1, 10—11 (1984).
[5] See McCarthy v. Madigan, 503 U. S. 140, 145 (1992).
[6] See McKart v. U. S. , 395 U. S. 185, 193 (1969).
[7] See Louis L. Jaffe, *Judicial Control of Administrative Action* 425 (Little, Brown, 1965).
[8] Mullins Coal Co. v. Clark, 759 F.2d 1142, 1145 (4th Cir. 1985).

个机构有机会纠正自己的错误,司法争议很可能已过时(mooted),或至少零星的上诉是可以避免的。"① 如果允许公民直接诉诸联邦法院而不让机构有机会改正错误,就可能过早的干预了该机构的进程。从长远来看,这可能阻止了机构的有效运作。②

所以,允许机构改正自己的错误有以下优点:首先,自我纠正增进了公众对该机构的信心。③ 由于该机构所具有的规制作用,这在某种意义上是很重要的。如果公民不相信该机构可以得出正确的决策,那么他们就不会信任行政过程。其次,通过获得花费较少的行政救济,而不是更昂贵的司法救济,穷尽救济提供了好处。④ 最后,自我纠正使机构更好地了解自己的决定是如何影响公众的。⑤

3. 司法经济

穷尽救济理论也促进了司法经济,因为争议留给了机构而没有诉诸法院。⑥ 如果申诉人通过机构进程得到一个令人满意的决定,那么该问题就解决了。相反,如果申诉人不满意该机构的决定,那么法庭将受益于该机构的记录和事实调查结果。⑦ 法院通常会遵从机构的事实调查结果,如果穷尽救济的话,也会遵从该机构由此得出的决定。⑧ 通过坚持机构的专业知识的应用,尤其是针对复杂的事实问题,这将导致更准确的决策。⑨

4. 司法审查

穷尽救济有助于司法审查,因为规制机构通过行政过程将会为法院的审查提供一个已经完备的(developed)记录。为此,机构充当了事实调查者(factfinders)。⑩ 如果没有穷尽救济的要件,可能会导致一些纠纷的事实记录不完整。在涉及复杂的事实裁决或者涉及机构的专门知识的情况下,这更有可能发生。⑪ 此外,由于机构的专家在该领域的专长,能够比法院更有效

---

① McKart v. United States, 395 U. S. 185, 195 (1969).
② Ibid., 193—194 (1969).
③ See Marcia P. Gelpe, "Exhaustion of Administrative Remedies: Lessons from Environmental Cases", 53 *Geo. Wash. L. Rev.* 1, 16 (1984).
④ Ibid.
⑤ See McKart v. United States, 395 U. S. 185, 195 (1969).
⑥ Ibid.
⑦ Ibid.
⑧ See Marcia P. Gelpe, "Exhaustion of Administrative Remedies: Lessons from Environmental Cases", 53 *Geo. Wash. L. Rev.* 1, 12 (1984).
⑨ Ibid., 22 (1984).
⑩ See Robert Power, "Help is Sometimes Close at Hand: The Exhaustion Problem and the Ripeness Solution", 1987 *U. Ill. L. Rev.* 547, 555 (1987).
⑪ Ibid.

的审查材料,更准确的考察信息。①

总之,穷尽救济理论背后的政策,正如联邦最高法院在 Far Eastern Conference v. United States 案中指出的,"在提出的事实上的争议不在法官的传统经验范围之内的,或者要求行使行政自由裁量的案件中,由国会为了规制这些事项而建立的规制机构不应该被置之不理。即便已经过专业化的智能(specialized competence)考察的这些事实充当了有待司法界定的法律后果的前提时,也是这样。通过首先诉诸在专门化(specialization)、藉由经验获得的洞察力以及更为灵活的程序方面比法院能力更强的规制机构,来查明和解释作为法律争议基础的各种情况,委托给一个特定机构的规制事务中的均一性(uniformity)和连贯性(consistency)得到了确保,司法部门有限的职能也得到了更合理地行使。"②

(三) 成熟理论、穷尽救济理论与终局性理论之间的关系

在 Abbott Laboratories v. Gardner 案中,联邦最高法院虽然构建了一个考察规制行为成熟的标准,但并没有给出明确的定义。贾菲教授通过指出成熟"与其说是一个可定义的理论,还不如说是作为一个简明的混成词(portmanteau),一组表现为多样化的、却在类似情况下产生的可类比的相关理论"③,从而避免对该理论进行定义。戴维斯教授侧重于该理论的根本目的,即"保存司法资源以解决确实存在的或即将发生的问题,而不是将其浪费在抽象的或假想的或遥不可及的问题上"。④ 福克斯(Fuchs)教授将该理论描述如下:"时机成熟依赖于法律的终局性和效力,特别是与被要求审查的行为已经达到的程序性阶段以及实际后果有关……"⑤可见,正如有学者指出的,"奇怪的是,虽然穷尽救济理论容易界定,却难以适用;而产生于 Abbott Laboratories 案的成熟理论则是其镜像,一个容易适用却难以界定的理论。"⑥并且,在实务操作中,成熟理论的运用又经常与穷尽救济理论、终局性理论糅合在一起,甚至在同一个案件中并行不悖。贾菲教授甚至指出,在裁决机构行为是否受到司法审查时提出的问题,"有时是在'成熟'标题下讨论,有时是在'穷尽救

---

① See Marcia P. Gelpe, "Exhaustion of Administrative Remedies: Lessons from Environmental Cases", 53 *Geo. Wash. L. Rev.* 1, 16 (1984).
② Far Eastern Conference v. United States, 342 U. S. 570, 574—575 (1952).
③ Louis L. Jaffe, *Judicial Control of Administrative Action* 395 (Little, Brown, 1965).
④ 4 Kenneth Culp Davis, *Administrative Law Treatise* 350 (2d ed., K. C. Davis, 1983).
⑤ Ralph F. Fuchs, "Prerequisites to Judicial Review of Administrative Agency Action", 51 *Ind. L. J.* 817, 818 (1976).
⑥ Robert Power, "Help is Sometimes Close at Hand: The Exhaustion Problem and the Ripeness Solution", 1987 *U. Ill. L. Rev.* 547, 598 (1987).

济理论'标题下讨论,有时又是在'起诉资格'标题下讨论。根据这些标题中的任何一个进行讨论就足够了,但在某些其他案件中的问题,根据某一个标题就要比另一个标题更加正式。"① 那么,这三种理论之间究竟是怎样的一种关系呢?

1. 成熟理论与穷尽救济理论的重叠

法院常常就成熟和穷尽救济理论之间的关系发表意见。但是,正如有学者所指出的,在这些司法意见中,断言(assertion)和推断(implication)通常取代了解释。② 最有说服力的司法和学术评论将成熟和穷尽救济理论描述为重叠的(overlapping)。③

如上所述,穷尽救济理论服务于有关行政和司法过程的若干结构性和功能性政策。在 Abbott Laboratories 案中,联邦最高法院宣布,基本相同的政策成为成熟理论的基础④,即"通过避免过早裁决,防止法院使其自身纠缠于行政政策的抽象分歧之中"。通过允许大多数行政程序在司法干预之前完成,以及通过这种方式推迟干预,法院允许机构履行其职能并有助于它们自身对机构行为后来的审查与自我纠正,这两种理论从而都服务于机构自治与司法经济。成熟政策的简短描述(shorthand description)——"法院和机构在推迟审查直到这个问题在一些更为具体和最终形式出现中的利益"⑤——与对穷尽救济政策的更为详尽叙述没有任何显著的区别。法院运用一个理论,往往在另一个理论中找到政策指导⑥或强调成熟和穷尽救济背后的统一的目的。⑦ 总之,"这两个理论具有相同的目标,并且方法论上的任何差异都必须由其他因素来证明"。⑧ 对此,王名扬教授也认为,穷尽救济理论和成熟理论是互相补充的,目的都在于避免司法程序上不必要的和不合时宜的干预行政程序。⑨

尽管成熟理论与穷尽救济理论存在诸多重叠之处,显然它们还有未重叠的地方,因而确定这两种理论之间的差异也是必要的。戴维斯教授认为:

---

① Louis L. Jaffe, *Judicial Control of Administrative Action* 395 (Little, Brown, 1965).
② See Robert Power, "Help is Sometimes Close at Hand: The Exhaustion Problem and the Ripeness Solution", 1987 *U. Ill. L. Rev.* 547, 615 (1987).
③ See 4 Kenneth Culp Davis, *Administrative Law Treatise* 350 (2d ed., K. C. Davis, 1983).
④ See Abbott Laboratories v. Gardner, 387 U.S. 136, 149 (1967).
⑤ Continental Air Lines v. Civil Aeronautics Bd., 522 F.2d 107, 125 (D.C. Cir. 1975).
⑥ See Federal Trade Commission v. Standard Oil Co., 449 U.S. 232, 242—243 (1980).
⑦ See Bethlehem Steel Corp. v. EPA, 669 F.2d 903, 908 (3d Cir. 1982).
⑧ Robert Power, "Help is Sometimes Close at Hand: The Exhaustion Problem and the Ripeness Solution", 1987 *U. Ill. L. Rev.* 547, 612 (1987).
⑨ 参见王名扬:《美国行政法》,中国法制出版社2005年版,第646页。

"成熟的重点在于法院应该履行的职能的类型上,而穷尽救济的重点是当事人在诉诸法院之前必须寻求行政救济到何种程度这一狭隘的问题上……"①可见,戴维斯教授将问题界定为成熟或穷尽救济可能仅仅是表现为是"司法"利益还是"行政"利益与一个特定案件更有牵连。事实上,这一区分可能更为微妙。因为,"穷尽救济仅仅是这样一个问题,即现在或曾经是否考虑采取进一步的行政程序,穷尽救济理论就是决定司法审查在该程序之前或缺乏的情况下是否可能进行。然而,无论当事人是否考虑采取进一步的行政程序,成熟理论都可以运用,并确定已经发生的行政行为是否适合司法审查"。②可见,成熟是从一个司法角度考察对现有机构行为进行审查的适合性,而穷尽救济则从机构和法院的角度考察采取进一步的行政程序的必要性。

此外,成熟理论与穷尽救济理论的区别还表现在终局性上。成熟理论标准的适合性方面除了取决于争议问题的性质之外,主要取决于问题的终局性。可见,成熟理论和穷尽救济理论都关注终局性。但是,鲍尔(Power)教授认为,"终局性只不过是成熟的前提之一,而终局性似乎是穷尽救济唯一涉及的问题。"③如果进一步的行政程序现在或曾经是可能的,有待审查的机构行为就不是真正意义上的最终的行为,而穷尽救济决定的就是完成这些程序是否是司法审查的先决条件。正在进行的行政程序固然会对成熟意义上的机构行为的终局性产生不利影响,但是只要存在实用主义(pragmatic)意义上的终局性就够了,即便它只是成熟标准的一个要素。因此,成熟在终局性方面的要求不及穷尽救济理论严格。更何况,穷尽救济理论只是代表了成熟标准的司法审查适合性的一个方面——终局性。

王名扬教授通过对成熟理论与穷尽救济理论的研究,认为它们的区别在于,"成熟理论着眼于行政决定的程序是否已经完成,行政机关是否已经作出能够影响当事人地位的决定。在这个决定作出以前,当事人不能控诉其中一个行为,而应等候其他行为结束时才能起诉。穷尽救济理论是在最后决定作出以后,当事人请求救济时,应首先利用行政系统内部的救济手段,然后才能请求法院的救济。"④笔者认为,王名扬教授对穷尽救济理论的描述无疑是正确的,因为终局性似乎是其唯一的要件;而对成熟理论的描述有可能与美

---

① 4 Kenneth Culp Davis, *Administrative Law Treatise* 350 (2d ed., K. C. Davis, 1983).
② Robert Power, "Help is Sometimes Close at Hand: The Exhaustion Problem and the Ripeness Solution", 1987 *U. Ill. L. Rev.* 547, 614 (1987).
③ Ibid., 615 (1987).
④ 王名扬:《美国行政法》,中国法制出版社 2005 年版,第 646 页。

国的司法审查实践不符合,因为,成熟理论所要求的终局性只是其司法审查适合性标准的一个要素,而且该要素所要求的终局性只是实用主义(pragmatic)意义上的终局性,也就是说,"尽管缺乏真正的终局性,如果问题的适合性和原告的困难性在重要性上超过了政府否决审查中的利益,一个案件就是成熟的。"①事实上,这也正是前文所述的成熟理论的利益衡量特性所致。

2. 终局性理论能否独立

通过对成熟理论和穷尽救济理论对终局性要求的分析,我们可以发现,成熟和穷尽救济在涉及机构行为终局性的这一关键问题上汇聚(converge)得最为清晰。戴维斯教授也指出:"终局性问题是穷尽救济法律与成熟法律相联结(join)或重叠的区域……终局性可以是穷尽救济的一部分,成熟的一部分,或其他理论的一部分;法院没有阐明这一分类,因为它们没有必要。"②但是,《行政程序法》既没有提及成熟,也没有提及穷尽救济,第704条只规定法院可以审查最终的机构行为。由此引发了这样的一个问题,即终局性是否是可诉性理论的一个单独的要件? 有学者指出,"很清楚,终局性与其说是一个独立的要件,还不如说是穷尽救济和成熟所共有的要素。"③笔者认为这是有道理的,案件之所强调"终局性"而不是穷尽救济或成熟其他方面,是因为决定机构行为是否是具有充分的终局性以证明依据任一标题处理问题时的司法审查的正当性。但是,如果在司法审查时机的总体背景下考虑这个问题的话,将其界定为成熟或穷尽救济就更为准确了。④ 因为,在立法例中,立法者倾向于用终局性来指称总体的司法审查时机问题,而成熟理论与穷尽救济理论则是司法中创造的司法审查的要件(judicially-crafted components)。

论述至此,Ticor 案的疑窦基本可以解开。成熟、穷尽救济与终局性理论之所以会在同一个案件中出现,并分别作为同一判决的理论基础,是因为成熟理论与穷尽救济理论的政策基础的趋同使得它们存在部分的重叠;并且,终局性理论并不是一个独立的要件,其一方面在立法上指称总体的司法审查时机,另一方面又作为司法创造的成熟理论和穷尽救济理论的一个要素。所以,在成熟理论案件中,究竟在哪一个标题下解决司法审查的适合性无关紧要。当然,这也仅限于此。毕竟成熟理论与穷尽救济理论的考察视角还有不

---

① Robert Power, "Help is Sometimes Close at Hand: The Exhaustion Problem and the Ripeness Solution", 1987 *U. Ill. L. Rev.* 547, 619 (1987).

② 4 Kenneth Culp Davis, *Administrative Law Treatise* 458 (2d ed., K. C. Davis, 1983).

③ Robert Power, "Help is Sometimes Close at Hand: The Exhaustion Problem and the Ripeness Solution", 1987 *U. Ill. L. Rev.* 547, 618 (1987).

④ See G. Joseph Vining, "Direct Judicial Review and the Doctrine of Ripeness in Administrative Law", 69 *Mich. L. Rev.* 1443, 1515 (1971).

同之处。

二、成熟理论与起诉资格

对于起诉资格理论所要求的"实际损害"与成熟案件所关注的"直接和紧迫的"(direct and immediate)损害之间的区别,有学者指出,"起诉资格理论可用于分析当前损害(present injuries)的性质和严重程度(magnitude)。只有当这种损害可以被认为是具体的、客观的和司法上确认的,才能够克服起诉资格障碍。而成熟要件侧重于实际上的即将发生的将来损害(actually pending future injuries)的实体性。将损害分析运用于具有前瞻性的期限框架的时候,成熟理论将衡量由于将来的政府行为的威胁所导致的当前影响和困难。"①所以,从理论上讲,成熟与起诉资格理论可以各自发挥不同的功能并进行相应的区分。但是,尼科尔教授却指出,"在案件中进行这样的区分显然是不可能的,在衡量可能发生的或即将发生的(contingent or threatened)损害的可识别性的时候,在起诉资格和成熟分析之间就发生的'自然而然'(natural)的重合。"②对此,贾菲教授也认为,在裁决机构行为应否受到司法审查时提出的问题,在"成熟"标题与"起诉资格"标题下讨论并不存在太大的区别。③

在实践中,成熟理论与起诉资格确实也是交替使用的。例如,在 Laird v. Tatum 案中,原告对国内军队情报收集制度的运作提出了质疑。由于原告不能表明该安全行为所造成的制裁威胁,法院认为原告关于军队在将来某一天会滥用该信息从而对他们造成损害的主张是一种没有根据的(naked)指控。④ 通过采用起诉资格分析而驳回了该主张,法官裁定,原告没有证明他们"将立即(immediate)处于由于军队的行为而遭受直接损害的危险之中",因此,"不能援引司法权来确定该行为的效力"。⑤ 在 Planned Parenthood of Missouri v. Danforth 案中⑥,法院同样采取了起诉资格而不是成熟理论,该案是确定一个医生组织所宣称的"足以直接(direct)造成个人损害的威胁",以取得对一个已经签署但尚未实施、据称限制堕胎的法规进行实施前的审

---

① Gene R. Nichol, Jr., "Ripeness and the Constitution", 54 *U. Chi. L. Rev.* 153, 172—173 (1987).
② Ibid., 173 (1987).
③ See Louis L. Jaffe, *Judicial Control of Administrative Action* 395 (Little, Brown, 1965).
④ See Laird v. Tatum, 408 U.S. 1, 13 (1972).
⑤ Ibid.
⑥ Planned Parenthood of Missouri v. Danforth, 428 U.S. 52 (1976).

查。① 在进行起诉资格分析时,Laird 案使用的是"立即",而 Danforth 案使用的是"直接",显然,"立即"与"直接"与成熟理论分析中的"直接和紧迫的"损害用词是一样的②,并且"实施前的审查"这一表述一般来说只有在成熟理论分析中才可能出现。

成熟理论与起诉资格在有些时候之所以会交替使用,是因为"与起诉资格相比,成熟假定一个所宣称的损害足以支持起诉资格,但探究该损害是否过于偶然(contingent)或遥远(remote),从而不足以支持目前的裁决"。③ 也就是说,在进行成熟理论分析时已经假设了起诉资格的存在。正如尼科尔教授所指出的,在考察是否行使司法管辖权时,一个足以满足第 3 条意图上的实际或即将发生的(actual or threatened)损害的调查结果是起诉资格理论所包含的第一步。具有自由裁量性质的成熟标准充当司法权行使的一个额外的障碍。起到对联邦法院决策程序微调而不是衡量实体性宪法原则要求的作用,成熟分析扛起了审慎而不是权力的旗帜。④

实际上,Abbott Laboratories 案的成熟标准自身也证实这一解释。将"问题适于司法裁决的适合性"与"推迟法庭审议给当事人所造成的困难性"进行权衡已经假设了起诉资格理论所要求的"实际损害"的存在。对此,比克尔教授也指出,"坦率地说,政府行为很可能已经损害了个别原告,所以从纯粹的或宪法意义上说,他的起诉资格是毫无疑问的……但他所起诉的那一类行为可能仍然处于初始阶段;如果他等待更久一点,他将遭受更大的损害。这看起来是不必要的苛刻,但损害可能不会太大或无可挽回。问题是,如果诉讼被推迟,法院就可以考虑它……并能够在形成和支持它的判断的过程中,考虑其合宪性遭到质疑的制定法或行政措施的完整的而非最初的影响。换句话说,纯粹的起诉资格确保了最低限度的具体性(concreteness),起诉资格的其他不纯粹的要件和成熟的概念则在不能通过一个固定的宪法性规则所描述的不断变化的条件下寻求更进一步的具体性。"⑤

综上所述,起诉资格通过确保比克尔教授所谓的"最低限度的具体性",从而提出"谁"是提起诉讼的适当的当事人,而成熟则是询问一个适当的当

---

① See Planned Parenthood of Missouri v. Danforth, 428 U.S. 52, 62 (1976).
② "immediate"既可以翻译为"紧迫的",也可以翻译为"立即的"。
③ Charles Alan Wright, Arthur R. Miller, and Edward H. Cooper, 13 *A Federal Practice and Procedure* 130 (2d ed. West, 1984).
④ See Gene R. Nichol, Jr., "Ripeness and the Constitution", 54 *U. Chi. L. Rev.* 153, 174 (1987).
⑤ 〔美〕亚历山大·M. 比克尔:《最小危险部门——政治法庭上的最高法院》,姚中秋译,北京大学出版社 2007 年版,第 132 页。

事人"什么时候"可以提起诉讼。因此,一个人是否是案件或争议要件意图上的合适的当事人取决于其是否遭受实际损害,成熟对合适的当事人要求却不限于所遭受的实际损害,但是由于它具有的审慎性,又不能通过一个固定的宪法性规则进行描述。正如布兰代斯大法官所宣称的,它是一个具有法院"自治"风格、在案件中塑造"明确属于其管辖权"的决策过程的规则。①

第三节 过时理论的含义、宪法化与例外

成熟理论和过时理论主要是解决案件的诉讼时机问题。② 如果一个案件过早的提起,而没有可以由法院能够解决的可确认的损害,那么它将被视为不成熟,从而是不可诉的;如果一个案件太晚的提起,它被认为是过时的,因为不存在法院的判决得以实施的对象。③ 也就是说,一个案件既不能过早的提起,否则就是未成熟;也不能太晚的提起,否则就是过时。本章的前两节考察的是诉讼时机的成熟问题,这一节将考察诉讼时机的过时问题,它们分别代表了诉讼时机的两个方面。

一、过时理论的含义

美国联邦法院早已认识到,将司法资源用在审理不能改变双方当事人事务的案件、或有可能因为法院之外发生的事件而失去效力的案件,一般来说是令人厌恶的。自美国建国初期以来,如果诉讼案件涉及一个已被破坏或改变的标的,或者寻求不能被授予的救济,往往以过时的理由被驳回。而且,一个可诉的争议是一个"明确的和具体的,触及具有相对抗利益的当事人的法律关系的争议"。④ 争议必须是"真正的和实体性的……通过结论性的裁决承认具体的救济,以有别于建议法律将对一个假设的事实状态产生影响的意见"。⑤ 所以,法院不能裁决一个过时案件的规则几乎得到所有美国法院管辖权的承认。⑥

---

① See Ashwander v. Tennessee Valley Authority, 297 U. S. 288, 346 (1936).
② See William A. Fletcher, "The 'Case or Controversy' Requirement in State Court Adjudication of Federal Questions", 78 *Cal. L. Rev.* 263, 272 (1990).
③ See Avis K. Poai, "Recent Development: Hawai'I's Justiciability Doctrine", 26 *Hawaii L. Rev.* 537, 545 (2004).
④ Aetna Life Insurance Co. v. Haworth, 300 U. S. 227, 240—241 (1937).
⑤ Ibid., 241 (1937).
⑥ See Kates & Barker, "Mootness In Judicial Proceedings: Toward a Coherent Theory", 62 *Cal. L. Rev.* 1385, 1386 (1974).

但是,19 世纪的过时理论与现代学者所熟悉的过时理论具有显著的区别。① 美国法律用语中"过时"一词的主要含义在过去一百多年里经历了重要的演变。鉴于其早期的主要含义是表明了一种抽象的、假设的、或虚构的案件,相当于我们现在使用的"模拟法庭"(moot court)术语所具有的含义,今天它的主要用法是指已过期的案件,或者由于该行为开始之后所发生的事件而失效的案件。因此,当 19 世纪的法院表示,它们通常不会审理过时案件(moot cases),它们指的是"当时并没有真正的正在审理的争议"②这样一个范围广泛的案件——要么是因为案件尚未发生,或者,正如我们今天所认为的,是因为案件已经发生并且后来已经消失。只有后者的含义才是现代的过时理论所具有的。③ 相比之下,前者将包括一系列现代过时理论之外的其他情况,如串通或虚构的案件,在这些案件中,双方当事人串通以提出案件,是"为了在这类问题能够独立出现的事实实际上不存在的情况下,获得法院对重要的宪法性问题的意见"④,以及今天可能被称为"不成熟"的案件,也就是说,质疑尚未发生的行为以及没有相当的确定会发生的行为的案件。

过时理论最常见的定义是由亨利·莫纳汉(Henry Monaghan)教授作出的,他将过时描述为,"设置在时间框架内的起诉资格理论:在诉讼开始阶段必须存在的个人利害要件(起诉资格)必须贯穿于诉讼的整个过程(过时)。"⑤有学者认为,"这一描述相当便利,因为在对起诉资格理论进行审查之后,过时理论似乎只是一个合乎逻辑的延伸,几乎不需要进行独立的分析。"⑥除了过时理论必须具有起诉资格理论的"个人利害"要件,联邦最高法院在 United States Parole Commission v. Geraghty 案中对过时理论的要件作了进一步的阐述:(1) 所提出的问题不再是"有争议的"(live),或(2) "当事人在结果中缺乏法律所确认的利益"时,就宣布案件是过时的。⑦ 这两个要件通常被称为"争议问题"(live issue)要件和"个人利害"(personal stake)要件。对于要满足争议问题要件的当事人而言,他必须表明的不仅仅只是抽象的损害。原告必须证明他"已遭受或正处于遭受某种产生于被质疑的官方行为

---

① See Matthew I. Hall, "The Partially Prudential Doctrine of Mootness", 77 *Geo. Wash. L. Rev.* 562, 568 (2009).

② Allen v. Georgia, 166 U. S. 138, 140 (1897).

③ See Bryan A. Garner, ed., *Black's Law Dictionary* 1029 (8th ed., Thomson West, 2004).

④ Bartemeyer v. Iowa, 85 U. S. (18 Wall.) 129, 134—135 (1873).

⑤ Henry P. Monaghan, "Constitutional Adjudication: The Who and When", 82 *Yale L. J.* 1363, 1384 (1973).

⑥ Laurens Walker, "Environmental Citizen Suits: Standing and Mootness After Laidaw", 19 *Va. Envtl. L. J.* 393, 402 (2000).

⑦ See United States Parole Commission v. Geraghty, 445 U. S. 388, 390, 396 (1980).

的直接损害的危险之中,以及损害和损害的威胁必须是'真实和紧迫的',而不是'推测的'或'假设的'"。① 最后,"个人利益"要件要求"所宣称的身份与寻求裁决的诉讼请求之间存在逻辑联系"②以及足够的"争议"程度。③

总之,过时的现代含义是指"在案件中已不再存在任何实际争议"。④ 该理论侧重于所涉案件提起之后发生的事件。主要关注的是诉讼当事人是否面临一个既有的损害或将遭受某些未来的损害;换句话说,诉讼当事人是否继续对诉讼享有真正的利害,从而判断一个案件或争议是否继续存在。联邦最高法院在 Mills v. Green 案中表述了该理论的实质:"法院的责任在于通过能够付诸实施的判决裁决实际争议,而不是对过时的问题或抽象的命题发表意见,或是对由其审判案件中的争议问题的相关事项不能产生影响的原则或法律规则进行声明。其必然的结果是,在不服下级法院的判决而提起上诉期间,被告没有任何过错,如果法院应该作出原告胜诉的判决,给予他无论如何都是行之有效的救济,但是一个事件的发生有可能使得它不可能这么做,法院将不会进行正式判决,而是驳回上诉。"⑤由此可见,过时理论关注的是诉讼存续过程中的"争议问题"或"个人利害",并且,主要体现在上诉审阶段。

二、过时理论的宪法化

但是,19 世纪的法院驳回过时案件所使用的语言表明了自由裁量权的行使。⑥ 拒绝审理过时案件所作出的解释往往并不侧重于宪法文本,而是工具性的(instrumental)考虑,例如保存司法资源、保护司法权力、确保争议问题由受到适当激励的当事人提起的愿望以及防止串通案件的愿望。

同样道理,当 19 世纪和 20 世纪初的联邦法院决定审理显然属于过时案件的时候,它们也是基于实际因素(practical considerations)来证明这些判决的合理性。⑦ 因此,法院既阐明了过时案件应该被驳回的一般规则,并且,如果存在审理过时案件的令人信服的理由,也阐明了容许审议它们的一系列的一般规则的例外。这些例外,就像规则本身一样,也是基于实际考虑来证明其合理性的,例如,司法经济,避免当事人的小动作(gamesmanship),以及解

---

① City of Los Angeles v. Lyons, 461 U.S. 95, 101—102 (1983).
② Flast v. Cohen, 392 U.S. 83, 102 (1968).
③ See Roe v. Wade, 410 U.S. 113, 124 (1973).
④ Bryan A. Garner, ed., *Black's Law Dictionary* 1030 (8th ed., Thomson West, 2004).
⑤ Mills v. Green, 159 U.S. 651, 653 (1895).
⑥ See Allen v. Georgia, 166 U.S. 138, 140 (1897).
⑦ See Southern Pacific Terminal Co. v. Interstate Commerce Commission, 219 U.S. 498, 515—516 (1911).

决既有实质(substantively)重要性又极有可能再次发生的问题的可取性(desirability)。

作为一个自由裁量理论,经过一个多世纪的一以贯之的运用,过时理论在1964年的 Liner v. Jafco, Inc. 案中突然改变为宪法规定的管辖权理论。第3条与过时理论的联姻显然属于偶然①,因为该案被认为根本没有过时。在该案中,总承包商聘用了非建筑行业工会的工人在田纳西州的克利夫兰(Cleveland)建立购物中心。田纳西州查塔努加市的建筑行业工会派出一名纠察员到施工现场。当员工停止工作的时候,总承包商在州法院获得了反对继续纠察的单方面禁令。② 在拒绝撤销禁令的意见中,州法院认为,承包商的诉讼请求并没有为联邦法律优占(preempted),因为该工会和承包商之间没有真正的劳动争议。就在该案上诉期间,位于克利夫兰的现场施工已经完成。③

联邦最高法院驳回了承包商的关于购物中心的竣工已使得该案过时的提议。④ 虽然在克利夫兰现场纠察的合法性已不再是一个有争议的问题⑤,承包商对禁令的签发已经提交了保证金,以防该救济在不当的被授予的情况下以保护工会。⑥ 因此,对实体性问题作出裁决对于工会是否有权获得该保证金是必要的。因此,法院认为,"法院对实体性问题作出裁决的不是一个案件……'不会影响之前案件中的诉讼当事人的权利'"。⑦

联邦最高法院在认为它可以从实体性问题上审查州法院的判决后,写下了一个脚注,"我们没有审查过时案件的管辖权源于宪法第3条要求,根据该要件,司法权的行使取决于案件或争议的存在。"⑧可见,法院将过时理论与宪法第3条的"案件"和"争议"语言联系在一起。为了支持该理论与第3条的联系,法院举出了两篇法律评论文章。其中一篇非常模糊的提到了过时与第3条的联系,即,"根据联邦宪法,美国法院只能对'案件'和'争议'作出裁决。但是,这些术语本身具有许多不同的解释,而从来没有被权威的界定过。因此,对这类术语任何的解读而对司法权建立的任何限制都可以被适当的称

---

① See Gene R. Nichol, Jr., "Ripeness and the Constitution", 54 *U. Chi. L. Rev.* 153, 156 (1987).
② See Liner v. Jafco, Inc., 375 U.S. 301, 302 (1964).
③ Ibid., 303 (1964).
④ Ibid., 304 (1964).
⑤ Ibid.
⑥ Ibid., 305 (1964).
⑦ Ibid., 306 (1964).
⑧ Ibid.

为自我强加的。"①另一篇则满足于完全依赖一个过时案件"既不是宪法意义上的案件也不是宪法意义上的争议"②这样一个主张——一个远非不证自明的主张。尽管其作为一个不可靠的学术意见,Liner v. Jafco 案的脚注在随后的联邦最高法院的意见中被普遍接受了。

由此导致的问题是,本来具有自由裁量性的过时理论在经过联邦最高法院的宪法化之后,如果被认为是强制性,其应该如何与其原有的裁量性相协调,又如何应对早已存在的过时理论的例外案件?

三、过时理论的例外

1964 之后的过时法理中的核心前提是,驳回过时案件是由第 3 条的案件或争议条款规定的。③ 然而,现代过时理论的几个已确定的组成部分(components)与该主张在根本上是不一致的。这些组成部分包括过时的三个主要的例外,其准许法院在以下情况下审理过时的诉讼请求,这三个例外分别是:(1)"能够重复,却逃避审查"(capable of repetition, yet evading review)例外;(2)"自愿停止"(voluntary cessation)例外;(3)"集体诉讼"(class action)例外。这些例外早在 Liner 案的关于第 3 条要求驳回过时案件的表述之前就存在了,并且它们不易与过时的强制性的管辖权理论相协调。

(一)"能够重复,却逃避审查"例外

对法院驳回过时诉讼请求这一规则的严格适用所产生的一个问题是:那些通常具有很短的存续时间的诉讼请求将因此完全免于司法审查。很明显,这一结论是不可取的。并且"能够重复,却逃避审查"的诉讼请求的这一例外,通过允许审查过时案件回应了这一问题,因为这种过时案件提出的问题有可能再次发生并且其存续时间是如此之短,以致每一次复发在司法审查得以完成之前都有可能被导致(rendered)过时。④

"能够重复,却逃避审查"例外最早出现在 1911 年的 Southern Pacific Terminal Co. v. Interstate Commerce Commission 案中,Southern Pacific 案涉及对州际贸易委员会一个命令(order)的质疑,该命令要求货运仓库业主向一个特定托运人(shipper)而不是其他托运人提供优惠费率。根据其自身规

---

① Note, "Cases Moot on Appeal: A Limit on the Judicial Power", 103 U. Pa. L. Rev. 772, 772 (1955).

② Sidney A. Diamond, "Federal Jurisdiction to Decide Moot Cases", 94 U. Pa. L. Rev. 125, 125—126 (1946).

③ See DeFunis v. Odegaard, 416 U. S. 312, 316 (1974).

④ See United States Parole Commission v. Geraghty, 445 U. S. 388, 398 (1980).

定,州际贸易委员会的命令在两年后到期,并且其在铁路公司上诉到联邦最高法院之前就已到期。①

州际贸易委员会主张该诉讼因此变为过时,但法院基于以下两个理由否决了驳回动议。第一,法院指出,"州际委员会的命令在一定程度上(界定确切的程度是没有必要的)可以成为进一步诉讼(proceedings)的基础"。② 第二,法院指出,存在一个"更为广泛的考量":"在州际贸易委员会的命令中所涉及的问题通常是持续性的,并且它们的审议不应该(因为它们可能)由于能够重复却逃避审查的短期命令被驳回,同时,承运人享有的是委员会决定的却缺乏救济机会的权利。"③

自从 Southern Pacific 案被裁决以来,该例外不断地被引用并得到一贯的遵循。按照现代裁决中的通常表述,"能够重复,却逃避审查"例外适用于以下情况,"(1) 被质疑的行为在其存续期间,由于时间太短以致在其终止或到期之前无法完全提起诉讼,(2) 存在一个合理的预期,即同样起诉的当事人可能再次遭受同样行为的损害"。④

现代对"能够重复,却逃避审查"例外运用的典型是在堕胎案件中,如 Roe v. Wade 案。原告对她堕胎权利限制提出的质疑在本质上存续时间很短,并且在上诉审完成之前由于出生或终止妊娠等事件使得其总是过时。⑤ 因此,除非运用例外,传统理论将要求法院以过时理由驳回这类案件。⑥ 而且,法院在这种案件中通常忽视第二项要件,即存在同样的起诉的当事人将再次遭受同样的行为损害的合理预期。法院只是运用能够重复例外而不从原告的角度询问再次发生的预期。⑦ 事实上,联邦法院(包括联邦最高法院)一再将该例外运用到只要能够表明在公众的其他成员身上具有再次发生的可能。

因为,有些类型的诉讼请求在诉讼能够完成之前可预期的(predictably)变成过时并且不可能再次发生在同一原告身上。例如,质疑州的持续居住要件(durational residency requirement)的诉讼请求就是这种类型。持续居住要件是指根据持续居住在该州一个特定的期间以限制获得某些特权或州的公

---

① See Southern Pacific Terminal Co. v. Interstate Commerce Commission, 219 U.S. 498, 514 (1911).
② Ibid., 515 (1911).
③ Ibid.
④ Wisconsin Department of Industry v. Gould, Inc., 475 U.S. 282, 285 (1986).
⑤ See Roe v. Wade, 410 U.S. 113, 125 (1973).
⑥ See Weinstein v. Bradford, 423 U.S. 147, 149 (1975).
⑦ See Honig v. Doe, 484 U.S. 305, 335—336 (1988).

民利益(如投票、社会福利或州的就业)的法定条款。由于必需的期间一般都较短,任何一个原告的诉讼请求在上诉审完成之前将总是由于时间的流逝而过时。然而,正统的"能够重复,却逃避审查"例外却不会挽救该诉讼请求而免于过时,因为一个持续居住要件很可能不会被再次适用于同一原告身上。因为,一旦一个人已满足了持续居住要件,其将不会再适用于他,除非他后来:(1)在州外定居,(2)随后又回到该州,(3)之后再次试图取得争议中的特权或利益。

由于这一事件组合通常具有很高的推测性并且极不可能发生,法院无法找到被质疑的行为将会再次发生在同一原告身上的"合理可能性"(reasonable likelihood)。① 法院本可以裁决"能够重复,却逃避审查"例外不适用,并以过时理由驳回诉讼请求。可是通常的结果恰恰相反:在一系列审慎性因素支持审理该案件的情况下,法院常常会放松同一原告要件,并基于再次发生到其他人身上的可能性来运用"能够重复,却逃避审查"例外。

1972年涉及投票权的 Dunn v. Blumstein 案充分体现了这一现象。Dunn 案涉及对田纳西州的选民登记投票的持续居住要件提出的一个宪法性质疑。② 原告詹姆斯·布鲁姆斯坦(James Blumstein)在1970年12月搬到田纳西州,作为法学助理教授开始在范德比尔特大学(Vanderbilt University)工作。由于想在即将举行的8月和11月的选举中投票,他试图在1970年7月1日进行选民登记。然而,他的申请被驳回,理由是田纳西州法律只授权(在下次选举的时候)已成为该州居民满1年、并且成为他们所在县的居民满3个月的人进行登记。③ 由3名法官组成的地区法院认为持续居住要件违宪,并得到了联邦最高法院的维持。④

根据正统"能够重复,却逃避审查"例外,布鲁姆斯坦教授的诉讼请求似乎是过时的:Blumstein 案的联邦最高法院意见在布鲁姆斯坦居住在田纳西州超过20个月之后才签发,并且在他显然已满足3个月和1年的州的居住要件的时候。他的诉讼请求也不能依据传统理论而认为是"能够重复"。因为没有任何迹象表明:布鲁姆斯坦自己可能搬出该州并定居,然后返回,或以其他方式再次受到持续居住要件的限制。因此,没有任何证据支持原告具有再次遭受同样所宣称的被剥夺权利的合理可能性的调查结果。

然而,联邦最高法院很快放弃了显然过时的布鲁姆斯坦的诉讼请求。并

---

① See Hall v. Beals, 396 U.S. 45, 49—50 (1969).
② See Dunn v. Blumstein, 405 U.S. 330, 331—332 (1972).
③ Ibid., 331 (1972).
④ Ibid., 332—333 (1972).

且,正确的认定了地区法院对州的过时论据的否决,认为该诉讼请求"能够重复,却逃避审查"①,因为,"虽然布鲁姆斯坦现在可以投票,田纳西州的持续居住要件对选民所造成的问题是'能够重复,却逃避审查.'……因为系争法律仍然有效……"。② 可见,法院只是将正在对田纳西州选民造成的损害,以及再次发生在其他田纳西州选民的可能性替换了所谓的过时诉讼请求要被证明能够再次发生在原告身上的"要件"。③

(二)"自愿停止"例外

对要求驳回过时诉讼请求这一规则的严格适用所产生的另外一个问题是:它将准许被告通过临时改良(temporary reform)而单方面取消法院管辖权。如果被告自己的行为已使原告要求救济的诉讼请求变得过时,法院自然非常不乐意否决司法审查,这在某种程度上是因为担心被告的"改良"可能是稍纵即逝的(fleeting)或缺乏诚意的(insincere),并且被质疑的行为在该诉讼请求被法院驳回后将重新开始。④ 因此,联邦法院一直以来以怀疑的态度对待建立在被告自愿停止被质疑行为基础上的过时。⑤

尽管这一例外自从 19 世纪的 Mills v. Green 案以来就已经是过时的一部分⑥,但是,1953 年的 United States v. W. T. Grant Co.案提供了一个更为经典并经常被引用的"自愿停止"例外的表述(formulation)。在 Grant 案中,由于《克莱顿法》禁止公司董事的交叉任职,美国提起诉讼从而对在零售行业中具有竞争关系的几个公司的董事局中担任董事职务的汉考克先生(Mr. Hancock)实施这一规定。⑦ 在该诉讼被提起后不久,汉考克辞去有关公司董事会的职务。⑧ 地方法院然后批准了被告所要求的简易判决的动议,并裁决,"被告将来从事活动时,不存在违反第 8 条的丝毫的威胁(如果说他们之前已经违法该规定的话)"。⑨

联邦最高法院驳回了被告自愿停止被质疑的行为将使案件过时的观点,并认为,被告已经自愿停止被控诉为违法行为的情况下,"争议可能仍然有

---

① See Dunn v. Blumstein, 405 U. S. 330, 333 (1972).
② Ibid.
③ See Matthew I. Hall, "The Partially Prudential Doctrine of Mootness", 77 Geo. Wash. L. Rev. 562, 593 (2009).
④ See Friends of the Earth, Inc. v. Laidlaw Envtl. Servs., 528 U. S. 167, 189—190 (2000).
⑤ See United States v. W. T. Grant Co., 345 U. S. 629, 632 (1953).
⑥ See Mills v. Green, 159 U. S. 651, 654 (1895).
⑦ See United States v. W. T. Grant Co., 345 U. S. 629, 630 (1953).
⑧ Ibid.
⑨ Ibid., 630—631 (1953).

待解决"。① 这是因为,"被告将不受限制的恢复其老办法",而且,"解决该行为的合法性可能存在公众利益"。② 因此,如果过时案件中的过时是由于被告停止被质疑行为所导致的,联邦法院通常将拒绝驳回案件。其理由是,"被告自愿停止被质疑行为的做法并没有使联邦法院丧失裁决该行为合法性的权力"③,因为被质疑的行为存在再次发生的可能性。

随着法院对"自愿停止"例外的进一步发展,自愿停止相关行为的主体不一定是被告,也可能是原告。例如,联邦最高法院在 City of Erie v. Pap's A.M 案中对自愿停止的处理。在该案中,原告经营一家脱衣舞公司并起诉宾夕法尼亚州的伊利市(Erie),设法取得《公共场所禁止裸体条例》的实施禁令。④ 初审法院基于联邦宪法的理由授予了禁令,并且州最高法院也维持了这一裁决。⑤ 虽然联邦最高法院对伊利市要求复审令的请求正在审理之中,拥有这家脱衣舞公司的 72 岁的原告选择了退休。⑥ 他提交了一份宣誓声明,表示他已经退出了成人娱乐业,关闭了涉诉的 Kandyland 俱乐部,并出售了该俱乐部所坐落的房地产。因此,他提议以过时驳回该案件。⑦

联邦最高法院否决这一动议,认为案件没有过时,并根据案情进行了改判。⑧ 这是因为:(1) Pap's 可以在将来某个时候恢复其脱衣舞业务,(2) 州法院废止《公共场所禁止裸体条例》的命令使得伊利市正在遭受损害。⑨ 这两项理由显然不符合正统的自愿停止理论。这一理论要求:(1) 被告停止从事被质疑的行为,正是这一停止行为使得相关诉讼请求过时;(2) 法院认为被质疑的行为具有再次发生的合理期望。法院在 Pap's 案中的意见要求在一个完全不同于其通常背景和理由的情况下运用自愿停止例外:由于原告改变了自己的行为,从而使得他的诉讼请求以及如果没有法院的行为(因为该条例已被州法院废止)就肯定不会再次发生的被质疑的行为(被告实施其条例)过时。奥康纳大法官为多数撰写的意见似乎建立在保护法院的权力不受意图破坏管辖权的当事人操纵的愿望之上。⑩

---

① United States v. W.T. Grant Co., 345 U.S. 629, 632 (1953).
② Ibid.
③ Friends of the Earth, Inc. v. Laidlaw Envtl. Servs., Inc., 528 U.S. 167, 189 (2000).
④ See City of Erie v. Pap's A.M., 529 U.S. 277, 284—285 (2000).
⑤ Ibid.
⑥ Ibid., 288 (2000).
⑦ Ibid., 287 (2000).
⑧ Ibid., 283 (2000).
⑨ Ibid., 288—289 (2000).
⑩ Ibid., 277, 287—288 (2000).

(三)"集体诉讼"例外

在过时理论的三个主要例外中,集体诉讼例外是自从 Liner 案将过时重构为一个宪法上的强制性的管辖权理论之后首先建立起来的。① "集体诉讼"例外的目的是弥补"能够重复,却逃避审查"例外的缺陷,因为,某些天生存续期限很短的诉讼请求不可能再次发生在具名原告(the named plaintiff)身上,但有可能、甚至确定的再次发生在他人身上。

联邦最高法院在 1975 年的 Sosna v. Iowa 案中对此首次进行了阐述。Sosna 案产生于一个离婚诉讼,该诉讼是由一个刚搬到爱荷华州仅一个月的居民提出的。② 爱荷华州的法律对援引离婚管辖权规定了持续居住满 1 年的要件。在她的离婚诉讼被驳回之后,原告提起了一个质疑持续居住要件合宪性的联邦集体诉讼。③ 在该案上诉到联邦最高法院的时候,她已经满足了为期 1 年的居住要件,并且在另外一个州已经离婚了,这两者都明白无疑的使得她的个人诉讼请求过时。④

尽管具名原告的个人诉讼请求已经过时,但是联邦最高法院还是拒绝驳回该诉讼请求,并认为对天生存续期限很短的诉讼请求严格适用过时理论是不恰当的,因为它会阻碍对此类诉讼请求的审理:"根据一个统一的规则,一个质疑存续期限较短的持续居住要件的集体诉讼将基于具名代表争议的干预性过时(intervening mootness)而被驳回,这将使得一类重要的联邦诉讼请求由于缺乏未能在整个诉讼过程中保持个人对抗性地位的发言人而得不到救济。"⑤质言之,该诉讼请求将逃避审查。

联邦最高法院拒绝驳回该诉讼请求的理由与"能够重复,却逃避审查"例外的案件所提供的理由几乎相同。像 Dunn 案一样,再次发生在他人身上的确定性被认为足以替代再次发生在具名原告身上的可能性。正如 Sosna 案所表明的,"集体诉讼"例外可能最好被理解为允许联邦法院审查能够再次发生其他集体成员身上的诉讼请求的"能够重复,却逃避审查"例外的一种扩张,而不论它们对于具名原告来说是否也能够再次发生。⑥ 然后,法院认为,原被告之间的第 3 条所规定的"争议问题"没有必要存在,但可能在被

---

① See Matthew I. Hall, "The Partially Prudential Doctrine of Mootness", 77 *Geo. Wash. L. Rev.* 562, 582 (2009).
② See Sosna v. Iowa, 419 U.S. 393, 395 (1975).
③ Ibid., 395—396 (1975).
④ Ibid., 399 (1975).
⑤ Sosna v. Iowa, 419 U.S. 393, 401 (1975).
⑥ Ibid.

告与该集体的某一个成员之间存在。① 联邦最高法院已经从确保提出具有重要问题的诉讼请求能够得到司法审查的可取性方面证明了"集体诉讼"例外的合理性。②

综上所述,我们可以发现,过时理论例外的焦点是,在那些被质疑的活动已终止的案件中争议仍然具有再次发生的可能。③ 这些例外案件大体上可以分为两类:第一类涉及过去的损害(past injury)将来再次发生在特定原告身上④,例如"能够重复,却逃避审查"例外和"自愿停止"例外;第二种涉及"其中的原告在将来不会再遇到被起诉的问题,但其他处于相同境况的人会遇到"⑤,例如,"集体诉讼"例外和经过修正的"能够重复,却逃避审查"例外。尽管法院在它们的过时分析中经常援引"争议问题"和"个人利害"要件,但对过时理论的修正已经扩大了其对这些案件的管辖权。然而,值得注意的是,建立上述三个例外的案件以及后来适用它们的案件很少或根本没有表明对法院是否具有建立支持驳回过时案件一般规则例外的权力的任何关切。相反,它们似乎都只是假设,如果存在有说服力的理由,法院就有权裁决过时案件。换言之,驳回过时案件在很大程度上是一个司法裁量问题,从而引发了过时理论的模式之争。

第四节 过时理论模式的演化

一、过时理论的传统模式

对于过时理论是一个审慎性理论,还是一个由宪法规定的强制性管辖权理论的问题,学界归纳了以下四种模式:(1) 纯审慎性模式(pure prudential model),过时是一个纯粹由司法创设的而与宪法无关的理论;(2) 公法模式(public law model),过时主要是一个审慎性理论,但审慎性关切实际上对管辖权建立了宪法性限制;(3) 宪法文本模式(textual constitutional model),过时是"案件或争议"定义所固有的一项宪法性理论;(4) 灵活的宪法性模式(flexible constitutional model),过时理论是宪法性和审慎性考量的不可分割

---

① See Sosna v. Iowa, 419 U.S. 393, 402 (1975).
② Ibid., 401 (1975).
③ See Note, "Mootness on Appeal in the Supreme Court", 83 *Harv. L. Rev.* 1672, 1682—1685 (1970).
④ See Note, "The Mootness Doctrine in the Supreme Court", 88 *Harv. L. Rev.* 373, 380 (1974).
⑤ See Edward L. Barrett, *William Cohen*, *Jonathan D. Varat*, *Constitutional Law: Cases and Materials* 129 (8th ed., Foundation, 1989).

的混合。① 现分述如下:

(一) 纯审慎性模式

莫纳亭教授认为,纯审慎模式主张过时的"争议问题"要件和"个人利害"要件不是由宪法规定的②,并指责法院盲目的采纳了过时理论是宪法第3条产物的观念。③ 因为无论是制宪者们还是早期的司法历史都没有确立第3条和过时要件之间的联系,这种模式宣称过时根本不可能是一个宪法性理论。

按照审慎性模式,具体性(concreteness)和对抗性(adversity)特征在初审法院是最重要的,因为那是"积极辩护"(vigorous advocacy)和"可确认的当事人利益"(identifiable party interests)目标得以提供的(served)地方。④ 然而,案件在上诉审阶段进行审理的时候,对抗性和具体性就变得不那么重要了,因为事实记录已经完成。⑤ 显然,在上诉审阶段,当事人的热情也不必与初审阶段保持同一水平,因为大多数上诉问题是法律上的,而不是基于事实的。⑥ 因此,诸如投入诉讼中的各种成本就变得相对更为重要。或者,正如首席大法官伦奎斯特所指出的,当案件变成过时的时候,为了满足技术性的管辖权要件而"浪费"司法资源似乎就说不过去了。⑦

纯审慎性模式将过时作为一项司法创设的理论。⑧ 莫纳亭教授认为,法院发展"争议问题"与"个人利害"的过时要件,以确保它们审理的案件和问题是能够在法庭提出的。⑨ 同时,"个人利害"和"争议问题"要件的意图是促进公平和准确的决策。⑩ 这些要件也能够实现具体性和对抗性的一般目标,此外,过时理论还起到促进司法经济的功能。⑪ 按照纯审慎性模式,将过时法理提升到宪法层次使得法院在驳回其应该审理的案件时受到了限制。⑫

---

① See Corey C. Watson, "Mootness and the Constitution", 86 *Nw. U. L. Rev.* 143, 150 (1991).
② See Henry P. Monaghan, "Constitutional Adjudication: The Who and When", 82 *Yale L. J.* 1363, 1373 (1973).
③ Ibid., 1384 (1973).
④ See Note, "The Mootness Doctrine in the Supreme Court", 88 *Harv. L. Rev.* 373, 376 (1974).
⑤ Ibid., 377 (1974).
⑥ Ibid.
⑦ See Honig v. Doe, 484 U.S. 305, 331 (1988).
⑧ See Henry P. Monaghan, "Constitutional Adjudication: The Who and When", 82 *Yale L. J.* 1363, 1397 (1973).
⑨ Ibid., 1372 (1973).
⑩ Ibid., 1386 (1973).
⑪ See D. Kates & W. Barker, "Mootness In Judicial Proceedings: Toward a Coherent Theory", 62 *Cal. L. Rev.* 1385, 1412—1443 (1974).
⑫ See Note, "Mootness on Appeal in the Supreme Court", 83 *Harv. L. Rev.* 1672, 1692 (1970).

遵从这种人为的权力可能浪费宝贵的司法资源。① 例如,如果一个在初审阶段无疑满足起诉资格要件的案件后来过时,从而在上诉审阶段成为不可诉的,在事实发现、找法以及受理阶段投入的所有资源将成为徒劳。支持者认为,僵化的过时理论将阻碍法院审理那些涉及政府行为合法性或具有特定公共利益的重要问题。②

最后,这种模式声称,除了过时的纯审慎性模式,根据任何其他过时模式,过时理论的上述例外(例如,"能够重复,却逃避审查"标准)是不允许的。③ 去除这种"例外"将妨碍广泛的问题获得应有的司法关注。因此,该模式主张,只有在法院发现过时理论符合他们的实际需要的时候才会援引。④ 该理论的任何实际需要之外的使用都是没有根据的。⑤

(二) 公法模式

班迪斯(Bandes)教授认为,问题是否可诉在本质上是一个基于对司法部门应有的作用进行价值判断的问题。⑥ 公法模式的理论基础是"最大化的使用法院资源以解决宪法解释上的难题"。⑦ 有鉴于此,案件和争议要件的唯一功能是促进运用联邦司法权以裁决具有宪法意义的诉讼请求。⑧ 因此,只要一个诉讼请求涉及宪法性权利,法院就可以解决这一问题,不论该问题是如何的抽象或普遍。⑨

班迪斯教授指出,"第3条并没有要求忠诚于私权利模式(the private rights model)(又称为私法模式)。根据该条款,这一简洁的'案件或争议'语言最多表明法院在不同于政治部门的专业领域内运作。"⑩然而,班迪斯教授指出,虽然"法院从来没有阐述过一个统一的案件理论"⑪,但它将案件的概念作为一种排斥或限制性原则。⑫ 她认为,将司法遵从案件和争议要件作为司法权的一个限制,掩饰了对法理的私法模式的默许⑬,其导致集体性的宪

---

① See Note, "Mootness on Appeal in the Supreme Court", 83 Harv. L. Rev. 1675 (1970).
② Ibid., 1692—1693 (1970).
③ See Honig v. Doe, 484 U.S. 305, 330 (1988).
④ See Note, "Mootness on Appeal in the Supreme Court", 83 Harv. L. Rev. 1672, 1692 (1970).
⑤ Ibid., 1694 (1970).
⑥ See Susan Bandes, "The Idea of a Case", 42 Stan. L. Rev. 227, 276 (1990).
⑦ Ibid., 284 (1990).
⑧ Ibid., 287 (1990).
⑨ Ibid., 285 (1990).
⑩ Ibid., 283 (1990).
⑪ Ibid., 232 (1990).
⑫ Ibid., 259 (1990).
⑬ Ibid., 227, 229 (1990).

法性权利处于附属的地位。①

由于从第 3 条并不能得出任何实体性指导,那么,过时是不是一个纯粹的审慎性理论,起到确保"具体对抗性"和"问题的对抗性陈述"从而使法院能够作出正确决定的工具性装置的功能?② 或者,过时理论能否代表了一个规范性标准,其本身确保案件或争议的存在?③ 换句话说,过时理论是旨在使法院更好地运作?抑或是旨在防止法院在某些因素缺乏的时候发挥其职责?④ 班迪斯教授表明,过时的宪法性和审慎性考量并不是截然不同的,而是"存在于一个统一体中",只是程度的不同。⑤ 过时理论的要件旨在改善法院职能,而不是作为对管辖权的正式限制。法官可以将过时理论作为作出管辖权决定的指导,但实际上,它自身的裁量和自我约束界定了司法权的界限。⑥ 过时公法模式的目的就是将审慎性关切提升到宪法层次。⑦

(三) 宪法文本模式

根据宪法文本模式,过时理论是案件或争议的基本定义所固有的,也就是说,过时理论与法院对案件的管辖权有直接关系。⑧ 根据这一模式,第 3 条的案件或争议条款有一个明确的和不可改变的含义,其规定了司法权的限制。⑨ 该含义来源于对案件范围的一个自然而然的直觉性理解。虽然案件和争议条款在其演变过程中可能会有所变动,支持者认为,第 3 条保留的核心含义有点类似于"英国法院的传统的司法业务"。⑩ 因此,第 3 条并没有将司法权力延伸到每一个可能发生的违反宪法的行为,而是'一个制定法或衡平法上的案件',根据这种法律,案件中的权利得以在法院主张。

宪法文本模式主张过时理论依附于案件和争议要件,从而从属于宪法的第 3 条。因此,过时理论和宪法之间的关系是共生的:宪法产生了过时理论,而该理论本身也阐明了联邦司法权的限制。虽然法院在裁决管辖权问题时可以考虑审慎性因素,但是该模式禁止法院允许审慎性考虑与第 3 条的基本

---

① Susan Bandes, "The Idea of a Case", 42 *Stan. L. Rev.* 280 (1990).
② Ibid., 245 (1990).
③ Ibid.
④ Ibid., 268 (1990).
⑤ Ibid., 264 (1990).
⑥ See Henry P. Monaghan, "Constitutional Adjudication: The Who and When", 82 *Yale L. J.* 1363, 1393 (1973).
⑦ See Susan Bandes, "The Idea of a Case", 42 *Stan. L. Rev.* 227, 293 (1990).
⑧ See Sidney A. Diamond, "Federal Jurisdiction to Decide Moot Cases", 94 *U. Pa. L. Rev.* 125, 125 (1946).
⑨ Ibid., 125—126 (1946).
⑩ Note, "The Concept of Law-Tied Pendent Jurisdiction: Gibbs and Aldinger Reconsidered", 87 *Yale L. J.* 627, 644 (1978).

原则相妥协。① 因此,在整个司法诉讼中,一个案件是否可诉是法院行使管辖权时必须予以肯定回答的一个初始性问题。② 因此,宪法文本模式认为制定宪法时所选择的语言具有特殊意义。企图通过强加特定的价值体系或将审慎性因素塞进宪法性考量来操纵这种语言将损害宪法本身的完整性。

(四) 灵活的宪法性模式

灵活的宪法性模式承认第3条规定了联邦法院的管辖权。③ 但是,支持者将"案件"和"争议"词语描述为具有"冰山的品质,在它们表面上的简朴(simplicity)下面隐藏着触及我们政府宪法形式核心的复杂性(complexities)。"④这些复杂性体现了对联邦司法权的双重限制。⑤ 一方面,第3条将联邦法院的权力限制于"在对抗性背景下并且在历史上被认为是可以通过司法程序解决的形式提出的问题上"⑥;另一方面,案件和争议要件旨在通过确保"联邦法院不会侵入被委托给(committed to)政府其他部门的领域而服务于三权分立的原则"。⑦ 那么,可诉性就是我们给予司法权以宪法性限制的一个标签。⑧ 既然过时是指问题缺乏可诉性,过时理论起到了对法院的宪法性限制作用。

然而,根据灵活的宪法性模式,"可诉性本身就是一个具有不确定含义和范围的概念"。⑨ 在 Flast v. Cohen 案中,沃伦(Warren)大法官认为,可诉性"已成为宪法性要件和政策性考量的混合物"。⑩ 因为过时的审慎性和宪法性法观念已完全交织在一起,它们已经不能区分了。⑪ 因此,尽管可诉性的各项要件体现了对司法权的宪法性限制,法院还是无法明确地将过时问题的处理归于一个宪法性限制,而不是政策的考量。那么,鉴于司法政策选择易变的性质,过时理论本身是也易变的。因此,首席大法官沃伦解释说,"导致政策性考量融入了第3条的宪法性限制的'许多微妙的压力'使可诉性理

---

① See David P. Currie, "The Supreme Court and Federal Jurisdiction: 1975 Term", 1976 *Sup. Ct. Rev.* 183, 188—189.
② Ibid., 190.
③ See Flast v. Cohen, 392 U.S. 83, 94 (1968).
④ Ibid.
⑤ See Richard K. Greenstein, "Bridging the Mootness Gap in Federal Court Class Actions", 35 *Stan. L. Rev.* 897, 898—900 (1983).
⑥ Flast v. Cohen, 392 U.S. 83, 95 (1968).
⑦ Ibid.
⑧ Ibid.
⑨ Ibid.
⑩ Ibid., 97 (1968).
⑪ Ibid.

论成为一个具有不确定性和不断变化的范围的理论。"①法院在随后的案件中,正是根据可诉性是一个"不确定的和不断变化的"理论发展了过时的灵活的宪法性模式。

应该说,在由审慎性和宪法性两极组成的过时理论的频谱上,上述四种模式各占据了一段,尽管它们试图清晰的阐明过时理论,但是由于各自模式所具有的弊端,从而无法完整的解释过时理论。实际上,过时理论紧张的根源在于过时理论是一个宪法性规定(a constitutional mandate)还是一个审慎的产物。例如,宪法文本模式根本无法解释大量的过时例外案件,所以沃伦大法官认为,第3条对司法权所施加的限制是宪法中所体现的政策,而不单单是历史或文本的产物。② 对于纯审慎性模式,有学者认为,"整个模式是建立在每个法院的每一个法官将保证忠实于具体性、对抗性和司法资源保护假设这一前提之上的。但是,法院可以选择遵从和执行不同的政策利益。因而,该模式没有认识到能够制约该决定的宪法性限制"。③ 对于"可审慎解决的就可以宪法解决"④的公法模式而言,其"作为一个司法权限制可塑性(malleable)太强"。⑤ 对于试图让各方满意的灵活的宪法性模式,鲍威尔大法官承认,虽然不确定性和灵活性已被用来描述过时理论⑥,但他坚持认为,这些形容词指的是该理论的审慎性方面⑦,宪法性门槛(threshold)必须在审查的各个阶段得到满足。⑧ 鉴于摇摆于审慎性和宪法性两极之间的各种模式的缺陷,我们能否构建一个理论上融贯一致的过时理论模式呢?

二、过时理论的部分审慎性模式

鉴于上述各种理论模式的种种缺陷,以及过时理论的修辞与现实之间的严重脱节,有学者认为有必要重新构建一个在理论上融贯一致的过时理论。例如,霍尔(Hall)教授认为,应该将过时分为"问题过时"(issue mootness)和"个人利害过时"(personal stake mootness)两种类型,并且,联邦法院在面对过时问题时采用了一个要求驳回"问题过时"案件的由两部分组成的过时理

---

① Flast v. Cohen, 392 U. S. 83, 97 (1968).
② Ibid., 96 (1968).
③ Corey C. Watson, "Mootness and the Constitution", 86 *Nw. U. L. Rev.* 143, 160 (1991).
④ Ibid., 163 (1991).
⑤ Susan Bandes, "The Idea of a Case", 42 *Stan. L. Rev.* 227, 294 (1990).
⑥ See United States Parole Commission v. Geraghty, 445 U. S. 388, 410 (1980).
⑦ Ibid.
⑧ Ibid., 411 (1980).

论,却给予了法院审理"个人利害过时"案件的自由裁量权。① 霍尔教授认为这样一种路径是一个部分审慎性模式。具体而言,在运用过时理论时,法院首先需要调查所宣称的损害对任何人是否具有再次发生的合理可能性,其中也包括法院所签发的命令是否可能影响现状的问题,如果没有,那么该案件就是一个"问题过时"案件,法院必须予以驳回;如果法院认为,原告的诉讼请求所提出的问题本身并没有过时,接下来的问题就是,原告在这一问题上的个人利害是否过时,如果过时,那么该诉讼请求由法院进行自由裁量,法院可以驳回,也可以不驳回。对此,笔者持赞同意见。

实际上,"个人利害过时"与"问题过时"间的区分的源头可以追溯到 1980 年联邦最高法院在 United States Parole Commission v. Geraghty 案中的裁决。在该案中,法院似乎表明过时理论具有两个方面——对于任何人而言,问题是否"有争议";以及原告在其中是否保有持续性的利益。② 不过,尽管法院认为在只有原告的个人利害是过时的情况下过时限制更为灵活,它还是将过时表述为一个管辖权性质的理论,而且它也从未澄清这一宪法性关切的界限。③

Geraghty 案中的原告基于制定法和宪法理由代表一个群体质疑假释委员会的释放准则(Release Guidelines)的合法性。④ 就在他对集体诉讼认证(class certification)的否决提起上诉期间,原告从监狱中释放了,这当然使得他在所寻求的救济(要求释放准则改变的禁令)中的个人利害过时。尽管他的个人利害已经终止,他寻求起诉的问题仍然存在。第三巡回法院拒绝以过时的理由驳回原告的上诉,并且得到联邦最高法院的支持。⑤

法院的分析从区分这两种"过时"案件开始:那些提出的问题不再"有争议"的案件,以及那些原告对结果不再具有为法律所确认的利益的案件。⑥ 法院认为,这两类案件可以适当的根据第 3 条作不同的处理——前一种过时案件应该径直的予以驳回⑦,然而在仅仅由于原告对结果失去个人利害而导致过时的案件中,过时理论则更"灵活"。⑧ 法院指出,先前的裁决说明了过

---

① See Matthew I. Hall, "The Partially Prudential Doctrine of Mootness", 77 *Geo. Wash. L. Rev.* 562, 599 (2009).
② See United States Parole Commission v. Geraghty, 445 U.S. 388, 396 (1980).
③ Ibid., 396—397 (1980).
④ Ibid., 390 (1980).
⑤ Ibid., 407 (1980).
⑥ Ibid., 396 (1980).
⑦ Ibid.
⑧ Ibid., 388, 399—400 (1980).

时例外的审慎性基础:"第 3 条法理的严格的、形式主义观点,尽管可能是所有调查的出发点,但是充满了例外。另外,在创建每个例外时,法院曾研究过实用性和审慎性考量。"①

法院随后解释说,在决定是否以过时理由驳回问题仍然存在而原告的个人利害已经变得过时的案件时,什么样的"实际性和审慎性考量"应该指导法院。而不是适用一个"第 3 条的僵化的形式主义路径"②,Geraghty 案认为,法院应该由"个人利害"要件的意图来指导,其只是为了确保案件具有一个能为司法所审查的形式。③ "一个能够为司法解决的争议的要素"包括:(1)"在一个具体的事实背景下尖锐的提出了问题",(2)"自利的当事人极力主张相对抗的立场"。④ 这两个要件即使在具名原告的实体性诉讼请求已变为过时的情况下仍得以满足,因为:(1) 具名原告丧失个人利害并不会使得该问题呈现较少的具体性或不那么尖锐的提出⑤,(2)"极力主张"能够通过"对结果具有个人利害"的传统要件之外的其他方式得以确保。⑥

由此可见,法院只是将个人利害要件描述为实现确保案件具有"能够为司法解决的形式"的目的一个手段,并不是鲍威尔大法官所谓的"牢牢地嵌在宪法所施加的案件或争议限制之中"。⑦ 前文所述的"能够重复,却逃避审查"例外中的 Dunn v. Blumstein 案以及"集体诉讼"例外中的 Sosna v. Iowa 案都说明了这一点:如果具名原告在寻求可能的救济的诉讼请求中的利害已被导致过时,联邦法院不将原告的持续的个人利害作为管辖权的先决条件。相反,它们往往在没有表明有可能再次发生在具名原告身上的情况下行使管辖权。所以,个人利害要件只是作为满足特定政策目标的许多方式中的一种,并且正是这些政策目标本身,而不是一个持续的个人利害要件被认为是从第 3 条产生的。

通过对过时理论模式演化的考察,我们发现,过时判例法上的明显不一致主要是因为对"过时"术语不准确的使用,因为其指称了似乎应该由两个截然不同的规则支配的两种不同的情况。一旦我们承认存在两种过时,并且它们是由非常不同的规则支配的,混乱就解决了,因为这两种过时理论:一个

---

① See United States Parole Commission v. Geraghty, 445 U.S. 406 (1980).
② Ibid., 404 (1980).
③ Ibid., 403 (1980).
④ Richard H. Fallon, Jr., "Of Justiciability, Remedies, and Public Law Litigation: Notes on the Jurisprudence of Lyons", 59 *N.Y.U. L. Rev.* 1, 51 (1984).
⑤ See United States Parole Commission v. Geraghty, 445 U.S. 388, 403 (1980).
⑥ Ibid., 404 (1980).
⑦ Ibid., 412 (1980).

主要具有宪法性质,根据该理论,案件提出的仅仅是一个必须被驳回的过时问题;另一个主要具有审慎性质,联邦法院根据该理论可能会审理由于原告的个人利害的终止而导致过时的案件,但是,根据法院对某些审慎性因素的考察,也可以驳回这种案件。而为人所熟知的只适用于个人利害过时案件的过时"例外"强化了这种区分的显著性。

综上所述,霍尔教授所提出的部分审慎性模式,显然有别于传统的四种模式,而且更有理论解释力。笔者认为这样一种演化路径是有根据的。因为可诉性理论的一个主要的功能是维护三权分立,例如,斯卡利亚大法官在论述起诉资格理论的三权分立功能时指出,起诉资格起到将法院局限于实施个人权利的功能,而不是实施在使政治部门遵守法律中所具有的普遍利益:"起诉资格法大致将法院限制在它们保护个人和少数人不受多数的压迫(impositions)的传统的反民主作用(undemocratic role)内,并且将它们排除在规定其他两个部门为了服务多数利益本身应该怎样发挥职能这一更不民主的作用之外。"①

这种分权理由对于我们分析过时理论同样具有启发意义。因为允许诉讼当事人对一个"问题过时"的诉讼请求寻求救济就是允许该原告主张没有其他私人可以主张的诉讼请求。相反,诉讼当事人主张一个"个人利害过时"的诉讼请求不涉及行政部门的执法权力的下放(delegation),只涉及私人权利的实施。而且,联邦最高法院从将案件视为可诉的是否会引发三权分立关切的角度,再三承认"问题"和"个人"之间区别的重要意义。②

第五节 宏观调控公益诉讼时机的选择

博克(Bork)大法官曾指出,"所有关于宪法第3条可诉性的具体理论——无论是起诉资格,还是过时、政治问题理论,或者其他诸如此类的——都是部分的相关,尽管不同,但有重叠。从某种意义上说,可诉性与其说是一个严密清晰的理论,还不如说是一种直觉,即对我们政府中非民选的、不具代表性的司法部门权力的一种宪法性和审慎性限制。"③通过上文对成熟理论与过时理论的分析,我们发现这两者作为可诉性的具体理论显然是既

---

① Antonin Scalia, "The Doctrine of Standing as an Essential Element of the Separation of Powers", 17 *Suffolk U. L. Rev.* 881, 894 (1983).
② See Flast v. Cohen, 392 U.S. 83, 100—101 (1968); Allen v. Wright, 468 U.S. 737, 751 (1984).
③ Vander Jagt v. O'Neill, 699 F.2d 1166, 1178—1179 (D.C. Cir. 1983).

具有审慎性,又具有宪法规定性,所以博克大法官在一定程度上揭示了可诉性理论具体要件的共通性。就成熟理论与过时理论而言,两者所具有的审慎共通性为宏观调控公益诉讼时机的选择提供了理论可能。

一、成熟理论对宏观调控公益诉讼的启示

尽管中国的《行政诉讼法》没有明确规定成熟理论,但有学者认为,《最高人民法院关于执行〈中华人民共和国行政诉讼法〉若干问题的解释》(以下简称《若干问题的解释》)第1条第2款第6项的规定表达了成熟理论的意思,该项所规定的"对公民、法人或者其他组织权利义务不产生实际影响的行为"主要是指尚处于形成过程之中,还没有最终触及相对人权利义务的行为。所以,人民法院受理行政案件时也应遵循成熟理论。① 也有学者对《若干问题的解释》第1条第2款第6项进行了细分,认为"对权利义务不产生实际影响的行为"包括两种情况:一是该行为本身不对相对人的权利义务产生实际影响,如行政指导行为;二是该行为尚未发展到足以影响到相对人权利义务的阶段。在第一种情况下,行为已经发展到最后阶段,因此属于纯粹的受案范围问题,与成熟理论无涉;而在第二种情况下,行为不在受案范围内是因为其尚未发展到实际影响相对人权利义务的阶段,因而正是行政行为是否成熟问题。②

笔者认为,上述学者对中国行政法上成熟理论的建构提出了较为合理的法律依据。因为,争议行为的终局性是确定成熟标准适合性方面的极为重要的一个要素,实际上,美国《行政程序法》也没有规定成熟理论,第704条只规定法院可以审查最终的机构行为。但是,作为司法创造物的成熟理论,本质上是一个利益衡量的过程,在这一衡量过程之中,终局性虽然重要,但也只是其中的一个要素,除此之外,还有一些其他的要素,诸如问题的法律性质、损害的性质与程度。

最为关键的是,中国行政法上的极具特色的具体行政行为与抽象行政行为的分类不仅给宏观调控公益诉讼起诉资格的建构造成了一定的困难,同样,也给宏观调控法上的成熟理论的建构造成了困难。因为成熟理论的基本原理在于通过避免过早裁决,防止法院使其自身纠缠于规制政策的抽象分歧之中,也保护规制机构只有在行政决定已正式化以及它的效果能够以具体的

---

① 参见石佑启:《在我国行政诉讼中确立"成熟原则"的思考》,载《行政法学研究》2004年第1期。
② 参见蔡乐渭:《行政诉讼中的成熟性原则研究》,载《西南政法大学学报》2005年第5期。

方式为质疑的当事人所感知时才能受到司法干涉。这一利益衡量的过程考察的并不是具体行政行为与抽象行政行为的分类,而是已经制定而尚未实施的规制性法律规范是否对当事人形成了一个难以抉择的霍布森选择:当事人要么守法从而忍受高昂的守法成本,要么违法从而承担民事或刑事处罚。这样一种两难困境可能比较少,所以这样一种实施前的审查也只能由司法部门自由裁量,可能这也是成熟理论的审慎性的意义之所在。

就严义明律师于 2009 年提起并被驳回的涉及宏观调控的公开四万亿投资项目案件而言,最高人民法院于 2010 年 12 月 13 日公布的《最高人民法院关于审理政府信息公开行政案件若干问题的规定》(以下简称《若干问题的规定》),对 2008 年施行的《中华人民共和国政府信息公开条例》关于提起行政诉讼的规定予以了指导与规范。根据《若干问题的规定》第 3 条,"公民、法人或者其他组织认为行政机关不依法履行主动公开政府信息义务,直接向人民法院提起诉讼的,应当告知其先向行政机关申请获取相关政府信息。对行政机关的答复或者逾期不予答复不服的,可以向人民法院提起诉讼。"也就是说,为了规避抽象行政行为不可诉的立法障碍,《若干问题的规定》通过规定用尽行政救济手段的方法将抽象行政行为转化为具体行政行为,从而实现对调控受体的司法救济。对此,最高人民法院行政庭负责人的解释是,"这主要是考虑主动公开政府信息的行为并不是针对一个特定的个人作出,因此这种行为具有抽象行政行为的特征,这种诉讼也具有公益诉讼的性质,人民法院对此受理尚没有诉讼法依据。"①显然,如果我国相关立法明确规定了成熟理论,宏观调控公益诉讼所遭遇的抽象行政行为不可诉的立法障碍便得以消解。

二、过时理论对宏观调控公益诉讼的启示

对于过时理论,国内学者到目前为止尚未论及,即便是系统研究美国行政法的王名扬教授也没有提到过时理论。② 至于其原因,笔者认为,可能是与过时理论主要体现在上诉审阶段有关,因为我们对可诉性理论的关注可能还局限于初审阶段。

然而,过时理论对宏观调控公益诉讼时机的选择具有重要的启发意义,这是因为宏观调控法具有周期变易性。所谓宏观调控法的周期变异性,张守

---

① 张先明:《依法保护公民知情权助推透明政府和服务政府建设——最高人民法院行政庭负责人答记者问》,载《人民法院报》2011 年 8 月 13 日。
② 王名扬教授只对可诉性的起诉资格、成熟理论进行了阐述。参见王名扬:《美国行政法》,中国法制出版社 2005 年版。

文教授认为,从总体上说,体现为宏观调控法在制度形成和调整侧重点上的周期波动,体现为对现实的经济和社会周期波动的逆向调整。具体说来,宏观调控法的变易周期要体现在多个方面。例如,在法制环节上可以表现为立法周期、执法周期等;在制度构建方面可以表现为具体的调控手段、调控目标上的工具周期、目标周期;在调控状态或效果上可以表现为松紧周期或张弛周期,等等。① 刘瑞复教授也指出,经济法具有时限机制,即通过对国民经济总体运行经济关系进行调整的顺序关系和作用时间关系所表现的经济法实现的时间限制机制。② 因此,宏观经济关系的周期性波动,将使得宏观调控法律关系的相应变动,而且,经过一定时期以后,随之而来的是重复性的第二次、第三次持续性的变动。对于这样一种规律性的周期变动,宏观调控法作为反周期的调整规范,体现为一种"逆风调整",具体表现为"限制增长速度立法——经济结构改善立法——经济危机对策立法——经济助成立法"③,也就是说,宏观经济的周期性运行也体现为宏观调控立法上的周期性变动。

宏观调控立法的周期性变动必然会对法的稳定性造成一定影响。对此,张守文教授指出,宏观调控法的规范构成的突出特点是既包括稳定的"内核性规范",又包括易变的"边缘性规范"④,从而解决法的稳定性与宏观调控立法的周期性变动之间的矛盾。事实上,日本经济立法也证明了这个特点。满达人教授指出,日本经济法采用"基本法"与"普通法"结合的方式。"基本法"主要规定的是国家对该部门的基本方针政策,具有所谓的"母法"的性质;"普通法"包括"临时性"和"特殊性"的两类立法。⑤ 而按照现代的过时裁决中的通常表述,"能够重复,却逃避审查"例外适用于以下情况,"(1) 被质疑的行为在其存续期间,由于时间太短以致在其终止或到期之前无法完全提起诉讼,(2) 存在一个合理的预期,即同样起诉的当事人可能再次遭受同样行为的损害。"⑥当然,该例外的"同一原告"要件在适用过程中有所修正。可见,宏观调控法上存在的大量的"边缘性规范""临时性"和"特殊性"规范使得宏观调控行为变动性非常强,完全有可能还没有对相关宏观调控行为提起诉讼,该行为就可能已经到期而终止了,更勿论到上诉阶段了。但是,该宏观调控行为所引发的问题还有可能在下一个经济周期中再现。所以针对宏

---

① 参见张守文:《宏观调控法的周期变易》,载《中外法学》2002 年第 6 期。
② 参见刘瑞复:《经济法学原理》,北京大学出版社 2002 年版,第 144 页。
③ 同上书,第 154 页。
④ 参见张守文:《宏观调控法的周期变易》,载《中外法学》2002 年第 6 期。
⑤ 参见满达人:《现代日本经济法律制度》,兰州大学出版社 1998 年版,第 17 页。
⑥ Wisconsin Department of Industry v. Gould, Inc., 475 U.S. 282, 285 (1986).

观调控行为提起的诉讼可以借鉴美国法上的"能够重复,却逃避审查"例外,不受过时理论的限制,因为这种由于法律规范的存续期限届满而导致的过时是"个人利害过时"而不是"问题过时"。正如比克尔教授指出的,"很多立法是转瞬即逝的,人们本来也是这样打算的。但原则旨在追求持久,对它的阐明会对未来产生影响。今天的合宪性宣告不仅会影响今天的政治平衡,也可能对下一代人选择这一政策而放弃另一个政策增加一个砝码。"[1]当然,是否过时还要由法院自由裁量而定。

---

[1] 〔美〕亚历山大·M.比克尔:《最小危险部门——政治法庭上的最高法院》,姚中秋译,北京大学出版社2007年版,第140页。

结　　论

论述至此,对于"宏观调控行为是否可诉"这一问题自然而然的结论应该是:宏观调控行为是可诉的。这是因为:

第一,可诉性要件只是一种程序性限制。美国法学论著通常将可诉性的各项要件统称为司法审查的门槛(threshold of judicial review),只有通过这些门槛才可能登堂入室。① 也就是说,宏观调控行为是可诉的并不必然意味着提起诉讼的当事人在案件的实体性问题上占优或胜诉,政治问题理论、起诉资格、成熟与过时等可诉性要件只是对诉诸法院的案件的一种程序上的限制。

第二,可诉性是宪法上的管辖权要件。通过对美国可诉性法理的系统性研究,我们可以发现可诉性理论本身就是宪法的要求,是对美国联邦宪法第3条限制司法权行使的"案件"或"争议"的具体限定。鉴于我国可诉性法理的缺乏,有学者试图从宪法的高度来构建裁判请求权,并认为纠纷的可诉性是裁判请求权实现的前提条件。② 应该说,这一观点是符合我国国情的,也是中肯的。也就是说,法院试图从受案范围、具体行为的性质(是否是抽象行政行为)角度来裁决宏观调控行为的可诉性是没有根据的,甚至是违宪的。

第三,司法遵从并不表明宏观调控行为是政治问题。由于我国学界在一定程度上将国家行为理论混同于可诉性要件的政治问题理论,并以此证成宏观调控行为是不可诉的。实际上,国家行为不同于政治问题。政治问题作为司法审查的例外,自从布伦南大法官在1962年的Baker v. Carr案中总结了其所具有的六个特征之后,美国法院到目前为止只在三个案件中以政治问题为由驳回了起诉,并且,法院自从1937年以来对国会贸易调控权采取了一种"极端的司法克制"。但是,法院对政治部门经济决策的极端遵从并不表明宏观调控行为就是政治问题,因为,这只是司法部门对政治部门所拥有的在裁决特定问题时优越于其的体制性能力的尊重而已,更何况,一个政治问题

---

① 参见王名扬:《美国行政法》,中国法制出版社2005年版,第668页。笔者在本书中将"threshold"译为"初始性"或"门槛"。

② 参见刘敏:《裁判请求权研究——民事诉讼的宪法理念》,中国人民大学出版社2003年版,第155页。

必须具有自我实施的激励机制。

第四,授予宏观调控受体起诉资格是消解作为宏观调控行为权源的宏观调控权合法性困境的需要。宏观调控权是随着禁止授权原则的嬗变而得以生成的,因此,由于立法部门和司法部门对授权立法的控制不足所产生的合法性困境也困扰着新兴的宏观调控权。对此,斯图尔特教授提出"利益代表模式"以实现对传统合法性模式的扩展,而起诉资格的扩展则是"利益代表模式"得以实现的关键,这也是经济法作为回应型法的内在要求。

第五,作为起诉资格扩展路径的公益诉讼起诉资格的生成并不会导致讼累。由于奥尔森集体行动意义上的"选择性激励"的缺乏,公益诉讼起诉资格的授予不但不会出现学者们所担心的讼累,反而会出现实施不足的状况。美国在20世纪70年代的公益诉讼之所以会随着"公民诉讼条款"规定的出现而激增,是因为这些法定审查条款是立法者将公益诉讼机制作为实现社会变革的改革者政治模式的一个重要标志,而且,这一时期的公益诉讼基本上都是由公益律师或公益诉讼组织提起的,而这些公益律师或公益诉讼组织基本上都得到了有关基金会的资助。所以,这在一定程度上弥补了公民诉讼的激励不足。但是,公益诉讼起诉资格授予标准随着 Association of Data Processing Service Organizations v. Camp 案的裁决而转变为有史以来最为严格的要件结构,从而一方面限制了公民诉讼条款的运用,另一方面也为享有公益诉讼起诉资格的当事人提供了相应的激励。当然,这也为宏观调控公益诉讼中起诉资格的建构提供了可能。

第六,诉讼时机只是起诉资格要件的扩展与延伸。可诉性的成熟和过时要件作为起诉资格要件的扩展(成熟)与延伸(过时),其所具有的审慎性质使得宏观调控公益诉讼时机的选择成为可能。宏观调控公益诉讼时机的成熟不在于具体行政行为与抽象行政行为的划分,而在于是否对当事人造成了难以抉择的霍布森选择。过时理论的"能够重复,却逃避审查"例外使得对由于宏观调控法的周期变易而终止的宏观调控行为的起诉不会过时。当然,成熟和过时要件的满足都是建立在当事人已获得起诉资格的基础之上。

第七,宏观调控行为具有可诉性是改善当前中国经济法实施机制的需要。尽管经济法所具有的专业性和政策性特质使得其在实施方面体现着浓重的行政主导性特征(公共实施),但是,可诉性作为现代法治国家的法律应有的特性,其要求在公共实施之外还允许私人实施的存在。并且,在经济法的司法实施机制中坚持市场活动主体求助司法最终解决的权利,表达了这样一个道理,即在重要的和直接涉及当事人切身利害的问题上,将矛盾"下交",任由利害关系人自行解决或发动争议,将永远要比政府依职权查处来得及时、公平和有效。①

　　宏观调控行为是可诉的结论的得出主要是在美国的可诉性法理框架下进行的，这仅仅是因为相对于其他国家而言，美国的可诉性法理较为成熟。在笔者看来，这一分析路径不仅不会影响该结论的证成，而且还可能提高这一结论的可信度。因为：第一，国内立法例（《行政诉讼法》）的相关规定与学者们所主张的"国家行为"实际上就是可诉性法理上的政治问题，甚至由于国内学界对可诉性法理研究的不足导致了一定程度的误读，即将国家行为理论误解为政治问题理论，从而误导了"宏观调控行为是否可诉"这一问题的争论方向。第二，国内学者试图从大陆法系的传统民事诉权理论的视角来构建公益诉讼的理论体系时所遭遇的理论困境，在某种意义上正是由于我们对可诉性法理中的起诉资格理论的研究不够深入，还囿于起诉资格的私法模式，而无视现代规制型法律上的公益诉讼起诉资格模式的兴起，并对相关的公益诉讼（包括宏观调控公益诉讼）总是以不在"受案范围"为由而驳回。对英美法系可诉性法理的研究将为我们提供了一条可行的镜鉴之路。第三，王名扬教授在对法国行政法研究之后，在我国最早提出了抽象行政行为与具体行政行为的分类②，此后，这一分类为我国学者进一步阐述，并随着《行政诉讼法》的颁布得以固化，得出了为中国所特有的抽象行政行为不可诉的结论，这一结论势必也影响到表现为制定规范性文件的宏观调控行为的可诉性。对此，在理论上，已有很多学者从论述抽象行政行为具有可诉性的角度来消除这一分类的不良后果；在立法上，2014年8月公布的《中华人民共和国行政诉讼法修正案（草案）（二次审议稿）》也将现行行政诉讼法中的"具体行政行为"统一修改为"行政行为"，试图通过取消抽象行政行为与具体行政行为的分类来扩大行政诉讼的受案范围。其实，通过对美国可诉性法理的考察，我们可以发现本质上属于实施前审查的成熟理论完全可以消解中国法意义上的抽象行政行为所带来的实施困境，从而彻底解决这一分类由于路径依赖机制所带来的种种弊端。由此可见，在中国法的语境下所讨论的诸种可诉性问题基本上可以在美国的可诉性法理的知识谱系上实现一一对应，只是使用了不同的话语系统而已。

　　理论的产生可能是有国界的，但是人类所遇到的问题却是共通的。而且，理论的生命力来自于对现实的解释力，如果以美国的可诉性法理能够更好的解释各国所普遍遇到的宏观调控行为的可诉性问题，又何必基于意识形

---

① 参见史际春主编：《经济法》，中国人民大学出版社2005年版，第115页。
② 参见叶必丰、周佑勇：《行政规范研究》，法律出版社2002年版，第56页。

态下的各种大词予以本能的拒绝呢？当然,本书只是从应然层面回答了"宏观调控行为是否可诉"的问题,至于当事人到法院起诉宏观调控行为的具体操作规则,以及这些规则与现行的诉讼法规范如何协调的问题,笔者坚信,随着中国法治进程的不断推进,在确立宏观调控行为是可诉的这一理念之后,所有诸如此类的技术性问题应该是可以迎刃而解的。

参考文献

一、中文著作

1. 陈光中、江伟主编:《诉讼法论丛》(第1卷),法律出版社1998年版。
2. 陈伯礼:《授权立法研究》,法律出版社2000年版。
3. 陈新民:《德国公法学基础理论》(上册),山东人民出版社2001年版。
4. 陈新民:《中国行政法学原理》,中国政法大学出版社2002年版。
5. 方世荣:《行政法与行政诉讼法》,中国政法大学出版社1999年版。
6. 法治斌:《人权保障与司法审查》,台湾月旦出版社股份有限公司1994年版。
7. 龚祥瑞:《比较宪法与行政法》,法律出版社2003年版。
8. 胡代光:《当代西方经济学流派》,北京经济学院出版社1996年版。
9. 胡代光、厉以宁、袁东明:《凯恩斯主义的发展和演变》,清华大学出版社2004年版。
10. 季卫东:《宪政新论——全球化时代的法与社会变迁》,北京大学出版社2002年版。
11. 江伟、邵明、陈刚:《民事诉权研究》,法律出版社2002年版。
12. 李力:《宏观调控法律制度研究》,南京师范大学出版社1998年版。
13. 刘瑞复:《经济法学原理》,北京大学出版社2002年版。
14. 刘敏:《裁判请求权研究——民事诉讼的宪法理念》,中国人民大学出版社2003年版。
15. 李昌麒主编:《经济法论坛》(第五卷),群众出版社2008年版。
16. 李昌麒主编:《经济法学》(第2版),法律出版社2008年版。
17. 林来梵主编:《宪法审查的原理与技术》,法律出版社2009年版。
18. 满达人:《现代日本经济法律制度》,兰州大学出版社1998年版。
19. 邱本:《自由竞争与秩序调控——经济法的基础建构与原理阐析》,中国政法大学出版社2001年版。
20. 漆多俊主编:《经济法论丛》(第7卷),中国方正出版社2003年版。
21. 漆多俊:《经济法基础理论》(第4版),法律出版社2008年版。
22. 沈宗灵主编:《法理学》,北京大学出版社2000年版。
23. 隋彭生:《合同法要义》,中国政法大学出版社2003年版。
24. 史际春、邓峰:《经济法总论》,法律出版社2008年版。

25. 史际春主编:《经济法》,中国人民大学出版社 2005 年版。
26. 吴大英:《比较立法制度》,群众出版社 1992 年版。
27. 王泽鉴:《民法学说与判例研究》(第 4 册),中国政法大学出版社 1998 年版。
28. 王利明:《违约责任论》,中国政法大学出版社 1996 年版。
29. 王希:《原则与妥协:美国宪法的精神与实践》,北京大学出版社 2000 年版。
30. 王名扬:《美国行政法》,中国法制出版社 2005 年版。
31. 汪劲:《环境法学》(第 2 版),北京大学出版社 2011 年版。
32. 翁岳生编:《行政法》(上册),中国法制出版社 2002 年版。
33. 吴越:《经济宪法学导论——转型中国经济权利与权力之博弈》,法律出版社 2007 年版。
34. 吴易风,王健,方松英:《政府干预和市场经济——新古典宏观调控经济学和新凯恩斯主义经济学研究》,商务印书馆 1998 年版。
35. 肖江平:《中国经济法学史研究》,人民法院出版社 2002 年版。
36. 邢会强:《宏观调控权运行的法律问题》,北京大学出版社 2004 年版。
37. 杨紫烜主编:《经济法》,北京大学出版社、高等教育出版社 1999 年版。
38. 杨伟东:《行政行为司法审查强度研究——行政审判权纵向范围分析》,中国人民大学出版社 2003 年版。
39. 杨三正:《宏观调控权论》,厦门大学出版社 2007 年版。
40. 颜运秋:《公益经济诉讼:经济法诉讼体系的建构》,法律出版社 2008 年版。
41. 叶必丰、周佑勇:《行政规范研究》,法律出版社 2002 年版。
42. 周柟:《罗马法原理》(下册),商务印书馆 1996 年版。
43. 张静:《法团主义——及其与多元主义的主要分歧》,中国社会科学出版社 1998 年版。
44. 张文显:《法哲学范畴研究》,中国政法大学出版社 2001 年版。
45. 张千帆:《西方宪政体系》(上册·美国宪法),中国政法大学出版社 2004 年版。
46. 张维迎:《博弈论与信息经济学》,上海三联书店、上海人民出版社 2004 年版。
47. 周永坤:《规范权力——权力的法理研究》,法律出版社 2006 年版。
48. 周佑勇:《行政裁量治理研究———种功能主义的立场》,法律出版社 2008 年版。
49. 张守文、于雷:《市场经济与新经济法》,北京大学出版社 1993 年版。
50. 张守文:《经济法理论的重构》,人民出版社 2004 年版。
51. 张守文:《经济法学》,中国人民大学出版社 2008 年版。
52. 张守文:《经济法总论》,中国人民大学出版社 2009 年版。

二、中文论文

1. 蔡乐渭:《行政诉讼中的成熟性原则研究》,载《西南政法大学学报》2005 年第 5 期。

2. 陈尧:《利益集团与政治过程》,载《读书》2006 年第 8 期。
3. 陈承堂:《宏观调控的合法性研究——以房地产市场宏观调控为视角》,载《法商研究》2006 年第 5 期。
4. 陈云良、《国家调节权:第四种权力形态》,载《现代法学》2007 年第 6 期。
5. 丰霖:《诉权理论的发展路向》,载《中外法学》2008 年第 5 期。
6. 高家伟:《论行政诉讼原告资格》,载《法商研究》1997 年第 1 期。
7. 郭春明:《论国家紧急权力》,载《法律科学》2003 年第 5 期。
8. 韩大元、王贵松:《中国宪法文本中"法律"的涵义》,载《法学》2005 年第 2 期。
9. 黄学贤:《行政法中信赖保护原则》,载《法学》2002 年第 5 期。
10. 黄莹、王厚伟:《生存权优于债权——评〈最高人民法院关于人民法院执行设定抵押的房屋的规定〉》,载《法学评论》2006 年第 4 期。
11. 侯怀霞:《论法律的边界——以央行的宏观调控权为例》,载《社会科学》2010 年第 12 期。
12. 李铁映:《关于建立社会主义市场经济体系的问题》,载《求是》1997 年第 11 期。
13. 刘普生:《论经济法的回应性》,载《法商研究》1999 年第 2 期。
14. 李春燕:《行政信赖保护原则研究》,载《行政法学研究》2001 年第 3 期。
15. 李昌麒、胡光志:《宏观调控法若干基本范畴的法理分析》,载《中国法学》2002 年第 2 期。
16. 李友根:《社会整体利益代表机制研究——兼论公益诉讼的理论基础》,载《南京大学学报(哲学·人文科学·社会科学)》2002 年第 2 期。
17. 李友根:《经营者公平竞争权初论——基于判例的整理与研究》,载《南京大学学报(哲学·人文科学·社会科学)》2009 年第 4 期。
18. 〔美〕L. B. 斯图尔特:《二十一世纪的行政法》,苏苗罕译,载《环球法律评论》2004 年夏季号。
19. 李杰:《其他规范性文件在司法审查中的地位及效力探悉》,载《行政法学研究》2004 年第 4 期。
20. 李浩:《关于民事公诉的若干思考》,载《法学家》2006 年第 4 期。
21. 鲁篱:《论最高法院在宏观调控中的角色定位》,载《现代法学》2006 年第 6 期。
22. 林莉红:《公益诉讼的含义与范围》,载《法学研究》2006 年第 6 期。
23. 卢代富:《经济法研究应注重回应性和本土性》,载《郑州大学学报(哲学社会科学版)》2008 年第 5 期。
24. 马怀德:《公益行政诉讼的原告资格及提起条件论析——以两起案件为视角》,载《中州学刊》2006 年第 3 期。
25. 毛玮:《行政法红灯和绿灯模式之比较》,载《法治论丛》2009 年第 4 期。
26. 乔新生:《宏观调控中经常被误用的三个概念》,载《中国特色社会主义研究》2005 年第 2 期。
27. 齐树洁:《环境公益诉讼起诉资格的扩张》,载《法学论坛》2007 年第 3 期。

28. 漆思剑:《剔除附庸性:经济学之宏观调控的经济法改造——兼论国家投资经营法与宏观调控法的区别》,载《政治与法律》2009 年第 3 期。

29. 司平平:《国家行为原则及其发展》,载《法学》1999 年第 1 期。

30. 盛晓明:《地方性知识的构造》,载《哲学研究》2000 年第 12 期。

31. 石佑启:《在我国行政诉讼中确立"成熟原则"的思考》,载《行政法学研究》2004 年第 1 期。

32. 盛学军、陈开琦:《论市场规制权》,载《现代法学》2007 年第 4 期。

33. 史际春、肖竹:《论分权、法治的宏观调控》,载《中国法学》2006 年第 4 期。

34. 史际春、肖竹:《论价格法》,载《北京大学学报(哲学社会科学版)》2008 年第 6 期。

35. 宋雅琴:《美国行政法的历史演进及借鉴意义——行政与法互动的视角》,载《经济社会体制比较》2009 年第 1 期。

36. 〔德〕图依布纳:《现代法中的实质要素和反思要素》,矫波译,载《北大法律评论》1999 年第 2 辑。

37. 汤在新:《宏观调控和国家干预》,载《当代经济研究》2000 年第 4 期。

38. 汤在新:《宏观调控和微观规制、产业政策》,载《当代经济研究》2000 年第 5 期。

39. 王晨光:《法律的可诉性:现代法治国家中法律的特征之一》,载《法学》1998 年第 8 期。

40. 吴万得:《论行政立法的概念及意义》,载《行政法学研究》2000 年第 2 期。

41. 王太高:《新司法解释与行政公益诉讼》,载《行政法学研究》2004 年第 1 期。

42. 王曦、唐瑭:《对"环境权研究热"的"冷"思考》,载《上海交通大学学报(哲学社会科学版)》2013 年第 2 期。

43. 吴元元:《调控政策、承诺可置信性与信赖利益保护——动态不一致性理论下的宏观调控法治建构路径》,载《法学论坛》2006 年第 6 期。

44. 许安标:《关于中央与地方立法权限的划分》,载《中国法学》1996 年第 3 期。

45. 谢晖:《独立的司法与可诉的法》,载《法律科学》1999 年第 1 期。

46. 许安标:《论行政法规的权限范围》,载《行政法学研究》2001 年第 2 期。

47. 邢会强:《宏观调控行为的不可诉性探析》,载《法商研究》2002 年第 5 期。

48. 邢会强:《宏观调控行为的不可诉性再探》,载《法商研究》2012 年第 5 期。

49. 谢增毅:《宏观调控法基本原则新论》,载《厦门大学学报(哲学社会科学版)》2003 年第 5 期。

50. 徐澜波:《宏观调控的可诉性之辨》,载《法学》2012 年第 5 期。

51. 余凌云:《行政法上合法预期之保护》,载《中国社会科学》2003 年第 3 期。

52. 颜运秋、李大伟:《宏观调控行为可诉性分析》,载《中国社会科学院研究生院学报》2005 年第 1 期。

53. 杨树明、易明:《国际民事诉讼中的国家行为原则——以美国法为例》,载《云南大学学报(法学版)》2006 年第 6 期。

54. 张守文:《宏观调控权的法律解析》,载《北京大学学报(哲学社会科学版)》2001年第3期。

55. 张守文:《宏观调控法的周期变易》,载《中外法学》2002年第6期。

56. 曾尔恕:《美国宪法对调整经济生活的作用》,载《比较法研究》2002年第3期。

57. 周少青:《论授权立法的合法性》,载《河北法学》2003年第6期。

58. 章志远:《行政公益诉讼中的两大认识误区》,载《法学研究》2006年第6期。

59. 章礼明:《检察机关不宜作为环境公益诉讼的原告》,载《法学》2011年第6期。

60. 朱广新:《信赖保护理论及其研究述评》,载《法商研究》2007年第6期。

三、中文译著

1. 〔法〕阿莱克西·雅克曼、居伊·施朗斯:《经济法》,宇泉译,商务印书馆1997年版。

2. 〔美〕阿奇博尔德·考克斯:《法院与宪法》,田雷译,北京大学出版社2006年版。

3. 〔美〕伯纳德·施瓦茨:《行政法》,徐炳译,群众出版社1986年版。

4. 〔意〕彼德罗·彭梵得:《罗马法教科书》,黄风译,中国政法大学出版社1992年版。

5. 〔美〕保罗·A.萨缪尔森、威廉·D.诺德豪斯:《经济学》(第14版)(下),胡代光等译,北京经济学院出版社1996年版。

6. 〔美〕本杰明·卡多佐:《司法过程的性质》,苏力译,商务印书馆1998年版。

7. 〔美〕E.博登海默:《法理学:法律哲学与法律方法》,邓正来译,中国政法大学1999年版。

8. 〔德〕伯恩哈德·格罗斯菲尔德:《比较法的力量与弱点》,孙世彦、姚建宗译,清华大学出版社2002年版。

9. 〔美〕布鲁斯·阿克曼:《我们人民:宪法变革的原动力》,孙文恺译,法律出版社2003年版。

10. 〔美〕伯纳德·施瓦茨:《美国法律史》,王军等译,法律出版社2007年版。

11. 〔日〕川岛武宜:《现代化与法》,申政武等译,中国政法大学出版社2004年版。

12. 〔日〕丹宗昭信、厚谷襄儿编:《现代经济法入门》,谢次昌译,群众出版社1985年版。

13. 〔美〕丹尼尔·F.史普博:《管制与市场》,余晖等译,上海三联书店、上海人民出版社1999年版。

14. 〔英〕戴维·米勒、韦农·波格丹诺:《布莱克维尔政治学百科全书》,邓正来主编译,中国政法大学出版社1992年版。

15. 〔美〕E.阿伦·法恩兹沃思:《美国法律制度概论》,马清文译,群众出版社1986年版。

16. 〔美〕E.博登海默:《法理学:法律哲学与法律方法》,邓正来译,中国政法大学出版社1999年版,第95页。

17. 〔英〕弗里德利希·冯·哈耶克:《法律、立法与自由》(第2、3卷),邓正来、张守东、李静冰译,中国大百科全书出版社2000年版。

18. 〔美〕汉密尔顿、杰伊、麦迪逊:《联邦党人文集》,程逢如、在汉、舒逊译,商务印书馆1980年版。

19. 〔德〕哈特穆特·毛雷尔:《行政法学总论》,高家伟译,法律出版社2000年版。

20. 〔日〕金泽良雄:《经济法概论》,满达人译,甘肃人民出版社1985年版。

21. 〔美〕杰罗姆·巴伦、托马斯·迪恩斯:《美国宪法概论》,刘瑞祥等译,中国社会科学出版社1995年版。

22. 〔英〕杰弗里·马歇尔:《宪法理论》,刘刚译,法律出版社2006年版。

23. 〔美〕卡尔威因、帕尔德森:《美国宪法释义》,徐卫东等译,华夏出版社1989年版。

24. 〔美〕克利福德·吉尔兹:《地方性知识——阐释人类学论文集》,王海龙、张家瑄译,中央编译出版社2000年版。

25. 〔德〕柯武刚、史漫飞:《制度经济学:社会秩序与公共政策》,韩朝华译,商务印书馆2000年版。

26. 〔美〕考夫曼:《卡多佐》,张守东译,法律出版社2001年版。

27. 〔美〕凯斯·R.孙斯坦:《自由市场与社会正义》,金朝武、胡爱平、乔聪启译,中国政法大学出版社2002年版。

28. 〔英〕卡罗尔·哈洛、理查德·罗林斯:《法律与行政》(上卷),杨伟东等译,商务印书馆2004年版。

29. 〔美〕凯斯·R.桑斯坦:《偏颇的宪法》,宋华琳、毕竞悦译,北京大学出版社2005年版。

30. 〔美〕凯斯·R.孙斯坦:《设计民主:论宪法的作用》,金朝武、刘会春译,法律出版社2006年版。

31. 〔美〕凯斯·R.桑斯坦:《就事论事——美国最高法院的司法最低限度主义》,泮伟江、周武译,北京大学出版社2007年版。

32. 〔美〕凯斯·R.桑斯坦:《权利革命之后——重塑规制国》,钟瑞华译,中国人民大学出版社2008年版。

33. 〔美〕克里斯多弗·沃尔夫:《司法能动主义——自由的保障还是安全的威胁?》,黄金荣译,中国政法大学出版社2004年版。

34. 〔英〕洛克:《政府论》(下篇),叶启芳、瞿菊农译,商务印书馆1964年版。

35. 〔美〕理查德·A.波斯纳:《法理学问题》,苏力译,中国政法大学出版社1994年版。

36. 〔美〕理查德·B.斯图尔特:《美国行政法的重构》,沈岿译,商务印书馆2002年版。

37. 〔美〕罗伯特·麦克洛斯基:《美国最高法院》(第3版),任东来等译,中国政法大学出版社2005年版。

38.〔美〕理查德·波斯纳:《法官如何思考》,苏力译,北京大学出版社 2009 年版。

39.〔法〕孟德斯鸠:《论法的精神》(上册),张雁深译,商务印书馆 1961 年版。

40.《马克思恩格斯全集》(第 25 卷),人民出版社 1974 年版。

41.〔美〕米尔顿·弗里德曼、罗斯·弗里德曼:《自由选择:个人声明》,胡骑等译,商务印书馆 1982 年版。

42.〔美〕曼瑟尔·奥尔森:《集体行动的逻辑》,陈郁等译,上海三联书店、上海人民出版社 1995 年版。

43.〔意〕莫诺·卡佩莱蒂编:《福利国家与接近正义》,刘俊祥译,法律出版社 2000 年版。

44.〔意〕莫诺·卡佩莱蒂:《比较法视野中的司法程序》,徐昕、王奕译,清华大学出版社 2005 年版。

45.〔英〕马丁·洛克林:《公法与政治理论》,郑戈译,商务印书馆 2002 年版。

46.〔美〕曼昆:《经济学原理》(宏观经济学分册)(第 4 版),梁小民译,北京大学出版社 2006 年版。

47.〔美〕米尔顿·弗里德曼:《货币的祸害——货币史片段》,安佳译,商务印书馆 2006 年版。

48.〔美〕曼瑟·奥尔森:《国家的兴衰:经济增长、滞胀和社会僵化》,李增刚译,上海世纪出版集团 2007 年版。

49.〔美〕马克·图什内特:《让宪法远离法院》,杨智杰译,法律出版社 2009 年版。

50.〔法〕皮埃尔·布迪厄、〔美〕华康德:《实践与反思——反思社会学导引》,李猛、李康译,中央编译出版社 1998 年版。

51.〔美〕P.诺内特、P.塞尔兹尼克:《转变中的法律与社会:迈向回应型法》,张志铭译,中国政法大学出版社 2004 年版。

52.〔日〕田中英夫、竹内昭夫:《私人在法实现中的作用》,李薇译,法律出版社 2006 年版。

53.〔法〕萨伊:《政治经济学概论》,陈福生、陈振骅译,商务印书馆 1963 年版。

54.〔美〕理查德·B.斯图尔特:《美国行政法的重构》,沈岿译,商务印书馆 2002 年版。

55.〔美〕施密特、谢利、巴迪斯:《美国政府与政治》,梅然译,北京大学出版社 2005 年版。

56.〔美〕斯坦利·I.库特勒:《最高法院与宪法——美国宪法史上重要判例选读》,朱曾汶、林铮译,商务印书馆 2006 年版。

57.〔美〕史蒂芬·布雷耶:《规制及其改革》,李洪雷等译,北京大学出版社 2008 年版。

58.〔法〕托克维尔:《论美国的民主》(上卷),董果良译,商务印书馆 1988 年版。

59.〔美〕托马斯·库恩:《科学革命的结构》,金吾伦、胡新和译,北京大学出版社 2003 年版。

60. 〔奥〕维特根斯坦:《哲学研究》,李步楼译,商务印书馆1996年版。

61. 〔英〕威廉·韦德:《行政法》,楚建译,中国大百科全书出版社1997年版。

62. 〔美〕小奥利弗·温德尔·霍姆斯:《普通法》,冉昊、姚中秋译,中国政法大学出版社2006年版。

63. 〔英〕亚当·斯密:《国民财富的性质和原因的研究》(下卷),郭大力、王亚南译,商务印书馆1974年版。

64. 〔日〕盐野宏:《行政法》,杨建顺译,法律出版社1999年版。

65. 〔德〕尤尔根·哈贝马斯:《合法化危机》,刘北成、曹卫东译,上海人民出版社2000年版。

66. 〔美〕约瑟夫·E.斯蒂格利茨、卡尔·E.沃尔什:《经济学》(下册),黄险峰、张帆译,中国人民大学出版社2005年版。

67. 〔意〕莫诺·卡佩莱蒂:《比较法视野中的司法程序》,徐昕、王奕译,清华大学出版社2005年版。

68. 〔美〕约翰·V.奥尔特:《正当法律程序简史》,杨明成、陈霜玲译,商务印书馆2006年版。

69. 〔美〕亚历山大·M.比克尔:《最小危险部门——政治法庭上的最高法院》,姚中秋译,北京大学出版社2007年版。

70. 〔美〕约瑟夫·斯蒂格利茨等:《稳定与增长 宏观经济学、自由化与发展》,刘卫译,中信出版社2008年版。

71. 〔英〕詹宁斯:《英国议会》,蓬勃译,商务印书馆1959年版。

72. 〔日〕植草益:《微观规制经济学》,朱绍文、胡欣欣等译,中国发展出版社1992年版。

四、英文论文

1. Alexander M. Bickel, "The Supreme Court, 1960 Term-Foreword: The Passive Virtues", 75 *Harv. L. Rev.* 40 (1961).

2. Abram Chayes, "The Role of the Judge in Public Law Litigation", 89 *Harv. L. Rev.* 1281 (1976).

3. Abram Chayes, "The Supreme Court, 1982 Term-Foreword: Public Law Litigation and the Burger Court", 96 *Harv. L. Rev.* 4 (1982).

4. Antonin Scalia, "The Doctrine of Standing as an Essential Element of the Separation of Powers", 17 *Suffolk U. L. Rev.* 881 (1983).

5. Abner J. Mikva, "How Well Does Congress Support and Defend the Constitution?", 61 *N. C. L. Rev.* 587 (1983).

6. Avis K. Poai, "Recent Development: Hawai'I's Justiciability Doctrine", 26 *Hawaii L. Rev.* 537 (2004).

7. Amanda L. Tyler, "Is Suspension a Political Question?", 59 *Stan. L. Rev.* 333 (2006).

8. Cass R. Sunstein, "Lochner's Legacy", 87 *Colum. L. Rev.* 873 (1987).

9. Cass R. Sunstein, "Constitutionalism After the New Deal", 101 *Har. L. Rev.* 421 (1987).

10. Cass R. Sunstein, "Standing and the Privatization of Public Law", 88 *Colum. L. Rev.* 1432 (1988).

11. Cass R. Sunstein, "What's Standing After Lujan? Of Citizen Suits, 'Injuries', and Article III", 91 *Mich. L. Rev.* 163(1992).

12. Cass R. Sunstein, "Leaving Things Undecided", 110 *Harv. L. Rev.* 4 (1996).

13. Corey C. Watson, "Mootness and the Constitution", 86 *Nw. U. L. Rev.* 143 (1991).

14. D. Kates & W. Barker, "Mootness In Judicial Proceedings: Toward a Coherent Theory", 62 *Cal. L. Rev.* 1385 (1974).

15. David P. Currie, "The Supreme Court and Federal Jurisdiction: 1975 Term", 1976 *Sup. Ct. Rev.* 183.

16. David P. Currie, "Misunderstanding Standing", 1981 *Sup. Ct. Rev.* 41.

17. David R. Hodas, "Enforcement of Environmental Law in a Triangular Federal System: Can Three Not Be a Crowd When Enforcement Authority Is Shared by the United States, the States, and Their Citizens?", 54 *Md. L. Rev.* 1552 (1995).

18. Donna F. Coltharp, "Writing in the Margins: Brennan, Marshall, and the Inherent Weaknesses of Liberal Judicial Decision-Making", 29 *St. Mary's L. J.* 1 (1997).

19. Evan Caminker, "The Constitutionality of Qui Tam Actions", 99 *Yale L. J.* 341 (1989).

20. Elizabeth Magill, "Standing for the Public: A Lost History", 95 *Va. L. Rev.* 1131 (2009).

21. Fritz W. Scharpf, "Judicial Review and the Political Question: A Functional Analysis", 75 *Yale L. J.* 517 (1966).

22. Finn E. Kydland & Edward C. Prescott, "Rules Rather Than Discretion: The Inconsistency of Optimal Plans", 85 *Journal of Political Economy* 473 (1977).

23. Frederick Schauer, "Formalism", 97 *Yale L. J.* 509 (1988).

24. F. Andrew Hessick, "Standing, Injury in fact, And private rights", 93 *Cornell L. Rev.* 275 (2008).

25. Gerald Gunther, "The Subtle Vices of the 'Passive Virtues' —A Comment on Principle and Expediency in Judicial Review", 64 *Colum. L. Rev.* 1 (1964).

26. G. Joseph Vining, "Direct Judicial Review and the Doctrine of Ripeness in Administrative Law", 69 *Mich. L. Rev.* 1443 (1971).

27. Richard H. Fallon, Jr., "Of Justiciability, Remedies, and Public Law Litigation: Notes on the Jurisprudence of Lyons", 59 *N. Y. U. L. Rev.* 1 (1984).

28. Glenn Ching, Note, "The Trustees of the Office of Hawaiian Affairs v. Yamasaki: The Application of the Political Question Doctrine to Hawai' I's Public Land Trust Dispute", 10 *U. Haw. L. Rev.* 345 (1988).

29. Gene R. Nichol, Jr., "Rethinking Standing", 72 *Cal. L. Rev.* 68 (1984).

30. Gene R. Nichol, Jr., "Injury and the Disintegration of Article III", 74 *Cal. L. Rev.* 1915 (1986).

31. Gene R. Nichol, Jr., "Ripeness and the Constitution", 54 *U. Chi. L. Rev.* 153, 155 (1987).

32. Gene R. Nichol, Jr., "Justice Scalia, Standing, and Public Law Litigation", 42 *Duke L. J.* 1141(1993).

33. Gene R. Nichol, Jr., "Standing for Privilege: The Failure of Injury Analysis", 82 *B. U. L. Rev.* 301(2002).

34. Gene R. Nichol, "Is There a Law of Federal Courts?", 96 *W. Va. L. Rev.* 147 (1993).

35. Gary Lawson, "The Rise and Rise of the Administrative State", 107 *Harv. L. Rev.* 1231 (1994).

36. Gordon S. Wood, "The Origins of Judicial Review Revisited, or How the Marshall Court Made More out of Less", 56 *Wash. & Lee L. Rev.* 787 (1999).

37. Harry P. Warner, "Some Constitutional and Administrative Implications of the Sanders Case", 4 *Fed. Comm. B. J.* 214 (1940).

38. Herbert Wechsler, "The Political Safeguards of Federalism: The Role of the States in the Composition and Selection of the National Government", 54 *Colum. L. Rev.* 543 (1954).

39. Herbert Wechsler, "Toward Neutral Principles of Constitutional Law", 73 *Harv. L. Rev.* 1(1959).

40. Henry P. Monaghan, "Constitutional Adjudication: The Who and When", 82 *Yale L. J.* 1363 (1973).

41. Henry P. Monaghan, "Marbury and the Administrative State", 83 *Colum. L. Rev.* 1 (1983).

42. Herbert Hovenkamp, "The Political Economy of Substantive Due Process", 40 *Stan. L. Rev.* 379 (1988).

43. Helen Hershkoff, "State Courts and the 'Passive Virtues': Rethinking the Judicial Function", 114 *Harv. L. Rev.* 1833 (2001).

44. James B. Thayer, "The Origin and Scope of the American Doctrine of Constitutional Law", 7 *Harv. L. Rev.* 129 (1893).

45. J. Peter Mulhern, "In Defense of the Political Question Doctrine", 137 *U. Pa. L. Rev.* 97 (1988).

46. Jonathan M. Wight, "An Evaluation of the Commercial Activities Exception to the

Act of State Doctrine", 19 *Dayton L. Rev.* 1265 (1994).

47. John F. Manning, "Constitutional Structure and Judicial Deference to Agency Interpretations of Agency Rules", 96 *Colum. L. Rev.* 612 (1996).

48. J. Brian King, "Jurisprudential Analysis of Justiciability Under Article III", 10 *Kan. J. L. & Pub. Pol'y* 217 (2000).

49. Jesse H. Choper, "The Political Question Doctrine: Suggested Criteria", 54 *Duke L. J.* 1457 (2005).

50. Jonathan R. Siegel, "A Theory of Justiciability", 86 *Tex. L. Rev.* 73 (2007).

51. Kenneth Culp Davis, "The Liberalized Law of Standing", 37 *U. Chi. L. Rev.* 450 (1970).

52. Kenneth E. Scott, "Standing in the Supreme Court—A Functional Analysis", 86 *Harv. L. Rev.* 645 (1973).

53. Kates & Barker, "Mootness In Judicial Proceedings: Toward a Coherent Theory", 62 *Cal. L. Rev.* 1385 (1974).

54. Louis L. Jaffe, "Standing to Secure Judicial Review: Public Actions", 74 *Harv. L. Rev.* 1265 (1961).

55. Louis L. Jaffe, "The Citizen as Litigant in Public Actions: The Non-Hohfeldian or Ideological Plaintiff", 116 *U. Pa. L. Rev.* 1033(1968).

56. Louis L. Jaffe, "The Editorial Responsibility of the Broadcaster: Reflections on Fairness and Access", 85 *Harv. L. Rev.* 768 (1972).

57. Louis Henkin, "Is There a 'Political Question' Doctrine?", 85 *Yale L. J.* 597 (1976).

58. Lea Brilmayer, "The Jurisprudence of Article III: Perspectives on the 'Case or Controversy' Requirement", 93 *Harv. L. Rev.* 297 (1979).

59. Laurence H. Tribe, "A Constitution We Are Amending: In Defense of a Restrained Judicial Role", 97 *Harv. L. Rev.* 433 (1983).

60. Linda Sandstrom Simard, "Standing Alone: Do We Still Need the Political Question Doctrine?", 100 *Dick. L. Rev.* 303 (1996).

61. Louis Michael Seidman, "The Secret Life of the Political Question Doctrine", 37 *J. Marshall L. Rev.* 441(2004).

62. Laveta Casdorph, "The Constitution and Reconstitution of the Standing Doctrine", 30 *St. Mary's L. J.* 471(1999).

63. Laurens Walker, "Environmental Citizen Suits: Standing and Mootness After Laidaw", 19 *Va. Envtl. L. J.* 393(2000).

64. Mark V. Tushnet, "The New Law of Standing: A Plea for Abandonment", 62 *Cornell L. Rev.* 663 (1977).

65. Marcia P. Gelpe, "Exhaustion of Administrative Remedies: Lessons from Environ-

mental Cases", 53 *Geo. Wash. L. Rev.* 1 (1984).

66. Martin H. Redish, "Judicial Review and the Political Question", 79 *Nw. U. L. Rev.* 1031(1985).

67. Martin H. Redish, "The Passive Virtues, the Counter-Majoritarian Principle, and the 'Judicial-Political' Model of Constitutional Adjudication", 22 *Conn. L. Rev.* 647 (1990).

68. Michael S. Greve, "The Private Enforcement of Environmental Law", 65 *Tul. L. Rev.* 339 (1990).

69. Marla Mansfield, "Standing and Ripeness Revisited: The Supreme Court's 'Hypothetical' Barriers", 68 *N. D. L. Rev.* 1(1992).

70. Mark Tushnet, "Law and Prudence in the Law of Justiciability: The Transformation and Disappearance of the Political Question Doctrine", 80 *N. C. L. Rev.* 1203(2002).

71. Mark C. Christie, "Economic Regulation in the United States: The Constitutional Framework", 40 *U. Rich. L. Rev.* 949(2006).

72. Michelle L. Sitorius, "The Political Question Doctrine: A Thin Black Line Between Judicial Deference and Judicial Review", 87 *Neb. L. Rev.* 793 (2009).

73. Matthew I. Hall, "The Partially Prudential Doctrine of Mootness", 77 *Geo. Wash. L. Rev.* 562 (2009).

74. Nat Stern, "The Political Question Doctrine in State Courts", 35 *S. C. L. Rev.* 405 (1983—1984).

75. Note, "Cases Moot on Appeal: A Limit on the Judicial Power", 103 *U. Pa. L. Rev.* 772 (1955).

76. Note, "Mootness on Appeal in the Supreme Court", 83 *Harv. L. Rev.* 1672 (1970).

77. Note, "The Mootness Doctrine in the Supreme Court", 88 *Harv. L. Rev.* 373 (1974).

78. Note, "The Concept of Law-Tied Pendent Jurisdiction: Gibbs and Aldinger Reconsidered", 87 *Yale L. J.* 627(1978).

79. Oliver P. Field, "The Doctrine of Political Questions in the Federal Courts", 8 *Minn. L. Rev.* 485 (1924).

80. Raoul Berger, "Standing to Sue in Public Actions: Is it a Constitutional Requirement?", 78 *Yale L. J.* 816 (1969).

81. Robert L. Rabin, "Lawyers for Social Change: Perspectives on Public Interest Law", 28 *Stan. L. Rev.* 207 (1976).

82. Ralph F. Fuchs, "Prerequisites to Judicial Review of Administrative Agency Action", 51 *Ind. L. J.* 817 (1976).

83. Richard K. Greenstein, "Bridging the Mootness Gap in Federal Court Class Actions", 35 *Stan. L. Rev.* 897(1983).

84. Robert C. Power, "Help Is Sometimes Close at Hand: The Exhaustion Problem and the Ripeness Solution", 1987 *U. Ill. L. Rev.* 547.

85. Robert F. Nagel, "Political Law, Legalistic Politics: A Recent History of the Political Question Doctrine", 56 *U. Chi. L. Rev.* 643 (1989).

86. Richard J. Pierce, Jr., "The Role of the Judiciary in Implementing an Agency Theory of Government", 64 *N. Y. U. L. Rev.* 1239 (1989).

87. Robert J. Pushaw, "Justiciability and Separation of Powers: A Neo-Federalist Approach", 81 *Cornell L. Rev.* 393 (1996).

88. Randy E. Barnett, "Necessary and Proper", 44 *Ucla L. Rev.* 745 (1997).

89. Richard J. Pierce, Jr., "Is Standing Law or Politics?", 77 *N. C. L. Rev.* 1741 (1999).

90. Robert A. Schapiro, "Judicial Deference and Interpretive Coordinacy in State and Federal Constituional Law", 85 *Cornell L. Rev.* 656 (2000).

91. Ronald D. Rotunda, "The Commerce Clause, the Political Question Doctrine, and Morrison", 18 *Const. Commentary* 319 (2001).

92. Rebecca L. Donnellan, "The Exhaustion Doctrine Should Not Be a Doctrine With Exceptions", 103 *W. Va. L. Rev.* 361 (2001).

93. Robert J. Pushaw, "Judicial Review and the Political Question Doctrine: Reviving the Federalist 'Rebuttable Presumption' Analysis", 80 *N. C. L. Rev.* 1165 (2002).

94. Rachel E. Barkow, "More Supreme Than Court? The Fall of the Political Question Doctrine and the Rise of Judicial Supremacy", 102 *Colum. L. Rev.* 237 (2002).

95. Sidney A. Diamond, "Federal Jurisdiction to Decide Moot Cases", 94 *U. Pa. L. Rev.* 125 (1946).

96. Sanford A. Church, "A Defense of the 'Zone of Interests' Standing Test", 1983 *Duke L. J.* 447.

97. Steven L. Winter, "The Metaphor of Standing and the Problem of Self-Governance", 40 *Stan. L. Rev.* 1371 (1988).

98. Susan Bandes, "The Idea of a Case", 42 *Stan. L. Rev.* 227 (1990).

99. Stanley E. Rice, "Standing on Shaky Ground: The Supreme Court Curbs Standing for Environmental Plaintiffs in Lujan v. Defenders of Wildlife", 38 *St. Louis U. L. J.* 199 (1993).

100. Stephen R. McAllister, "Is There a Judicially Enforceable Limit to Congressional Power under the Commerce Clause?", 44 *Kan. L. Rev.* 217 (1996).

101. Scott E. Gant, "Judicial Supremacy and Nonjudicial Interpretation of the Constitution", 24 *Hastings Const. L. Q.* 359, 414(1997).

102. Steven G. Calabresi, "The Structural Constitution and the Countermajoritarian Difficulty", 22 *Harv. J. L. & Pub. Pol'y* 3 (1998).

103. Thomas W. Merrill, "Capture Theory and the Courts: 1967—1983", 72 *Chi. -Kent L. Rev.* 1039 (1997).

104. Wesley N. Hohfeld, "Some Fundamental Legal Conceptions as Applied in Judicial Reasoning", 23 *Yale L. J.* 16 (1913).

105. Wayne McCormack, "The Justiciability Myth and the Concept of Law", 14 *Hastings Const. L. Q.* 595(1987).

106. William A. Fletcher, "The Structure of Standing", 98 *Yale L. J.* 221(1988).

107. William A. Fletcher, "The 'Case or Controversy' Requirement in State Court Adjudication of Federal Questions", 78 *Cal. L. Rev.* 263 (1990).

108. William T. Mayton, "'The Fate of Lesser Voices': Calhoun v. Wechsler on Federalism", 32 *Wake Forest L. Rev.* 1083 (1997).

109. William M. Wiecek, "The Debut of Modern Constitutional Procedure", 26 *Rev. Litig.* 641 (2007).

五、英文著作

1. Bryan A. Garner, *Black's Law Dictionary* (8th ed., Thomson West, 2004).

2. Louis L. Jaffe, *Judicial Control of Administrative Action* (Little, Brown, 1965).

3. Max Farrand, *Records of the Federal Convention of 1787* (Volume 2) (rev. ed., Yale University, 1966).

4. Harold C. Syrett, *The Papers of Alexander Hamilton* (Volume 15) (Columbia University, 1969).

5. Kenneth Culp Davis, *Administrative Law Treatise* (Volume 3, 4) (2d ed., K. C. Davis, 1983).

6. K. Ripple, *Constitutional Litigation* (Michie, 1984).

7. Charles Alan Wright, Arthur R. Miller, and Edward H. Cooper, *13A Federal Practice and Procedure* (2d ed. West, 1984).

8. Alexander Hamilton, James Madison, John Jay, *The Federalist Papers* (Penguin Classics, 1987).

9. Robert Lowry Clinton, *Marbury v. Madison and Judicial Review* (University Press Of Kansas, 1989).

10. Edward L. Barrett, William Cohen, Jonathan D. Varat, *Constitutional Law: Cases and Materials* (8th ed., Foundation, 1989).

11. Kermit L. Hall et al. eds. *The Oxford Companion to the Supreme Court of the United States* (Oxford University, 1992).

12. Charles Allen Wright, *Law of Federal Court* (5th ed., West, 1994).

13. Kenneth Culp Davis and Richard J. Pierce, *Administrative Law Treatise* (3rd ed., Little, Brown, 1994).

14. Ronald A. Cass et al. , *Administrative Law: Cases and Materials* (3rd ed. , Aspen, 1998).

15. Erwin Chemerinsky, *Federal Jurisdiction* (3rd ed. , Aspen, 1999).

16. John E. Nowak & Ronald D. Rotunda, *Constitutional Law* (6th ed. , West Group, 2000).

17. Maxwell L. Stearns, *Constitutional Process: A Social Choice Analysis of Supreme Court Decision Making* (University of Michigan, 2000).

18. Laurence H. Tribe, *American Constitutional Law* (Volume 1) (3rd ed. , Foundation, 2000).

六、英文案例

1. Allen v. Georgia, 166 U.S. 138 (1897).
2. Alexander Sprunt & Son, Inc. v. United States, 281 U.S. 249 (1930).
3. A. L. A. Schechter Poultry Corp. v. United States, 295 U.S. 495, 551 (1935).
4. Ashwander v. Tennessee Valley Authority, 297 U.S. 288 (1936).
5. Aetna Life Ins. Co. v. Haworth, 300 U.S. 227 (1937).
6. Alabama Power Co. v. Ickes, 302 U.S. 464 (1938).
7. Adler v. Board of Education, 342 U.S. 485, 490 (1952).
8. Abbott Laboratories v. Gardner, 387 U.S. 136 (1967).
9. Association of Data Processing Service Organizations v. Camp, 397 U.S. 150 (1970).
10. Allen v. Wright, 468 U.S. 737 (1984).
11. Bartemeyer v. Iowa, 85 U.S. (18 Wall.) 129 (1873).
12. Baker v. Carr, 369 U.S. 186 (1962).
13. Brown v. Board of Education, 347 U.S. 483 (1954).
14. Banco Nacional de Cuba v. Sabbatino, 376 U.S. 398 (1964).
15. Bethlehem Steel Corp. v. EPA, 669 F.2d 903 (3d Cir. 1982).
16. Block v. Community Nutrition Institute, 467 U.S. 340 (1984).
17. Bennett v. Spear, 520 U.S. 154 (1997).
18. Chisholm v. Georgia, 2 U.S. (2 Dall.) 419 (1793).
19. Coleman v. Miller, 307 U.S. 433 (1939).
20. Colegrove v. Green, 328 U.S. 549 (1946).
21. Chi. & S. Air Lines v. Waterman S.S. Corp., 333 U.S. 103 (1948).
22. Cooper v. Aaron, 358 U.S. 1 (1958).
23. Dunn v. Blumstein, 405 U.S. 330 (1972).
24. Continental Air Lines v. Civil Aeronautics Bd., 522 F.2d 107 (D.C. Cir. 1975).
25. City of Los Angeles v. Lyons, 461 U.S. 95 (1983).

26. Clarke v. Securities Industries Association, 107 S. Ct. 750 (1987).
27. City of Erie v. Pap's A. M. , 529 U. S. 277 (2000).
28. DeFunis v. Odegaard, 416 U. S. 312 (1974).
29. Diamond Shamrock Corp. v. Costle, 590 F. 2d 670 (D. C. Cir. 1978).
30. Dart v. United States, 848 F. 2d 217 (D. C. Cir. 1988).
31. Edward Hines Yellow Pine Trustees v. United States, 263 U. S. 143 (1923).
32. Frothingham v. Mellon, 262 U. S. 447 (1923).
33. FCC v. Sanders Brothers Radio Station, 309 U. S. 470 (1940).
34. FCC v. NBC (KOA), 319 U. S. 239 (1943).
35. FTC v. Ruberoid Co. , 343 U. S. 470 (1952).
36. Far Eastern Conference v. United States, 342 U. S. 570(1952).
37. Ferguson v. Skrupa, 372 U. S. 726 (1963).
38. Flast v. Cohen, 392 U. S. 83 (1968).
39. First National City Bank v. Banco Nacional de Cuba, 406 U. S. 759 (1972).
40. Federal Trade Commission v. Standard Oil Co. , 449 U. S. 232 (1980).
41. Friends of the Earth, Inc. v. Laidlaw Envtl. Servs. , 528 U. S. 167 (2000).
42. Gibbons v. Ogden 22 U. S. (9 Wheat.) 1 (1824).
43. Griswold v. Connecticut, 381 U. S. 479 (1965)
44. Gilligan v. Morgan, 413 U. S. 1 (1973).
45. Garcia v. San Antonio Metropolitan Transit Authority, 469 U. S. 528 (1985).
46. Honig v. Doe, 484 U. S. 305, 335 (1988).
47. Heart of Atlanta Motel, Inc. v. United States, 379 U. S. 241(1964).
48. Hall v. Beals, 396 U. S. 45 (1969).
49. Industries v. Ickes, 134 F. 2d 694 (2d Cir. 1943).
50. In re Combustion Equipment Association v. EPA, 838 F. 2d 35 (2d Cir. 1988).
51. Joint Anti-Fascist Refugee Comm. v. McGrath, 341 U. S. 123 (1951).
52. Japan Whaling Association v. Am. Cetacean Society, 478 U. S. 221 (1986).
53. Katzenbach v. McClung 379 U. S. 294 (1964).
54. Luther v. Borden, 48 U. S. 1 (1849).
55. Lochner v. New York, 198 U. S. 75 (1905).
56. Liner v. Jafco, Inc. , 375 U. S. 301 (1964).
57. Linda R. S. v. Richard D. 410 U. S. 614(1973).
58. Lujan v. Defenders of Wildlife, 504 U. S. 555 (1992).
59. Marbury v. Madison, 5 U. S. (1 Cranch) 137 (1803).
60. Martin v. Mott, 25 U. S. 19 (1827).
61. Mills v. Green, 159 U. S. 651 (1895).
62. Muskrat v. United States, 219 U. S. 346 (1911).

63. McKart v. U. S. , 395 U. S. 185 (1969).

64. Mullins Coal Co. v. Clark, 759 F. 2d 1142 (4th Cir. 1985).

65. Mt. Adams Veneer Co. v. United States, 896 F. 2d 339 (9th Cir. 1990).

66. McCarthy v. Madigan, 503 U. S. 140 (1992).

67. Massachusetts v. EPA, 549 U. S. 497 (2007).

68. Norman v. Baltimore & Ohio Railroad Company, 294 U. S. 240 (1935).

69. National Labor Relations Board v. Jones & Laughlin Steel Corp. , 301 U. S. 1 (1937).

70. Naim v. Naim, 90 S. E. 2d 849 (1956).

71. National League of Cities v. Usery, 426 U. S. 833(1976).

72. Nixon v. United States, 938 F. 2d 239 (D. C. Cir. 1991).

73. Nixon v. United States, 506 U. S. 224 (1993).

74. Oetjen v. Central Leather Co. , 246 U. S. 297 (1918).

75. O'Donoghue v. United States, 289 U. S. 516 (1933).

76. Office of Communication of the United Church of Christ v. FCC, 359 F. 2d 994 (D. C. Cir. 1966).

77. Pacific States Telephone & Telegraph Co. v. Oregon, 223 U. S. 118 (1912).

78. Panama Refining Co. v. Ryan, 293 U. S. 388 (1935).

79. Powell v. McCormack, 395 U. S. 486 (1969).

80. Port of Boston Marine Terminal Association v. Rederiaktiebolaget Transatlantic, 400 U. S. 62 (1970).

81. Perez v. United States, 402 U. S. 146(1971).

82. Planned Parenthood of Missouri v. Danforth, 428 U. S. 52 (1976).

83. Patsy v. Board of Regents of Florida, 457 U. S. 496 (1982).

84. Public Citizen Health Research Group v. Commissioner, FDA, 740 F. 2d 21 (D. C. Cir. 1984).

85. Roe v. Wade, 410 U. S. 113 (1973)

86. Rocky Mountain Oil & Gas Association v. Watt, 696 F. 2d 734(10th Cir. 1982).

87. Reno v. Catholic Social Services, 509 U. S. 43 (1993).

88. Swift & Co. v. U. S. , 196 U. S. 375 (1905).

89. Southern Pacific Terminal Co. v. Interstate Commerce Commission, 219 U. S. 498 (1911).

90. Scripps-Howard Radio, Inc. v. FCC, 316 U. S. 4 (1942).

91. Stark v. Wickard, 321 U. S. 288 (1944).

92. Scenic Hudson Preservation Conference v. Federal Power Commission, 354 F. 2d 608 (2d Cir. 1965).

93. Sierra Club v. Morton. 405 U. S. 727 (1972).

94. Sosna v. Iowa, 419 U. S. 393 (1975).
95. Simon v. Eastern Kentucky Welfare Rights Organization, 426 U. S. 26 (1976).
96. The Chicago Junction Case, 264 U. S. 258 (1924).
97. Tennessee Elec. Power Co. v. Tennessee Valley Auth., 306 U. S. 118 (1939).
98. Toilet Goods Association v. Gardner, 387 U. S. 158 (1967).
99. Texaco, Inc. v. Department of Energy, 490 F. Supp. 874 (D. Del. 1980).
100. United States v. California Care Corp., 709 F. 2d 1241 (9th Cir. 1983).
101. Ticor Title Ins. Co. v. FTC, 814 F. 2d 731 (D. C. Cir. 1987).
102. United States v. E. C. Knight Co., 156 U. S. 1, 16 (1895).
103. Underhill v. Hernandez, 168 U. S. 250 (1897).
104. United Public Workers of America v. Mitchell, 330 U. S. 75 (1947).
105. United States v. W. T. Grant Co., 345 U. S. 629 (1953).
106. United States v. Students Challenging Regulatory Agency Procedures, 412 U. S. 669 (1973).
107. United States v. Nixon, 418 U. S. 683 (1974).
108. United States Parole Commission v. Geraghty, 445 U. S. 388 (1980).
109. United States v. Munoz-Flores, 495 U. S. 385 (1990).
110. U. S. Department of Commerce v. Montana, 503 U. S. 442 (1992).
111. United States v. Lopez, 514 U. S. 549 (1995).
112. United States v. Morrison, 529 U. S. 598 (2000).
113. Valley Forge Christian College v. Americans United for Separation of Church and State, 454 U. S. 464 (1982).
114. Vander Jagt v. O'Neill, 226 U. S. App. D. C. 14, 699 F. 2d 1166 (1983).
115. Vt. Agency of Natural Res. v. U. S. ex rel. Stevens, 529 U. S. 765 (2000).
116. Vieth v. Jubelirer, 541 U. S. 267 (2004).
117. Wickard v. Filburn, 317 U. S. 111 (1942).
118. Warth v. Seldin, 422 U. S. 490 (1975).
119. Weinstein v. Bradford, 423 U. S. 147 (1975).
120. W. S. Kirkpatrick & Co. v. Environmental Tectonics Corp, 493 U. S. 400 (1990).
121. Youngstown Sheet & Tube Co. v. Sawyer, 343 U. S. 579 (1952).

后 记

本书是在我的同名博士学位论文基础上修改而成的,值此临近出版之际,四年前撰写博士论文的场景历历在目,我的心中也充满了无限感慨。

博士论文的写作是在与时间赛跑。而写作博士论文的人,有如田径场上的长跑运动员,在漫漫征程中消耗着可再生的体力与不可复得的青春。然而,即便是长跑冠军,在冲刺时的短暂亢奋之后,剩下的可能只是田径场上一圈又一圈之后所带来的疲倦甚至厌倦,更遑论那些夜以继日的博士生们了,他们可能既没有冠军们在冲刺时的志在必得,也没有冲刺后的掌声与鲜花,他们所具有的,就像绝大多数没有获得奖项的运动员一样,只是默默无闻与冷暖自知。如果说与这些失意的运动员有什么不同的话,可能是他们在完成论文之后进行"宣泄"的方式有所不同,"后记"即是他们特有的表达方式。

人们常说,博士论文的写作在某种程度上可以视为一个人学术生命的开始。果真如此的话,那么从这一开始就注定了学术生涯的艰辛与孤独。对此,我虽有一定的心理准备,但还是始料不及。并且,三年的博士生生活已使我养成一种心理惰习:总以为论文写作期间很多没有时间做或是做不好的事情在论文完成以后可以弥补。或许人就是这样,总是生活在期望与希冀之中。

当然,"后记"所承载的功能不仅仅是"宣泄",最主要的应该是感恩、感激与感谢。我尊敬的导师李友根教授,是他在2000年与时任南京大学法学院院长的邵建东教授通过复试接纳了我这个陌生的交流保送生,而该保送的提议者是时任扬州大学法学系主任的焦富民教授,并在胡吕银教授的具体协助之下才得以成功。所以,是他们对法学事业的不懈追求以及对法律人的公允判断改变了我的人生轨迹。从此,我得以迈入法学的学术之路,并有了今天撰写博士论文的可能。大恩不言谢,唯有以百分之百的努力才能不辜负他们的栽培之恩。

在南京大学求学期间,法学院的老师们各以其独特的方式帮助我的成长,他们是邵建东教授、孙国祥教授、张淳教授、杨春福教授、吴建斌教授、肖冰教授、张仁善教授、吴英姿教授、叶金强教授、宋晓教授、王太高教授、方小敏教授、解亘教授、吴卫星教授、单峰教授、曹明老师……当然,对我影响最深的毫无疑问是导师李友根教授,他对学生培养的严格的过程控制使我终身受益,而对培养结果的包容让我感受到了其人格的伟大与魅力。还有很多其他老师,请原谅我不能将他们的名字一一列出,然而,正是因为他们对学生的无私关爱,才使得我有可能成为一个合格的南大人。

自我工作以来,我的父母、岳父母以最大的可能承担了大量的本不属于他们的工作,并一直认为这属于他们应尽的"责任",从而为我提供了宽松的工作与学习环境。此外,在我开始攻读博士学位的时候,女儿才一周岁多,读书期间的抚育重担几乎全部压在了妻子肩上,她也有自己的事业。对于他(她)们,除了感激,更多是愧疚与不安。

或许,在南京大学求学期间,最让我享受的是同学之间的学术情谊。我在学术上的点滴进步与他们的真诚帮助是分不开的。他们分别是:朱娟、刘蔚文、周樨平、张婉苏、刘进、刘思萱、王启迪、谢绍芬、洪莹莹、程子薇、刘伟、徐金海、王炳、钱玉文、朱一飞、唐晋伟、胡贵安、陈太清、黄伟峰、宋亚辉、马辉、杜乐其。

对于学术研究而言,提出问题就等于解决了问题的一半。在这里我特别要感谢的是中央财经大学法学院的邢会强教授,是他在 2002 年开创性地提出宏观调控行为可诉性命题。而且,虽然我与他对此问题的观点相左,但是对手却是通向成功的捷径,如果没有他的先知先觉与强而有力的反驳意见,这本书显然要逊色很多。

此外,我还要感谢北京大学出版社为本书的出版所提供的信誉保证与质量保障,特别是责任编辑王晶女士专业的审稿意见与娴熟的细节把握能力。

最后的并非最不重要。本书之所以能够以预想的形式得以最终成型,最重要的原因在于导师李友根教授的近乎苛刻的学术规范要求。为此,我一再研读耶鲁大学法学博士刘南平教授发表在《中外法学》(2001 年第 1 期)上的论文《法学博士论文的"骨髓"与"皮囊"——兼论我国法学研究之流弊》,以及牛津大学经济学博士张维迎教授的博士论文《企业的企业家——契约理论》(上海三联书店、上海人民出版社 1995 年版)。在此,我要向为推进中国的学术事业而提供国际通行经验的刘南平和张维迎博士致以最诚挚的敬意!

扬州寓所
2014 年 10 月 10 日